STUDIEN
ZUR DEUTSCHEN
LITERATUR

Herausgegeben von
Richard Brinkmann, Friedrich Sengle
und Klaus Ziegler

Band 20

ROLF SCHRÖDER

Novelle und Novellentheorie in der frühen Biedermeierzeit

Max Niemeyer Verlag Tübingen 1970

ISBN 3 484 18014 5

VORWORT

Die vorliegende Arbeit, die 1967 von der Philosophischen Fakultät der Universität Heidelberg als Dissertation angenommen wurde, verdankt ihre Entstehung der Anregung von Herrn Professor Dr. Friedrich Sengle. In Konzeption und Ausführung ist sie seinem Rat und seiner langjährigen Förderung in vieler Hinsicht verpflichtet. Ihm und seinem Heidelberger Kollegen Herrn Professor Dr. Arthur Henkel gilt mein besonderer Dank auch für zahlreiche Hinweise und Korrekturvorschläge, die in der Druckfassung berücksichtigt wurden.

Meinen Eltern danke ich für ihre Hilfe und Anteilnahme. Ihnen ist diese Arbeit gewidmet.

München, im September 1970

INHALT

I

VORBEMERKUNG

Eine Untersuchung, die sich wie die vorliegende nicht unter einem speziellen Aspekt, sondern unter möglichst allgemeinen epochen- und formgeschichtlichen Gesichtspunkten eine Betrachtung der „Novellistik" der frühen Biedermeierzeit zum Gegenstand macht, stößt gleich zu Beginn auf eine Reihe bekannter und häufig besprochener Schwierigkeiten. Schon die Terminologie des Titels führt in einen Bereich gattungsästhetischer Diskussion, der schwer zu überblicken ist und innerhalb dessen ein allzu resoluter Vorentscheid ebenso gefährlich sein kann wie ein allzu skeptischer, von der Vieldeutigkeit und Zufälligkeit aller Oberbegriffe allzu überzeugter Verzicht auf eine präzise Terminologie. Tatsächlich gibt es – mit der einen Ausnahme der Tragödie – kein literarisches Phänomen, über das in der germanistischen Fachliteratur soviel und soviel Verschiedenartiges geschrieben worden ist, und das als Ganzes gleichwohl so nebelhaft geblieben ist wie die Novelle. Seit Oskar Walzels programmatischem Aufsatz über ‚Die Kunstform der Novelle' (1915), der eine Art von kritischem Resumé aus den unsystematischen Gedanken der deutschen Romantiker, der Realisten und stilkonservativen Novellisten der Jahrhundertwende zog, sind die theoretischen Bemühungen um die Gattung nicht mehr abgerissen. Man hat „Urgestalten" germanischer und romanischer Formtypen zu isolieren und in ihren Wandlungen zu verfolgen versucht. Man hat „Novelle" von Roman, Anekdote, Erzählung, short story, Kurzgeschichte, Tragödie und Ballade abgegrenzt, alle diese Abgrenzungen alsbald auch wieder eingeschränkt und sie dabei soviel beredet und beschworen, daß es heute bei näherem Zusehen fast zu einer Frage des literaturwissenschaftlichen Takts geworden zu sein scheint, überall dort, wo man im Rahmen einer Einzelinterpretation oder bei der Einordnung größerer Gruppen von Erzählungen den Namen Novelle verwendet, auf eine entschiedene Gattungsdefinition ausdrücklich zu verzichten. „Wir gebrauchen hier und im Folgenden gelegentlich das Wort ‚Novelle', ohne damit eine exakte formkritische Aussage machen zu wollen"[1] – Parenthesen und Anmerkungen dieser Art sind in neueren Untersuchungen gerade-

---

[1] Richard Brinkmann, Wirklichkeit und Illusion. Studien über Gehalt und Grenzen des Begriffs Realismus für die erzählende Dichtung des Neunzehnten Jahrhunderts. 1957. S. 87. Anm. 1. – Vgl. a. Karl Konrad Polheim, Novellen-

zu üblich geworden. Man verleugnete im Einzelfall, was man grundsätzlich zu akzeptieren geneigt war: daß es sich bei „der Novelle" nämlich trotz aller Skepsis im Detail theoretisch doch um eine fest umrissene Kunst-, Wesens- oder Ausdrucksform handeln müsse, wird selten bezweifelt. Man stößt in Forschung und Publizistik allenthalben auf Formulierungen, die im Guten[2] wie im Bösen[3] von einer spezifisch novellistischen Weltanschauung oder novellistischen Daseinshaltung sprechen. Gleichsam für den germanistischen Hausgebrauch hat man sich darüber hinaus auch ein relativ scharf ausgeprägtes Formklischee zurechtgelegt: die Assoziation „dramatischen", episodenarmen, konstruktiv gerafften Erzählens, die Vorstellung vom pointierten Vortrag einer einzelnen, auf Handlung abgestellten „unerhörten Begebenheit", von formalem Perfektionismus und distanzierter Artistik verbindet sich in allen repräsentativen neueren Handbüchern und Formgeschichten fast unwillkürlich mit einem recht präzise gefaßten Novellenbegriff. Vergleiche der Novelle mit einer strenggebauten Sonate, einem Sonett oder einer durchgespielten Schachpartie, wie man sie gelegentlich schon im 19. Jahrhundert findet,[4] werden immer noch stark akzentuiert. Storms Wort von der Novelle als der „höchsten Kunstform, der Schwester des Dramas" (vgl. u. S. 108 Anm. 93) taucht paraphrasiert und in systematischem Zusammenhang bei Wolfgang Kayser[5] wie bei Gero von Wilpert,[6] Hans Heinrich Borcherdt,[7] Heinrich Mahlberg,[8] Wilhelm Kosch,[9] Fritz Lockemann,[10] Helmut Prang[11] und Ivo

theorie und Novellenforschung. Ein Forschungsbericht 1954–1964. 1965. S. 101. – Ähnl. Bernhard von Arx, Novellistisches Dasein. Spielraum einer Gattung in der Goethezeit. (Zürcher Beiträge zur deutschen Literatur- und Geistesgeschichte Bd. 5). 1953. S. 11: „...wenn man bei ihr überhaupt von einer Gattung reden darf" u. a. m.
[2] Vgl. etwa Theoderich Kampmann, Die Welt Werner Bergengruens. Mit einem Nachwort des Dichters. 1952. S. 49.
[3] Vgl. Bernhard von Arx a.a.O. S. 174: „Darf man den Novellisten... nicht geradezu unverantwortlich nennen...?". S. 175: „Und so ist die Novelle der adäquate Ausdruck des Schwachen, dem die Kraft mangelt, eine erfüllte Welt, einen Kosmos aufzubauen."
[4] Vgl. Arnold Hirsch, Der Gattungsbegriff ‚Novelle'. 1928. (Germanische Studien H. 64). S. 67.
[5] Wolfgang Kayser, Das sprachliche Kunstwerk. [4]1956. S. 355.
[6] Gero von Wilpert, Sachwörterbuch der Literatur. [5]1961. Artikel ‚Novelle' S. 408.
[7] Hans Heinrich Borcherdt, Artikel ‚Novelle' in: Sachwörterbuch der Deutschkunde. Hg. von W. Hofstaetter und U. Peters. 1930. Bd. II. S. 890f.
[8] Heinrich Mahlberg, Literarisches Sachwörterbuch. 1948. Artikel ‚Novelle'. S. 146/148.
[9] Wilhelm Kosch, Deutsches Literatur-Lexikon. Artikel ‚Novelle'. Bd. III. 1956. S. 1907.

Braak[12] auf, im übertragenen Sinn auch bei Bernhard von Arx unter Bezug auf den Begriff des „dramatischen Stils" bei Emil Staiger. Ihr „straffer Stil", das Charakteristikum „geformter Strenge" ist in die popularästhetische Terminologie abgeglitten. Und manche Lieblingsbegriffe der formalistischen Literaturwissenschaft wie der einer „hohen und strengen Kunstform",[13] einer literarischen „Kurzschrift"[14] oder „künstlich emporgesteigerten Form, einer geistigen Treibhauskultur", den Bernhard Bruch auf die Novelle anwendet,[15] entfalten als unausgesprochene Grundlage literarhistorischer Schlußfolgerungen mitunter eine unerwartete Wirksamkeit – so wenn man etwa erklärt hat, Goethe sei „nicht zufällig in seiner k l a s s i s c h e n Zeit Novellist" geworden (Johannes Klein)[16] oder wenn Ernst Alker den Aufstieg der Novelle im 19. Jahrhundert mit dem Einfluß Platens und der Plateniden in einen inneren Zusammenhang zu bringen versucht.[17]

Schon Walter Pabst hat in seinem Forschungsbericht über die ‚Theorie der Novelle in Deutschland' indes deutlich gemacht, wie wenig man in der Praxis mit solchen Vorstellungen anfangen konnte. Sobald es darum ging, die Novellistik eines größeren Zeitraums wirklich zu erfassen, schien es fast, als bestätige sich sein Verdict: Definitionen „der Novelle" entstünden beinahe zwangsläufig überall dort, wo man die Berührung mit den Originalwerken verloren habe.[18] Es gab keine formale oder inhaltsästhetische Begriffsbestimmung, die sich bei näherer Betrachtung nicht entweder als zu eng oder als zu weitmaschig und nichtssagend erwiesen hätte. Die künstliche Abgrenzung nach der „Erzählung" hin, die schließlich zum Abfallplatz aller unbequemen Sonderformen wurde, die Jagd

---

[10] Fritz Lockemann, Gestalt und Wandlungen der deutschen Novelle. Geschichte einer literarischen Gattung im 19. und 20. Jahrhundert. 1957. S. 18f.

[11] Helmut Prang, Formprobleme der Novelleninterpretation. In: Hüter der Sprache. 1959. S. 20f. Ders., Formgeschichte der Dichtkunst. 1968. S. 62.

[12] Ivo Braak, Poetik in Stichworten. Literaturwissenschaftliche Grundbegriffe. ³1969. S. 212.

[13] Walter Silz, Geschichte, Theorie und Kunst der deutschen Novelle. In: Der Deutschunterricht. Bd. 11. 1959. H. 5. S. 86.

[14] Paul Ernst, Der Weg zur Form. 1928. S. 71.

[15] Bernhard Bruch, Novelle und Tragödie: Zwei Kunstformen und Weltanschauungen. In: Zs. f. Ästhetik u. allg. Kunstwissenschaft. Bd. XXII. 1928. S. 330.

[16] Johannes Klein, Geschichte der deutschen Novelle von Goethe bis zur Gegenwart. 1954. S. 33.

[17] Ernst Alker, Geschichte der deutschen Literatur von Goethes Tod bis zur Gegenwart. Bd. I. 1949. S. 257.

[18] Walter Pabst, Die Theorie der Novelle in Deutschland (1920–1940). In: Romanistisches Jahrbuch. Bd. II. 1949. S. 104.

nach dem „Falken",[19] die Forderung des Wendepunkts,[20] des Ding- oder Bildsymbols,[21] der Zentralachse,[22] der einen Begebenheit und Konzentration auf einen Einzelfall[23] oder des Zusammenschlusses z w e i e r anekdotischer Situationen,[24] die Forderung nach linearer Handlung,[25] konstruktiver Raffung,[26] absoluter Innerlichkeit,[27] „nahezu objektivem Berichtstil",[28] Verhüllung des Subjektiven in artistischer Formgebung,[29] tragischem Kern[30] oder spezifisch untragischer Motivation,[31] nach Rahmen, Rahmenfiktion,[32] „innerer Unendlichkeit"[33] oder Geschlossenheit[34] und „eindeutigem Abschließen",[35] nach der Darstellung eines Konflikts zwischen einer Ordnungsmacht und einer chaotischen Gegenwelt[36] usw. waren, genau besehen, speziell auf bestimmte Programme, historisch ebenso „zufällige" wie „bedingte" Formtypen, auf eine Novellenanthologie oder überhaupt nur ein einziges, idealtypisch überhöhtes Werk (z. B.

[19] Vgl. dazu: Manfred Schunicht, Der ‚Falke' am ‚Wendepunkt'. Zu den Novellentheorien Tiecks und Heyses. In: GRM XLI. N.F. X. 1960. S. 44/65. Benno von Wiese, Novelle. ²1964. (Slg. Metzler Bd. 27). S. 17. (Im folgenden zitiert als: B. v. Wiese, Novelle).

[20] F. Lockmann a.a.O. S. 20.

[21] Benno von Wiese, Wesen und Geschichte der deutschen Novelle seit Goethe. In: Die deutsche Novelle von Goethe bis Kafka. Interpretationen. Bd. I, 1956. S. 16. (Im folgenden zitiert als: B. v. Wiese, Dt. Novelle). – Hermann Pongs, Über die Novelle. In: Das Bild in der Dichtung. Bd. II. 1939. S. 97/109.

[22] Adolf von Grolman, Goethes: Novelle. In: GRM IX. 1921. S. 181/187.

[23] B. v. Wiese, Dt. Novelle a.a.O. S. 14.

[24] Heinrich Henel, Conrad Ferdinand Meyers ‚Nach einem Niederländer'. In: Wächter und Hüter. 1957. S. 117f.

[25] Ruth J. Kilchenmann, Die Kurzgeschichte. Formen und Entwicklung. 1967. (Sprache und Literatur Bd. 37). S. 17.

[26] G. v. Wilpert, a.a.O. S. 408.

[27] Hans Martin Elster, Die deutsche Novelle der Gegenwart. 1927. S. 367.

[28] G. v. Wilpert, a.a.O. S. 408.

[29] A. Hirsch a.a.O. S. 147.

[30] Hermann Pongs, Möglichkeiten des Tragischen in der Novelle. In: Das Bild in der Dichtung. Bd. II. 1939. S. 184/250.

[31] B. Bruch a.a.O. S. 305.

[32] F. Lockemann a.a.O. S. 11ff.

[33] Robert Petsch, Die Novelle. In: Wesen und Formen der Erzählkunst. 1934. S. 246.

[34] Vgl. B. v. Wiese, Novelle a.a.O. S. 11. Lutz Mackensen, Die Novelle. In: Studium Generale XI. 1958. S. 758.

[35] Joachim Müller, Novelle und Erzählung. In: Etudes Germaniques. XVI. 1961. S. 106.

[36] Josef Kunz, Geschichte der deutschen Novelle vom 18. Jahrhundert bis auf die Gegenwart. In: Deutsche Philologie im Aufriß. Hg. von W. Stammler. Bd. II. 1954. Sp. 1748, 1749 u. pass. Ähnl. F. Lockemann a.a.O. S. 16ff.

Goethes ‚Novelle‘ von 1827[37]) hin formulierte Definitionen, die den Blick auf die Formenvielfalt novellistischer Werktypen selbst dann verstellten, wenn man sich der germanistischen Konvention fügte und die „deutsche Novelle" mit Goethes ‚Unterhaltungen deutscher Ausgewanderten‘ beginnen ließ und dadurch also einen verhältnismäßig kleinen Zeitraum abgrenzen konnte. Man mußte stets mit einem sehr schmalen Kanon, oft wohl mit einem Kanon von Zufallstreffern arbeiten. Selbst die vielzitierte innere Verwandtschaft von Novelle und Drama besaß kaum überzeitliche Gültigkeit, sondern ließ sich vielmehr zwanglos in einen großen Kreis ähnlicher Formulierungen einordnen, die ihrerseits wiederum auf eine spezifische historische Situation hinwiesen: in der zweiten Hälfte des 19. Jahrhunderts versuchte man mit solchen Verlautbarungen auf gründerzeitliche Weise ganz allgemein die theoretisch immer noch nicht voll anerkannte Prosaliteratur, die faktisch den traditionellen Primat des Dramas bereits in Frage gestellt hatte, ganz einfach dadurch zu heben und gleichsam zu adeln, daß man den Parvenu kurzerhand mit der höchsten Gattung der klassizistisch-humanistischen Ästhetik verglich und gleichzustellen begann. Selbstverständlich blieben solche Programme und Formulierungen dann wiederum nicht ohne Rückwirkung auf die Produktion selbst; sie konnte sie geradezu „bestätigen"! Ließ man sich durch solchen Einklang in der Forschung nun aber dazu verleiten, sich bewußt oder unbewußt an der „klassischen" deutschen Novellenform der Realisten zu orientieren, so stellten sich auf anderen Gebieten Schwierigkeiten ein. Man mußte nicht nur die vorrealistische Novellistik in die Peripherie verweisen; auch in neuester Zeit stieß man in der modernen Prosaepik auf einen so deutlichen Strukturwandel, daß es kaum mehr anging, sie mit den erarbeiteten Gattungsvorstellungen zu erfassen. Man konnte dann nur noch von einem Aussterben der Novelle sprechen, gesellschaftliche oder ideologische Ressentiments geltend machen und das „Klagelied" von der deutschen Novelle mit einem Klagelied auf das 19. Jahrhundert verbinden.[38] Manche besonders strengen Verfechter einer „romanischen Urform" gingen darin noch weiter und theoretisierten überhaupt schon unmittelbar nach der „Schöpfung" der modernen Novelle durch Goethe von der Problematik ihrer Zertrümmerung, sahen schon den materialistischen bzw. „relativistischen" Tendenzen

---

[37] A. v. Grolman a.a.O. (Vgl. Anm. 22)
[38] Vgl. Arno Schmidt, Das Klagelied von der aussterbenden Erzählung. In: Süddeutsche Zeitung 25./26. 1. 1958. – Ders., Die aussterbende Erzählung. In: Texte und Zeichen. I. 1955. S. 266ff. – Edgar Gross, Wo bleibt die Novelle? In: Welt und Wort. 8. Jhg. 1953. S. 300. – L. Mackensen a.a.O. S. 758f.

des 19. Jahrhunderts eine „Bedrohung" der reinen Novellenform[39] u. dgl. m. H. H. Borchedts Torso einer großangelegten ‚Geschichte des Romans und der Novelle in Deutschland' (1926), der die dualistische Konstruktion einer novellistischen und einer romanhaften Erzähltradition bis zur Goethezeit aufrecht erhielt und sich dann in Einzelinterpretationen aufzusplittern begann, und auf der anderen Seite Rudolf Majuts ‚Geschichte des deutschen Romans',[40] die mit vollem Recht und fast unwillkürlich auch auf novellistische Kleinformen, Reiseberichte und dokumentarische Werke übergriff, machen überdies noch auf eine weitere Schwierigkeit aufmerksam. Schon unter ausschließlich formalen Gesichtspunkten ist es nicht einfach, „Novelle" von „Erzählung" oder „Roman" eindeutig abzugrenzen. Wo sollte man aber in der Praxis eine Linie zwischen Großnovelle und Kurzroman, zwischen systematisch aufgebautem Novellenzyklus und additivem Abenteuerroman ziehen? Die Übergänge zwischen Novellenpotpourri, um eine Zentralgestalt aufgereihten Einzelmotiven in der Art der Volksbücher, konstruktiv kleinteiligen, mehr oder weniger integrierten Großformen (von der ‚Insel Felsenburg' bis zu Kellers ‚Sinngedicht') und pikaresken Romanen waren keineswegs immer eindeutig; – am wenigsten bei den älteren Prosaisten, die sich wohl an Werktraditionen, nicht aber am Korrektiv einer ausgebildeten Novellen- bzw. Romantheorie orientieren konnten und mit Begriffen wie „Novelle", „Geschichte", „Roman" oft eher inhaltliche als formale Assoziationen verbanden. Wann ferner hörte eine Novellenhandlung auf, ein einzelner „Fall" zu sein und gewann „romanhafte" Weltfülle? Arbeiteten nicht auch Romane mit der Technik des Weglassens, des Lebens-Ausschnitts und intendierten sie nicht nur in – freilich bemerkenswerten – Sonderfällen eine repräsentative Totalität der Weltdarstellung? G. Lukács' Thesen haben hier eine vielleicht trügerische und nicht unwiderrufliche Sicherheit geschaffen. Die Häufigkeit, mit der man in der modernen Forschung mit Zwischen- und Doppelbegriffen konfrontiert wird – man

---

[39] Vgl. Paul Ernst a.a.O. S. 75. – Adolf von Grolman, Die strenge ‚Novellen'-form und die Problematik ihrer Zertrümmerung. In: ZfDk 43. 1929. S. 609/627. – Ders., Artikel ‚Novelle' in: Reallexikon der deutschen Literaturgeschichte. Bd. II. 1926/28. S. 510/515. – H. M. Elster a.a.O. S. 365: „Als die Entwicklung des 19. Jahrhunderts dann die Richtung zur materiellen Objektivität im wissenschaftlich analysierenden Naturalismus, in der sezierenden Analyse des Impressionismus verstärkte, löste sich die Novelle wie selbstverständlich auf." – Von einer „Bedrohung durch das 19. Jahrhundert" spricht auch Lutz Mackensen a.a.O. S. 758.
[40] Rudolf Majut, Geschichte des deutschen Romans vom Biedermeier bis zur Gegenwart. In: Deutsche Philologie im Aufriß. Hg. von W. Stammler. Bd. II. 1954. Sp. 2197/2478.

spricht hier etwa von romanhaften Großnovellen, novellistisch verengten Kurzromanen, von der Aufschwemmung einer boccaccesken „Normalnovelle" bei Cervantes und wiederum romanhafter Zerdehnung der cervantinischen Novellenform im frühen 17. Jahrhundert, von Schwell-, Reduktions- und Schrumpfformen –, zeigt unwillkürlich ein recht deutliches Unbehagen an der „klassischen" Terminologie. Die Bereitschaft, „absolute" Gattungsvorstellungen innerhalb des übergreifenden prosaepischen Feldes durch sich gegenseitig interpretierende Relationsbegriffe abzulösen, liegt in solchen Fällen oft schon in sichtbarer Nähe. – Ging es ferner tatsächlich an, das „Sprunghafte der novellistischen Darstellung" wie Benno von Wiese in einen entschiedenen Gegensatz „zu der graduellen, stufenweise vorgehenden Entwicklungstechnik des Romans" zu rücken?[41] Nicht nur der moderne, auch mancher ältere entwicklungslose Roman macht eine solche Unterscheidung illusorisch. War Eichendorffs ‚Taugenichts' um seiner konstruktiven Liebesintrige und des (spezifisch biedermeierlichen) Heimkehrmotivs willen eine „Novelle" oder auf Grund seiner abenteuerlichen Aufreihtechnik und Reisestruktur eine „Erzählung"? Wurde hier etwa gar der spezifische „Wanderheld" der cervantinischen Novelle[42] restauriert und handelte es sich dann nicht, historisch gesehen, um einen reduzierten Picaro-Roman? Durfte man, wenn man die stille Dramatik des Zuständlichen bei Stifter oder die argumentierende Zuspitzung eines Gesprächsthemas in manchen Novellen Tiecks recht interpretierte, Beschreibung und Reflexion als grundsätzlich unnovellistische Elemente betrachten und die „reine" Novelle ausschließlich als Handlungsnovelle auffassen? Widersprach der punktuelle Improvisationsstil Arnims dem Wesen der Gattung, sodaß man nur den ‚Tollen Invaliden auf dem Fort Ratonneau' gelten lassen konnte, während Kleists monomane „Hypochondrie" (Goethe) einen verbindlichen Maßstab setzte? Durfte man auf das quantitative Kriterium des Erzählzeitunterschieds (das Bayard Quincy Morgan plausibel und nüchtern begründet hat[43] und gegen das man gleichwohl mit guten Argumenten polemisieren konnte) verzichten, wenn man erkannte, „romanhafte Dezentralisation" sei „offenbar auch der Struktur der modernen Novelle eigen" (Rafael Koskimies)?[44] Und

---

[41] B. v. Wiese, Novelle a.a.O. S. 15.
[42] Werner Krauss, Cervantes und der spanische Weg der Novelle. In: Krauss, Perspektiven und Probleme. Zur französischen und deutschen Aufklärung und andere Aufsätze. 1965. S. 60.
[43] Bayard Quincy Morgan, The Novellette as a Literary Form. In: Symposium. Vol. I. Nr. 1. Nov. 1946. S. 34/39.
[44] Rafael Koskimies, Die Theorie der Novelle. In: Orbis litterarum. Tome XIV. Fasc. 2/4, 1959. S. 83.

wenn man – wie Koskimies im gleichen Zusammenhang[45] – auch die „Wendepunkt"-Technik als eine Möglichkeit des Romans wie der Novelle erkannte, die alte Unterscheidung aber dadurch zu retten versuchte, daß man der Novelle leicht sichtbare, dem Roman dagegen „versteckte" Wendepunkte zuteilte, so ließ sich selbst diese Differenzierung nur dann aufrechterhalten, wenn man etwa Manzonis ‚Promessi Sposi', Joseph Conrads ‚Chance' und den ganzen Bereich des Kriminalromans zur „großen Novellistik" rechnete. Tat man dies aber, argumentierte dabei auch noch mit dem Begriff sphärischer Einheit und formulierte: „Geschlossene Meisterwerke gibt es eigentlich nur in der großen Novellistik, wozu allerdings fast die ganze Romanliteratur gehört",[46] so war überhaupt nicht mehr einzusehen, warum man nicht gleich nur noch zwischen „offenen" und „geschlossenen" bzw. – mit den Begriffen Emil Staigers – „epischen" oder „dramatischen", ineinander übergänglichen Groß- u n d Kleinformen unterscheiden sollte.

„Die Novelle" entzog sich also gerade unter systematischen Gesichtspunkten einem entschiedenen Zugriff. Die verschiedenen – dogmatisch überanstrengten oder im Aphoristisch-Unverbindlichen versandenden – neueren Versuche novellistischer Gesamtdarstellungen haben zudem die Skepsis gegen die Möglichkeit, dem Genre auf „geradem" monographisch isolierenden Wege beizukommen, eher verstärkt als widerlegt. „Vielleicht werden der Literarhistoriker und der Ästhetiker uns niemals endgültig darüber unterrichten, was d i e Novelle ist oder was sie sein sollte", resümierte Benno von Wiese resigniert im Vorwort seiner ‚Deutschen Novelle', die in vorsichtiger Beschränkung auf Einzelinterpretationen nichts weiter mehr als bloße „Prolegomena" einer umfassenderen Darstellung zu bieten beanspruchte.[47] Eberhard Lämmert schlug in seinen ‚Bauformen des Erzählens' schließlich vor, man möge den ausweglosen Novellenstreit überhaupt auf sich beruhen lassen. Zumindest sei er im Vergleich mit der Untersuchung allgemeiner, die g e s a m t e Erzählprosa betreffender Fragen völlig sekundär.[48] Und tatsächlich wäre es verlockend, die überkommene Zweisträngigkeit von Roman- und Novellengeschichte einmal grundsätzlich aufzugeben und etwa durch die Topographie eines je nach historischer Landschaft und individueller Gestaltungskraft Breite und Tiefe wechselnden, gelegentlich eingeschnürten und gelegentlich in zahllose Kanäle geteilten epischen Stroms zu ersetzen. Begriffe wie „total"

[45] Ebd. S. 82f.
[46] Heimito von Doderer, Grundlagen und Funktion des Romans. (1959). S. 50.
[47] B. v. Wiese, Dt. Novelle a.a.O. Bd. I. S. 15.
[48] Eberhard Lämmert, Bauformen des Erzählens. 1955. S. 11, 15f.

und „ausschnitthaft", „groß" und „klein" wären dann nicht absolut, sondern lediglich in ihrer Relation zu anderen Realisationen abzumessen. „The shortness of a Novelle....", bemerkt bereits Benett, „is a very relative matter."[49] Manchen Fragen, die durch die Suche nach romanhafter bzw. novellistischer „Gattungserfüllung" häufig verstellt werden, könnte unbefangener nachgegangen werden: die engen und schwer meßbaren Beziehungen zwischen verschiedenen Quantitäten und epischem „Atem", Integrationsvermögen und Integrationswillen, die Rückwirkung epochenimmanenter „Formgesetze",[50] gattungsprägender Publikationsmedien oder gebrauchsliterarischer Anforderungen ließen sich leichter erforschen, wenn man auf die ständige Reflexion auf „überzeitliche" Gattungsgesetze verzichtete. Aus der Selbstverständlichkeit, mit der etwa Aristoteles im siebten Kapitel seiner Poetik annimmt, „der größere Umfang" sei „immer der schönere, sofern die Anschaulichkeit nicht darunter leidet", spricht keineswegs nur ästhetische Ahnungslosigkeit.
Und doch besitzt auch eine solche elastische und scheinbar unvoreingenommene Betrachtungsweise ihre innere Problematik. Zweifellos kann man auf die Annahme „überzeitlicher" Gattungsgesetze bei der Betrachtung aller literarhistorischer Phänomene ungestraft verzichten; auf die Annahme z e i t l i c h wirksamer kann man es nicht. Gewiß gibt es nicht „die Novelle"; aber es gibt unstreitig eine Reihe bemerkenswerter Werktraditionen novellistischen Erzählens, Gestaltschemata von begrenzter und wechselnder, aber doch überindividueller Gültigkeit. Es gibt vor allem den N a m e n „ N o v e l l e", d. h. zugleich eine Reihe von Erwartungen und Assoziationen, die man mit ihm verknüpfte und – ebenso wichtig – es gab ihn nicht immer. Er mußte sich durchsetzen, bedeutete innerhalb verschiedener europäischer Nationalsprachen nicht immer das gleiche, verband sich auch im Ablauf einzelner Nationalliteraturen nicht immer mit den gleichen Erwartungen und Formvorstellungen, ließ sich durch Programme, neuentdeckte und neukonstruierte „Klassiker" oder Strukturüberlagerungen durch andere Werktypen abändern u. dgl. m. Der ganze „Novellenstreit" resultiert aus nichts anderem als daraus, daß man jeweils begrenzt gültige Form- und Gehaltsbestimmungen der Novelle ohne Rücksicht auf ihren historischen und individuellen Ort unreflektiert gleichsam auf eine Ebene zu projizieren und miteinander zum Ausgleich zu bringen versuchte. Selbst in von kompromißlosem

[49] E. K. Bennett, A History of the German ‚Novelle‘ from Goethe to Thomas Mann. 1934. S. 1. – Ähnl. Wilhelm Wackernagel, Poetik, Rhetorik und Stilistik. Academ. Vorlesungen (haupts. 1836 entstanden). Hg. von L. Sieber. 1873. S. 256.
[50] Vgl. Friedrich Sengle, Der Umfang als Problem. In: Gestaltprobleme der Dichtung. Festschrift für G. Müller. 1957. S. 299ff.

Spontaneitätsdenken beherrschten Epochen wäre es schwierig, bei der Betrachtung literarischer Werke „keine andere Gesetzmäßigkeit als die subjektive, die jeder Künstler in sich trägt, als die spontane einmalige, die für jede Schöpfung notwendig aus dem Einfall quillt"[51] gelten zu lassen. Auch „in der Welt des Geistes", hat E. R. Curtius dagegen mit Recht betont, „ist das schöpferisch Neue sehr viel seltener, als Bergson anzunehmen scheint."[52] Selbstverständlich arbeitete man auch in dem elastischen und von der offiziellen Ästhetik der gesamten humanistischen Großepoche vernachlässigten Bereich der Prosaepik nach mehr oder weniger vergänglichen und bestimmten Modellen und Gestaltvorstellungen. Es gab ferner selbstverständlich präzise gebrauchsliterarische Anforderungen und weniger offen zu Tage liegende epochenbedingte Stiltendenzen, die unwillkürlich strukturbildend oder strukturändernd wirken konnten, – man denke an das Gewicht des „bel parlare" innerhalb der faceten Renaissancenovellistik, an das Besserungsschema der Aufklärungstradition, das fast notwendig einen „Wendepunkt" implizierte, an die nachromantische Überhöhung der Gegenständlichkeit (bzw. in Kriminalerzählungen der „causa") zum „Dingsymbol", an das biedermeierliche Rundungsprinzip u. a. m. All dem brauchte keine repräsentative Theorie oder Doktrin zugrundezuliegen, auch kein geheiligter Klassiker. Ganz allgemein können trivialliterarische Werktraditionen und unscheinbare Vorbildketten durch eine späte Blüte plötzlich zu Ansehen kommen; sie können aber auch ruhmlos verebben. Relativ konstante Formtypen können die Gattungsbezeichnung wechseln, Untergruppen bilden oder unter neuen Namen wieder auftauchen: es gibt wohl keine formgeschichtliche Untersuchung, die in ihrem Verlauf nicht auf mehrere synonyme Gattungsbezeichnungen, und keine wortgeschichtliche Monographie eines Gattungsbegriffs, die nicht auf verschiedene Bedeutungsvarianten des gleichen Terminus stieße. Von einer organischen Entfaltung wird man dabei in den wenigsten Fällen sprechen dürfen.

Geht man derartigen Bedeutungsverschiebungen oder Neubenennungen nun im einzelnen nach, so zeigt sich, daß sich dahinter selten bloße Willkür verbirgt. Hinter der Ablösung des „Lustspiels" von der „Komödie", des „Schauspiels" von der „Tragödie", des „Erzählgedichts" von der „Ballade", des „novel" von „romance" stehen oft bedeutende produktive Energien und Ideen von geheimer revolutionärer Sprengkraft. Wenn man sie bagatellisierte, begab man sich mitunter wichtiger Interpretationshil-

---

[51] Hanns Heiß, an programmatischer Stelle zitiert bei W. Pabst, Die Theorie der Novelle a.a.O. S. 123.
[52] Ernst Robert Curtius, Europäische Literatur und lateinisches Mittelalter. ²1954. S. 395.

fen. Um beim Beispiel der Novelle zu bleiben: verkannte man nicht vielleicht etwas Wesentliches, wenn man von einem strenggefaßten Novellenbegriff ausgehend rundweg bezweifelte, „ob bei der Bezeichnung des ‚Maler Nolten' als ‚Novelle in zwei Teilen' Mörike einen klaren Einblick in das Wesen der Novelle gehabt" habe?[53] War es wirklich die „äußerst starke Form" der Kleistschen ‚Moralischen Erzählungen', die ihnen in einer gelegentlichen Bemerkung Theodor Mundts aus dem Jahre 1828 die „eigentlich angemessene Bezeichnung" Novelle erzwang?[54] Durfte man es als eine terminologische Verirrung übergehen, wenn A. W. Schlegel im dritten Kursus seiner ‚Berliner Vorlesungen' seine Vorstellung vom modernen Roman anhand der Novellen Boccaccios entwickelte, wenn für F. Schleiermacher „der Don Quixote eher eine Novelle... als ein Roman" war[55] oder wenn Wilhelm Hauff Goethes ‚Unterhaltungen deutscher Ausgewanderten' nicht als einen Novellenzyklus, sondern als eine einzige historische Novelle auffaßte? War es gerechtfertigt, der frühen Restaurationszeit, in der sich der Begriff „Novelle" in Deutschland überhaupt erst durchzusetzen begann, ein allgemeines Versagen der Theorie vorzuwerfen, weil man nur selten auf artistische Novellendefinitionen stieß?[56] Und war das Biedermeier, in dem sich die Erzählformen „mittlerer Länge" die beherrschende Stellung in der Hierarchie der literarischen Formenwelt eroberten, wirklich eine spezifisch unnovellistische Epoche?[57]

Im folgenden soll der Versuch gemacht werden, solchen Fragen innerhalb des nicht ganz scharf umrissenen Raums der frühen Biedermeierzeit ausführlicher nachzugehen. Dabei sollte es sich von vornherein nicht um Betrachtungen über Verwirklichungen „der Novelle" in der Literatur, sondern um die Novellenvorstellung dieses Epochenabschnitts handeln. Andererseits und unabhängig davon beeindruckte den Verfasser aber auch die – durch Tiecks „Novellenwendung" am sichtbarsten repräsentierte – allgemeine Zuwendung der zwanziger Jahre des 19. Jahrhunderts zu (präjudiziert) „novellistischen" Erzählformen mittlerer Länge[58] so stark, daß er auf eine Skizzierung dieses Phänomens nicht verzichten zu

---

[53] A. Hirsch a.a.O. S. 11.
[54] Ebd.
[55] Friedrich Schleiermacher, Vorlesungen über die Ästhetik. Aus Schleiermachers handschriftlichem Nachlaß und aus nachgeschriebenen Heften hg. von Carl Lommatzsch. In: Sämmtliche Werke III. Abth. 7. Bd. S. 699.
[56] Vgl. A. Hirsch a.a.O. S. 37.
[57] H. H. Borcherdt a.a.O. S. 891. – J. Kunz a.a.O. Sp. 1783f.
[58] Zu dieser skeptischen Gelegenheitsdefinition der Novelle durch Emil Staiger vgl. B. v. Arx a.a.O. S. 9.

können glaubte. Die vorliegende Arbeit, die sich als vorläufiger Beitrag zu einer genetischen Gattungsmorphologie versteht, ist also eindeutig „historisch", d. h. nach der Abgrenzung Karl Konrad Polheims „nicht-normativ" konzipiert.[59] Ihr Bemühen, das Problem von zwei Seiten her anzugehen, ergab sich dabei zunächst eher aus dem gesammelten Material als aus einem bewußten methodischen Vorentscheid. Grundsätzlich ließe sich die Frage nach Assoziationsspielraum und Aufstieg des Novellen-begriffs im Biedermeierdeutschland von der anderen Frage nach Voraus-setzungen, Erscheinungsformen und Geltung der „mittleren" Prosaepik innerhalb des gleichen Zeitraums natürlich sehr wohl trennen. Es war, wie wir sehen werden, nicht einmal selbstverständlich, daß sich der Name „Novelle" als „Gattungs"bezeichnung eben dieser Formen durchgesetzt hat und schließlich als eine formalästhetische Kategorie in die germa-nistische Literaturwissenschaft eingehen konnte.

---

[59] Vgl. K. K. Polheim a.a.O. S. 6ff., 106f.

II

GATTUNGSGESCHICHTEN DER NOVELLE
UND BIEDERMEIERFORSCHUNG

Läßt man also die grundsätzliche Frage nach „der Novelle" auf sich beruhen und versucht, sich mit Hilfe der germanistischen Gattungsgeschichten ein Bild vom Werden und von der Entfaltung der „mittleren" deutschen Erzählliteratur zu machen, so stößt man mit der einen bedeutenden
Ausnahme der zuverlässigen und materialreichen Arbeit Hellmuth Him-
mels[1] überall – bei Benno von Wiese wie bei Josef Kunz, Fritz Lockemann, Johannes Klein, E. K. Bennett oder Paul Bastier[2] – auf nur geringe
Unterschiede in der Materialauswahl. Allenthalben begegnet man den
gleichen Namen, fast den gleichen Gruppierungen und Epochenschnitten
und in groben Zügen auch stets derselben arhythmischen Abfolge von
novellistischen Kernzonen und interesselosem Niemandsland, von Er-
forschtem und nicht Erforschenswertem, liebevollem Verweilen und oberflächlichem Resümieren. Der effektvolle Einsatz bei der „klassichen",
„romantischen" und der (meist gesondert behandelten) Kleistschen Novelle ist ebenso zu einer stillen Konvention geworden wie das Desinteresse an der vorangehenden und an der unmittelbar nachfolgenden Zeit.
Kaum ein Präludium pflegt den ersten goethezeitlichen Gipfel einzulei-
ten; eine novellistische „Pause" in der frühen Biedermeierzeit hebt ihn
noch stärker hervor; und nur jener „eigentliche Höhepunkt deutscher
Novellendichtung" überragt ihn schließlich noch, der „nach fast einhelli-
ger Meinung der gesamten Forschung... im Zeitalter des bürgerlichen
Realismus" liegt.[3] Vor allem im Hinblick auf die „Schöpfung" der
deutschen Novelle sind Thesen wie die Johannes Kleins, „die äußere Geschichte der deutschen Novelle" beginne mit „Goethe, die innere mit
Kleist"[4] zum selbstverständlichen Allgemeingut geworden. Boccaccio gilt
dabei meist als Erfinder der „Form" – „es gibt nur Novellen, die

---

[1] Hellmuth Himmel, Geschichte der deutschen Novelle. 1963. (Slg. Dalp
Bd. 94).
[2] Paul Bastier, La nouvelle individualiste en Allemagne de Goethe à Gottfried
Keller. Essai de technique psychologique. 1910.
[3] B. v. Wiese, Novelle a.a.O. S. 61.
[4] J. Klein a.a.O. S. 33.

den seinen nachstreben oder solche, die sich (wie entschuldigend) gegen seine Art abgrenzen",[5] Goethe als Vermittler, Kleist als das große nationale Vorbild, der die überkommene Struktur „genial" erweitert habe.[6] „Von einer eigentlichen ‚Geschichte' der Novelle", heißt es etwa in einem repräsentativen neueren Abriß, „wird man in Deutschland erst seit Goethe sprechen können. Trotz aller vorausgegangenen Rezeptionen italienischer und französischer Novellistik kommt es im 17. und 18. Jahrhundert noch zu keiner klaren Unterscheidung des Romans von der kleineren moralisch-novellistischen Erzählung."[7] Man begegnet wohl hier und da sporadischen Hinweisen auf die mittelalterliche Versnovellistik, Notizen über Harsdörffers novellistische Sammelwerke, Hans Freys ‚Gartengesellschaft', Kirchhoffs ‚Wendunmuth', oder aus dem 18. Jahrhundert Namen wie J. G. Schnabel, P. H. Sturz, A. G. Meißner oder J. K. Wezel. Aber das umfangreiche Material, das Rudolf Fürst in seiner gründlichen Übersicht über die ‚Vorläufer der modernen Novelle im 18. Jahrhundert' ausgebreitet hat,[8] harrt noch heute einer kritischen Überprüfung. Die vereinzelten monographischen Erhellungsversuche, die man inzwischen unternommen hat, wirken noch immer wie verlorene Expeditionen in einem dunklen Kontinent. Man hat sich unter gattungsgeschichtlichen Gesichtspunkten längst daran gewöhnt, die vorsichtige Formulierung des Fürstschen Titels so zu interpretieren, als handle es sich bei allen diesen abenteuerlichen, schwankhaften oder moralischen Erzählungen, die dem Erscheinen der ‚Unterhaltungen deutscher Ausgewanderten' vorausgingen, nicht nur um Vorläufer der m o d e r n e n Novelle, sondern um Vorformen und gattungstheoretisch irrelevante Gehversuche der deutschen Novelle überhaupt. Die „nouvelle individualiste", die Paul Bastier 1910 noch als eine isolierte Sonderform betrachten konnte (s. o. Anm. 2), ist immer ausschließlicher zum alleinigen Maßstab der Gattung geworden. So lag es zweifellos nahe, alle Formen, auf die sich weder die subjektivistisch-artistische Gattungsdefinition A. Hirschs, noch die dämonisierende F. Lockemanns und J. Kunz' anwenden ließ und bei denen man auch nicht von gattungs b e w u ß t e m Novellenschreiben sprechen konnte (ein Kriterium, auf das B. von Wiese Wert gelegt hat[9]), von vornherein auszuklammern bzw. grundsätzlich abzuwerten.

Nahezu die gleichen Vorbehalte scheinen sich unausgesprochen auch hin-

---

[5] L. Mackensen a.a.O. S. 756.
[6] Vgl. etwa H. Pongs a.a.O. S. 184.
[7] B. v. Wiese, Novelle a.a.O. S. 45.
[8] Rudolf Fürst, Die Vorläufer der modernen Novelle im 18. Jahrhundert. Ein Beitrag zur vergleichenden Literaturgeschichte. 1897.
[9] Vgl. o. Anm. 7.

ter der Vernachlässigung der frühen Biedermeiernovellistik zu verbergen. Man hat zwar gelegentlich das Fehlen von Forschungen zur Trivialliteratur im ersten Drittel des 19. Jahrhunderts und zur Erzählweise „des zwischen Romantik und Realismus vermittelnden Biedermeier" beklagt.[10] In der Praxis ist es aber bezeichnend, daß auch Benno von Wieses elastische und verhältnismäßig undoktrinäre Darstellung, in der sich dieser Hinweis findet, fast zwangsläufig in die Linie der übrigen Gattungsgeschichten einschwenkt, die in der Restaurationsepoche grundsätzlich nichts anderes als eine Periode novellenfernen Fabulierens sehen. Als „Zeit des Übergangs (Josef Kunz[11]) darf das Biedermeier allgemein nur auf ein sehr begrenztes Interesse rechnen; H. H. Borcherdt bezeichnete es, wie wir gesehen haben, als wesensmäßig unnovellistisch (vgl. o. S. 11. Anm. 57). Die starke Beachtung, die atypische oder doch vor allem anderwärts verdiente Gelegenheitsnovellisten wie Büchner, die Droste, Mörike, Grillparzer oder Gotthelf gefunden haben, unterstreicht die Verlegenheit eher, als daß sie den Zeitraum durch eine tragfähige Konstruktion überbrückte. Andererseits begnügt man sich dort, wo man auf wirklich epochenrepräsentative, als „Novellen" deklarierte Erzählformen mittlerer Länge stößt – bei der Behandlung der Tieckschen Altersnovellistik zum Beispiel – mit wenigen summarischen Andeutungen, unter denen selten der Hinweis auf ihre formale Extravaganz fehlt. Vorwürfe über die Tendenz Tiecks und der Jungdeutschen, Novelle und Roman in unzulässiger Weise zu vermengen,[12] wechseln hier mit der Anschuldigung bürgerlicher Verflachung und unnovellistischer Vordergründigkeit.[13] Karl Ewald vertrat bereits 1907 die seither oft wiederholte Auffassung, Tieck sprenge die Novellenform überhaupt.[14] E. K. Bennett sieht sein Spätwerk als ein einsames „monument of a mistaken conception of what the genre can achieve."[15] J. Kunz vermißt bei ihm „jede Eindeutigkeit im Bezug auf die Gattungsform" und vermutet, Goethes bekannte Äußerung zu Eckermann vom 29. 1. 1827 sei gegen Tiecks „unerträgliche" Formverirrung gemünzt.[16] Wie Hellmuth Himmel, der hier eine „gefährliche Bahn" beschritten sieht,[17] konstatiert er eine offenkundige „Fehlentwicklung", von der

---

[10] B. v. Wiese, Novelle a.a.O. S. 57.
[11] J. Kunz a.a.O. Sp. 1783.
[12] B. v. Wiese, Novelle a.a.O. S. 51. – J. Kunz a.a.O. Sp. 1785. – H. Himmel a.a.O. S. 143.
[13] F. Lockemann a.a.O. S. 58.
[14] Karl Ewald, Die deutsche Novelle im ersten Drittel des 19. Jahrhunderts. Diss. Rostock. 1907. S. 59.
[15] E. K. Bennett a.a.O. S. 87.
[16] J. Kunz a.a.O. Sp. 1785.
[17] H. Himmel a.a.O. S. 143.

„man erst wieder... freiwerden mußte, wenn sich eine fruchtbare Entwicklung anbahnen sollte";[18] und wie über Tieck bricht man gewöhnlich den Stab über die ganze frühbiedermeierliche Erzählkunst, die man durch sein Beispiel zum Abfall von den novellistischen Grundsätzen der Prägnanz und formalen Artistik verleitet sieht.[19] Gelegentlich hat man sogar den „geringen Umfang des novellistischen Werks" bei Grillparzer, Mörike, der Droste und Büchner als ein Zeitsymptom betrachtet und das novellistische Feld in diesem ganzen Zeitraum für spärlich bestellt gehalten. „Noch handelt es sich mehr um ein Vortasten in neue Gestaltungsmöglichkeiten, als daß schon die neue Form einer realistischen Novelle gesichert wäre."[20]

Solche generellen Bemerkungen stehen freilich in einem deutlichen Gegensatz zu den Ergebnissen der spezifischen Tieck- und der epochengeschichtlichen Biedermeierforschung. Schon die Beobachtung Arnold Hirschs, daß der Begriff „Novelle" nicht vor den zwanziger Jahren des 19. Jahrhunderts gebräuchlich war, in diesem Jahrzehnt aber allgemein üblich zu werden begann,[21] hätte eigentlich nachdenklich stimmen müssen. Auch andere Erkenntnisse, die im Folgenden ausführlicher zur Sprache kommen sollen, zeichnen ein Bild, das sich von dem der Gattungsgeschichten unterscheidet. So sah schon R. M. Meyer in seiner ‚Deutschen Litteratur des Neunzehnten Jahrhunderts' das dritte Jahrzehnt durch nichts stärker als durch die „Blüte der leichten Erzählung" charakterisiert. „Es ist, als sei nach langer Pause die Lust und Kunst zu erzählen wieder erwacht";[22] und die spätere Biedermeierforschung bestätigte solche Beobachtungen allenthalben. Von Paul Kluckhohns Aufsatz über ‚Biedermeier als literarische Epochenbezeichnung' (1935) bis zu F. Sengles ‚Voraussetzungen und Erscheinungsformen der deutschen Restaurationsliteratur' (1956) bricht die Kette von Vermutungen nicht ab, daß es sich gerade bei Novellen um die bevorzugten Erzählformen dieser Epoche handelt, – „wahrscheinlich gab es mehr Novellen als irgend etwas sonst."[23] Sie schienen fast den Rang einer Modegattung einzunehmen. Je tiefer man ins 19. Jahrhundert zurückblickt, umso häufiger werden auch Formu-

---

[18] J. Kunz ebd.
[19] E. K. Bennett a.a.O. S. 94, 100.
[20] J. Kunz a.a.O. Sp. 1786.
[21] A. Hirsch a.a.O. S. 21.
[22] Richard Moritz Meyer, Die deutsche Litteratur des Neunzehnten Jahrhunderts. 1900. S. 109.
[23] Friedrich Sengle, Voraussetzungen und Erscheinungsformen der deutschen Restaurationsliteratur. In: Sengle, Arbeiten zur deutschen Literatur 1750–1850. 1965. S. 140. Vgl. a. Paul Kluckhohn, Biedermeier als literarische Epochenbezeichnung. In: DVjs XIII. 1935. S. 28.

lierungen, die Ludwig Tieck als den „Schöpfer" und „Meister" der deutschen Novelle bezeichnen, umsomehr tritt gerade dieser mißachtete Schriftsteller als eine Art Klassiker hervor, den man neben und über Goethe stellte und der in den zwanziger und dreißiger Jahren auch tatsächlich eine Stellung einnahm, die in früherer Zeit höchstens mit der Wielands und in der jüngeren Vergangenheit mit der Thomas Manns vergleichbar wäre. Tieck war nicht nur der „Gewissensrat" einer ganzen Generation.[24] Seine Zeitgenossen betrachteten ihn recht unreflektiert darüber hinaus – und eigentümlicherweise auch im Zusammenhang damit – als einen der großen prosaepischen Meister der Epoche. „Er ist nach Goethe unstreitig jetzt unser erster Dichter im Lyrischen", urteilte Brockhaus z. B. bereits 1822, „und als Erzähler übertrifft er alle Deutsche."[25] Selbst Schriftsteller, die ihm sonst kritisch gegenüberstanden, bewunderten ihn unverhohlen;[26] – Gutzkow,[27] Heinrich Laube und Theodor Mundt ahmten ihn ebenso wie Alexis, Wilhelm Müller oder Immermann bewußt nach. Lexika wie das ‚Damen-Conversations-Lexikon' (1834) nannten unter dem Stichwort „Novelle" zunächst Boccaccio und fuhren dann fort: „Ihm folgte in diesem Genre Cervantes in Spanien, Scarron in Frankreich, und als der gefeierteste Novellendichter muß Tieck für Deutschland genannt werden."[28] O. L. B. Wolff pries in seinem ‚Neuen elegantesten Conversations-Lexicon für Gebildete aus allen Ständen' (1843) ebenfalls Tieck, nicht Goethe oder Kleist als den nationalen Repräsentanten der Novelle.[29] Hebbel, der grundsätzlich Kleist den Vorrang vor Tieck gab,[30] meinte immerhin, manche seiner Novellen könnten „den Kampf mit den Jahrhunderten ruhig aufnehmen."[31] Selbst Stifter, dessen ‚Waldsteig' und ‚Hagestolz' nach den Beobachtungen von Christian

---

[24] Christian Gneuss, Der späte Tieck als Zeitkritiker. Diss. (masch.) Würzburg 1948. S. 208.
[25] Aus Tiecks Novellenzeit. Briefwechsel zwischen Ludwig Tieck und F. A. Brockhaus. Hg. von Heinrich Lüdeke von Möllendorf. 1928. S. 21.
[26] Robert Prutz, Vorlesungen über die deutsche Literatur der Gegenwart. 1847. S. 228, 229f.
[27] Anna Wohlrab, Karl Gutzkow als Novellist in seinem Verhältnis zu Ludwig Tieck. Diss. (masch.) Wien 1948. Vgl. vor allem Kap. III.
[28] Damen-Conversations-Lexicon (1834). Zweite, unveränderte Ausgabe Adorf 1846. (Artikel ‚Novelle').
[29] Oskar Ludwig Bernhard Wolff, Neues elegantestes Conversations-Lexicon für Gebildete aus allen Ständen. Lpz. 1843.
[30] Tagebücher I, Nr. 1057. („Brief an Rousseau vom 3. April", 1838).
[31] An Friedrich von Üchtritz 1855. In: Erinnerungen an Friedrich von Üchtritz und seine Zeit in Briefen von ihm und an ihn. Mit einem Vorwort von Heinrich von Sybel. Lpz. 1884. S. 313.

Gneuss und Jost Hermand eine mehr als nur äußerliche Motivverwandt-
schaft mit Tieckschen Erzählungen aufweisen,[32] hielt ihn, wie ein Brief
an seinen Verleger Heckenast zeigt, für den einzigen zeitgenössischen
Autor, der mit einem Werk wie dem ‚Hochwald‘ konkurrieren könne.[33]
Man hat beide Dichter oft gegeneinander ausgespielt. Die Worte, die
Tieck seinem Shakespeare in zweiten Teil der Novelle ‚Dichterleben‘
(1831) in den Mund gelegt hat, sind indes sicher mehr als nur ein zufälli-
ger Vorklang der programmatischen Vorrede Stifters zu den ‚Bunten
Steinen‘ (1852) und belegen einmal mehr, welche richtungsweisende Rolle
Tieck im Prosaschaffen der Biedermeierzeit eingeräumt werden muß:

> Wie anders findet das reine liebende Herz in tausend Spuren den Ewigen, der
> nicht im Gewitter, im Sturm und Orkan sich dem Ohr des gläubigen Prophe-
> ten verkündet, sondern im linden Säuseln, im Lobgesange des Waldes und der
> balsamischen Frühlingsluft, im Gesang und Duft, im Gedanken des Weisen
> und im blühenden Gemälde, im Gedicht und der schönen edlen That, im Auge
> des Kindes und in der großen Geschichte der Welt...[34]

Noch nach der Jahrhundertmitte, als es unter dem Einfluß der realistischen
Prosaprogramme stiller um ihn wurde und man ihn allmählich historisch
zu sehen begann, stößt man auf Äußerungen, die ihm im Bereich der Gattung weltliterarischen Rang zubilligten. „In der Novelle", heißt es etwa
1854, als die Gesamtausgabe seiner Novellen geschlossen vorlag, „steht
Tieck als einzig da in ganz Europa..."[35] Eichendorff erkannte ihn, wenn
auch unter allgemeinen Vorbehalten gegen die Novelle überhaupt, 1851
in seiner Abhandlung über den ‚Deutschen Roman‘ als den „eigentlichen
Meister dieses Fachs" an;[36] und noch in Kellers ‚Mißbrauchten Liebes-
briefen‘ kennzeichnet das Gespräch „würdiger alter Herren" über Cervantes, Rabelais, Sterne, Jean Paul, Goethe und Tieck diese im Gegensatz
zu den modischen Feuilletonnovellisten der „neuen Sturm- und Drangpe-
riode" als Männer von wirklicher „Bildung und Schule."[37]
Der späte Tieck entpuppt sich also als eine Schlüsselgestalt nicht nur für

[32] Vgl. Chr. Gneuss a.a.O. S. 197. – Jost Hermand, Die literarische Formenwelt
des Biedermeiers. 1958. (Beiträge zur deutschen Philologie Bd. 27). S. 102.
[33] Vgl. Chr. Gneuss ebd.
[34] Ludwig Tieck, Gesammelte Novellen. Bln. (Reimer) 1852/1854. (Im folgenden zit. als: Tieck, Nov.). Bd. II, S. 312. Ähnl. Bd. VII. S. 170, 194.
[35] Friedrich Wilhelm Gubitz (Hg.), Berühmte Schriftsteller der Deutschen.
2 Bde. Bln. 1854/55. Bd. II. S. 284.
[36] Josef Frh. von Eichendorff, Der deutsche Roman des achtzehnten Jahrhunderts in seinem Verhältniß zum Christenthum. Lpz. 1851. S. 265.
[37] Gottfried Keller, Werke in zehn Teilen. Hg. von Max Zollinger in Verb. m.
H. Amelung u. K. Polheim (Deutsches Verlagshaus Bong & Co.) o. J. Bd. VI.
S. 77/83.

die Biedermeierforschung, die mit seiner Hilfe manche Bedenken zerstreuen konnte, die sich bei der Datierung des Epochenbeginns einstellten.[38] Der Block seiner Altersnovellen, die seit 1819 in rascher Folge entstanden, bildet offensichtlich auch für die Gattungsgeschichte einen Markstein, der sich schwer ganz übersehen läßt. Es ist dabei nicht einmal so wichtig, ob man diese Novellen (wie ähnlich neuerdings noch Marianne Thalmann)[39] als „wahre Kunstwerke",[40] als „Kleinodien von kostbarem Gehalt und feinstem Schliff"[41] interpretiert, oder ob man sich der allgemeinen Meinung der Forschung anschließt, die das Niveau des Tieckschen Spätwerks nicht allzuhoch über das der „bloßen Unterhaltungsliteratur" anzusetzen pflegt und mit Christian Gneuß annimmt, eine erneute Form- und Stilanalyse käme wahrscheinlich zu keinem anderen Urteil als dem einer weitgehenden Abwertung.[42] Auch die Frage, ob diese Novellen tatsächlich „Novellen" sind, darf man ruhig außer acht lassen und sich stattdessen mit der Feststellung begnügen, daß es sich um die ersten r e - p r ä s e n t a t i v e n deutschen Publikationen handelt, die sich selbst als Novellen verstanden und von denen der Anstoß zu einer langanhaltenden Diskussion des Genres ausging. Worauf es in unserem Zusammenhang ankommt, ist die Frage nach dem allgemeinen literarischen Hintergrund, vor dem sich die berühmte „Novellenwendung" des abtrünnigen Romantikers abspielen konnte. Was hat es mit dieser Erscheinung auf sich, die zu ihrer Zeit ein so vielfältiges Echo fand, so daß man in der Biedermeierzeit oft der Meinung war, Tieck habe die „gebildeten Stände" der Novelle eigentlich erst erschlossen? Man vergegenwärtige sich, daß August Kobersteins ‚Geschichte der deutschen Nationalliteratur' sie noch 1873 neben der Hegelschen Philosophie und der Rezeption Walter Scotts in Deutschland unter die entscheidenden Ereignisse des Jahrhunderts gerechnet hat.[43]

---

[38] Vgl. Chr. Gneuss a.a.O. S. 188.

[39] Marianne Thalmann, Ludwig Tieck, ‚Der Heilige von Dresden'. Aus der Frühzeit der deutschen Novelle. 1960. (Quellen und Forschungen zur Sprach- und Kulturgesch. der germ. Völker. N. F. 3 (127). Hg. von H. Kunisch). (Im folgenden zit. als: Thalmann, Tieck (1960)). S. v, 17, 149 u. ö.

[40] Elfriede Fischer, Zeiteinflüsse auf Tiecks Novellen. Diss. (masch.) Wien 1948. S. 7.

[41] A. Wohlrab a.a.O. S. 25.

[42] Chr. Gneuss a.a.O. S. 4. – Vgl. J. Hermand a.a.O. S. 94ff.

[43] August Koberstein, Geschichte der deutschen Nationalliteratur vom zweiten Viertel des 18. Jhs. bis zu Goethes Tod. 5., umgearbeitete Auflage von Karl Bartsch. Lpz. 1873. Bd. IV. S. 937 (§ 342).

III

DAS BEISPIEL LUDWIG TIECKS

Wer sich länger mit Ludwig Tieck beschäftigt hat, weiß, wie schwer es ist, das proteische Wesen dieses Dichters auf eine eindeutige Formel zu bringen. Oberfläche und Tiefe, Ernst und Scherz, Bildungssediment und Stegreifimprovisation spielen in seinem Werk ebenso wie in seiner Biographie untrennbar ineinander. Ihre Grenzen verschwimmen selbst dort, wo Tieck sich nicht eigens darum zu bemühen scheint, sie zu verwischen; und schon die Zeitgenossen ließen sich gelegentlich täuschen und sprachen von Konversionen, wo es sich um kaum mehr als eine Laune handelte, oder von „Theewasser" und Caprice, wo sich ein intensives weltanschauliches Engagement verbarg. Daß es sich vor allem bei dem späten Tieck um einen Meister des uneigentlichen Sprechens handelte, war leicht einzusehen. Wieviel man dabei aber als Absicht, wieviel als Resignation oder sprachliches Unvermögen interpretieren durfte, war schwierig zu entscheiden und mußte von Fall zu Fall neu geklärt werden. Bereits der „Romantiker" war ein vorsichtiger und verhältnismäßig kritischer Artist gewesen, der sich bei aller „Lust am Neuen, Seltsamen, Tiefsinnigen, Mystischen" stets auch die „Lust am Zweifel und der kühlen Gewöhnlichkeit" bewahrt hatte.[1] Nichtsdestoweniger konnte man die romantischen, irrationalistischen Züge in Tiecks Charakter nicht gänzlich ableugnen. Es ging nicht an, ihn zeitlebens als verkappten Aufklärer zu interpretieren. Noch in seinen späteren Jahren blieb Tieck Subjektivist genug, um sich dem Stilprinzip objektiven Erzählens nicht ganz zu verschreiben. Seine Mittelbarkeit war keineswegs nur der Ausdruck zur Ruhe gelangter, gelassener und überlegener „Reife".[2] Hinter der vieldiskutierten „Ironie", der Reflektiertheit und selbst hinter der unverhohlenen Trivialität seines Spätstils verbargen sich allzuoft die Vibrationen einer schutzbedürftigen und irritierbaren Individualität. Seine Bekenntnisse zur restaurativen Ordnung enthielten im Detail stets ein Gran unbiedermeierlichen „Eigenwillens", – so deutlich mitunter, daß man sich

---

[1] An Solger 1.9.1815. In: Karl Wilhelm Ferdinand Solger, Nachgelassene Schriften und Briefwechsel. Hg. von L. Tieck und F. von Raumer. Lpz. 1826. Bd. I. S. 373.
[2] Thalmann, Tieck (1960) a.a.O. S. 179.

an die prekären Mystifikationsübungen der romantischen Zeit erinnert fühlen konnte. Themen, die an Persönlichstes rührten wie sein Begriff der „Tollheit" und der „Schonung" wurden stets mit möglichster Distanz und Objektivität abgehandelt. Offene biographische Reminiszenzen und persönliche Anspielungen dagegen hatten selten mehr Gewicht als ein Bildungszitat. Wo man aus der Ferne sein Wesen deutlich zu erkennen vermeinte, mußte man bei näherer Betrachtung immer wieder zugeben, daß das Bild in seinen Konturen unter lauter Schattierungen zerfloß. Weder Tiecks „Trivialität" noch seine „Treulosigkeit"[3] erwiesen sich als problemlos. Sie waren als Ansatzpunkt einer grundsätzlichen Verurteilung ebensowenig geeignet wie zu einer Aufwertung aus der Perspektive gesellschaftsunmittelbarer Leichtigkeit. „Grazie" ist nicht ganz das richtige Wort, das seinen mitunter bizarr verknäuelten und dann wieder von einem „gewissen dilettantischen Darüberfahren"[4] geprägten Stil kennzeichnete.[5] Die Schwierigkeit lag allerdings weniger darin, das Schillernde seines Charakters zu erkennen als vielmehr in der offensichtlichen Unmöglichkeit, sein spezifisches literarisches Gewicht einigermaßen richtig zu veranschlagen. War er nicht überhaupt „mehr Spieler als Planer",[6] mehr „Kritiker" als „Dichter"?[7] War die Selbstverständlichkeit, mit der er die Einflußsphäre Nicolais mit der der Brüder Schlegel vertauschte und mit der er später für kurze Zeit unter den Dresdner Vespertinapoeten, für den Rest seinen Lebens in der restaurativen Honoratiorengesellschaft verkehrte, ein Zeichen der Überlegenheit oder der Schwäche? Literatursoziologisch gesehen vermittelte er zwischen allen möglichen Phasen deutschen Literatentums: er war frühkapitalistischer literarischer Tagelöhner, „freies", von einem cliquenhaften Freundeskreis herausgestelltes Genie, unterstellte sich in der napoleonischen Krisenzeit landaristokratischem Mäzenatentum, dem er sich freundschaftlich verband, und löste sich aus dieser Abhängigkeit wiederum zu Beginn der Restaurationsepoche zugunsten der relativen – von der kollektiven Gönnerschaft der Subskribenten und liberaler Buchhandelsspekulation bestimmten – „Freiheit" des gleichwohl um eine fürstliche Pension bemühten Taschenbuchschriftstellers. Durfte man ferner an irgendeiner Stelle bei ihm eine Unter-

---

[3] Vgl. Marianne Thalmann, Ludwig Tieck. Der romantische Weltmann aus Berlin. 1955. (Dalp Taschenbücher Nr. 318). (Im folgenden zit. als: Thalmann, Tieck (1955)). S. 21.
[4] Hebbel an Friedrich von Üchtritz (12.4.1856). In: Erinnerungen an Friedrich von Üchtritz a.a.O. S. 302.
[5] Robert Minder, Un poète romantique allemand: Ludwig Tieck. 1936.
[6] Thalmann, Tieck (1960) a.a.O. S. 3.
[7] Chr. Gneuss a.a.O. S. 220.

scheidung zwischen produktiver Spontaneität und sensiblem Reagieren auf gegebene Verhältnisse machen? Solche Fragen waren nicht leicht zu beantworten. Christian Gneuss hat in seiner Dissertation über den späten Tieck den Rahmen einer Gesamtinterpretation wahrscheinlich am richtigsten abgesteckt, wenn er meint, eine gerechte Wertung des Dichters sei nur dann möglich, wenn man weder den „eigenschöpferischen" Elan noch das „epigonenhafte" Taktieren, d.h. die Anpassung an überindividuelle Prozesse überbewertete.[8] Romantik und Aufklärung, Wundergläubigkeit, Skepsis und Hypochondrie, liberale Ansätze und die konservative Furcht des „Heiligen" vor Grenzüberschreitung, Koketterie, Pedanterie und didaktisches Engagement sind die Stichworte seiner langsam aufgebauten und nicht nur enzyklopädischen Universalität: er machte es seinen Interpreten leicht, Perspektiven und Phasen aus dem kaum als „Organismus" faßbaren Ganzen seiner Weltanschauung herauszulösen, einen Teilaspekt gegen den anderen auszuspielen. Tatsächlich konnte man manchmal meinen, alle die genannten Elemente lägen auf dem Grund seines Wesens stets gleichzeitig bereit und es käme eigentlich nur auf den äußeren Anlaß an, was davon schließlich zur Sprache gelangt. Gerade die Abwesenheit alles „deutschen", „protestantischen" Dezisionistentums in Tiecks Charakter war es ja, die ihn schon den Jungdeutschen und dem späteren 19. Jahrhundert verdächtig gemacht hat.

Es leuchtet ein, daß man unter diesen Umständen auch beim Ansetzen von Lebensepochen für Tieck mit einer gewissen Behutsamkeit vorgehen muß. Seine Abwendung von der Aufklärung, sein Abfall von der Romantik, von der „Poesie", vom Universalkunstwerk und ganz zuletzt noch seine Teilhabe am „poetischen Realismus" erweisen sich, näher besehen, eher als Nuancen einer sich immer breiter ausfächernden Grundlinie und nicht so sehr als dramatische „Konversionen". Wie alle Änderungen in seinem Leben kündigen sie sich zumeist nicht überlaut an, sondern vollziehen sich nebenbei, oft in unvermuteten Wiederaufnahmen früherer, anscheinend längst überwundener Formen. Etwas Ähnliches wird man auch für die „verlorenen Jahre" zwischen 1802 und 1819 feststellen können, die Tieck in der Ziebinger Provinz, auf Reisen und in zerstreuter kritisch-literarischer Tätigkeit zugebracht hat. Sie sind zukunftsträchtiger, als es auf den ersten Blick scheint; der doppelte Neubeginn seiner sozialen Eingliederung in die Dresdner Bildungsgesellschaft und der Konsolidierung seines literarischen Schaffens andererseits, der sich um 1820 vollzieht, ist zufälliger, viel zu rückwärtsgewandt und zunächst auch zu tastend, als daß eine existentielle Krisenkonstruktion der wahren Entwicklung des

---

[8] Ebd. S. 221.

„Dichters" zum „Novellisten", in der Individuelles und Zeitsymptomatisches ganz offensichtlich zusammenfallen, gerecht werden könnte. Man hat oft darauf hingewiesen, wie sehr sich unmittelbar im Anschluß an die frühe romantische Episode Äußerungen Tiecks häufen, die eine auffallende Unsicherheit verraten. Insuffizienzgefühle, Lebensüberdruß, eine gelegentlich an Schellings „Melancholie"[9] erinnernde metaphysische „Angst"[10] und das Eingeständnis, „in der eingeschlagenen Bahn nicht mehr weiter zu können"[11] finden sich in diesen Jahren häufiger als jemals vorher und nachher. „Alle Jugend, alle Freude am Leben und der Schönheit will mir zusammenbrechen" klagt der Dreißigjährige 1803, und solche Klagen wiederholen sich, verbunden mit Beschwerden über Krankheiten, Konzentrationsunfähigkeit, seinen „Vagabundenhang" und die immer wiederkehrende „verdammte Melankolie", in der er seine „Seelenkräfte... wie erlahmt" und alle Federn seines „Innern wie auf immer zerbrochen" fühlt.[12] Sie klingen nur langsam ab. Die annähernd zwanzig Jahre, die Tieck im scheinbaren Idyll seiner märkischen Existenz dahinlebt, sind den äußeren Wirren der napoleonischen Kriege und der allgemeinen Teuerung (innerhalb deren die deutsche Buchproduktion fast auf die Hälfte des Vorkriegsstandes absank) zwar weitgehend entrückt; man darf sie aber keineswegs nur als eine „Zeit des Inne-werdens" inmitten einer Welt von „heilen, wenn auch überalterten Formen" interpretieren.[13] Materielle Sorglosigkeit und ein unbestimmtes Gefühl von Zwang, windgeschützte Gutshofidyllik, Bildungs- und Badereisen, Klagen über Einsamkeit („der Schriftsteller lebt in unsren Tagen in einer Einsamkeit, wie noch nie"[14]) und der paradoxe Versuch, von dieser Welt doch gleichsam hintenherum durch seine Liebe zu der Gräfin Henriette von Finkenstein Besitz zu ergreifen, schufen ein gespanntes, von Sehnsucht nach Veränderung und Furcht vor Entgrenzung bestimmtes Lebensklima. Die großzügigen Freiheiten, die ihm seine wohlwollende und innerlich doch wesensfremde Umgebung einräumte, begünstigten Tiecks Hang zum fragmentarischen Experimentieren. Sie waren wohl vor allem dafür verantwortlich, daß man allenthalben auf Ansätze und die mannigfaltigsten Beschäftigun-

[9] Vgl. Emil Staiger, Schellings Schwermut. In: Staiger, Die Kunst der Interpretation. [4]1963. S. 190.
[10] Ludwig Tieck und die Brüder Schlegel. Briefe. Mit Einleitung und Anmerkungen hg. von Henry Lüdeke. 1930. S. 65. (An F. Schlegel. März 1801).
[11] Vgl. Rudolf Lieske, Tiecks Abwendung von der Romantik. Diss. Bln. 1933. S. 6.
[12] Vgl. Tieck and Solger. The complete correspondence with introduction, commentary and notes. By Percy Matenko. 1933. S. 203, 494f., 568.
[13] Thalmann, Tieck (1960) a.a.O. S. 4 u. S. 9.
[14] Tieck and Solger a.a.O. S. 94 (1. 2. 1812).

gen mit wissenschaftlichen und halbwissenschaftlichen Fragen, weniger auf abgeschlossene Werke stößt. Tieck war nicht der Mann, das geistige Klima seiner neuen Umgebung autoritär zu bestimmen; er modifizierte es eher behutsam und paßte sich ihm an. Selbst seine intensiven Bemühungen um die mittelhochdeutsche Lyrik und Epik standen nicht unbedingt im Zeichen eines persönlichen Trostsuchens bei einer „heilen Dichtung für Menschen mit Imagination";[15] vielmehr bedeuteten sie im Rahmen ländlicher Abendunterhaltungen einen vagen Kompromiß des Romantikers mit dem älteren, gelehrt-nationalen Interesse für „altdeutsche" Texte, das sich in dieser Zeit in vielen konservativen Reservaten in Deutschland beobachten läßt – in Ziebingen sowohl wie in Erbach, im Elsaß oder auf der Meersburg des Freiherrn von Lassberg.

Gerade in der Mannigfaltigkeit dieser Ansätze und in Tiecks Kompromißbereitschaft lag indes auch etwas Neues. Man kann die Bedeutung der konversationsmäßig enzyklopädischen Elastizität, die er sich in Ziebingen ausbildete, für die spätere Entwicklung des Dichters gar nicht hoch genug veranschlagen. Indem nämlich die steile romantische „Bahn" (vgl. o. S. 23) durch eine Vielzahl gangbarer Wege ersetzt wurde, begann sich die alte, melancholiebedrohte Fixierung des Romantikers allmählich in ihrer autodidaktischen „Einkräftigkeit" zu lockern und innerhalb eines restaurierten Konzepts gesellschaftlich offener, „allgemeiner" Bildung aufzulösen. Tieck nahm als Vorleser, Unterhalter und Regisseur kleiner ländlicher Spiele in dieser Zeit nicht selten etwas hofmeisterlich Geschäftiges von der Art des alten „homo facetus" (vgl. u. S. 80ff) an. Er l e b t e, indem er sein geselliges Talent in den Dienst seiner Gönner stellte, halb freiwillig, halb unter hypochondrischen Klagen jene „Zerstreuung" und Hingabe an die unkonzentrierte Gesprächskultur, die man seit alters mit dem Begriff des Novellistischen in einem weiten Sinn zu verbinden gewohnt war. Sein philosophisch-philologisches Dilettieren fügt sich recht gut in diesen Zusammenhang. Und fast unbemerkt ersetzte sich – allein unter diesem Aspekt – Tiecks „Bruch" mit der Romantik durch eine Sklala von gleitenden Übergängen.

Mit der „realistischen" Tagebuchlyrik der ‚Reisegedichte eines Kranken' (1805), an denen Rahel Varnhagen die Tendenz zu unromantischem „Individualisieren" bewunderte[16] und in denen Rudolf Lieske einen „Bruch, wie man ihn sich schroffer nicht vorstellen kann" konstatiert hat,[17]

---

[15] Thalmann, Tieck a.a.O. S. 11.
[16] Vgl. Briefe an Ludwig Tieck. Ausgew. und hg. von K. von Holtei. Breslau 1864. Bd. 4. S. 143f.
[17] R. Lieske a.a.O. S. 16f.

schloß seine lyrische Produktion fast unvermittelt ab. Aus der späteren Zeit finden sich nur noch vereinzelte Gelegenheitspoesien, Widmungs- und Festgedichte. Andere romantische Hauptlinien – Aufklärungssatire, Verabsolutierung der Kunst, Mythologisieren – versiegten allmählich oder wurden relativiert. 1804 erschien Tiecks letztes universalpoetisches Drama (,Octavian') und in sehr verschlungenen Wendungen löste sich der Dichter – nach fragmentarischen Bemühungen um eine dramatisierte Magelone und Melusine, der Konzeption eines „vereinfachten Dramas" unter dem Eindruck seiner Beschäftigung mit dem altenglischen Theater, der Konstruktion seines ,Fortunat' (1815/16), den man einen „Bildungs-roman in dramatischer Form" genannt[18] und als eine Station auf dem Weg zum „antiquarischen Roman Walter Scotts" gesehen hat[19] – schließ-lich ganz vom Medium des Bühnendramatischen. Wie starke innere Wi-derstände es dabei zu überwinden galt, wird vielleicht deutlich, wenn man bedenkt, daß es sich noch bei einer seiner ersten Taschenbuchnovellen um einen gescheiterten Komödienentwurf handelt.[20] Auch die dämpfende, ob-jektivierende Neubearbeitung des ,Lovell' von 1813 hat man mit Recht in diesen Zusammenhang gestellt.[21] Und natürlich muß man auf die etap-penreiche Entwicklung vom romantischen (,Eckbert') über das allego-rische Märchen (,Die Elfen') zur „neuen Manier" des ,Liebeszaubers' und zum vollzogenen Übergang zur Novellendichtung im ,Pokal' hinweisen.[22] Der Phantasusrahmen endlich ließ sich als der „stille Abschied von der Begeisterung seiner romantischen Dichterjahre" interpretieren.[23]

Seit jeher hat man in der Forschung, sofern man den Gründen dieser so-genannten „Realismus"-Wendung Tiecks nachfragte, auf seine Freund-schaft mit S o l g e r als das entscheidende Bildungserlebnis hingewiesen. Es besteht auch kaum ein Zweifel, daß die Begegnung mit dem sieben Jahre jüngeren Philosophieprofessor den Dichter nachhaltig beeindruckt hat. Der Akzent, den Solger auf „das Gegenwärtige, das Leben, das Reale als künstlerischen Stoff" legte, war ihm ebenso wichtig wie seine Hoch-schätzung Shakespeares, Goethes, Kleists oder sein distanziertes Interesse für Walter Scott. Es ist glaubhaft, wenn Tieck Solgers Urteil „vorzüglich

---

[18] Fritz Schmitt, Deutsche Literaturgeschichte in Tabellen. Unter Mitarbeit von Gerhard Fricke. Teil III. 1952. S. 59.
[19] Henry Lüdeke, Ludwig Tieck und das alte englische Theater. Ein Beitrag zur Geschichte der Romantik. 1922. (Deutsche Forschungen H. 6). S. 300.
[20] Ludwig Tieck's Schriften. 11. Bd. Bln. (Reimer) 1829. Vorbericht zur dritten Lieferung. (Im folgenden zitiert als: Tieck, Vorbericht). S. lxxxiv.
[21] Horst Lindig, Der Prosastil Ludwig Tiecks. Diss. Lpz. 1937.
[22] R. Lieske a.a.O. S. 27/46.
[23] Ebd. S. 47.

über Poesie, fast unbedingt" vertraut zu haben bekennt[24] und ihm selbst gelegentlich seiner ‚Philosophischen Gespräche' schreibt, er wisse „wirklich nicht, zum wievielten male" er sie gelesen habe.[25] Aber schon die Datierung der Freundschaft (die man kaum vor 1811, drei Jahre nach der ersten Begegnung, im Jahr des ‚Pokal' also, ansetzen darf) macht im Zusammenhang mit dem oben Gesagten deutlich, wie selbstverständlich auch dieser sich anspinnende Gedankenaustausch in eine bereits eingeschlagene Linie einzuordnen ist. Die Einwirkung der Solgerschen Philosophie markiert keinen abrupten Bruch oder ein plötzliches Umdenken, – ganz abgesehen davon, daß sie selber kein „realistisches" Programm enthält, sondern vermittelnde Essayistik in einem wenig revolutionären Sinn darstellt. Noch 1815 pries Solger z. B. den ‚Gestiefelten Kater' und ‚Blaubart' als „die vollkommensten Dramen, im eigensten Sinne des Worts."[26] Es ist wohl vielmehr ein Zeichen der inneren Elastizität Tiecks, daß er Solger im geeigneten Augenblick zur Bestätigung des Selbstgedachten kennenlernte und sich ihm freundschaftlich zuwandte. „Ich glaube", schrieb er ihm am 1. 9. 1815 in einem Brief, der wohl das Wesentliche an dieser Beziehung nennt, „wir haben den nehmlichen Widerwillen gegen die Einseitigkeit, Erhitzung und leere Schwärmerei unserer Zeitgenosssen ... Bei meiner Lust am Neuen, Seltsamen, Tiefsinnigen, Mystischen und allem Wunderlichen lag auch stets in meiner Seele eine Lust am Zweifel und der kühlen Gewöhnlichkeit und ein Ekel meines Herzens mich freiwillig berauschen zu lassen, der mich immer von allen Fieberkrankheiten zurückgehalten hat, so daß ich (seit ich mich besonnen) weder an Revolution, Philanthropie, Pe(s)talozzi, Kantianismus, Fichtianismus noch Natur-Philosophie als letzte einzige Wahrheit Systemgläubig habe in diesen Formen untergehn können. Sie verstehn, wie ich es meine, und sind ja von demselben Geist beseelt, den manche junge Herren ja eben Philisterei nennen wollen ..."[27]

Die Leitworte, unter denen diese Freundschaft stand – der Widerwille gegen Einseitigkeit und Schwärmerei, gegen Systemgläubigkeit und romantisch-geniale „Fieberkrankheiten", die gemeinsame Lust an der „kühlen Gewöhnlichkeit", die ironisch-ernsthafte Aufwertung der „Philisterei" auf der Grundlage einer Weltanschauung, die gleichwohl und trotz ihrer „Zweifel" an Begriffen wie „Herz", „Seele" und „Geist" festhielt – waren so emotionsbestimmt und vage wie der Satzbau des Tieckschen Briefs. Sie wirken wie ein Ausdruck überaus persönlicher Allergien; ihr

---

[24] Tieck and Solger a.a.O. S. 334.
[25] Ebd. S. 263.
[26] Solger, Nachgelassene Schriften a.a.O. Bd. I. S. 469.
[27] Tieck and Solger a.a.O. S. 182.

Stichwortcharakter rührt aber auch daher, daß sie den Rückhalt eines überindividuellen Epochenklimas besitzen. Wir stoßen auf ähnliche Formulierungen nicht nur bei Tieck, sondern bei außerordentlich vielen und zumal den jüngeren Zeitgenossen. Alexis sprach fast mit denselben Worten davon, wie er in seiner Jugend in kurzer Zeit das „ironische" und das „fatalistische Fieber" überwunden habe und vergaß nicht hinzuzufügen, eine gewisse Vernünftigkeit selbst bei seinen frühesten poetischen „Exzessen" stets im Auge behalten zu haben: „Wir gaben uns oft einen Bramarbaston und meinten es im Grunde gut und ehrlich..."[28] Die Aufwertung der „Horatio-", „Laertes-" und „Albert"-Typen im Gegensatz zu hamletisch Zerrissenen[29] und den „Werthern des Neunzehnten Jahrhunderts" (vgl. u. S. 199f) weist in die gleiche Richtung, sodaß die monographische Tieckforschung – die wenigen Hinweise mögen hier genügen – wohl gut daran täte, Tiecks „Abwendung von Romantik" (R. Lieske) stärker als bisher in konkrete zeitgeschichtliche Zusammenhänge zu stellen.

Über der Untersuchung der Beziehung zwischen Tieck und Solger hat man dabei seltsamerweise einen anderen, vielleicht ebenso wichtigen und beide berührenden Einfluß bisher kaum beachtet. Man hat im Zusammenhang mit dem entsagenden Schluß des ‚Lovell' und natürlich bei Gelegenheit des ‚Jungen Tischlermeisters' wohl hier und da auf eine Nachwirkung des ‚Wilhelm Meister' hingewiesen. Der Reflektion Tiecks auf die gerade in dem uns interessierenden Zeitraum erschienenen ersten drei Teile von ‚D i c h t u n g   u n d   W a h r h e i t' (1811/14) wird von der Tieckforschung, einen kurzen Hinweis Henry Lüdekes ausgenommen,[30] dagegen nirgends besondere Aufmerksamkeit geschenkt. Und doch kann man beobachten, daß gerade ihre Verbindung von biographischem, geschichtlichem Denken und „moralischer" Erzählhaltung, von Authentizität und tieferer Bedeutung nicht ohne Wirkung auf die Konsolidierung seines Weltbilds geblieben ist. Er empfand sich, wie Unzählige nach ihm, Goethes Biographie punktuell an, sichtete nicht nur das Leben Shakespeares in seinem Novellen-Triptychon (1826–1831), sondern auch sein eigenes im vergleichenden Rückblick nach Goetheschem Muster. Das tiefe innere Hadern Tiecks mit seiner romantischen Jugend ist in seiner Intensität kaum ohne die vorangehende Lektüre von ‚Dichtung und Wahrheit' zu verstehen. Ein Gefühl von Ressentiment – gleichsam als hätte ihn diese „Verirrung" und die Verführung falscher Parteifreunde

[28] Willibald Alexis, Erinnerungen. Hg. von M. Elwert. 1905. S. 346ff.
[29] Vgl. etwa E. A. H. Clodius, Über Shakespeare's Philosophie, besonders im Hamlet. In: Urania a.d.J. 1820. S. 275/322, vor allem S. 322.
[30] H. Lüdeke a.a.O. S. 316.

27

nicht nur um eine engere Beziehung zu Goethe selbst, sondern darüber hinaus um sein „Weimar" und seine „Klassik" gebracht – durchzieht viele seiner späteren Novellen. In der letzten, ‚Waldeinsamkeit' (Urania a. d. J. 1841), stellt er die romantische Episode geradezu als verbrecherische Inhaftierung in weltferner Abgeschiedenheit dar. Überhaupt dürfte manches, was man gewöhnlich dem Einfluß Solgers zugeschrieben hat, zumal in der Form, in der es bei Tieck wirksam wurde, auf die gemeinsame Beschäftigung beider mit dem Werk des späten Goethe zurückzuführen sein. Der Hinweis auf Shakespeare,[31] der Nachdruck, den Solger auf das „lebendige, das Erlebte" legte[32] und die Restauration der alten Hochschätzung der „Erfahrung",[33] die prononcierte Systemfeindschaft,[34] die Überhöhung des Einzelnen zum Beispielhaften und nicht zuletzt der Begriff der „Ironie" als Ausdruck heiterer Weltdistanz, „die sich über die Gegenstände, über Glück und Unglück, Gutes und Böses, Tod und Leben erhebt und so zum Besitz einer wahrhaft poetischen Welt gelangt"[35] (eine Formulierung, die mit einer spezifisch biedermeierlichen Umdeutung in Tiecks ‚Vorbericht' aus dem Jahr 1829 eingegangen zu sein scheint), war in manchen Details in ‚Dichtung und Wahrheit' bereits deutlich vorgebildet. Goethes Freund Behrisch (im 7. Buch) wirkt sicher nicht zufällig wie die Vorwegnahme eines Tieckschen Kauzes. Die für Tiecks Spätstil charakteristische Technik „halber Unfälle" (die sich bei näherem Zusehen als harmlos herausstellen),[36] die Mischung von Komischem und Erhabenem, die programmatisch beispielsweise in Tiecks Jugendgeschichte Shakespeares (‚Das Fest zu Kenelworth') durchgespielt wird, läßt sich ebenfalls aus ‚Dichtung und Wahrheit' vielfältig belegen.[37] Sogar Shakespeares Eltern in der genannten Novelle – ein puritanisch strenger Vater und eine mütterliche Frohnatur – wirken wie ausgeliehen. – Natürlich stößt man auch auf unmittelbare Erwähnungen Goethes in Tiecks späteren Novellen,[38] auf offene Anklänge und versteckte Zitate. ‚Der Mondsüchtige' (Urania a. d. J. 1832) lehnt sich nicht nur (wie ‚Eine Sommerreise' 1834 und ‚Der junge Tischlermeister' 1836) an den Goetheschen (und nur in

---

[31] Goethes Sämtliche Werke. Hg. von J. Zeitler. Lpz. o. J. (Tempel-Klassiker). Bd. 12. S. 55ff.
[32] Tieck and Solger a.a.O. S. 334.
[33] Goethe a.a.O. Bd. 11. S. 366/8.
[34] Vgl. o. S. 26. – Goethe a.a.O. Bd. 11. S. 423.
[35] Goethe ebd. S. 513, 511.
[36] Vgl. Tieck, Nov. a.a.O. Bd. II. S. 34f., III. 187, I. 270. – Goethe a.a.O. Bd. 11 S. 94, 239f.
[37] Tieck, Nov. Bd. II, S. 42f. – Goethe a.a.O. Bd. 11. S. 239f.
[38] Tieck, Nov. Bd. VII. S. 55. Besondere Beachtung genießt dabei der Straßburger Goethe: Nov. Bd. VIII. 134, V, 112f.

biographischem Zusammenhang eigentlich legitimen!) Typus des summarisch berichtenden Reisereferats[39] an, sondern schildert selbst eine etwas verwirrte Bildungsreise durch das Elsaß auf Goethes Spuren, wobei als „dingsymbolisches" Schicksalsinstrument ein Bändchen Goethegedichte fungiert.

Man könnte mit dieser Aufzählung fortfahren. Man könnte vor allem erwähnen, wie Tieck sich Goethes Vorstellung vom „Reifen" als einer Form von „Rekonvaleszenz"[40] und seine Interpretation ganzer Lebensperioden als notwendiger „Verirrungen",[41] seinen Begriff der „Epoche"[42] (der nicht nur in ‚Dichtung und Wahrheit' sondern auch in der von Tiecks ‚Vorbericht' 1829 besonders herausgestellten Ferdinandnovelle der ‚Unterhaltungen' eine wichtige Rolle spielt) biographisch anzueignen schien, und wie Tiecks Spätwerk die in ‚Dichtung und Wahrheit' leitmotivisch wiederkehrende Vorstellung des Ausgleichs zwischen individueller Freiheit und gesellschaftlicher Notwendigkeit auch zu seinem Grundthema gemacht hat. Tatsächlich indes ist es wichtiger – gerade wenn man dieses Spätwerk als Ganzes betrachtet – auf einen bedeutsamen Unterschied hinzuweisen. Tieck hat Goethes Persönlichkeits- und organisches Entfaltungsprinzip nur punktuell, nicht aber strukturell übernommen. Die Reflektion auf Goethe, so deutlich sie mitunter zu spüren ist, dient ihm grundsätzlich zu sehr zum Anlaß einer im Detail differenzierten, im Wesen aber kaum modifizierten Restauration des alten moralischen Weltkonzepts der Spätaufklärung, als daß er etwa die Möglichkeit einer organisch verinnerlichten Besserungsstruktur, die sich in Goethes Ferdinanderzählung andeutet (sobald man sie im Zusammenhang mit seinen autobiographischen Konfessionen liest), auch nur wahrgenommen hätte. Oder vielmehr: nahm er die Möglichkeiten nicht vielleicht doch wahr, sah er „die revolutionären Ansätze der Goethezeit", die man in der Restaurationsepoche „in ihrer Tiefe meistens nicht" verstand,[43] und ließ sie bewußt fallen? Trivialisierte er absichtlich und nahm seine Zuflucht zu den „tröstenden" Momenten des Goetheschen Weltbilds, gerade weil er die darin verborgenen „revolutionären Ansätze" erkannte? Daß er insgesamt in seiner Spätzeit das „Persönliche" stärker als Goethe an den Rand des Skurrilen und der „Tollheit" rückte, während er die überindividuellen Normen um eine Spur absoluter, statischer und

---

[39] Vgl. vor allem Goethe a.a.O. Bd. 12. S. 60.
[40] Goethe a.a.O. Bd. 11. S. 404, Bd. 12. S. 68.
[41] Vgl. ebd. Bd. 11. S. 272.
[42] Goethe ebd. Bd. 11. S. 290. – Tieck, Nov. Bd. VI. S. 191.
[43] F. Sengle, Voraussetzungen und Erscheinungsformen der deutschen Restaurationsliteratur a.a.O. S. 144.

totalitärer erscheinen ließ, mochte manchen Zeitgenossen als eine „Überwindung" der klassisch-romantischen Goethezeit vorkommen, – man
denke an das oben zitierte Wort H. Brockhaus' (S. 17. Anm. 25). „Es ist
keinem Zweifel unterworfen", notierte Tieck etwa um 1820, „daß in uns
selbst eine Regierung, ein Zwang errichtet und eingeführt werden muß,
um zu gebildeten, zu freien Wesen, zu Menschen zu werden; Triebe
müssen, Talente selbst gebeugt und geschwächt, oder vielleicht Schwächen
in uns aus dem Schatten gerufen und gekräftigt werden... Nur durch
die Beschränkung geht der Weg zur wahren Freiheit..."[44] Es entspricht
dem Wesen der Biedermeiergeneration, auf das Gefühl der Gefährdung
und Bedrohung menschlichen Lebens, das in ‚Dichtung und Wahrheit'
gelegentlich anklingt,[45] ängstlicher und auf Goethes geheimen „Schwin-
del"[46] ausweichender zu reagieren. Zumindest bei Tieck wird man feststellen, daß es in der Folge öfter beredet und weit seltener gestaltet wurde. Es gibt kaum eine seiner späten Novellen, in der nicht an irgendeiner
Stelle auf die „schmale Linie" hingewiesen würde, auf der „alles Leben
zwischen Wahn und Wahrheit, zwischen Schein und Wirklichkeit" dahinläuft.[47] Keine seiner Novellen verzichtet aber auch auf die Darstellung
eines harmonisierenden Gleichgewichts – zwischen Wunderbarem und
Alltäglichem, Sein und Schein, Lüge und Natur, Phantasie und Nüchternheit, Fanatismus und Entsagung, – auf einen Abglanz eben jenes „Gleichgewichts",[48] der „Schonung"[49] und der Toleranz,[50] überhaupt des Goetheschen Geltenlassens, das er sich in jenen Jahren anzueignen begann.
Weder Tiecks Freundschaft mit Solger, durch die er auf das „Reale", noch
seine Wiederentdeckung Goethes, durch die er immerhin auch auf die
Würde der „schlichten gewöhnlichen Prosa"[51] verwiesen werden konnte

---

[44] Ludwig Tieck, Nachgelassene Schriften. Auswahl und Nachlese. Hg. von
Rudolf Köpke. Bd. II. S. 102. – Vgl. dazu etwa Arthur Schopenhauer, Sämmtliche Werke. Hg. von J. Frauenstaedt. ²1919. Bd. V. S. 443: „Jede Beschränkung..., sogar die geistige, ist unserm Glücke förderlich."
[45] Vgl. Goethe a.a.O. Bd. 11. S. 416, 490f.
[46] Vgl. ebd. S. 446. – Tieck, Nov. Bd. VIII. S. 42; Bd. IX. S. 298.
[47] Tieck, Nov. Bd. VIII. S. 174.
[48] Der Begriff des „Gleichgewichts", in das die poetische Gerechtigkeit alles zu
bringen habe, ist z. B. in Tiecks „Vorrede" eingegangen (vgl. Goethe a.a.O. Bd. 11.
S. 123). Ferner die Forderung nach Lösung der „Rätsel des Menschenlebens"
(Goethe ebd. S. 343), die Betonung der „freien Luft" (Goethe ebd. S. 495) u. a.
[49] Goethe a.a.O. Bd. 11. S. 444, 483. Bd. 12, S. 212 u. ö. – Tieck, Nov. a.a.O.
Bd. X. S. 46/48.
[50] Goethe a.a.O. Bd. 12. S. 78. – Tieck, Nov. a.a.O. Bd. II. S. 285; Bd. V. S. 6. –
Vgl. a. Chr. Gneuss a.a.O. S. 4f.
[51] Vgl. Sophia Bernhardi (geb. Tieck), Evremont. Ein Roman. Hg. von Ludwig
Tieck. Breslau 1836. Bd. I. S. 5.

und die seinen Stil in Details beeinflußt hat, wurden in unserem Zusammenhang allerdings erwähnt, um die „Novellenwendung" der Folgezeit zu erklären. Tatsächlich ergibt sie sich aus dem Gesagten keineswegs mit Notwendigkeit. Worauf es uns ankam, war vielmehr die Lockerung der früheren „Einkräftigkeit" aufzuzeigen, die Ausbildung seines Konversationstalents, die neue Betonung des „Gleichgewichts" und einer biographisch nicht allein ausdeutbaren Aversion gegen die eigene romantische Vergangenheit, die Überwindung vor allem einer zwischen „Exaltationen" und Sterilität schwankenden Lebenshaltung auf der Basis einer elastischeren und zugleich anspruchsloseren Kompromißbereitschaft.

Als Tieck 1819 in dieselbe Stadt zurückkehrte, die er nach einem ersten kurzen Aufenthalt in den Jahren 1801/1802 fast fluchtartig verlassen hatte, hatten ganz zufällige Umstände den Ausschlag gegeben. Die Übersiedlung nach Dresden, die nach dem Tod seines alten Ziebinger Gönners, des Grafen Finkenstein, nahelag, trug keineswegs den Charakter einer inneren Notwendigkeit; und doch scheint Tieck von der Selbstverständlichkeit, mit der ihn die residenzstädtische Bildungsgesellschaft und der liberale Buchhandelsbetrieb in ihren Rhythmus einbezogen, überrascht und „entzückt" gewesen zu sein. „Seit ich hier bin", schrieb er unmittelbar nach seiner Übersiedelung an Solger, „bin ich heiterer als seit vielen Jahren: alles kommt mir frisch und in neuem Gewande entgegen und, was mich am meisten erstaunt, dieselben Gegenstände entzücken mich, die mich damals bedrängten und melancholisch machten, als ich im Jahre 1801 und 1802 hier wohnte, jung und gesund..."[52] Die „Einsamkeit", über die er sich in einem früheren Brief beklagt hatte (vgl. o. S. 23), lichtete sich sichtbar, – gewiß auf der Grundlage der Beschränkung, selbst einer Reduktion des Gefühlsmoments. An die Stelle des oft gequälten, oft übertrieben herzlichen Bemühens, persönliche Freundschaften zu bewahren, trat immer mehr eine sachliche und distanzierte Korrespondenz, die beratend, lehrend, dankend den Gesetzen höflicher Konzilianz und freundschaftlicher Überlegenheit untersteht. In einem Brief an Brockhaus – dieser Briefwechsel ist selbst ein repräsentatives Dokument der neuen Periode – erwähnt Tieck einmal eine Sammlung von 2690 an ihn gerichteten Briefen, von denen Holtei nur einen Bruchteil veröffentlicht hat.[53] Neben die unmittelbaren Impulse der neuen Umgebung trat zunehmend der Kontakt mit den Strömungen und Strebungen des ganzen „gebildeten Deutschland"; – auch dies ein Umstand, der die Er-

---

[52] An Solger 22. 9. 1819. K.W.F. Solger, Nachgelassene Schriften a.a.O. Bd. I. S. 776.
[53] Aus Tiecks Novellenzeit a.a.O. S. 195.

mittlung eines einzigen auslösenden Moments der nun, um 1820, einsetzenden Novellenschriftstellerei erheblich erschwerte.

Zweifellos besteht ein Zusammenhang zwischen Tiecks Novellenwendung und ähnlichen „Bekehrungen", die man in diesen Jahren in den Schaffensgeschichten auch anderer deutscher Dichter feststellen kann. Man stößt auf Analoges bei Weisflog und Houwald, Henrik Steffens, Caroline Fouqué oder Wilhelm Müller. Selbst E.T.A. Hoffmann ersetzte in dieser Zeit ja das „serapiontische" durch das detailrealistische, genrefreudige Prinzip in ,Des Vetters Eckfenster' (1822), und nicht weniger als acht seiner zwischen 1818 und 1823 erschienenen Novellen hatten ausdrücklich die Aufwertung des „Philisteriums" zum Thema. Wie wir sehen werden, fiel der Beginn der Restaurationsepoche mit einer regelrechten Welle prosaepischer Hochkonjunktur zusammen; und das literarische Klima des mitteldeutschen Buchhandelszentrums, das Tieck plötzlich in nächster Nähe umgab, wirkte sicher nicht unbeträchtlich zurück. Kaum ganz zufällig war das Dresden der frühen Biedermeierzeit ja auch die Stadt, in der sich H. Clauren zu dem bekannten Vielschreiber und Herausgeber von Novellensammlungen entwickelt hat. Die Nähe und zunächst freundschaftliche Bekanntschaft und Konkurrenz der publizistischen Routiniers des „pseudoromantischen" Vespertinakreises, der zahlreiche frühbiedermeierliche Züge aufweist, darf ebenfalls nicht völlig übersehen werden.

Formaler Fragmentarismus und bequemes, durch das Ziebinger Mäzenatentum begünstigtes Laissez-faire traten für Tieck nun, sofern er am literarischen Leben der Hauptstadt teilhaben wollte, zugunsten der Notwendigkeit zurück, einigermaßen abgeschlossene Werke für den Bedarf eines zunehmend kaufkräftigeren Publikums des gehobenen („gebildeten") Mittelstands zu schreiben. Man wird immer noch nicht behaupten können, daß die Notwendigkeit einer „Novellen"-Wendung dadurch gegeben war. Entscheidend ist vielmehr der Entschluß des romantischen Lyrikers, Kritikers, Herausgebers und universalpoetischen Dramatikers, der keinen finanziellen Rückhalt besaß und sich im Gegensatz zu anderen Romantikern auch nicht zum Übergang in einen festen Beruf entschließen konnte, das durch die Buchhandelsverhältnisse der frühen Biedermeierzeit nahegelegte Medium des Taschenbuchs zum Feld seiner Tätigkeit zu wählen. Wir werden im folgenden noch häufig auf die Bedeutung dieser für unsere Epoche tatsächlich repräsentativen Publikationsform zu sprechen kommen. Wir werden dabei auch sehen, daß sich im Lauf der zwanziger Jahre immer selbstverständlicher die Identifikation von Taschenbuchschriftstellerei und Novellenproduktion herauszubilden begann und sich das, was man in der Biedermeierzeit unter „Novelle" verstand, gerade innerhalb dieses Rahmens entwickelte und keinesfalls nur einfach eine vorgegebene „Gattung" in ein neutrales Publikationsmedium einbezogen werden konnte. In unserem Zusammenhang genügt es zu erkennen, daß diese jährlich-periodisch erscheinenden Sammelwerke für Tieck aus verschiedenen Gründen ein gemäßes, verlockendes und überdies hoch honoriertes Forum darstellen mußten.

Tieck hat sich wie fast alle anspruchsvolleren, vom „aristokratischen" gattungshierarchischen Denken der humanistischen Tradition beeinflußten Dichter seiner Zeit gelegentlich über den modischen Kult der Taschenbücher lustig gemacht.[54] In ihrer Zwischenstellung zwischen „ephemerem" Feuilletonismus und dem geheimen Ewigkeitsanspruch der Einzelpublikation bildeten sie indes eine wirklich zeitgerechte Kompromißlösung zwischen romantischer Universalpoesie und gesellschaftlicher, auf die restaurierten Leitbegriffe der „Unterhaltung", der belehrenden Erfahrungsvermittlung, „tröstenden" Moralisierens und des Gelegenheitspoetischen bezogener Gebrauchsliteratur. Sie entsprachen zugleich dem Verkehrs- und Handelswesen des vorindustrialistischen Deutschland so vollkommen, daß sich den expandierenden Verlegern der frühen Biedermeierzeit in ihnen das eindeutig lukrativste Feld eröffnete. Zwischen Leder-, Saffian-, Glanzpapier- und einfachen Pappeinbänden, in Kassetten mit Werbebeigaben, unter Stichen, Choreographien „neuester Modetänze", Noten- und Modebeilagen tummelte sich hier die tradierte und konsolidierte Literatur der „a l l g e m e i n e n   B i l d u n g", die auch in Goedekes ‚Grundriß' das quantitativ bedeutendste Kontingent der Restaurationspublizistik bildet. Ihr Sammelcharakter erlaubte es, das V a r i e t a s -prinzip der alten Gesprächsspieltradition mit didaktischem M o r a l i s i e r e n der Aufklärungswochenschriften zu verbinden, und dabei auch dem neuen   e m p i r i s c h e n   Interesse des 19. Jahrhunderts mühelos Rechnung zu tragen. Eine bunte Pluralität von fiktionalen und nichtfiktionalen Beiträgen, von Geschichtlichem, Naturkundlichem, Vaterländischem, Erbaulichem, Kunsthistorischem, Biographischem, Lokalem, Aktuellem, Ästhetischem, Kritischem, von Poesie und Prosa wechselte hier in der Regel miteinander ab und konnte sich gegenseitig durchdringen. Keine puristische Gattungsästhetik wäre den zahllosen Interferenzformen von topographischer Beschreibung, moralischer Erzählung, didaktischem Dialog, reflektierender Diskussion gesellschaftlicher Tagesereignisse, Brief- und Tagebuchnovellen gewachsen, die hier zwischen anekdotischen „Skizzen" und additiven Großformen variierten. Die Taschenbücher – selbst als M i s c h f o r m e n definiert – erhoben die

---

[54] Vgl. etwa Tieck, Nov. a.a.O. Bd. I. S. 396ff.

Gattungsmischung auf der Grundlage eines relativ ephemeren Anspruchs geradezu zum Prinzip. Sie bevorzugten und begünstigten Zwischengattungen wie dramatisierte Balladen, „dramatische Gemälde", zwischen Vers und Prosa wechselnde „Toilette-Blätter", nach vorgegebenen Worten oder auf eine Folge von Kupferstichen verfaßte Gelegenheitserzählungen, Versglossen zu Illustrationen klassischer Gedichte, dramatische, vers- und prosaepische Idyllen u. dgl. m. Das U n g e b u n d e n e , und das hieß in einem speziellen Sinn natürlich vor allem die konversationsmäßig gelichtete, „leichte", an der gesellschaftlichen Wirklichkeit und den durch Konvention geheiligten Utopien der Zeit orientierte P r o s a beherrschte sie in immer zunehmendem Maß. Offene, strukturell kleinteilige Erzählformen, die ihrerseits am besten die facettierte Universalität des Taschenbuchrahmens widerzuspiegeln vermochten, hatten sich lange vor Tiecks Novellenwendung hier bereits etabliert; und wenn man diese prosaepischen Formen „Novellen" nannte, dachte man sich offensichtlich nicht allzuviel dabei. Sie waren wie die Taschenbücher selbst ihrer Intention nach nicht viel mehr als eine „Rubrik unter welcher gar vieles wunderliche Zeug kursiert."[55] „Reflexionen, theoretische Erörterungen und insbesondere Gespräche über thematisch fernliegende Dinge" – die innerhalb des Taschenbuchrahmens zumeist nahelagen! – belasteten, wie die Historiographin der Biedermeieralmanache, Margarete Zuber, generell feststellen konnte, „die formale Seite in einem Maße, daß in diesen Novellen das ‚Unerhörte'… fast völlig aufgehoben" erschien.[56]

Freilich unterstellten sich die Taschenbuchnovellen ebenso wie alle echten Taschenbuchgattungen und die Taschenbücher selbst, wie wir anzudeuten versuchten, dem Prinzip der „Geschlossenheit" nicht oder nur in einem sehr weiten Sinn. Ihr Ziel war vielmehr wie das der zeitgenössischen Konversationslexika, die in den gleichen Jahren epochenkonstitutive Bedeutung gewannen, weder nüchterne Reihung von Fakten noch unverbindliches Spiel noch auch die Vermittlung abstrakter „Erbauung", sondern recht eigentlich die kombinierte Darbietung von Weltbetrachtung u n d Weltorientierung, von „Vergnügen" u n d „Belehren". Indem sie insgesamt einen nach möglichst vielen Bereichen der ästhetischen Bildung und des Wissens hin offenen Spielraum entwarfen, spiegelte sich in ihnen zugleich auch etwas von dem gebildeten Konversationsklima wider, wie es Tieck in Dresden beispielsweise tatsächlich umfing, wie es aber als

---

[55] Goethe, vgl. u. S. 145.
[56] Margarete Zuber, Die deutschen Musenalmanache und schöngeistigen Taschenbücher des Biedermeier. 1815–1848. In: Archiv für Gesch. d. Buchwesens. Bd. 1. 1958. S. 398/489. Zitiert nach: Vorabdruck im Börsenblatt f. d. dt. Buchhandel. Frankfurter Ausg. Jg. 13. 1957. Nr. 54a. S. 936.

Ziel und Stilvorbild des neu sich konsolidierenden Biedermeierbürgertums allenthalben in Deutschland zu beobachten ist. Wir können hier nur andeuten, wie ernst man in jener Zeit den Begriff der „C o n v e r -
s a t i o n" und den ganzen damit zusammenhängenden Bereich der „Unterhaltung" oder des „geselligen Vergnügens" nahm, auf den man in Titeln und Untertiteln vieler Almanache, Zeitschriften und Zeitungen anspielte. Aber man braucht sich nur etwa die Ausführungen des ‚Damen-Conversations-Lexicons' von 1834 unter dem entsprechenden Stichwort zu vergegenwärtigen, um etwas von ihrem universalen Anspruch zu ahnen. Ganz selbstverständlich galt „Conversation" in der „feinen und gebildeten Gesellschaft" als der „Hauptreiz der Unterhaltung, das belebende Element derselben":

> In ihr findet der Austausch der Ideen statt, sie ist der Kampfplatz, wo Meinungen, Ansichten, Maximen etc. gegen einander auftreten, gegen den Widerspruch einen feindseligen Krieg führen, siegen oder besiegt werden, um neuerdings wieder in das Feld zu rücken. Die C(onversation) hat in der Regel ein b e g e b e n h e i t l i c h e s I n t e r e s s e zur Grundlage, um dieses dreht sie sich, dieses handelt sie auf die verschiedenartigste Weise ab, und variiert das Thema auf das Vielfältigste, oft Ü b e r r a s c h e n d s t e. Ihre Beigaben sind E p i s o d e n, R e f l e x i o n e n, A p h o r i s m e n; aber das Beiwort darf nie unschmackhaft, unschön, nie grell sein, und darf sich nie zu weit vom H a u p t t h e m a verlieren. Sie sei stets elegant, sittig, leidenschaftslos, mit Witz, Laune, Humor, Bonmots, durchflochten; ein Blumengang, wo zwischen den grünen Lauben bunte Blüthen herabnicken; sie erschöpfe aber nie einen Gegenstand bis zur Langeweile, bis zum letzten Verklingen des letzten Tones. Sie sei ein Strom, der mählig anschwillt und majestätisch sich in das Meer stürzt, nicht aber ein Fluß, der mächtig hinströmt, aber statt zu münden, sich im Sande verliert. Sie wechsle oft mit den Gegenständen der Unterhaltung, springe aber nicht zu willkürlich von Einem auf den Andern über...[57]

Nicht nur die hervorgehobenen Leitworte zeigen, wie leicht es wäre, an die Stelle von „Conversation" in diesem Zusammenhang den Begriff „Novelle" zu setzen, so wie er in unserem Zeitraum allenthalben und nicht nur unter dem Einfluß Tiecks verstanden wurde. Der Bremer Gymnasialprofessor W. E. Weber meinte z. B. 1832 in einer (1835 publizierten) Vorlesung:

> Das Geheimniß einer in angenehmer Leichtigkeit bedeutenden Unterhaltung, wozu viel Geist, vieles Wissen ..., viele Weltkenntniß, viel gesellschaftlicher Takt, und zugleich ein wohlwollendes Behagen, das auf sittlich klarer Lebensansicht beruht, mit Einem Worte, wozu eine gemüthlich wie erfahrungs-

---

[57] Damen-Conversations-Lexicon a.a.O. Stichwort ‚Conversation'. Hervorhebungen von mir.

mäßig vollkommene Bildung gehört, das ist auch das Geheimniß eines guten Novellentons.[58]

Tieck, für dessen Novellistik man ein Übergewicht von etwa vier Fünfteln direkter Rede gegen ein Fünftel „Erzählung" ermittelt hat,[59] genoß zweifellos die Möglichkeiten, die sich ihm in dieser seiner „durchaus dialogischen Natur"[60] gemäßen Unschärfezone boten. Auch bei ihm findet sich eine Definition des „Gesprächs" („daß es immer ermitteln, Zweifel aufwerfen und lösen will, die Gegend aufsuchen, wo ein gemeinsames Recht der Widersprüche liegt, die immer nur in weitgetriebner Consequenz aneinanderrennen",[61]), die fast wörtlich in seiner Novellendefinition wiederkehrt.[62] Und nicht nur Solger nannte es einen „sehr glücklichen Gedanken, den Sie ja noch mehr ausführen müssen, das Publikum an den Früchten dieses seltenen Talentes der Unterhaltung teilnehmen zu lassen, womit Sie Ihre Freunde bezaubern."[63] Gerade das Lockere und diskursiv Aufgesprengte seiner Novellistik, die sich als elastisches und bequemes Medium seines lange ausgebildeten Konversationstalents erwies, stieß in der zeitgenössischen Kritik allenthalben auf eine zunächst sehr lebhafte Zustimmung. Wilhelm Müllers Sammelbesprechung der ‚Gemälde', der ‚Verlobung' und der ‚Musikalischen Leiden und Freuden' hob z. B. die Funktion des Dialogs, der „den Kern dieser Novellen" bilde, rühmend hervor.[64] Den Umstand, daß hier „irgend ein Einfall, ein Urtheil, eine Kunstansicht, oder auch Grille des Autors ... durch einige Figuren, die untereinander geistreich darüber debattiren, verkörpert und ins rechte Licht gesetzt" wurde, empfand man generell erst n a c h der Jahrhundertmitte als den „umgekehrten Weg der gesunden Dichtung."[65] Die Biedermeierkritik selbst stand noch viel zu unreflektiert im Bann der traditionellen Vorstellung von der ordnenden („göttlichen") Funktion der menschlichen Rede, als daß sie nicht unwillkürlich alle Prosaformen, in denen

[58] Wilhelm Ernst Weber, Die Ästhetik aus dem Gesichtspunkte gebildeter Freunde des Schönen. Zwanzig Vorlesungen, gehalten zu Bremen. Lpz. u. Darmstadt 1835. 2. Abth. S. 185. Hervorhebungen von mir.
[59] Martha Schaum, Das Kunstgespräch in Tiecks Novellen. Diss. Gießen 1925. S. 65.
[60] Rudolf Köpke, Ludwig Tieck. Erinnerungen aus dem Leben des Dichters nach dessen mündlichen und schriftlichen Mitteilungen. Lpz. 1855. Bd. II. S. 262.
[61] Tieck, Nov. Bd. II. S. 284. Ähnl.: Bd. V. S. 6.
[62] L. Tieck, Vorbericht a.a.O. S. lxxxviii.
[63] Zit. bei M. Schaum a.a.O. S. 64.
[64] Wilhelm Müller, Vermischte Schriften. Hg. u. m. einer Biographie begleitet von G. Schwab. Lpz. 1830. Bd. V. S. 352f.
[65] Eichendorff, Der deutsche Roman a.a.O. S. 265.

„große Lebens-, Wissens- und Kunstideen abgehandelt werden, den blos tatsächlichen Erzählungen" vorgezogen hätte.[66]
Die polyhistorischen Tendenzen der Ziebinger Zeit, Tiecks philologische und anthropologische Sammlertätigkeit ließen sich unter diesen Voraussetzungen mühelos in die lockeren Erzählformen begrenzten Umfangs einsenken, die die Zugstücke der Biedermeieralmanache bildeten. Er brauchte sich, wie Marianne Thalmann richtig erkannt hat, von kaum einem seiner früheren Ansätze zu distanzieren. „Meine Pläne", schrieb er etwa 1817 seinem Verleger Reimer, „sind alle noch dieselben ... und die, welche seitdem hinzugekommen sind, widersprechen den früheren auf keine Weise."[67] Die neue Periode war zunächst weniger durch abruptes Umdenken als durch ihre Tendenz zum B e w a h r e n gekennzeichnet: sie beendete nicht nur die Arbeit an fragmentarischen Dramenentwürfen und den oben skizzierten mit Reisen, Editionen, wissenschaftlicher, kritischer und halbphilosophischer Tätigkeit ausgefüllten Lebensabschnitt, sondern sie nahm sie gleichsam in die Produktion mit hinein. Dresdner „Konversationsgeistreichigkeit" (Eichendorff) und Ziebinger Gesprächskultur wurden mit den feuilletonistischen Erfordernissen der modernen Taschenbuchmedien in Einklang gebracht. So nimmt es auch kaum Wunder, daß Tieck bei seinem nun einsetzenden Bemühen, von überallher Stoff und Ideen zu beziehen, auf Erarbeitetes und Erlesenes, Erlebtes und Erlauschtes und zugleich auf viele alte Pläne und Modelle zurückgriff. Die Romantik selbst wurde ihm dabei – wie weniger reflektiert auch den Vespertinaliteraten – verfügbarer Stoff (,Das alte Buch', ,Die Vogelscheuche'), Ferientraum (,Das Fest von Kenelworth') oder Jugendkrankheit (,Waldeinsamkeit'); sie wird psychopathologisch (,Die Reisenden'), folkloristisch (,Der Alte vom Berge') oder parapsychologisch (,Die Klausenburg') „erklärt" und zum Sonderfall relativiert. Strukturprägend erscheint sie nur noch in einem konservativen Aspekt. Tieck entkleidete sie aller subjektivistischen Beiwerks und harmonisierte ihre universale Wundergläubigkeit mit christlichen Vorstellungen, indem er innerhalb konventioneller Gesprächs- und alltäglicher Handlungszusammenhänge punktuell hier und dort den providenzbestimmten Ordnungscharakter der Welt durchscheinen ließ (,Der funfzehnte November', ,Weihnacht-Abend', ,Pietro von Abano' u. a. m.).
Die Umkehrung des serapiontischen Prinzips, wie sie programmatisch zur gleichen Zeit auch in E.T.A. Hoffmanns Erzählung ,Des Vetters Eckfenster' formuliert wurde, wirkt heute nach den konsequenten Program-

---

[66] Damen-Conversations-Lexicon a.a.O. Bd. VI. S. 314f. (Stichwort ,Lektüre').
[67] An Reimer 28. 2. 1817. Vgl. M. Thalmann, Tieck (1960) a.a.O. S. 18.

men der Realisten kaum mehr revolutionär. Betrachtet man heute Tiecks spätes Novellenwerk, so fällt gerade das Vermittelnde auf. Mit großer Vorsicht, scheint es, bemühte sich der Dichter, seine Erzählungen zwischen den beiden Polen des „Wunderbaren" und des „Alltäglichen" auszupendeln; und nur zögernd wagte er dabei den stärkeren Nachdruck auf das Alltägliche zu legen. Daß er es in keiner seiner Novellen versäumte, an irgendeiner Stelle etwas von dem „ewigen" Goldgrund der restaurativ-christlichen Mythologie durchscheinen zu lassen, hat in der Forschung gelegentlich ja sogar dazu geführt, daß man ihn in Anlehnung an eine zeitgenössische Äußerung zum „Heiligen von Dresden" stilisierte.[68] Man muß sich indes zugleich dabei vergegenwärtigen, daß den Zeitgenossen eben diese Akzentverschiebung nach dem Alltäglichen hin und das Gewicht, das Tieck mit seiner Novellenwendung überhaupt in die Wagschale der Prosa warf, als ein epochemachendes Ereignis erschien, – vor allem natürlich darum, weil man sich gewöhnt hatte, in ihm eine Art romantischer Karyatide zu sehen. Sie war trotz aller Rückverklammerungen ein „Abfall von der Romantik" (Eichendorff).[69] Natürlich stößt man bereits bei oberflächlicher Lektüre auf eine große Anzahl trivialromantischer Elemente und notdürftig verkleideter Hexen, Magier, Kobolde, Märtyrer, reiner Toren, Engel, Policinell- und Komödienfiguren; Tiecks Dingsymbole nehmen oft eine äußerst zwielichtige Position zwischen Gegenständlichkeit und fügungsinstrumentaler Funktion ein; selbst der Wendepunkt läßt sich in der Regel als ein „Lebenspunkt" interpretieren, in dem sich „das, was wir das Unsichtbare nennen, sichtbarlich offenbart".[70] Ausschlaggebend für die Zeitgenossen war aber eben die realistische Verkleidung, um die sich der Dichter nun konsequent bemühte, die stets wahrscheinliche Motivation des Handlungszusammenhangs, die Einsenkung des Wunderbaren in alltägliche Details, die bestimmte Historizität des Geschilderten und das Einhalten einer mittleren Stilebene. Noch 1851 galt Eichendorffs heftigster Vorwurf gegen die gesamte Gattung Novelle, die er mit dem einzigen Namen des „Meisters" Ludwig Tieck verknüpfte, ihrer Liaison mit dem prosaischen aufgeklärten Zeitgeist. „In der Novelle", schrieb er in seiner literaturwissenschaftlichen Abhandlung über den deutschen Roman, „ist der Rückzug vom Romantischen noch augenfälliger als bei dem Geschichtsromane; hier wird die Darstellung schon ganz entschieden aus der Vergangenheit in die allerneueste Gegenwart übersiedelt."[71] Gerade dies rühmte man aber im Lager der Prosaisten.

---

[68] Vgl. M. Thalmann, Tieck (1960) a.a.O. S. V, 83ff.
[69] Eichendorff a.a.O. S. 265.
[70] Tieck, Nov. a.a.O. Bd. IX. S. 40.
[71] Eichendorff a.a.O. S. 264.

Theodor Mundts halbautobiographischer Salzschreiber in den ‚Modernen Lebenswirren' (1834) fühlte sich bei der Lektüre Tieckscher Novellen mitunter sogar an die „weltfreie" Darstellungsart Shakespeares erinnert.[72] Alexis identifizierte 1829 „reale" und moderne Novellenpoesie in einer programmatischen Besprechung unmittelbar miteinander, nannte Cervantes, W. Scott und W. Irving als Vorbilder und fuhr dann fort:

> Endlich ein Mann, selbst einst der thätigste, der gefeiertste jener romantischen Lyriker, L. Tieck, dichtet Novellen, in denen das baare Leben unserer Häuser ser und Straßen vorkommt, wo unsere Handwerker und unsere Titulirten, unsere Gelehrten und unsere Künstler auf ebenem Boden gehen, reiten, Treppen steigen, – Novellen, in denen unsere täglichen Interessen, selbst die von Capitalien, eine Rolle spielen, und Witz und Verstand eben so viel Rechte haben, wie sonst in seinen Dichtungen die grüne Natur und die katholische Phantasie.[73]

Die „Lebensnähe" der neuen Tieckschen Novellen erkannte man nicht nur in den Gesprächen und in ihren lehrhaften Angriffen gegen „Unnatur", „Verstellung", „Schwärmerei", gegen das unwahre Pathos melodramatischer Liebeserklärungen (‚Der Geheimnißvolle', ‚Der funfzehnte November') und die „lügenhafte" Metaphorik der barocken Sprache (‚Die Gemälde'), sondern vor allem auch im Detail. Wenn im ‚Wiederkehrenden griechischen Kaiser', durch den Heinrich Laube zum Realismus bekehrt worden zu sein gelegentlich erklärt hat,[74] das, „was man so Menschen nennt" als ein „Gefüllsel von Haut, Knochen, Fleisch und Eingeweiden, mit etwas Blut angefärbt, und oben mit dem weißen Klebeschaum im Kopf" beschrieben wird[75] oder der Held beim Händedruck der Geliebten „zwei Gerippe" assoziiert, „die zehn Stäbe in einander flechten",[76] so vermischte sich „modernes" naturwissenschaftliches Denken freilich noch auf eine etwas grillenhafte Art mit den alten Desengaño-Topoi des christlichen Naturalismus. Man findet dergleichen auch bei anderen trivialromantischen Schriftstellern.[77] Auf zentrale, in den Augen der Zeit wahrhaft „lebensechte" Momente stoßen wir hingegen bei der Schilderung des „Kleinlebens".[78] Wenn im ‚Wiederkehrenden griechischen Kaiser' die

---

[72] Theodor Mundt, Moderne Lebenswirren. Briefe und Zeitabenteuer eines Salzschreibers. Lpz. 1834. S. 163.
[73] Willibald Alexis, Gesammelte Novellen. (Vorwort). Bd. I. Bln. 1830. S. viii f. [Im folgenden zitiert als: W. Alexis, Vorwort (1830)]. Vgl. u. Kap. IV. Anm. 1.
[74] Edwin Hermann Zeydel, Ludwig Tieck, The German Romanticist. A critical study. 1935. S. 299f.
[75] Tieck, Nov. a.a.O. Bd. VI. S. 355.
[76] Ebd. S. 332.
[77] Vgl. etwa Carl Spindler, Zwillinge. Zwei Erzählungen. Hanau 1826. S. 43.
[78] Tieck, Nov. a.a.O. Bd. VIII. S. 406.

„Menschlichkeit" einer Fürstin etwa dadurch charakterisiert wird, daß sie am liebsten wie irgend eine arme Bäuerin „Kohl und Blumen" pflanzte und „so eng umzäunt" lebte, „daß so wenig großes Glück wie Elend" sie treffen können,[79] wenn Tieck blumengießende Mädchen mit Strohhüten beschrieb[80] oder Schnupfen, Husten und die kleinen Verdrießlichkeiten des Lebens als die einzigen realen Prüfsteine der Liebe ausspann,[81] so wirkte dies neuartig, ja mitunter revolutionär. Denn das Mittelständische solcher Gefühle schien geradezu für ihre Natürlichkeit zu bürgen. „Wie im Mittelstande noch das meiste Glück anzutreffen ist, so bewahrt er auch noch die meiste Menschlichkeit":[82] mit solchen Argumenten konnte man in der gesamten Biedermeierzeit die „mittlere Literatur" (Goethe)[83] und selbst August Lafontaine nicht nur rechtfertigen, sondern zum ideologischen Maßstab literarischer Wahrheit machen. Die bescheidene, sanfte und vermittelnde Persönlichkeit Shakespeares in ‚Dichterleben‘, die im ländlichen Dachstübchen zum Dichter heranreift,[84] verrät das gleiche Konzept, auf das A. W. Schlegel (wohl unter dem Eindruck der Lektüre des ‚Wilhelm Meister‘) bereits aufmerksam gemacht hatte.[85] Tieck hätte seinem Shakespeare gar nicht eigens im Gespräch mit dem titanischen Marlowe und seinen Freunden die bedeutungsvolle Frage, „ob der Mensch nicht mehr sei, als der Riese",[86] in den Mund zu legen brauchen. Allein durch sein Auftreten setzte er sich schon in bewußten Gegensatz zu jenem „schwebelnden"[87] Künstlertypus, der in den Novellen Johanna Schopenhauers (‚Der Schnee‘), Miltitz’ (‚Pellegrin‘) oder Louise Brachmanns wie ein höheres Wesen die Welt durchgeisterte.[88] Er ließ sich, wie es Alexis von den modernen No-

[79] Ebd. Bd. VI. S. 329.
[80] Ebd. Bd. III. S. 34.
[81] Ebd. Bd. VI. S. 200f.
[82] E. F. Vogel, Erinnerungen an August Lafontaine. In: Zeitgenossen, 3. Reihe VI (ii) 1841. Die gleiche Formulierung begegnet bei Francisca Tarnow (Pseud.: Fanny), Augustens Tagebuch. In: Frauentaschenbuch a. d. J. 1815. S. 230.
[83] Vgl. u. S. 67f.
[84] Tieck, Nov. a.a.O. Bd. II. S. 222.
[85] „In allem, was aus seiner Seele geflossen, lebt und spricht altväterliche Treuherzigkeit, männliche Gediegenheit, bescheidne Größe, unverlierbare heilige Unschuld, göttliche Milde" (‚Etwas über William Shakespeare bei Gelegenheit Wilhelm Meisters‘). In: August Wilhelm Schlegel, Kritische Schriften. Ausgew., eingel. u. erl. von E. Staiger. 1962. S. 67. – Zum Bezug auf ‚Wilhelm Meister‘ vgl. Emil Staiger, Goethe. Bd. I. 1952. S. 428.
[86] Tieck, Nov. a.a.O. Bd. II. S. 57. Ähnl. S. 173.
[87] W. Alexis, Erinnerungen a.a.O. S. 345.
[88] Caroline Louise Brachmann, Auserlesene Dichtungen. Hg. u. m. einer Bio-

vellenhelden forderte, zeitlich und örtlich bestimmen, ja er widersprach sogar in einer verständigen Rede dem Dichtungsbegriff Marlowes, der „kein Vaterland und keine Zeit anerkennen" wollte.[89] Er ritt,[90] er stieg Treppen[91] (vgl. o. S. 39, Alexis), und selbst der Umstand, daß seine Beine „im Verhältniß zum wohlgebauten Körper ... fast um etwas zu dünn" geschildert werden,[92] verrät kaum mehr andeutungsweise etwas von seiner höheren (auf das Geistige ausgerichteten) Existenz, sondern beweist eher, daß auch diese Wundererscheinung vollkommener Normalität an irgendeiner Stelle an der allgemeinen irdischen Gebrechlichkeit Teil hat.[93] Gut mittelstandsrealistisch war es, wenn Shakespeare noch „in der ruhigen Beschäftigung, in der Arbeit des Feldes oder der Gewerke, im scheinbar Niedrigen und Unbedeutenden das Himmlische gegenwärtig" sah.[94] Andere Novellen (‚Der Jahrmarkt', ‚Die Ahnenprobe', ‚Der junge Tischlermeister') begnügten sich nicht mit solchen programmatischen Reflexionen, sondern spielten auch in ihrer Handlung das „Sein" der Winkelexistenz ausdrücklich und – wie man es von August Lafontaine, Zschokke oder Therese Huber her kannte – gelegentlich mit gedämpft polemischen Untertönen gegen den betrügerischen Schein der residenzstädtischen Theaterwelt aus. ‚Die Ahnenprobe' und ‚Der junge Tischlermeister' behandelten vorzüglich die „reellen Vorzüge" des Bürgerstands.[95] Aus einem fanatischen jungen Schwärmer in ‚Dichterleben' wird in der Todesangst plötzlich „ein Mensch, der noch gerne länger sein Butterbrot essen möchte,"[96] und mit seiner Schwärmerei auch der Großstadt London abschwört („denn in solcher großen Stadt wird der einfache Mensch ... nur gar zu leicht verführt").[97] Martin, den abtrünnigen Theologiekandidaten in ‚Wunderlichkeiten', beginnt es bei dem Gedanken, daß das Treiben auf der „Bühne der sogenannten großen Welt ein feineres, anständigeres Raubsystem" sei, gar zu „schwindeln".[98] Er erkennt, wie mutwillig er seine einzigartige Mitgift, „im Mittelstande zu

graphie und Charakteristik der Dichterin begleitet, vom Prof. Schütz in Halle. Lpz. 1824/26. Bd. III. S. 195, 218.
[89] Tieck, Nov. a.a.O. Bd. II. S. 66.
[90] Ebd. S. 169.
[91] Ebd. S. 170
[92] Ebd.
[93] Ebd. S. 175f.
[94] Ebd. S. 194. Ähnlich etwa August Lafontaine, Reinhold. Halle 1818. Bd. III. S. 89.
[95] Tieck, Nov. a.a.O. Bd. XII. S. 462.
[96] Ebd. Bd. II. S. 140.
[97] Ebd. S. 141f.
[98] Ebd. Bd. IX. S. 298.

leben, wo weder großes Glück noch ungeheures Unglück den Menschen trifft", aufs Spiel zu setzen im Begriff ist[99] und entsagt alsbald seinen Träumen von phantastischem Erleben und fernen Ländern. Ganz im Sinn der zeitgenössischen Kritik, die die „englische reale Poesie" gegen die willkürliche Abenteuerlichkeit Lesages ausspielte (Alexis, vgl. u. S. 167. Anm. 78), schließt die Novelle mit der beruhigenden Versicherung: „Er las jetzt, statt des Gil Blas, mit Frau und Mutter, zu seiner Erbauung, Goldsmiths Dorfprediger von Wakefield."[100]

„Lebensperspektiven", wie man sie von der Novelle forderte,[101] taten sich vor den Augen der Zeitgenossen auch in den gleichsam pleinairistischen Details der „märkischen Novellen" Tiecks auf. Die Bilder von Bosch, Rubens, Teniers, die in den alten Herrenhäusern hingen und die Tieck aus eigener Anschauung kannte,[102] sind in die ‚Gemälde', der altdeutsche Gesang der „göttlichen Kirchenmusik-Fräulein von Finkenstein" (Brentano) in die ‚Musikalischen Leiden und Freuden', die Ariensängerin Henriette sogar namentlich in die ‚Sommerreise' eingegangen.[103] Elfriede Fischer hat in ihrer Dissertation über ‚Zeiteinflüsse auf Tiecks Novellen' eine große Zahl von Belegen für ihre These gesammelt, daß der Dichter „zu fast allen seinen dargestellten Personen ein Vorbild aus dem Leben nahm."[104] Baron Fernow in den ‚Gemälden', hinter dem sich Graf Finkenstein,[105] der „schroffe, unpatriotische Musikus" im ‚Geheimnißvollen', hinter dem sich der Architekt Genelli verbirgt,[106] und natürlich der skurrile Held der ‚Gesellschaft auf dem Lande', der Amtmann Römer, in dem Tieck den bekannten Ziebinger Gutsverwalter porträtierte,[107] sind keine frei erfundenen Gestalten. Aber – und hier stoßen wir unmittelbar auf den eingangs berührten Taschenbuch- und Konversationshintergrund des Tieckschen Spätwerks – sie sind ebensowenig „plastisch" im Sinn der späteren Realisten nach der Jahrhundertmitte. Ihre Authentizität ist wie die Theodor Hells, Friedrich Kinds, E.T.A. Hoffmanns oder C.A. Böttigers, die notdürftig maskiert in der ‚Vogelscheuche' auftreten, eher ein zusätzlicher Reiz. Oft besitzen sie nicht wesentlich mehr Eigen-

---

[99] Ebd. S. 332.
[100] Ebd. S. 340.
[101] Th. Mundt, Moderne Lebenswirren a.a.O. S. 156.
[102] M. Thalmann, Tieck (1960) a.a.O. S. 4.
[103] Ebd. S. 9f. Hier auch das Brentano-Zitat.
[104] Ebd. S. 12. Vgl. a. M. Schaum a.a.O. S. 64.
[105] Ebd. S. 16.
[106] Ebd. S. 12.
[107] Ebd. S. 62.

leben als ein Bildungszitat. Man denke etwa an Pius Alexander Wolf, der 1822 in Dresden ein Gastspiel gab und in die im gleichen Jahr entstandenen ‚Musikalischen Leiden und Freuden‘ einging, an andere autobiographische Einsprengungen (die schöne Wahnsinnige in den ‚Reisenden‘, die Wiedergabe einer selbsterlebten Vision in den ‚Abendgesprächen‘, die Wanderungen des ‚Mondsüchtigen‘ und des ‚Jungen Tischlermeister‘, die Gestalt Beeskows im ‚Alten Buch‘, hinter der sich Tiecks Jugendfreund Piesker verbirgt[108] u. a. m.), oder schließlich auch an eindeutige Bildungsreminiszenzen wie z. B. die Erinnerung an Gellert in der ‚Gesellschaft auf dem Lande‘, an Goethe im ‚Mondsüchtigen‘ oder Tauler im ‚Schutzgeist‘. Stets ist ihr Gewicht verhältnismäßig leicht; nicht viel bedeutsamer als das des holländischen Kupferstichs, der Tieck zu seiner Überschwemmungs- und Providenznovelle ‚Der funfzehnte November‘ angeregt haben soll.[109] Als Anlässe zum Extemporieren, als geistreich entpersönlichte Typen sind sie Steine unter anderen Steinen im Gesprächsspielmosaik. Selbst die märkische Landschaft der ‚Gesellschaft auf dem Lande‘ wird keineswegs suggestiv vergegenwärtigt, sondern dient nur als neuer, ausgefallener Beleg der Diskussionsthese von Bedeutung und Reiz des Unberühmten, die Tieck zu umkreisen nie müde wurde: „auch im Brandenburgischen Lande . . . giebt es schöne Naturgemälde, wenn man sie nur aufzusuchen versteht, und keine phantastischen Erwartungen hinzubringt, die eigentlich jeden Genuß, sei es hier, oder in Italien, verderben.“[110] Nur beiläufig und recht sparsam kommt etwas von ihrem Lokalkolorit zur Geltung, um sogleich wieder didaktisch oder witzig entwirklicht zu werden. Die volkstümliche Verwechslung von „mir“ und „mich“ wird z. B. ganz im Geist der traditionellen Überlegenheitskomik zum Gegenstand einer „übermüthigen“, „launigen“ Allegorese und scherzhaften Stegreifimprovisation gemacht,[111] bei der die Tochter des Hauses, die „richtig spricht“, selbstverständlich ausgenommen bleibt – „es wäre auch für eine Geliebte entsetzlich, so wie die übrigen zu prudeln.“[112] Der Reiz dieser Novellen liegt also keineswegs in der Lebendigkeit und Plastizität ihrer Gestalten. Tieck hat weder einen Stechlin noch auch nur einen Herrn von Bredow geschaffen; – dies verkennt M. Thalmann, wenn sie gelegentlich meint, Tieck habe „märkische Novellen“ geschrieben, „ehe W. Alexis den historisch-patriotischen Märker zum Gegenstand seiner

---

[108] Elfriede Fischer a.a.O. S. 21, 57, 96, 100, 124.
[109] Vgl. R. Köpke, Ludwig Tieck. A.a.O. Bd. II. S. 154.
[110] Tieck, Nov. a.a.O. Bd. VIII S. 393 Vgl. a. S. 406ff.
[111] Ebd. S. 411/418.
[112] Ebd. S. 410.

Romane gemacht hat."[113] Aber hier und da werden Sätze gesagt, die Stechlin oder Herr von Bredow hätten sagen können. Es ließe sich ein geistreiches Tieckbrevier denken, das eine Fülle von Gedanken, Reflexionen, Maximen, Anekdoten, autobiographischen Erinnerungen und Charakteristiken, die sich in die Novellen eingesprengt finden, herauslöste und nach bestimmten Leitthemen ordnete. Allein die Tatsache, daß dies möglich wäre, zeigt, wie fern Tieck den Realisten steht und wieviele Berührungspunkte sein Prosawerk noch mit der Technik Hippels oder Lichtenbergs – dessen Aphorismen ja auch als Materialien zu einem ungeschriebenen Roman gewertet werden müssen – aufweist. Wenn Friedrich Gundolf Tiecks späte Novellen als „Reiseführer durch Geschichte und Gesellschaft seiner Zeit"[114] definiert und gemeint hat, sie seien „entweder Sitten- oder Bildungsgeschichten, reifer, feiner, weltkundiger als die ‚Straußfedern‘, doch verwandten Hangs und Sinns, oder historische Erzählungen: d. h. der Dichter berichtet von räumlich oder zeitlich fernen Vorgängen, ohne in sie einzugehen",[115] so trifft dies die detailrealistische, enzyklopädische Struktur seiner Altersprosa genau.

Freilich genügte bereits der Umstand, daß er seine Gestalten nicht durch ideale, „romanhafte" Stimmungslandschaften schweifen ließ, sondern in Krankenzimmer (‚Der Schutzgeist‘), handwerkliche Großbetriebe (‚Der junge Tischlermeister‘), Fabriken (‚Der Alte vom Berge‘), in ländliche Herrenhäuser, Klein- und Großstädte ansiedelte, daß er sie Reisen unternehmen ließ, die man auf der Landkarte verfolgen konnte und kurze, baedekerhafte Notizen über bekannte Sehenswürdigkeiten bekannter Orte mitlieferte, um Ärgernis bei den „lyrischen Kritikern" (Alexis, vgl. u. S. 172) zu erregen und andererseits bis in die neueste Forschung hinein den Vergleich mit einer umfassenden „comédie humaine"[116] nahezulegen. Er lag schon Immermann auf der Zunge, als er 1839 den vierten Teil seines ‚Münchhausen‘ Tiecks „komischer Muse" widmete, die er „über die ganze Breite der Welt und der Zeit" lächeln sah.[117] Wie bei Balzac, den Tieck selbst, wenn auch beiläufig, unter „die Bessern" der französischen Romanschriftsteller rechnete,[118] fächert sich das Personenregister seiner Erzählungen weit aus. Seiner programmatischen Absicht entsprechend, „alle Stände, alle Verhältnisse der neuen Zeit, ihre Bedingungen und Eigen-

---

[113] M. Thalmann, Tieck (1960) a.a.O. S. 35.
[114] Friedrich Gundolf, Ludwig Tieck. In: Jhb. d. Freien Deutschen Hochstifts. 1929. S. 180.
[115] Ebd. S. 174.
[116] M. Thalmann, Tieck (1960) a.a.O. S. 98.
[117] Karl Leberecht Immermann, Werke. Hg. von H. Maync. Bd. II. S. 254.
[118] Tieck, Nov. a.a.O. Bd. VIII. S. 141.

thümlichkeiten" darzustellen,[119] schilderte er Fürsten und Landadlige, Patrizier, Honoratioren, Industrielle, Ärzte, Kutscher, Ammen, Bediente und Schankwirte. Sein Wunsch, „klare und bestimmte Ausschnitte unsers ächten deutschen Lebens, seiner Verhältnisse und Ansichten wahrhaft zu zeichnen",[120] entsprach vollkommen dem Programm der „Sittengemälde" – der im Deutschland der zwanziger und vor allem der dreißiger Jahre sehr beliebten Variante der französischen „romans de moeurs" bzw. „tableaux de société"; und ganz im Sinn dieses Genres verstrickten sich Tiecks Themen tief in die Strömungen und Aktualitäten seiner Epoche. Weder die Frage der Emanzipation (‚Eigensinn und Laune', ‚Vittoria Accorombona'), die Eichendorff mißmutig einer „anomalen Concession an den momentanen Zeitgeist" zuschrieb,[121] noch das Ständeproblem (‚Die Ahnenprobe') oder das Regeneratiomotiv[122] blieben unberücksichtigt. Tieck hielt ja die Gattung der Novelle grundsätzlich für befugt – in ausdrücklichem Unterschied zur Form des Dramas und des Romans – „manches in conventioneller oder ächter Sitte und Moral Hergebrachte überschreiten zu dürfen."[123] So gestattete er sich, auch die „finstern Bezirke" der Industrielandschaften mit ihren lärmenden Pochwerken und rauchenden Halden[124] oder den „Abgrund" moderner Elendsviertel wenigstens mit einem Blick zu streifen.[125]

Man tut freilich gut daran, bereits hier innezuhalten und den Vergleich mit Balzac nicht zu überlasten. Tieck war sich selbst bewußt, daß seine Ausblicke auf die Niederungen der Wirklichkeit Seitenblicke aus Thaterlogen und Herrenhäusern waren.[126] Wie aus Furcht, die „schmale Linie" aus den Augen zu verlieren, auf welcher „alles Leben zwischen Wahn und Wahrheit" dahinläuft (vgl. o. S. 30), wagte er die Schwelle zur „ganzen Breite der Welt" nur halb zu überschreiten. Eben diese scheue, reservierte und oft ironische Distanzhaltung gibt seinen Novellen ihren epochenrepräsentativen Charakter. Die rücksichtslose Kraft des Zugriffs und die viel voraussetzungslosere, relativierende Überlegenheit, mit der Balzac die zeitgenössische Gesellschaft – selbst gegen seine eigenen Klassensym-

---

[119] Tieck, Vorbericht a.a.O. S. lxxxvii.
[120] Tieck, Nov. a.a.O. Bd. XII. S. 5. (Vorwort zum ‚Jungen Tischlermeister').
[121] Eichendorff a.a.O. S. 265.
[122] Z. B. in: ‚Die Ahnenprobe', ‚Eigensinn und Laune', ‚Die Klausenburg', ‚Der Mondsüchtige'. – Das in diesem Sinn interpretierte Motiv des Verlorenen Sohns begegnet in ‚Die Wundersüchtigen' (Nov. a.a.O. Bd. VII. S. 259). Hier wird auf den Begriff der „Wiederherstellung" angespielt (S. 258).
[123] Tieck, Nov. a.a.O. Bd. XII. S. 7.
[124] Ebd. Bd. VIII. S. 147.
[125] Ebd. Bd. I. S. 55. Vgl. a. Bd. XII. S. 79.
[126] Ebd. Bd. I. S. 52/55.

pathien[127] – porträtierte, darf man bei keinem der deutschen Biedermeier-prosaisten erwarten. Die konsequent historistische Vorstellung eines Lebensraums als eines relativierbaren und bedingten Gesamtklimas erschien den Autoren der Restaurationsepoche noch grundsätzlich als dichterisch irrelevant: die Tischlermeister, die ihren Homer in der Ursprache genießen, die Haustöchter, die lateinische Korrekturen zu lesen verstehen und die alten Seebären, die Catull und Tibull im Munde führen[128] und eben dadurch als ausgeprägte Charaktere den Lesern plausibel gemacht werden sollten, sprechen eine deutliche Sprache. Claurens Naturkind Mimili, die mit der „frischen Kräftigkeit der unverdorbensten Alpenbewohnerin" die Bildung eines Mädchens aus den „ersten Kreisen" vereint, in einem Atemzug elf z. T. lateinische Pflanzennamen zu nennen und Homer ebenso wie die neuesten Modedichter zu zitieren weiß, vertritt einen keineswegs auf die unterste Trivialsphäre beschränkten Typus! Und eben nicht nur Tieck, sondern die gesamte Biedermeierprosa erweist sich wie blind für die von Balzac virtuos ausgenutzten epischen Möglichkeiten, räumliches Milieu und moralische Atmosphäre miteinander zur Deckung zu bringen. Auch das Besserungsschema, das für die meisten Tieckschen Novellen strukturgebend ist, basiert nicht auf der Vorstellung von einer dynamischen Gesellschaftsordnung, sondern nivelliert das Kräftespiel einzelner Gruppen- und Standesinteressen zu einem harmonischen Ordnungsgefüge, dessen statische Überzeitlichkeit durch die Abweichungen, Verirrungen und Bekehrungen Einzelner nur immer von neuem bestätigt wird. Die idealistische Vorstellung von einer „unbedingten" Menschlichkeit stand Tieck näher als Balzacs Ansicht, es gebe „nichts Festes ... hienieden", „nur Konventionen, die sich nach dem Klima ändern." (‚Heimliche Könige'). Sie setzte sich – in einem gewissen Widerspruch zu den programmatischen Ausführungen seiner Vorrede – unwillkürlich auch insofern durch, als Tiecks Novellen den traditionellen lustspielhaften Dualismus von Szenerie und Dialog im wesentlichen nur mit Hilfe verklammernder Reflexionen überwanden. Das märkische Lokalkolorit gibt in der ‚Gesellschaft auf dem Lande' wohl Anlaß zu ausgedehnten Gesprächen über den Reiz des „Kleinen, beschränkt Einheimischen";[129] aber es bleibt ebenso Szenerie wie die Arbeitsgeräusche des Hobelns und Hämmerns im ‚Jungen Tischlermeister': sie dringen aus dem Betrieb, aber sie werden

---

[127] Friedrich Engels. Zit. bei Arnold Hauser, Sozialgeschichte der Kunst und Literatur. 1953. Bd. II. S. 292.
[128] Tieck, Nov. a.a.O. Bd. XII. S. 29. Bd. VI. S. 50. Bd. III. S. 163.
[129] Ebd. Bd. VIII. S. 407.

46

gleichsam nur zitiert, um die Maxime zu belegen, „daß auch alles dies unter gewissen Bedingungen poetisch seyn könnte."[130]

Jeder Vergleich mit Balzacs ‚comédie humaine' mündet also, sofern man den Parallelen ernsthaft nachgeht, in einer Erkenntnis der Unterschiede, der restaurativen Vorbehalte und Hemmungen, deren man sich bewußt und auf die man stolz war. Der Forscherbegriff, den H. U. Forest als das Schlüsselwort der Balzacschen Ästhetik herausgearbeitet hat,[131] tritt bei Tieck hinter der distanzierten, voreingenommeneren und weniger stoffverlorenen Position des konservativen Moralisten und Lebensdeuters wie selbstverständlich zurück.[132] Mit fast pedantischer Gewissenhaftigkeit kommentierte er die „bloße" Faktizität, interpretierte sie in vorsichtiger Weise figural und vergaß selten, den Finger auf jene Stellen zu legen, die das Wunderbare im Alltäglichen, das Poetische der scheinbaren Prosa usw. besonders deutlich zu zeigen schienen. Volksfeste („Der Jahrmarkt', ‚Weihnacht-Abend') und Eisblumen (‚Des Lebens Überfluß'), Zöpfe (‚Die Gesellschaft auf dem Lande'), Mützen (‚Glück giebt Verstand'), Gedichtbände (‚Der Mondsüchtige'), Quintiliannotizen (‚Der Gelehrte'), Kleeblätter (‚Glück giebt Verstand'), Treppen (‚Des Lebens Überfluß'), Geldstücke (‚Weihnacht-Abend') erhielten auf diese Weise oft einen gelegenheits- oder gar dingsymbolischen Charakter, der sie „vergeistigte" und ihrer Gegenständlichkeit enthob. Hinter den heimkehrenden Störchen und den Schwalben, die ihre Jungen füttern, verbirgt sich im ‚Funfzehnten November' ausdrücklich „Gott";[133] in dem bescheidnen Helenchen des ‚Gelehrten' nichts geringeres als eine moderne Helena;[134] und in der Gestalt des verlorengeglaubten Sohnes tritt in ‚Weihnacht-Abend' der „Unsichtbare, oder unser Heiland ... persönlich" in die „kleine arme Stube" der demütigen Witwe herein.[135]

Indirekt wertete Tieck auf die gleiche Weise sogar das anspruchslose Medium des Taschenbuchs und die neue, von den Ästhetikern geringgeschätzte Erzählprosa auf, indem er seinen Shakespeare im zweiten Teil von ‚Dichterleben' vermuten läßt: „Wenn die Poesie, wie man sagt, göttlicher Abkunft ist, so erwählt sie vielleicht unbekannte Gegend und unscheinbare Geburt, um ohne Störung und zu frühen Widerspruch in ihrer prophetischen Kraft aufzutreten. So stand die Wiege Homers an einem Ort, den die Menschen nie wieder **haben** auffinden können, und Thespis wußte selbst nicht, was er aus den fröhlichen Dörfern nach Athen brachte, weil aus schlichtem Spaß und Ge-

---

[130] Ebd. Bd. XII. S. 466.
[131] H.U. Forest, L'Esthetique du Roman Balsacien. 1950. S. 242.
[132] Vgl. Tieck, Vorbericht a.a.O. S. cx.
[133] Tieck, Nov. a.a.O. Bd. III. S. 149.
[134] Ebd. Bd. VI. S. 45f.
[135] Ebd. Bd. V. S. 186.

sang bald die Tragödie erwuchs ..."[136] Die Zeitgenossen verstanden solche beiläufigen Literaturprogramme wohl und nahmen sie ernst.

Die „petits faits vrais", die „nuances de la vie",[137] die „Paßbeschreibungen" der westeuropäischen Romanciers, die in Deutschland die gebildeten Kritiker erschreckten und verwirrten,[138] bedurften der mythisierenden Überhöhung, um von der relativierungsfeindlichen Biedermeiergesellschaft akzeptiert zu werden.[139]

Man geht auch kaum fehl, wenn man den kleinteiligen, vielfach gebrochenen Rhythmus seiner Novellen in einen mittelbaren Bezug zu Tiecks konservativer Skepsis gegen das „Reale an sich" (vgl. u. S. 220) zu bringen versucht. Bereits ein oberflächlicher Blick auf den immer noch recht vielfältigen, z. T. ironisch restaurierten Formenpluralismus seines Spätwerks zeigt, wie fern er im Grund dem stofforientierten chronikalisch-gleichmäßigen Bauprinzip der ‚comédie humaine' stand. Brief-, Vers- und Dialognovellen (‚Der Mondsüchtige', ‚Die Glocke von Aragon', ‚Der Wassermensch') sorgten für Abwechslung; man begegnet zu einer Novelle aufgereihten Exemplumketten (‚Die Wundersüchtigen'), Gesprächsgirlanden (‚Abendgespräche'), eingesprengten Reisebeschreibungen (‚Eine Sommerreise'), Binnennovellen (‚Die wilde Engländerin') und parodistischen Kürzestnovellen.[140] Rudolf Lieske hat beobachtet, in wie starkem Maß die Dialog-, Ensemble- und Tischszenen des Phantasusrahmens in die späten Novellen mit hineingenommen wurden.[141] Ebenso hat Christian Gneuss richtig gesehen, daß sich bei ihm „kritische Abhandlung und Novelle so eng" berühren können, „daß man manchmal kaum zu sagen weiß, wo die eine aufhört und die andere anfängt." Er verweist in diesem Zusammenhang auf den Aufsatz über ‚Goethe und seine Zeit', in dem sich auf dem „Gipfel von Tiecks kritischer Produktion überhaupt" der Essay „fast wieder zur Novelle" rundet.[142] Daneben fanden Visionen, Märchen, Anekdoten, Sagen, philologisches Genre (‚Übereilung'), Beschreibung, Rede u. a. m. Aufnahme. ‚Die Vogelscheuche' präsentiert sich als eine umfangreiche, in Szenen und Akte eingeteilte „Mährchen-Novelle

---

[136] Ebd. Bd. II. S. 184.
[137] Erich Auerbach, Mimesis. Dargestellte Wirklichkeit in der abendländischen Literatur. 1946. S. 408.
[138] W. Alexis, Vorwort (1830). a.a.O. S. xix.
[139] Die Vorwürfe der Romantiker alten Schlages zeigen allerdings, daß man das „liberale" Moment selbst unter der Verkleidung noch deutlicher erkannte, als Tieck selbst bewußt war. Vgl. M. Thalmann, Tieck (1960) a.a.O. S. 53, S. 54.
[140] Tieck, Nov. a.a.O. Bd. I. S. 397f. S. u. Kap. X. Anm. 103.
[141] R. Lieske a.a.O. S. 45.
[142] Chr. Gneuss a.a.O. S. 5.

in fünf Aufzügen"; und nicht nur Komödieneffekte, Komödienfiguren und eingearbeitete Komödienszenen, sondern auch „gattungsfremde" Stilmittel wie Exposition im Gespräch, Monolog, Beiseitesprechen und Regieanweisungen lockerten den epischen Fluß auf. Natürlich läßt sich auch Tiecks Wendepunktprinzip als eine – in der Zeit überhaupt öfter nachweisbare – Art Übertragung des dramaturgischen Begriffs der Peripetie auf die Erzählprosa interpretieren. Seine allgemein abstrahierende Aufgabe manifestiert sich aber darüber hinaus vor allem auch noch dort, wo es sich in der Praxis zu einem ganzen System von Wendepunkten erweiterte, deren einzige Funktion darin bestand, das „Alltägliche" siebartig nach dem Ewigen, Geistigen, Überzeitlichen, Poetischen usw. hin zu öffnen. Aufs Ganze gesehen überwiegt also in Tiecks „realistischer" Novellistik das alte Varietasprogramm die voraussetzungsloseren prosaepischen Ansätze der westeuropäischen Romanciers noch durchaus; und er trug ihm in seinem ‚Vorbericht' von 1829 auch theoretisch Rechnung. „Bizarr, eigensinnig, phantastisch, leicht witzig, geschwätzig und sich ganz in Darstellung auch von Nebensachen verlierend, tragisch wie komisch, tiefsinnig und neckisch, alle diese Farben und Charaktere" lasse die „ächte Novelle" zu, meinte er.[143] Schon seit alters konnte sich das realistische Prinzip dort, wo man den Akzent auf die Mannigfaltigkeit der Welt legte, mit dem Konzept stilistischer varietas verbinden, was zugleich eine Entscheidung gegen den „Roman" und für die „Novellensammlung" bedeutete.[144] Und Theodor Mundts Vorstellung von der modernen, durch „encyclopädische Vielfältigkeit" gekennzeichneten Wirklichkeit[145] rechtfertigte in der Biedermeierzeit das facettenhafte, pluralistische, gesprächsspielhafte Totalitätsprinzip des Tieckschen Altersrealismus durchaus. Als dritte Hauptkomponente muß man dabei allerdings auch noch Tiecks biedermeierliche Tendenz berücksichtigen, die enzyklopädische Totalität der Welt auf der Basis der „Schonung" (einer empfindlichen Variante des Goetheschen Begriffs der „Ehrfurcht" und der restaurativen „Entsagung") mit den epochencharakteristischen Ordnungsvorstellungen zu harmonisieren.

Blickt man von hier aus noch einmal auf Tiecks Novellenwendung zurück, so zeigt sich, daß man gerade das Selbstverständliche und Undramatische an dieser Entwicklung exemplarisch werten darf. Wir sahen, daß

[143] Tieck, Vorbericht a.a.O. S. lxxxvi.
[144] Werner Krauss, Cervantes und der spanische Weg der Novelle. In: Perspektiven und Probleme a.a.O. S. 55.
[145] Theodor Mundt, Geschichte der Literatur der Gegenwart. Vorlesungen. Von d. J. 1789 bis zur neuesten Zeit. Bln. 1842. S. 590.

sie nicht plötzlich einsetzte, sondern vielmehr den Niederschlag eines lange ausgebildeten Konversationstalents in einer urbanen und – wie die Zeitgenossen meinten – „bequemen" Form[146] bildete, die ihm dann als Sammelbecken für seine vielseitigen Interessen diente. Es war eine individuelle Lösung, die in enger Interdependenz zu wichtigen, bereits mehr oder weniger ausgeprägten Zeitströmungen stand. Goethes und Therese Hubers moralische Erzählungen, Zschokkes Diskussions- und Abhandlungsnovellistik, E.T.A. Hoffmanns reine Gesprächs-„Aufsätze" (z.B. ‚Der Dichter und der Komponist') waren vorangegangen; – aus Zschokkes Gesprächsnovelle ‚Der Eros, oder über die Liebe' hat Tieck beispielsweise auch die Gestalt des Wassermenschen entlehnt.[147] Das Medium der Taschenbücher, in denen diese Novellen erschienen, begünstigte die lockere Fügung, die enzyklopädisch-gebildete Universalität und moralisierende Zeitkritik, die Tieck gemäß war; es entsprach in seinem geheimen Gesprächsspielcharakter Tiecks „durchaus dialogischer Natur" (vgl. o. S. 36) und unterstellte die Publikationen zugleich dem Prinzip vorsichtiger „Rundung" und der Rücksicht auf das angesprochene Honoratiorenpublikum. Es bleibt gewagt, in der „Novelle par excellence bürgerliche Literatur" zu sehen,[148] – es gab noch in der Biedermeierzeit durchaus auch kleine Prosaerzählungen der bukolisch-idyllischen, der heroischgalanten und der aristokratisch-witzigen Tradition. Tatsache aber ist, daß Tieck den Interessen des mittelständischen Käuferkreises der Almanache und den Kalkulationen der bürgerlich-liberalen Buchhändler Rechnung tragen mußte, sobald er der schützenden Isolation seines romantischen Freundeskreises entwachsen war und auf das Ziebinger Mäzenatentum verzichtete. Er distanzierte sich von keinem seiner früheren Ansätze vollständig; in gewisser Weise brachte er sogar die Reserve des romantischen Ironikers, die Verwöhnung des hofmeisterlichen Dilettanten und literarischen Stars als Kapital mit in den Bereich der Taschenbuchpublizistik ein, dem er sich in Dresden zuwandte. Selbstverständlich aber wirkten die Forderungen dieser im Verhältnis zur Nachfrage, nicht nach abstrakten ästhetischen Prinzipien honorierten Literatur unwillkürlich auf seine Produktion zurück. Mit sicherem Gespür für das Zeitgemäße und ebenfalls weniger nach theoretischen als nach praktischen Gesichtspunkten identifizierte er Taschenbuchliteratur mit Novellistik, No-

[146] Vgl. Grillparzer u. S. 63, Hauff u. S. 55.
[147] Zur Herkunft des Motivs aus Poggios Facetien vgl. Ernst Walser, Die Theorie des Witzes und der Novelle nach dem de sermone des Jovianus Pontanus. Ein gesellschaftliches Ideal vom Ende des XV. Jahrhunderts. 1908. S. 117f.
[148] Arnold Hauser a.a.O. Bd. II. S. 20.

vellistik mit „mittlerer Literatur". Er knüpfte an den durch die klassisch-romantische Episode überdeckten Strom der Aufklärungsprosa und an die „Philisterei" des gesunden, ausgleichenden Menschenverstands wieder an. Mit dem Begriff der mittleren Literatur assoziierte er halb spielerisch und doch zeitgemäß den des mittleren Stils, mittlerer Helden, mittelständischer Moral und die Vermittlung zwischen dem schon von Büchner als aristokratisch empfundenen Idealismus und „niederländischem" Realismus.[149]

Eine formalistisch interessierte Novellendefinition darf man unter diesen Umständen kaum erwarten. Aus Tiecks vielzitiertem Vorbericht von 1829 hat er selbst keine entschiedenen Konsequenzen gezogen – weder für die eigene Produktion noch in seinem zwangloseren Sprachgebrauch. In seiner wenige Jahre später entstandenen ‚Geschichte der Novelle'[150] überging er sie stillschweigend. Boccaccio, Cervantes, Goethe, Cooper und Walter Scott blieben zeitlebens für ihn gleichermaßen Novellisten; und ohne Rücksicht auf seine theoretische Forderung, die Gattungsbezeichnung Novelle von „Begebenheit, Geschichte, Erzählung, Vorfall, oder gar Anecdote" scharf abzutrennen,[151] vertauschte er sie selbst recht wahllos mit „Roman", „Geschichte" und „Erzählung",[152] sogar mit „Romanze".[153] Seine später als „Roman" herausgegebene ‚Vittoria Accorombona' nannte er in verschiedenen Briefen an F.A. Brockhaus eine „große", eine „etwas größere" bzw. eine „größere Novelle von wenigstens dreißig Bogen",[154] – und gerade dieses Werk war es, auf dessen Erscheinen Henrik Steffens „gespannt" wartete, um endlich einmal zu erfahren, inwiefern sich Roman und Novelle unterschieden.[155]

Zuletzt wagte Tieck offensichtlich überhaupt kaum mehr, seine Wendepunktdefinition im Ernst auf Cervantes, den er 1829 noch unter den Vorbildern aufgeführt hatte, oder auf sein eigenes Werk anzuwenden.[156] „Wenn ich meine Novellen übersehe", stellte er resigniert fest, „so muß ich sagen, ein großer Theil davon hat eine solche Spitze; aber andere

---

[149] Georg Büchner, Sämtliche Werke. Hg. von F. Bergemann. 1922. S. 92 u. S. 532.
[150] Ludwig Tieck, Kritische Schriften. Zum erstenmale gesammelt u. m. e. Vorrede hg. von Devrient. Lpz. 1848/52. Bd. II. S. 375/388 (1834).
[151] Tieck, Vorbericht a.a.O. S. lxxxv.
[152] Vgl. Aus Tiecks Novellenzeit a.a.O. S. 72, 74 u. ö. Vgl. a. Nov. a.a.O. Bd.IX. S. 343, Bd. V. S. 29/39.
[153] Tieck, Nov. a.a.O. Bd. IX. S. 409.
[154] Aus Tiecks Novellenzeit a.a.O. S. 114, 115, 119.
[155] An Josef Max 29.4.1840. In: Zur Erinnerung an Henrich Steffens. Aus Briefen an seinen Verleger. Hg. von M. Tietzen. Lpz. 1871.
[156] Paul Joh. Arnold, Tiecks Novellenbegriff. In: Euph. 23. 1921. S. 262.

wieder nicht".[157] Es war nicht unbedingt ausschlaggebend. Man schrieb Novellen, benutzte sie als Vehikel für alle möglichen Tendenzen und überließ es offensichtlich „Gott und seinen lieben Kritikern" zu entscheiden, ob es sich dabei um „wirkliche und gerechte Novellen" handelte.[158] Auch über den geringen ästhetischen Kurswert der Novellistik war sich Tieck wohl im klaren. Er verglich die Gattung selbst im Gegensatz zum „Gold" des Dramas mit unscheinbarem Blei,[159] und es hat allen Anschein, als hätte er das Novellenschreiben zunächst als eine Übergangs- und Notlösung betrachtet.[160] Immermann war in seiner zitierten Widmung noch 1839 der Meinung, Tiecks eigentliches Feld hätte das des Lustspiels sein können, wenn ihn die unglücklichen Theaterverhältnisse der Zeit nicht daran gehindert hätten. Tatsächlich wird man sich den Einsatz seiner prosaepischen Wende um 1820 kaum triumphal als den Beginn einer neuen Epoche, sondern richtiger vorsichtig und fast tastend vorstellen müssen. Wir sahen, daß es sich noch bei einer seiner ersten Novellen um einen gescheiterten Komödienentwurf handelte (vgl. o. S. 25). Erst als ihn der Publikumserfolg in seinem Verzicht auf den früheren universalpoetischen Anspruch und das esoterische Medium der Bühne bestätigte, fuhr er fort, mit kräftigen Stößen inmitten eines allgemeinen Stromes mitzuschwimmen, den er mehr repräsentierte als daß er allzu sichtbar über ihn hinausragte.

[157] Ebd. – R. Köpke, L. Tieck a.a.O. Bd. II. S. 234.
[158] Wilhelm Hauff, Vertrauliches Schreiben an Herrn W. A. Spöttlich. In: Hauff, Werke. Hg. von M. Mendheim. Lpz. u. Wien o. J. (Meyers Klassiker-Ausgaben). Bd. III. S. 267 (Zuerst in: Hauff, Novellen. 1. Teil. Stg. 1828).
[159] Ludwig Tieck's Schriften. Bln. 1826/48. Bd. V. S. 360. Vgl. M. Schaum a.a.O. S. 48.
[160] Vgl. M. Schaum a.a.O. S. 65.

IV

DIE FRÜHBIEDERMEIERLICHE „NOVELLENWUT"

Auch Alexis zeichnete in einem anonymen Aufsatz aus dem Jahre 1829 über ‚Die Novellen in der Poesie und die Poesie in den Novellen' das Bild eines mächtig anschwellenden Stroms junger prosaepisch-„novellistischer" Formen, gegen den die konservative Kritik vergebens anzugehen versuchte;[1] und bereits eine oberflächliche Musterung der biedermeierlichen Formenwelt zeigt, wie recht er damit hatte. Nach der Überwindung der bis zu Beginn der zwanziger Jahre nachwirkenden beiden großen Finanz- und Agrarkrisen von 1811 und 1815 belebte sich der deutsche Buchhandel freilich in a l l e n Sparten der herkömmlichen und neu etablierten Gattungen. Wolfgang Menzel lagen 1859 beispielsweise zweitausend Gedichtsammlungen aus den letzten vier Jahrzehnten vor;[2] in Wien konnte das Theater seine seit jeher dominierende Stellung so stark ausbauen, daß man hier in den zwanziger Jahren gelegentlich von einer „Theaterperiode" gesprochen hat;[3] Alexis zitiert in seinen ‚Theater-Erinnerungen' einen „namhaften Buchhändler", der ihm gestanden habe, jährlich etwa „einhundert deutsche Originaltragödien ohne Honorar", sofern er nur wollte, drucken zu können;[4] und selbst die Epenproduktion erfuhr, wie W. Kurz[5] gezeigt hat, eine durch das Wiederaufflackern des Duodezmäzenatentums in der Restaurationsepoche mitbegünstigte Neubelebung. Insgesamt aber, wenn in der theoretischen und akademischen Literatur häufig auch verschwiegen, verschleiert und fast stets mit Miß-

---

[1] Die Verfasserschaft für diesen im Berliner Konversationsblatt (Nr. 233/234) erschienenen Artikel ergibt sich aus dem Vergleich mit Alexis' Vorwort zu seinen ‚Gesammelten Novellen'. Bd. 1. Bln. 1830. S. iii/xxvi.
[2] Nach W. Mönch, Das Sonett. Gestalt und Geschichte. 1955. S. 184.
[3] Z. B. Hermann Marggraff, Das deutsche moderne Drama. In: Deutsche Monatsschrift für Literatur und öffentliches Leben. Hg. von C. Biedermann. Lpz. 1843. II. S. 138: „Diese Theaterperiode, zugleich die Periode der tendenzlosen, nur auf Unterhaltung abzweckenden Novellistik..."
[4] W. Alexis, Erinnerungen a.a.O. S. 323.
[5] Wilhelm Kurz, Formen der Versepik in der Biedermeierzeit. Ein Beitrag zu Problem und Geschichte der großen Epik und der Kleinepik. Diss. Tüb. (masch.) 1955.

trauen betrachtet (vgl. u. S. 93 ff.), kann man in diesen Jahren eine Art stiller Revolution kaum übersehen, in der sich die breite Masse des Biedermeierpublikums eben jenen durch formale Gattungsbezeichnungen nur vage erfaßbaren novellistischen Prosaformen zuwandte. Drama, Lyrik, Epos und Märchen – die hohen und privilegierten Gattungen der Klassiker und Romantiker – verloren eindeutig in den Augen der nunmehr wichtigsten literaturpolitischen Macht, der Buchhändler, an Prestige. „Fast auf allen Gedichtsammlungen ruht im deutschen Buchhandel eine Art Fluch; dies wird Ihnen jeder Buchhändler und Verleger sagen", schrieb F. A. Brockhaus schon 1819 an Helmina von Chézy,[6] die ihm dann folgerichtig für den Jahrgang 1820 seiner ‚Urania' nur eine durch ein einziges Gedicht aufgelockerte Novelle zusandte. In Epigrammen und Knittelversen, Rezensionen und kulturkritischen Anmerkungen, in Novellen selbst, in Briefen und Leitartikeln theologischer Wochenschriften kommentierte man die prosaepische Hochflut, von der man die literarische Landschaft überschwemmt sah. Die Vorstellung, in einer für die Dichter „traurigen Zeit" zu leben,[7] herrschte recht allgemein. Gervinus sprach von einer Epoche „allgemeiner Sudelei",[8] die die „klassische" Dichtungsepoche der Deutschen abgelöst habe. Belletristische Zirkel und Subskribenten von Musenalmanachen schlossen sich zu aufrechten Fähnlein gegen die „Novellenprosaiker" und den Zeitgeist zusammen; man beschwor (wie Platen) das „Ewige" und den „Glauben",[9] und vollends nach dem Erscheinen von Theodor Mundts „Kunst der deutschen Prosa" auch die „Religion" (wie Gustav Schlesier) als Gegenbilder gegen das Chaos vandalistischer, profan demokratischer Alltagsliteratur.[10] Die Klagen über die „Geldwerdung Gottes" (Heine) hatten ihre Parallele in der Verurteilung der Geldwerdung der Poesie (Wolfgang Menzel).[11] Man

[6] Vgl. Heinrich Brockhaus, F(riedrich) A(rnold) Brockhaus. Leben. Lpz. 1872. Bd. III. S. 408 (26. 5. 1819). Vgl. a. Annette von Droste-Hülshoff, Briefe. Gesamtausgabe hg. von Karl Schulte-Kemminghausen. 1944. Bd. II. S. 355: „Vom bloßen Dichten kann auf die Dauer niemand leben..." (an Elise Rüdiger 12. 11. 1844).
[7] Franz Grillparzer, Werke in sechzehn Teilen. Hg. von Stefan Hock. Bln.-Lpz.-Wien-Stg. o. J. (Bong). Bd. XIII. S. 352 (1820).
[8] Georg Gottfried Gervinus, Leben. Von ihm selbst. 1860. Lpz. 1893. S. 40. Vgl. a. S. 38 ff.
[9] August Graf von Platen, Werke. Hg. von M. Koch und E. Petzet. Lpz. o. J. (Max Hesse). Bd. III. S. 210. Motto zu seinen Sonetten vom 18. 5. 1821.
[10] Vgl. Walter Brauer, Geschichte des Prosabegriffes von Gottsched bis zum Jungen Deutschland. 1938. (Frankfurter Quellen und Forschungen zur germ. und roman. Philologie. H. 18). S. 135.
[11] Wolfgang Menzel, Die deutsche Literatur. Stg. 1828. Bd. I. S. 58.

bezweifelte, ob es überhaupt christliche Novellen geben könne;[12] und auch hinter dieser Ansicht stand die traditionelle dualistische Auffassung von einer „heiligen" Dichtkunst und einer profanen, „bedächtigen und kalten" Göttin der Prosa, die die modernen Zeitläufte regierte und vor der man sich mißmutig geschlagen geben mußte.[13] „Die ‚wundervolle Märchenwelt'", schrieb Wilhelm Hauff in seinem „Vertraulichen Schreiben an Herrn W. A. Spöttlich" (Alexis), das seine Novellen einleitete und in dem er die Ablösung von den klassizistischen und die Entfremdung von den romantischen Formen zusammenfaßte und offensichtlich in einen inneren Bezug zueinander stellte, „findet kein empfängliches Publikum mehr, die lyrische Poesie scheint nur noch von wenigen geheiligten Lippen tönen zu wollen, und vom alten Drama sind uns, sagt man, nur die Dramaturgen geblieben. In einer solchen miserablen Zeit... ist die Novelle ein ganz bequemes Ding..."[14]

Auch die Märchendichtung tritt nach 1815 deutlich zurück. Hatte Goethe am 26. 9. 1795 noch an Schiller schreiben können: „Selig sind die da Märchen schreiben, denn Märchen sind à l'ordre du jour", so betrachtete man sie nur als eine Art Modeverirrung der vergangenen Jahrzehnte, spottete „über die Phantasiespiele in jenen Tagen des Druckes und der äußern Erniedrigung unter Napoleons Weltherrschaft"[15] oder mokierte sich wie Hermann Marggraff in seinen Charakteristiken zu ‚Deutschlands jüngster Literatur- und Culturepoche' (1839) über „kopfhängerische Liebes- und Märchendämmerei" „unserer romantischen Schule, die mit dem praktischen Leben wenig zu tun hatte."[16] „Erst als die Romantik", resümierte Robert Prutz 1854, „sich aus der ‚Mondbeglänzten Zaubernacht' des Märchens zurückzog in die Säle der vornehmen Gesellschaft, zur Bearbeitung mittelalterlich historischer Stoffe, mit einem Wort zu jener Novelle, wie sie durch Tieck geschaffen ward und wie dann sofort zahlreiche Nachahmer sie weiter verbreiteten – da erst und erst in dieser abgeschwächten Form gelang es den Romantikern, einen festen Platz in der Gunst des Publikums zu gewinnen und wiederum war es die Form des Taschen-

[12] Evangelische Kirchen-Zeitung. Hg. von E. W. Hengstenberg. Bln. 22. 11. 1837. (Nr. 93.)
[13] A. W. Neuber in: Eidora. Taschenbuch a. d. J. 1824. Hg. von H. Gardthausen. S. 258.
[14] W. Hauff a.a.O. Bd. III. S. 267.
[15] Caroline Fouqué, Geschichte der Moden, vom Jahre 1789–1829. In: Fouqué, Der Schreibtisch. Köln 1833. S. 113.
[16] Hermann Marggraff, Deutschlands jüngste Literatur- und Culturepoche. Charakteristiken. Lpz. 1839. S. 153.

buchs, in der sie diese Gunst nun ausbeuteten und genossen."[17] In Neben-
werken Friedrich von Sallets, Christoph Kuffners und Wilhelm Waiblingers stößt man wohl noch gelegentlich auf Märchendichtungen. Wis-
senschaftlich-volkskundlich interessierte Forschung, allegorische Lite-
ratursatire und bewußt naive Tendenzliteratur bemächtigten sich der
Gattung. Grundsätzlich aber scheint sie selbst als Frauen- und Kinder-
gattung an Reiz verloren zu haben und büßte weites Terrain an spezifische Frauen-, Jungfrauen- und vor allem an die sehr beliebten Kinder-
novellen in der Art Christoph von Schmids, Houwalds, Gebauers, C. G.
Barths u. a. ein.[18] Die letzten beiden Märchen E.T.A. Hoffmanns, die in
den zwanziger Jahren erschienen (‚Prinzessin Brambilla' 1820, ‚Meister
Floh' 1822), trugen dieser Entwicklung bereits Rechnung und waren wie
W. Alexis' ‚Emmerich' (1827) kaum mehr eigentliche Märchen, sondern
geradezu märchenhaft verkleidete Antimärchen. Auch in dieser Hinsicht
steht Tieck mit seinem Abfall von der romantischen Märchendichtung
also in einem überpersönlichen Zusammenhang.[19]

Stattdessen trug nun die von Kritikern und Autoren oft zitierte „Publikumsgunst" die Novelle hoch. Immer wieder stößt man auf das Argument, die allgemeine Zunahme des Lesebedürfnisses, die ihren Ausdruck
in der Neubegründung zahlreicher Leseanstalten, Lese-„Clubs", Lese-
„Museen" und privater Leihbibliotheken fand, habe auf eine fast selbstverständliche Weise die leichten, stofflich interessanten „realistischen"
Prosaformen begünstigt. Sie trafen, wie man hochmütig meinte, die Bedürfnisse eines passiven, unbefriedigten Publikums, das sich die Literatur
am liebsten „auf's Zimmer schicken" ließ,[20] am genauesten. Wir werden sehen, daß diese einfache Interpretation nicht ganz ausreicht (vgl. u. S.
221ff.). Tatsächlich war man, wie Theodor Mundt meinte, nicht einmal „zu
faul", um „sich anzuziehn und selbst hinauszugehen zum Drama",[21] sondern man wohnte ganz einfach fern von den Residenzstädten, an deren
Kultur man durch bildende, unpolitische und doch nicht weltlose Unter-

---

[17] Robert Prutz, Neue Schriften. Zur deutschen Literatur- und Kulturgeschichte. Halle 1854. Bd. I. S. 143f.
[18] Die Klage des „Märchens" in Hauffs Einleitung zu seinem Märchenalmanach
– „selbst die Kinder, die ich doch immer so lieb hatte, lachen über mich und
wenden mir altklug den Rücken zu" – ist also nicht unbegründet. Gustav Schwab
deutet in einer in der Sammelpublikation ‚Zeitgenossen' (1829. 3. Reihe. III (vii).
S. 43ff.) veröffentlichten Studie über Hauff an, daß die beiden Jahrgänge seines
Märchenalmanachs, die ja z. T. rein novellistische Beiträge enthielten, eben um
ihres Titels willen nur geringen buchhändlerischen Erfolg hatten.
[19] Vgl. J. Hermand a.a.O. S. 78/88.
[20] Th. Mundt, Moderne Lebenswirren a.a.O. S. 156.
[21] Ebd.

haltung auf diese Weise am ehesten teilhaben konnte. In unserem Zusammenhang genügt die Feststellung, daß Novellen sich im Lauf der zwanziger Jahre eindeutig zur gefragtesten literarischen Ware entwickelten. Verleger, die zögerten und sich oft nur widerstrebend dazu verstanden, Lyriksammlungen oder Menschheitsepen zu drucken,[22] drängten, sofern es sich um Novellen handelte, ihre Autoren förmlich zur Eile und klagten auch bei minderwertiger „Fabrikarbeit" (Wolfgang Menzel)[23] nicht über Absatzschwierigkeiten. Selbst bei den Schriftstellern, die im allgemeinen dazu neigten, ihr prosaepisches Engagement mit poetischen Verzichterklärungen zu verbinden, mit ihren Konzessionen an den „Zeitgeschmack" zu kokettieren oder sie zu sentimentalisieren (vgl. Kap. VI), stößt man gelegentlich auf Spuren von Stolz, wenn sie sich ihrer durch Novellenschreiben erlangten finanziellen Unabhängigkeit oder auch der Teilnahme eines gemeindeähnlichen und doch großen Publikums rühmten. Daß „ein großer Dichter ein großes Publikum haben, und um ein großes Publikum zu bekommen, so populär als möglich sein" müsse, war eine Maxime, die Wilhelm Hauff in seinen ‚Memoiren des Satans' zwar noch der Teufelsgroßmutter in den Mund legte,[24] die andernorts aber bereits ernsthaft diskutiert wurde. Das „große" Publikum war für Willibald Alexis z. B. auch zugleich das „gesunde, bürgerliche".[25] Solche Vorstellungen kamen dem neuen gesellschaftlichen Unmittelbarkeitsprogramm der Epoche zweifellos entgegen und entsprachen darüber hinaus nicht weniger der „merkwürdigen Veränderung" des kulturellen Alltagsbetriebs,[26] die sich im Gefolge der Kommerzialisierung des literarischen Lebens anbahnte und ihren Ausdruck etwa in der programmatischen Titelgebung einer anonymen, vor allem gegen den Nachdruck gerichteten Schrift des Verlegers F. Chr. Perthes über den ‚deutschen Buchhandel als Bedingung des Daseyns einer deutschen Literatur'[27] oder in der Klage Wolfgang Menzels fand, „nicht absolute, sondern relative Güte der Waare" sei nunmehr ausschlaggebend geworden.[28] Das „große Publikum" aber bevorzugte „Prosa".

[22] Vgl. o. S. 89 und W. Kurz, Formen der Versepik in der Biedermeierzeit a.a.O. S. 210.
[23] W. Menzel, Die deutsche Literatur a.a.O. Bd. II. S. 286.
[24] W. Hauff, Werke a.a.O. Bd. II. S. 302.
[25] W. Alexis, Erinnerungen a.a.O. S. 345.
[26] Georg Gottfried Gervinus, Geschichte der deutschen Dichtung. 5. völlig umgearb. Aufl. Hg. von Karl Bartsch. Bd. I. Lpz. 1874. S. 404f.
[27] Friedrich Christoph Perthes, Der deutsche Buchhandel als Bedingung des Daseyns einer deutschen Literatur. (Hbg.) 1816. (anonym). Wiederabdruck in: Der deutsche Buchhandel. Wesen. Gestalt. Aufgabe. Hg. von H. Hiller u. W. Strauss. 1962. (Anhang).
[28] W. Menzel a.a.O. Bd. I. S. 58.

Die Zahl der deutschen Prosaschriftsteller, die sich gegen Ende der napoleonischen Kriege auf etwa hundert belief, verdoppelte sich nach einem niedrig gegriffenen Überschlag August Kobersteins allein in den zwanziger Jahren und betrug, indem sie sich noch einmal innerhalb eines Jahrzehnts etwa verdoppelte, in den dreißiger Jahren bereits ca. vierhundertundfünfzig männliche und sechzig weibliche, z. T. hauptberufliche „Vielschreiber".[29] Sie überschwemmten den Markt mit ihren Produkten, fanden indes gleichwohl (wie Alexis, Hauff, H. Clauren, Heinrich Zschokke, Wilhelm Waiblinger, Louise Brachmann) mindestens zeitweise schlecht und recht dabei ihr Auskommen. Oft bedurfte es offenbar nur eines geringen Anstoßes, um aus einem ohnehin nicht zurückhaltenden Autor einen wahren Massenschriftsteller zu machen. Man denke an H. Clauren, der sich nach dem Erfolg seiner ‚Mimili‘ (1815) keine Schranken mehr gesetzt sah und von 1818 an jährlich drei prosaepische Sammelwerke herausgab: sechs Bände ‚Erzählungen‘, eine aus vier Abteilungen zu je zehn Bänden bestehende Sammlung ‚Scherz und Ernst‘ und das Taschenbuch ‚Vergißmeinnicht‘, das bis 1834 erschien und weitgehend mit eigenen Beiträgen gefüllt war. Andere Prosaisten wie G. Döring, W. v. Gersdorff, H. Hanke, F. Jacobs, F. Kind, K. G. Prätzel, J. Schopenhauer waren nicht ganz so erfolgreich, aber von ähnlichem Fleiß beseelt. K. A. v. Witzleben (Tromlitz) und C. F. van der Velde brachten es nach einer Berechnung Jost Hermands auf ein Novellenwerk von 108 bzw. 150 Bänden.[30] – Ein ähnliches Bild ergibt sich, wenn man das zusammenfassende Verzeichnis der jährlichen Meßkataloge, den für die Biedermeierzeit gültigen ‚Codex nundinarius‘ betrachtet.[31] Die bis 1766 zurückreichende Übersicht, die bis zum Jahr 1828 die Rubriken „Poesie" und „Romane" in getrennten Sparten aufführt („Romane" steht generell für Prosaepik), verzeichnet indirekt auch den langwierigen Konkurrenzkampf zwischen gebundener und ungebundener Dichtung, der sich schließlich zugunsten des quantitativen Übergewichts der „Prosa" entscheidet. Bis zum Jahr 1821 – dem Jahr also, in dem die erste Novelle Tiecks und der erste Band der ‚Wanderjahre‘ erschien, das erste Novellenpreisausschreiben veranstaltet wurde und in dem Heine in seiner bekannten Rezension des Rheinisch-Westfälischen Musenalmanachs den Grundsatz bestritt, daß Poesie nur in gebundener Form möglich sei – dominiert

[29] August Koberstein, Geschichte der deutschen Nationalliteratur a.a.O. Bd. V. S. 129ff. (§ 352).
[30] J. Hermand a.a.O. S. 92.
[31] Codex nundinarius Germaniae literatae bisecularis. Meß-Jahrbücher des deutschen Buchhandels... Fortsetzung: Die Jahre 1766 bis einschließlich 1846 umfassend. Mit einem Vorwort von Gustav Schwetschke. Halle 1877.

in diesem Verzeichnis noch die P o e s i e (303 gegen 229 Titel). Aber schon im nächsten Jahr 1822, in dem der erste ‚Novellenschatz des deutschen Volkes' erschien (vgl. u. S. 64), überflügelt sie die P r o s a (276 gegen 253 Titel), die ihren Vorsprung auch in den folgenden Jahren bewahrt.[32] Natürlich wird man das genaue Zusammentreffen dieser Daten mit Tiecks „Novellenwendung" nicht allzuhoch veranschlagen dürfen. Aber es besagt doch etwas für das allgemeine Klima dieses Zeitraums, wenn sich dieselbe Akzentverlagerung von poetischen auf prosaepische Produktionen schließlich auch in den repräsentativen Publikationsmedien der biedermeierlichen T a s c h e n b ü c h e r aufzeigen läßt. Die (entgegen den Vermutungen Raimund Pissins, Arthur Rümanns und Maria Gräfin Lanckorońskas)[33] von 1820 bis 1830 von jährlich 33 auf 48 Titel a n w a c h s e n d e schöngeistige Almanachliteratur, deren Gesamtauflage in diesem Jahrzehnt mit über 400 Jahrgängen die Millionengrenze fast erreicht haben dürfte,[34] war sogar in besonders auffallender Weise vom gleichen Umschichtungsprozeß betroffen. „So häufig und jährlich wiederholt sonst die Taschenbücher erschienen, die sich Musenalmanache nannten und lauter Dichtungen enthielten", bemerkt bereits 1815 ein Rezensent der ‚Haller Allgemeinen Literatur-Zeitung',[35] „eben so selten erscheinen sie jetzt und haben den Mischlingen Platz gemacht, in denen gebundene Rede mit der ungebundenen wechselt." Märchen und Sage, Stimmungsbild, Skizze, Visions-, Parabel- und Legendendichtung, die unmittelbar vorher noch stark in den Taschenbüchern vertreten waren, versiegten allmählich, während Novellen und

[32] In den folgenden Jahren steht das Verhältnis von „Poesie" zu „Roman" 227 : 351 : (1823), 236 : 311 (1824), 230 : 288 (1825), 290 : 316 (1826), 286 : 342 (1827), 272 : 363 (1828). Von 1829 an wird die Rubrik „Poesie" durch die Bezeichnung „Schöne Wissenschaften und Künste" erweitert und kann zum Vergleich nicht mehr herangezogen werden.

[33] Raimund Pissin meint in der Einleitung seines Buches, innerhalb des dritten Jahrzehnts sterbe die Literaturgattung der Almanache „langsam aus". Pissin, Almanache der Romantik. 1910. (Bibliograph. Repertorium. Hg. von H. H. Houben Bd. 5). S. vii. Ähnlich Maria Gräfin Lanckorońska und Arthur Rümann, Geschichte der deutschen Taschenbücher und Almanache aus der klassisch-romantischen Zeit. 1954. Kap. V („Niedergang der Taschenbücher im Biedermeier"). Diese Ansicht gründlich widerlegt zu haben ist vor allem das Verdienst Margarete Zubers, Die deutschen Musenalmanache und schöngeistigen Taschenbücher des Biedermeiers a.a.O. Auf ihre Untersuchung muß im folgenden häufig zurückgegriffen werden.

[34] In dieser vor allem anhand des Registers bei M. Zuber a.a.O. S. 953/958 zusammengestellten Summe sind Jugendtaschenbücher, Nachdrucke, Titelauflagen und die zahlreichen historischen, politischen, theologischen und topographischen Taschenbücher, die ebenfalls literarische Beiträge brachten, nicht enthalten.

[35] Zit. nach R. Pissin a.a.O. Sp. 191.

Novelletten „immer selbstverständlicher" an die erste Stelle zu rücken begannen.[36] Die beliebtesten Taschenbücher der Zeit zeigen in ihrer zunehmenden Bevorzugung des Prosateils eine fast einheitliche Tendenz: Beckers ‚Taschenbuch zum geselligen Vergnügen' ebenso wie Cottas ‚Damenkalender', das ‚Schlesische Taschenbuch', der ‚Berlinische Taschenkalender', das ‚Taschenbuch der Liebe und Freundschaft gewidmet', F. X. Tolds ‚Fortuna' und seit 1825 auch die ‚Rheinblüthen'. Sie brachten nicht nur immer mehr Prosa – der lockere Sammelcharakter dieser Unternehmen machte Strukturverschiebungen ja besonders leicht –, sondern sie stellten die Erzählungen auch durch Sperrdruck der Titel im Register noch besonders heraus (z. B. im ‚Frauentaschenbuch' seit 1819) oder zeigten dadurch, daß sie sie v o r den lyrischen Beiträgen aufführten (z. B. in ‚Eidora', ‚Huldigung den Frauen', Gleditschs ‚Taschenbuch zum geselligen Vergnügen'), daß man sie als Zugstücke der einzelnen Jahrgänge auffaßte. Berücksichtigt man die starke Marktempfindlichkeit dieser Medien, die sich Jahr für Jahr der Kritik und dem Urteil des kaufenden Publikums neu stellen mußten, so wird man auch auf derartig kleine Anzeichen einer kontinuierlichen Umwertung achten. Der Herausgeber des ‚Schlesischen Musenmanachs' sah sich durch die ablehnende Haltung der Kritik z. B. geradezu gezwungen, Erzählungen und Novellen mit aufzunehmen.[37] Die von F. A. Brockhaus selbst herausgegebene ‚Urania' wurde ebenfalls in den zwanziger Jahren in ihrem an die Namen Tiedges und Ernst Schulzes d. J. geknüpften Anspruch unsicher: unter dem Eindruck eines mißglückten Preisausschreibens „für die beste poetische" und eines erfolgreichen parallelen Wettbewerbs „für die beste prosaische Erzählung"[38] stellte sie sich immer mehr, vom Jahrgang 1833 an sogar völlig auf Beiträge in ungebundener Form um und enthielt schließlich nur noch Novellen. Auch für das Nürnberger ‚Frauentaschenbuch' bildete der Redaktionswechsel des Jahres 1822 den willkommenen Anlaß, Prosaerzählungen stärker in den Vordergrund zu rücken;[39] und die österreichischen Almanache folgten etwa um die gleiche Zeit (mit Castellis ‚Selam', ‚Huldigung den Frauen', Schreyvogels ‚Aglaja', Seidls ‚Aurora', Klars ‚Libussa' und Mailáths ‚Iris') unter dem Druck der Konkurrenz zögernd der von den deutschen Buchhandelszentren ausgehenden Entwicklung. Bereits in den zwanziger Jahren gab es neben den zahlreicheren „Mischlingen" auch schon den reinen Prosa-Almanach, der dann in den dreißiger Jahren stark an Gewicht gewann (‚Vergiß-

---

[36] M. Zuber a.a.O. S. 934.
[37] Vgl. ebd. S. 888.
[38] Vgl. Urania a. d. J. 1821. S. xlivf. Urania a. d. J. 1822. S. i/vii. Ferner: H. Brockhaus a.a.O. Bd. I. S. 286.
[39] M. Zuber a.a.O. S. 879.

meinnicht' 1818–37, ,Frühlingsgaben' 1824, ,Psyche' 1825, ,Feldblumen'
1826, ,Kleeblätter' 1816–18, ,Novellenkranz deutscher Dichterinnen'
1828, ,Freundestrost' 1830, Tiecks ,Novellenkranz' 1831/33, 1835
u. a. m.). Und es ist sicher, daß Novellenbeiträge in der Biedermeierzeit das
wirksamste Mittel waren, um das Interesse breiterer Käuferschichten
wachzuhalten. Den fünfhundert Abnehmern, die der ,Deutsche Musen-
Almanach' in seiner besten Zeit fand,[40] stehen beispielsweise achttausend
Käufer des Claurenschen ,Vergißmeinnicht' im Jahre 1825 gegenüber[41]
und bestätigen die Beobachtungen M. Zubers und E. F. Kossmanns, daß es
sich bei allen ausschließlich auf „Poesie" beschränkten, d. h. also im traditionellen Sinn „reinen" Musenalmanachen der Restaurationsperiode um
Zuschuß- und nur durch erhebliche finanzielle Opfer ermöglichte Prestige-
publikationen einzelner Verlage handelte.[42] Reine Prosataschenbücher
fallen dagegen oft durch besonders lange Laufzeiten auf (z. B. ,Winter-
grün' 1821–44, 1847, 1849, ,Gedenke mein' 1832–59, 1870, ,Libussa'
1842–60). Sie sind auch die einzigen, die das kritische Jahr 1848, das
generell den Schlußstrich unter die Geschichte der Almanache zog, vereinzelt überspringen.[43]
Die ausführliche Erörterung der Verhältnisse auf dem Taschenbuchsektor
ist darum besonders aufschlußreich, weil man in jener Zeit nicht nur
„Prosa" und „Novellistik",[44] sondern häufig auch und keineswegs nur
in Sonderfällen „Novellistik" und Taschenbuchliteratur unmittelbar miteinander identifizierte. Es ist symptomatisch, wenn Theodor Mundt seine
gegen Ende der zwanziger Jahre geplante und angekündigte Ästhetik und
Geschichte deutscher Romane und Novellen[45] aufgab, stattdessen aber
eine ,Kunst der deutschen Prosa' schrieb, in der die Novelle überhaupt
in den „eigentlichen Mittelpunkt für die productive Literatur der Prosa"
gerückt wurde.[46] Man konnte sie als Prosa schlechthin interpretieren. An-

[40] Ebd. S. 912.
[41] Horst Kunze, Lieblingsbücher von dazumal. ²1965. S. 176.
[42] Vgl. M. Zuber a.a.O. S. 912. Ernst Vollert, Die Weidmannsche Buchhandlung
in Berlin 1680–1930. 1930. S. 93.
[43] Vgl. M. Zuber a.a.O. S. 926.
[44] Vgl. etwa August Wilhelm Schlegel, Vorlesungen über Schöne Litteratur
und Kunst. In: Deutsche Litteraturdenkmale des 18. und 19. Jhs. in Neudrucken hg. von B. Seuffert. Bd. 19. 1884. III. S. 242f.: „Da nun die Novelle Erfahrung von wirklich geschehenen Dingen mittheilen soll, so ist die ihr ursprünglich und wesentlich eigne Form der Prosa ..."
[45] Theodor Mundt, Über deutsche Romane und Novellen in ihrer Entwickelung.
(Aus einer umfassenderen literarhist. Arbeit). In: Berliner Conversations-Blatt.
1829. Nr. 214/218.
[46] Theodor Mundt, Die Kunst der deutschen Prosa. Bln. 1837. S. 361.

dererseits aber blühte die Novellistik so „vorzugsweise in den Taschenbüchern",[47] daß man diese beiden Erscheinungen mühelos in einen inneren
Wechselbezug setzen konnte. „Alles", schrieb Hermann Marggraff in seinem literarhistorischen Rückblick aus dem Jahre 1839, „nahm eine Ta-
schenbuchnatur an und die Form der Novelle wurde übermächtig."[48] –
Novellen vertraten in Deutschland weitgehend auch die Stelle des im Gegensatz zu Westeuropa erst später wirksam eingeführten Feuilletonromans;[49] ja man stößt in unserem Zeitraum nicht selten auf die Feststellung, die übermäßige Zunahme der kleinen Erzählformen nach 1815
habe die größeren Romane ins Hintertreffen geraten lassen (A. Koberstein,[50] W. Menzel[51]) bzw., wie Heinrich Laube meinte, überhaupt „ziemlich verdrängt".[52] „Es ist eine Zeit, der es an Zeit fehlt, darum ungünstig
in der Aufnahme großer langathmiger Werke...", suchte Franz Horn
die Erscheinung zu erklären: „Auch den Roman... trifft meistens ein
lauer Empfang, so bald er wie ein breiter und tiefer Strom sich durch
eine weite Strecke hin ergießt, oder, in populärer Sprache zu reden, mehrere Bände einnimmt."[53]

„Die größern Romane nehmen bereits ab", konstatierte Wolfgang Menzel 1828, „und die Sammlungen kleiner Erzählungen und Novellen unverhältnißmäßig zu. Die dreißig Taschenbücher, die vielen Morgen-,
Abend-, Mittag- und Mitternachtsblätter etc. reichen bei weitem nicht
hin, diese Baggatellen jährlich aufzunehmen; es erscheinen noch insbe-
sondre viele hundert einzelne oder gesammelte Novellen", die „ihrer
großen Menge und ihres alltäglichen abgedroschnen Inhalts wegen ...
eben so schnell vergessen, als gelesen" wurden.[54] W. E. Weber wußte sich
der „Unzahl der deutschen Poeten, welche uns in jeder Messe mit Dutzen-
den neuer Novellen beschenkt" und der „form- und fessellosen Gemüth-
lichkeit" ihrer Produkte kaum zu erwehren.[55] Stimmen, die von einer Art

---

[47] H. Brockhaus a.a.O. Bd. II. S. 254. S. a. o. S. 55f (Robert Prutz).
[48] H. Marggraff, Deutschlands jüngste Literatur- und Culturepoche a.a.O. S. 182.
[49] R. Hackmann, Die Anfänge des Romans in der Zeitung. Diss. Bln. 1938.
S. 9f. (Sehr unzulänglich). S. a. Theodor Mundt, Geschichte der Literatur der
Gegenwart a.a.O. S. 398.
[50] A. Koberstein a.a.O. Bd. V. S. 151.
[51] W. Menzel, Die deutsche Literatur a.a.O. Bd. II. S. 286.
[52] Zitiert bei F. Sengle, Arbeiten zur deutschen Literatur a.a.O. S. 140.
[53] Franz Horn, Nachträge zu den Umrissen zur Geschichte und Kritik der
schönen Literatur Deutschlands, während der Jahre 1790 bis 1818. Bln. 1821.
S. 319.
[54] W. Menzel a.a.O. Bd. II. S. 286.
[55] W. E. Weber, Die Ästhetik aus dem Gesichtspunkte gebildeter Freunde des
Schönen a.a.O. Bd. II. S. 185.

„Novellenwut" sprachen, wurden laut. „Novellen! – Wer schreibt sie nicht?" notierte Grillparzer; „hat nicht längst das poetische Unvermögen des neueren Deutschlands sich auf dieses bequeme Faulbette breit hingestreckt?"[56] Theodor Mundts Salzschreiber Seeliger in seinen ‚Modernen Lebenswirren‘ (1834) faßte die Novelle als „deutsches Hausthier" auf;[57] zugleich war sie ihm – mit einer bezeichnenden Einschränkung (vgl. u. S. 97, S. 104) – „die berufenste Kunstform, das Höchste darzustellen."[58] In der bereits zitierten Stelle seiner ‚Kunst der deutschen Prosa‘ (1837) formulierte Mundt: „Diese Gattung ... ist ... in neuester Zeit der eigentliche Mittelpunkt für die productive Literatur der Prosa ... geworden"[59] und stellte damit ein „Axiom" auf, gegen das sich der Hegelschüler Karl Rosenkranz ein Jahr darauf mit großer Heftigkeit wandte.[60] Aber auch Gervinus erkannte die Novelle als die „große Gattung des Tages" an.[61] Feuchtersleben dramatisierte den Ruf „Nur Novellen! nur Novellen!" als das „panem et circenses" des modernen Publikums;[62] das ‚Damen-Conversations-Lexicon‘ nannte sie ausdrücklich „Modeartikel";[63] und manche Novellisten wie Tieck[64] oder der protestantische Pfarrerschriftsteller J. Chr. Biernatzki nahmen auf den Begriff der Mode, der die Vorstellung von Antiklassizität, Vergänglichkeit und Zeitnähe zugleich assoziierte, gerne Bezug (so gab Biernatzki etwa zwei seiner Romane mit dem Untertitel ‚Wanderungen auf dem Gebiete der Theologie im Modekleide der Novelle‘ heraus[65]).

Neben die großen, landschaftlich im Grunde wenig differenzierten Publikationsmedien der Almanache und des schöngeistigen Feuilletons, deren Hauptinteresse in der Veröffentlichung von „Originalbeiträgen" lag,[66] trat eine ausgedehnte Literatur von Novellenübersetzungen und Bear-

[56] Zit. bei J. Hermand a.a.O. S. 88.
[57] Th. Mundt, Moderne Lebenswirren a.a.O. S. 157.
[58] Ebd.
[59] Vgl. o. S. 61 Anm. 46.
[60] Karl Rosenkranz, Ludwig Tieck und die romantische Schule. In: Hallische Jahrbücher 1838. Sp. 1298. (Zit. nach A. Hirsch a.a.O. S. 32f.).
[61] G. G. Gervinus, Geschichte der deutschen Dichtung a.a.O. Bd. V. S. 775.
[62] Ernst Frh. von Feuchtersleben, Sämtliche Werke. Mit Ausschluß der rein medizinischen. Hg. von F. Hebbel. Wien 1851/53. Bd. III. S. 44.
[63] Damen-Conversations-Lexikon a.a.O. Artikel ‚Novelle‘.
[64] Tieck, Nov. a.a.O. Bd. V. S. 30.
[65] Johann Christoph Biernatzki, Wege zum Glauben oder die Liebe aus der Kindheit. Wanderungen auf dem Gebiete der Theologie im Modekleide der Novelle. Altona 1835. – Den gleichen Untertitel trägt: Die Hallig oder die Schiffbrüchigen auf dem Eilande in der Nordsee. Altona 1836.
[66] Auch Titel wie ‚Originalien‘, ‚Originalnovellen‘ u. ä. sollen gelegentlich darauf hinweisen, daß es sich nicht um Nachdrucke handelt.

beitungen. Ältere Prosaisten wie J. G. Schnabel, Lenz und Kleist wurden allein auf Veranlassung Tiecks wieder gedruckt; Christoph Kuffner grub eine Reihe Erzählungen aus alten Moralischen Wochenschriften aus. Man übersetzte Boccaccio, Cervantes, Matteo Bandello (u. a. auch Johanna Schopenhauer und Rumohr in seinen ,Italienischen Novellen von historischem Interesse' 1823), den Conde Lucanor des Don Juan Manuel (Eichendorff, Helmina von Chézy). Langatmige und kurze Erzählprosa von W. Irving, Cooper oder Balzac erschien auf dem deutschen Buchmarkt oft nur einen Messetermin später als im Original. Dazu kamen umfangreiche Gesamtausgaben mittlerer und unbedeutender Erzähler und ihre Nachdrucke (Langbein, K. Pichler, Th. Huber, H. Zschokke u. a. m.). Außer den oben erwähnten (S. 6of) erschienen vom Beginn der Restaurationsepoche bis 1830 noch sieben weitere Novellenkränze: Johanna Schopenhauers ,Novellen, fremd und eigen' (1816), ,Rosen und Dornen' (1817), ,Sinngrün' (1819), ,Blüthenkranz, gewählt aus den neuesten Unterhaltungsschriften des Auslandes' (1821), ,Erzählungen, die manchem schon gefielen' (1823), ,Winter-Lektüre' (1827), ,Ausgewählte kleine Original-Romane der beliebtesten deutschen Erzähler und Erzählerinnen' (1828/29); daneben manches ähnlich Geartete unter den verschiedensten Titeln und Nachdrucke unter mannigfaltigen Vorwänden. Selbst bei demjenigen unter diesen Unternehmen, das sich am eigenständigsten gibt, vermischen sich zweifellos pädagogische Absichten mit der verlegerischen Berechnung, unter dem Vorwand einer qualitativen Auswahl billige Nachdrucke älterer und jüngerer Novellisten auf den Markt zu bringen. Der 1822/23 in drei Bänden erschienene, von Ludwig Pustkuchen herausgegebene und dem „Verfasser der Wanderjahre" (d. i. Friedrich Pustkuchen) mit einem Vorwort versehene ‚Novellenschatz des deutschen Volkes' verstand sich selbst als das „erste Unternehmen dieser Art in Deutschland". Er enthielt kürzere Erzählungen von J. A. Apel, J. J. Engel, W. v. Gersdorff, Goethe, Hoffmann, Kleist, Novalis, Schiller u.a., ohne die Verfasser zu nennen; daneben Porträtstiche Tiecks, Schillers und Fouqués. Gattungsgeschichtlich bedeutsam ist, daß der Herausgeber die Sammlung mit einer kurzen einleitenden Rechtfertigung der Novelle als eines literarischen Genres versah, durch seine stark rückwärtsgerichtete Auswahl einen freilich wenig verbindlichen Kanon novellistischer Vorbildautoren aufstellte und das Ganze durch eine devot-berechnende Widmung an den Herzog von Sachsen-Hildburghausen gleichsam zu adeln versuchte – ähnlich wie in kleineren Fürstentümern leicht größere Ordnung als in mächtigen Reichen herrschen könne, meinte Friedrich Pustkuchen, seien Novellen vielleicht auch eher als umfangreiche Romane zu höherem Kunstwert berufen, möglicherweise dürfe man sie sogar als Vorstufe künftig zu schreibender musterhafter deutscher Dramen betrachten.[67] Das Unternehmen wurde 1824/25 als ‚Neuer Novellenschatz des deutschen Volkes‘[68] mit Erzählungen von Wieland, Lafontaine, Langbein, Houwald, Jung-Stilling, Helmina von Chézy, Elise von Hohenhausen und Friedrich Pustkuchen fortgesetzt, – mit Novellen also, die entweder der in den zwanziger Jahren schon mitunter als „veraltet" empfundenen pointierten Formtradition angehörten[69] oder die „noch langweiliger als tugendhaft" waren (die Droste über Elise von Hohenhausen[70]). Nur mit starken Vorbehalten darf man das Unternehmen als einen bescheidenen Vorklang der großen Sammelwerke aus der zweiten Hälfte des 19. Jahrhunderts betrachten. Die Maßstäbe, die hier gesetzt wurden, wiesen kaum in die Zukunft, beleuchten aber doch recht deutlich die Situation der Novellenprosa und vor allem, welche Namen bei der Aufstellung kanonischer Novellenklassiker allen Ernstes in Betracht gezogen werden konnten. Wichtiger war die weltliterarische Entsprechung des Pustkuchenschen ‚Novellenschatzes‘, das 1834/36 von Eduard von Bülow herausgegebene und von Tieck eingeleitete ‚Novellenbuch‘,[71] das seinerseits wiederum auf Vorläufer wie das von 1828 bis 1831 in vierundzwanzig Bänden erschienene ‚Pantheon‘[72] oder auf Theodor Hells Monatsschrift ‚Salmigondis‘[73] zurückblicken konnte.

Die gegebenen Beispiele mögen genügen, um einen Eindruck davon zu vermitteln, welches Gewicht hinter gelegentlichen Äußerungen wie der zitierten Beobachtung R. M. Meyers steht, in den zwanziger Jahren scheine Lust und Begabung zu erzählen, überhaupt die Freude an anspruchslosem lesbarem Erzählungsstoff plötzlich erwacht (vgl. o. S. 16).

[67] Novellenschatz des deutschen Volkes. Hg. von Ludwig Pustkuchen. (Mit einem Vorwort von Friedrich Pustkuchen). 3 Bde. Quedlinburg u. Lpz. 1822/23. Bd. I. S. xxvi.
[68] Neuer Novellenschatz des deutschen Volkes. Hg. von Ludwig Pustkuchen. 2 Bde. Lpz. 1824/25.
[69] W. Alexis, Vorwort (1830). a.a.O. S. xvif.
[70] An Levin Schücking 31. 10. 1844. Droste, Briefe a.a.O. Bd. II. S. 354.
[71] Karl Eduard von Bülow, Das Novellenbuch; oder Hundert Novellen, nach alten italienischen, spanischen, französischen, lateinischen, englischen und deutschen bearbeitet. Mit einem Vorworte von Ludwig Tieck. 4 Theile. Lpz. 1834/36.
[72] Pantheon. Eine Sammlung vorzüglicher Novellen und Erzählungen der Lieblingsdichter Europas. 24 Bde. Stg. 1828/31.
[73] Salmigondis, oder Novellistische Bunte-Reihe des Auslandes in freien Übertragungen von Theodor Hell und seinen Freunden. Monatsschrift. Lpz. Jan./ Dez. 1833. – Hier erschienen u. a. Novellen von Balzac, Bulwer, Dumas, Paul de Kock; in der Fortsetzung der Reihe (Exoteren. Dresden u. Lpz. 1835) auch E. Sue.

Es ist vor allem das Gewicht der Quantität. Tatsächlich lief der Novellenkonsum, wie Wolfgang Menzel meinte, häufig auf eine „allgemeine Stallfütterung" hinaus.[74] Novellenschreiben war nicht nur „Fabrikarbeit" (ebd.); nicht selten gewinnt man auch den Eindruck, als handle es sich dabei um ein beliebtes modisches Gesellschaftsspiel der „gebildeten Stände". Man schrieb und übersetzte Novellen zum Privatvergnügen, für Freunde oder zum Vorlesen im Kreis der biedermeierlichen Großfamilie. Man verfertigte sie scherzhaft nach vorgegebenen Wörtern, Buchstaben (die nicht vorkommen durften), Themen, Kapitelüberschriften, für Gesellschaften und in Gesellschaften, gelegentlich abschnittweise in Gemeinschaftsarbeit mit anderen dilettierenden Freunden. Auch eine verhältnismäßig breite Tradition mündlichen Erzählens und Improvisierens darf nicht ganz gering veranschlagt werden. Allerdings ist es erstaunlich, wieviel dergleichen zum Druck gelangt ist. Die Volkskalenderebene konkurrierte dabei mit der reflektierten Salonnovellistik, die ‚Unterhaltungen am häuslichen Herd' mit Plänen demagogischer Groschennovellistik,[75] naive Didaktik mit den „Werthern des Neunzehnten Jahrhunderts" (vgl. u. S. 199f), Modernistisches mit Altväterlichem. Man schalt die residenzstädtische „Conversationsgeistreichigkeit,[76] die andere als das unabdingliche Lebenselement eines Novellisten betrachteten[77] und die selbst Stifter manchmal vermißte; man konstatierte, daß „auf dieser abschüssigen Bahn endlich der Poesie ... der Athem ganz ausgegangen, und auch die Novelle zur Novellette eingeschrumpft" sei;[78] wenn man sich aber gegen derlei Dekadenzerscheinungen zur Wehr setzte, so geschah dies wiederum vor allem in Novellen. Man beklagte die Reduktion der Poesie auf „einzelne pikante Scenen",[79] „vereinzelte Triller aus dem großen Weltchor",[80] und verteidigte die Kurzformen andererseits mit mancherlei Argumenten, nannte sie etwa zeitgemäß oder „bequem". „Die Kürze ist ... zugleich Ihr Vortheil, mein Herr!" wandte sich Martin Cunow in der Vorrede zur „ersten Sammlung" seiner ‚Federstiche' an den Leser, „denn Sie können die Lektüre eines Aufsatzes, hoffe ich, ganz bequem

[74] W. Menzel a.a.O. Bd. II. S. 237.
[75] Th. Mundt, Moderne Lebenswirren a.a.O. S. 185.
[76] Eichendorff, Der dt. Roman des 18. Jhs. a.a.O. S. 266.
[77] So hätte, nach dem Bericht Alexis', Ludwig Halirsch gern „das Feld der Novellistik betreten, aber er klagte oft in seinen Briefen: wo in seiner Umgebung er die socialen, geistreichen Kreise finden solle, denen er Fragen und Antworten, die ihn drückten und drängten, in den Mund legen solle?" W. Alexis, Erinnerungen a.a.O. S. 302.
[78] Eichendorff a.a.O. S. 266.
[79] Ebd. S. 264.
[80] Ebd. S. 266.

abthun, etwa des Morgens, während Sie die Stiefeln anziehen... Auch
hat man bei dem Schnell-Leben, welches jetzt Mode ist, in der That weder Zeit, etwas Langgedehntes zu schreiben, noch es zu lesen..."[81]
Selbst Alfred Rosenbaum, der Bearbeiter des Neunten Bandes in Goedekes ‚Grundriß‘, hat das Material an prosaepischen Erzählformen, das
sich einem in den zwanziger Jahren unter der Rubrik der „allgemeinen
Bildung" anbietet, nicht nur „niederdrückend und flach", sondern auch
„so überaus umfangreich" genannt, daß die Masse des Stoffs vor jeder ein-
gehenden bibliographischen Bearbeitung abschrecken müsse.[82] Man kann
feststellen, daß sich die anspruchsvolleren Dichter der Epoche zunächst
heftig abgestoßen fühlten;[83] oder vielmehr, sie sahen sich in ihren
„nationalliterarischen" und volkspädagogischen Ambitionen angesprochen und durch die trivialliterarische Realität entmutigt. Goethe z. B.
verbot Eckermann am 3. Dezember 1824 rundweg, für ein englisches
Journal Berichte über die „neuesten Erzeugnisse deutscher schöner Prosa"
zu verfassen, obwohl er sich persönlich um ein gerechtes Urteil bemühte.
Die Vorbehalte, die er dabei zur Sprache brachte, seine Annahme von
verschiedenen literarischen Kurswerten und die ziemlich eindeutige
Gleichsetzung von „Erzeugnissen deutscher schöner Prosa" mit novellistischen Erzählungen, wie sie sich an den Werken der genannten Autoren
ablesen läßt, sind zeittypisch und mögen hier für zahlreiche andere ähnliche Belege stehen:

> Ich wollte, sagte er, Ihre Freunde hätten Sie in Ruhe gelassen. Was wollen
> Sie sich mit Dingen befassen, die nicht in Ihrem Wege liegen und die den
> Richtungen Ihrer Natur ganz zuwider sind? Wir haben Gold-, Silber- und
> Papiergeld, und jedes hat seinen Wert und seinen Kurs, aber um jedes zu
> würdigen, muß man den Kurs kennen. Mit der Literatur ist es nicht anders.
> Sie wissen wohl die Metalle zu schätzen, aber nicht das Papiergeld, Sie
> sind darin nicht hergekommen, und da wird Ihre Kritik ungerecht sein und
> Sie werden die Sachen vernichten. Wollen Sie aber gerecht sein und jedes in
> seiner Art anerkennen und gelten lassen, so müssen Sie sich zuvor mit unse-
> rer mittleren Literatur ins Gleichgewicht setzen und sich zu keinen geringen
> Studien bequemen. Sie müssen zurückgehen und sehen, was die Schlegel ge-
> wollt und geleistet, und dann alle neuesten Autoren: Franz Horn, Hoff-
> mann, Clauren usw., alle müssen Sie lesen. Und das ist nicht genug. Auch

---

[81] Martin Cunow, Federstiche. Erste Sendung. Bln. 1822. S. xvif. Ähnl. Franz
Horn a.a.O. S. 320: „Noch mehr als Romane werden Novellen geliebt, und man
kann ihrer viele hinter einander genießen, ohne es sonderlich gewahr zu werden.
Dennoch ist hier eine schöne Lichtseite unsrer Literatur, denn es ließen sich
etwa zwölf bis sechszehn m e i s t e r h a f t e angeben, die das neunzehnte Jahrhundert hervorgebracht...
[82] Bd. IX. Dresden ²1910. S. 1.
[83] Vgl. F. Sengle a.a.O. S. 140.

alle Zeitschriften, vom ‚Morgenblatt' bis zur ‚Abendzeitung', müssen Sie halten, damit Sie von allem Neuhervortretenden sogleich in Kenntnis sind, und damit verderben Sie Ihre schönsten Stunden und Tage . . .[84]

Die durchschnittlichen, für den Alltagsbedarf des „großen Publikums" zurechtgeschnittenen novellistischen Erzeugnisse der „mittleren Literatur" waren Papiergeld von verhältnismäßig geringem literarischem Kurswert. Verleger wie Autoren waren sich in der Regel darin einig, daß man sie für die Zeit und nicht für „eine ganze Ewigkeit" schrieb.[85] Ihre Verfasser genossen das Prestige literarischer „Lohnscribler" und stellten sich der Gesellschaft zunächst einmal auch als gescheiterte Kaufleute (Hans Georg Lotz), unbeschäftigte Verwaltungsbeamte (Carl Heun), enttäuschte und privatisierende Frontkämpfer (Tromlitz, Fouqué), alternde Kleinstädterinnen (Louise Brachmann), amtsscheue Theologiekandidaten (Ludwig Storch, Eduard Mörike), in die Provinz versetzte Juristen (E. T. A. Hoffmann), dilettierende, gelangweilte oder mittellose Offiziere (Moltke, Gaudy, Sallet) und zum Gelderwerb gezwungene Mütter (J. Neumann– „Satori") dar. Das Gros ihrer Produkte erschien auf billigem Papier in auf Präzision wenig bedachtem Druck und war kaum auf Dauer berechnet. Und da man Novellen im allgemeinen fast ebenso rasch produzierte, wie man sie las, und damit rechnen durfte, daß sie noch schneller wieder vergessen wurden, handhabe man das Prinzip der Originalität oft mit äußerster Laxheit.[86] Novellen „nach Boccaccio", „nach Bandello", mit dem Vermerk „dem Englischen nacherzählt" oder einfach nur nacherzählt" entsprachen einer weitverbreiteten und traditionsreichen Gepflogenheit. Goethe nahm sich in seinen ‚Unterhaltungen deutscher Ausgewanderten' nicht einmal die Mühe, eine Erzählung aus den Memoiren des Marschalls von Bassompierre in die dritte Person umzuschreiben, sondern ließ sie von einem Mitglied der Gesellschaft in Ichform berichten und legitimierte diese Freiheit lediglich durch eine einleitende Bitte: „es sei mir gestattet, in seinem Namen zu reden . . ." Aber man konnte es z. B. auch bedenkenlos riskieren, wie dies 1822 in der

---

[84] Johann Peter Eckermann, Gespräche mit Goethe. Hg. von Fritz Bergemann. 1955. S. 117.
[85] Th. Mundt, Moderne Lebenswirren a.a.O. S. 151f., 157. (Zitat S. 152). – Ignaz Jeitteles führt in seiner Vorrede zum Taschenbuch für Frohsinn und Liebe a. d. J. 1826 auch zur Verteidigung der Taschenbücher an, „daß sie so bescheiden sind, nicht nach Unsterblichkeit zu ringen, sondern sich damit begnügen, augenblicklich zu unterhalten . . ."
[86] Vgl. Friedrich Wilhelm Gubitz, Erlebnisse. Nach Erinnerungen und Aufzeichnungen. Bln. 1868. 1869. Bd. II. S. 232 u. 234. – Hermann Blumenthal, Georg Lotz (1784–1844). Aus dem literarischen Leben des hamburgischen Biedermeier. 1934. S. lxxviii.

‚Wiener Theater-Zeitung' geschah, Kleists ‚Bettelweib von Locarno' als eine verfasserlose Volkssage abzudrucken.[87] I. F. Castelli erzählte, „von Satz zu Satz ... vergröbernd und verwässernd", in einer seiner ‚Sämtlichen Erzählungen' die Turmszene aus Grillparzers ‚Kloster bei Sendomir' nach und gab an, er habe diese Geschichte aus dem Mund eines russischen Offiziers erzählen gehört.[88] Wilhelm Hauff verarbeitete Motive aus einer berühmten Preisnovelle Friedrich Mosengeils (‚Sieg der Kunst, des Künstlers Lohn', Urania a. d. J. 1822) gleich zweimal (in der ‚Bettlerin vom Pont des Arts' und der ‚Sängerin') und veröffentlichte in seiner ‚Höhle von Steenfoll' nichts weiter als die freie Übersetzung einer englischen Vorlage ohne jeden Quellenhinweis.[89] Sealsfield hielt sich in seiner Feuilletonnovelle ‚My little grey landlord' in allen wesentlichen Zügen an Balzacs ‚Gobseck', aktualisierte den Text nur ein wenig und verlegte den Schauplatz von Paris nach London, gab weite Passagen aber fast wörtlich wieder.[90] – Natürlich blieben Entdeckungen solcher Art dem Zufall und der – wenn man von der Goethe- und Hoffmannphilologie absieht – auf diesem Gebiet wenig intensiven Einzelforschung überantwortet. Nur ein Bruchteil der Bearbeitungen und „Plagiate" dürfte bekannt sein. Man würde vermutlich heute kaum zögern, den Verleger F. A. Brockhaus, der in seinem Taschenbuch ‚Urania' a. d. J. 1822 unter dem Pseudonym Guntram eine stilistisch gewandte Erzählung (‚Die Nebenbuhlerin ihrer selbst') publiziert hat, unter den vergessenen deutschen Novellisten der frühen Biedermeierzeit aufzuzählen, hätte ihm die Wiener Zensurbehörde nicht Schwierigkeiten gemacht und den Absatz des Almanachs in Österreich gefährdet. Erst auf den Vorwurf hin, er kolportiere in seiner Novelle private Affären einer vornehmen österreichischen Familie, enthüllte er sie in einer öffentlichen Anzeige vom 29. 10. 1821 als Bearbeitung einer im Jahr zuvor in den ‚Annales de la littérature' erschienenen französischen Vorlage.[91] Auf höherer Ebene sind selbst Goethes Wanderjahrenovellen noch ein Zeugnis der zeittypischen Vermischung von Eigenem und Bearbeitetem, die diese Sphäre charakterisiert. Die „leichten Formen des Sagens" herrschten hier so durchaus vor, daß man den Vorwurf des Plagiierens besser vermeidet.[92] Eher möchte

[87] Vgl. Grillparzer, Werke (hg. v. St. Hock) a.a.O. Bd. VIII. S. 113.
[88] Vgl. ebd. S. 115.
[89] Vgl. Otto L. Jirizek, Zur Quelle von Hauffs Sage ‚Die Höhle von Steenfoll'. In: GRM XXV. 1937. S. 286/296.
[90] Vgl. Eduard Castle, Der große Unbekannte. Das Leben von Charles Sealsfield. 1952. S. 299ff.
[91] H. Brockhaus a.a.O. Bd. I. S. 287.
[92] Vgl. Ernst Friedrich von Monroy, zur Form der Novelle in ‚Wilhelm Meisters Wanderjahre'. In: GRM XXXI. 1943. S. 18.

man sich an Reste einer fast mittelalterlichen Anonymität oder an die traditionelle Anschauung der Renaissancenovellisten erinnert fühlen, nach der die T h e m e n als Allgemeingut galten, während das Hauptaugenmerk auf der Modernisierung, der formal-eleganten oder „sittlichen" Umstilisierung des Stoffs lag.[93] Gebildete Kontrafakturtechnik konnte manchen Novellen sogar einen besonderen Reiz verleihen. Man denke an Werke wie Goethes ‚Neue Melusine', Immermanns ‚Neuen Pygmalion', Arnims ‚Liebesgeschichte des Kanzlers Schlick und der schönen Sieneserin', Langbeins ‚Damenpferd' (in dem die alte Anekdote von Aristoteles und der Hetäre modernisiert wird), an E. T. A. Hoffmanns ‚Räuber' u. a. m. Zu Hoffmanns ‚Elementargeist' (Taschenbuch zum geselligen Vergnügen a. d. J. 1822) schrieb Elise von Hohenhausen im folgenden Jahrgang desselben Unternehmens ein „erklärendes Gegenstück"; Caroline Fouqué spielte 1817 in einer im ‚Frauentaschenbuch' erschienenen Novelle (‚Der Delphin') unvermerkt Motive aus seinem ‚Magnetiseur' (1814) in einen anderen Handlungszusammenhang hinüber; und auch Eichendorff scheint bei der Niederschrift seines anscheinend so unbeschwerten ‚Taugenichts' Rousseaus ‚Confessions' im Auge gehabt zu haben.[94]

Nicht selten benutzten junge und unbekannte Schriftsteller auch einfach die Namen zeitberühmter Autoren, – weniger wohl, um sie zu parodieren, wie sie gelegentlich nachträglich behaupten konnten, als um unter falscher Flagge Geschäfte zu machen. Hauffs Claurennachahmung unterscheidet sich in dieser Hinsicht unvorteilhaft von den Claurenparodien Christian Friedrich Niedmanns oder Karl Herloßsohns[95] und anderen literarischen Wechselbälgern wie den unbefangeneren, von einer ursprünglichen Freude am Erzählen getragenen Scottimitationen des jungen Alexis oder den didaktisch ernsthaft engagierten ‚Wanderjahren' Friedrich Pustkuchens. Die schüchterne Emilie Lohmann ließ unter dem Namen ihrer bekannteren, 1811 gestorbenen Mutter in späterer Zeit noch eine Reihe von Erzählungen erscheinen.[96] Grundsätzlich nahm man sogar Prozesse in Kauf, zumal sie selten angestrengt wurden und bereits da-

---

[93] Vgl. Ernst Walser, Die Theorie des Witzes und der Novelle a.a.O. S. 125.
[94] Vgl. Josef Ruland, Eichendorffs ‚Taugenichts' und Rousseaus ‚Confessions'. In: ZfdPh 75. 1956. S. 375/385.
[95] Vgl. W. Alexis, Erinnerungen a.a.O. S. 303: „Hauff habe, sagten mir Einige, als er den ‚Mann im Monde' schrieb, eben nicht mehr bezweckt, als einen Roman in Claurenscher Manier, und zuerst in keiner andern Absicht, als um ein Claurensches Publicum zu finden, und das war dazumal in Deutschland groß!" Zu einem ähnlichen Urteil kommt auch Günther Koch, der Claurens Einfluß auf Hauffs kurz nach dem ‚Mann im Mond' erschienene Novelle ‚Die Sängerin' überzeugend nachweist. (Claurens Einfluß auf Hauff. In: Euph. 4. 1897. S. 805.)
[96] Dies bemerkt A. Koberstein a.a.O. Bd. V. S. 130. Anm. 7.

mals das allgemeine Interesse nur erhöhten. Selbst anerkannte Verleger bewegten sich im Zeichen der Novellen-Hausse etwas am Rande der Seriosität.

Schließlich bedarf auch die geschäftsmäßige Absicht noch der Erwähnung, die man oft genug bei der Zusammenstellung der einzelnen Taschenbücher am Werke sieht. Die Korrespondenz des Buchhändlers Brockhaus mit Tieck bestätigt die Vermutung recht deutlich, daß sich die Herausgeber geradezu darum bemühten, Spreu und Weizen untereinanderzumischen. Man kann diese Briefe über weite Strecken fast als ein höfliches Ringen zwischen den beiden Partnern lesen: während der Novellist auf der einen Seite die ihm gewährten hohen Bogenhonorare möglichst ausgiebig in Anspruch zu nehmen gedachte, ging es dem Redakteur der ,Urania' andererseits vor allem darum, dem Taschenbuch durch den Namen des berühmtesten Novellisten seiner Zeit einen hohen Absatz zu sichern und daneben doch auch noch Raum für geringere und mäßiger, z. T. überhaupt nicht honorierte Ware zurückzubehalten.[97]

So ist es verständlich, daß keines dieser Sammelwerke – weder die ,Urania', noch Cottas ,Taschenbuch für Damen' oder Heckenasts ,Iris' – einen vollkommen reinen Klang gibt. Die beliebteste Publikationsform der Zeit blieb stets mit dem Makel des Ephemeren behaftet, genauso wie die „große Gattung des Tages", die Novelle, unter den „untergeordneten Dichtungszweigen" rangierte.[98] Die Wellen der feuilletonistischen Hochflut schlugen über sie hin mit neuen Novellenkränzen, Novellenalmanachen und Novellenheften. Die Sterne der novellistischen Klassiker wechselten rasch, sofern man überhaupt berechtigt ist, von „Klassikern" bei dieser spezifisch unklassischen Gattung zu sprechen. F. A. Brockhaus wies im Programm seines Novellenpreisausschreibens von 1821 – „eine Kenntniß des Boccaccio und Cervantes nicht allgemein voraussetzend" – in einem Atem auf die vorbildlichen Verwirklichungen des Genres durch „Goethe, Tieck, Kind und einige andere" hin.[99] Therese Huber, Fouqué, Theodor Hell, Mosengeil und Böttiger galten als gleichwertige und als die hervorragendsten Novellisten der zwanziger Jahre,[100] die man aller-

---

[97] Vgl: Aus Tiecks Novellenzeit a.a.O. S. 58, 72, 99, 134 u. ö. Ausdrücklich erwähnt wird die Honorarfrage im Juni 1830. (S. 74).

[98] G. G. Gervinus, Geschichte der deutschen Dichtung a.a.O. Bd. V. S. 776.

[99] „Die Redaktion erlaubt sich, was namentlich die Erzählung in Prosa betrifft, vorzugsweise auf die großen Muster als Maßstab zu verweisen, welche wir (eine Kenntniß des Boccaccio und Cervantes nicht allgemein voraussetzend) unter uns von G ö t h e, T i e c k, K i n d und einigen andern aufgestellt sehen." Urania, Taschenbuch a. d. J. 1821. S. xlvii.

[100] Brockhaus a.a.O. Bd. I. S. 286.

dings alsbald durch die nachfolgende Schriftstellergeneration wieder übertroffen sah. „Die eigentliche Blütezeit der deutschen Novelle", schrieb Heinrich Brockhaus in der Lebensbeschreibung seines Großvaters, fiel „erst in die Zeit nach dem Tode des Begründers der ‚Urania'", fand hier aber „ihre ausgezeichnetste Vertretung...: in Ludwig Tieck, Wilhelm Häring (Wilibald Alexis), Johanna Schopenhauer, Leopold Schefer, von Rehfues, Sternberg, Eichendorff, Theodor Mügge, Ludwig Rellstab, Berthold Auerbach, Karl Gutzkow, Levin Schücking u. a."[101] Man sieht, wie stark sich die Maßstäbe inzwischen geändert haben, wie wenige dieser Repräsentanten sich auch nur als Namen über die Epoche des Realismus hinüberretten konnten.

Gerade als Kollektiv, als das man sie heute wieder betrachten darf, kommt ihnen indes eine gewisse Bedeutung zu. Man fühlt sich, wenn man die novellistische Hochflut dieser Jahre in groben Umrissen betrachtet, fast in eine Art Pionierbewegung versetzt. Ein fündiges Gebiet wurde in zahllose kleine und größere, dilettantisch betriebene oder systematisch ausgebeutete Claims parzelliert; und innerhalb des allgemeinen Runs gingen die Namen der bedeutenderen Dichter, die sich ihm gleichwohl nicht ganz entzogen, zunächst einmal unter. Die Droste verschwand neben Levin Schücking, Stifter deklassierte man als Literaten „à la Motte-Fouqué";[102] die Namen derjenigen Schriftsteller (von Arnim, Immermann, Alexis und Gutzkow bis zu Hebbel und Otto Ludwig), die bis in die neuesten Literaturgeschichten hinein, was ihre Novellenproduktion betrifft, als Tieckepigonen und -nachahmer tradiert werden, sind vollends kaum zu zählen. Tatsächlich aber kommt es in diesen Jahren weniger darauf an, nach einzelnen novellistischen „Klassikern" zu forschen, als vielmehr darauf, das allgemeine Novellenklima, das sich in Deutschland ausbildete, recht zu erkennen. Ähnlich wie die Feuilletonisten der zwanziger Jahre mit ihren gelegentlich publizierten Gedanken über Wesen und Abgrenzung der Novelle den Bereich der Poetiken gar nicht zu berühren glaubten und doch eine Art Vorarbeit für die programmatische „Emanzipation der Prosa" im späteren 19. Jahrhundert leisteten, begannen sich damals in der novellistischen Trivialschicht jene Tendenzen deutlicher abzuzeichnen, die in der zweiten Jahrhunderthälfte im vollen Licht der kritischen und akademischen Zustimmung dann zu den repräsentativen Sammlungen Paul Heyses, Hermann Kurz' und Ludwig Laistners weiterführten. Man kann der Beobachtung Jost Hermands zustimmen, wenn es auch vielleicht richtiger ist, die Kausalzusammenhänge

---

[101] Ebd.
[102] Droste, Briefe a.a.O. Bd. II. S. 433. (An Elise Rüdiger 13. 11. 1845).

weniger eindeutig zu formulieren: man müsse „trotz der ästhetischen Minderwertigkeit der biedermeierlichen Trivialliteratur ... zugeben, daß dieses ungezwungene Erzählen erst einmal nötig war, damit auf dem Umweg über die Novellen von Zschokke, Velde, Clauren, Schreyvogel, Meinhold, Auerbach und anderen ein Publikum gewonnen wurde, das auch für die Novellistik von Stifter, Mörike, Grillparzer, Gotthelf und der Droste Verständnis hatte. Nur so konnte die versepische Reaktion der Biedermeierzeit von innen her ausgehöhlt werden ...“[103] Wahrscheinlich ging es dabei sogar weniger um das Publikum, das den „Großen“, als vielmehr um die anspruchsvolleren Dichter, die der Gattung gewonnen werden mußten. Von wenigen Ausnahmen abgesehen (Goethes ‚Novelle‘ von 1827 zählt wohl dazu) gehörte es recht eigentlich zu den intellektuellen Bescheidenheitsübungen des Biedermeiers, sich unter Verzicht auf „Eigenwillen“ und „Tiefe“ in die Rahmen gesellschaftsnaher Taschenbücher neben Unbedeutende und Mittlere einzuordnen, publikums- und sachbezogen zu schreiben und sich möglicherweise mit den Honoraren Muße für die Arbeit an „hohen“ Tragödien zu erkaufen. Eine allzuscharfe Trennungslinie zwischen novellistischen Beiträgen „großer dichterischer Existenzen“ und denen „heute längst vergessener Modelieblinge“, „Unterhaltungsfabrikanten“ und „Dilettanten“ zu ziehen, wie dies in unserer immer noch bildungsaristokratischen Forschung die Regel ist,[104] scheint dabei kaum ratsam. Oft gewinnen die Erzählungen der „Großen“ innerhalb der Querverbindungen zur zeitgenössischen Trivialprosa einen Stellenwert, der in Distanzierungen und Identifikationen eine isolierte, personalistisch-monographische Interpretation wesentlich zu bereichern vermag.

---

[103] J. Hermand a.a.O. S. 93f.
[104] M. Zuber a.a.O. 874. – Vgl. a. Günther Weydt, Literarisches Biedermeier II. Die überindividuellen Ordnungen. In: DVjs XIII. 1935. S. 45.

V

DIE BEZEICHNUNG ‚NOVELLE‘

a) Synonyme

Gleichzeitig mit dieser Hochflut von prosaepischen Erzählformen zumeist „mittlerer Länge" begann sich das Wort ‚Novelle‘ selbst in Deutschland überhaupt erst allgemein durchzusetzen. Arnold Hirsch hat in seiner grundlegenden Untersuchung zum „Gattungsbegriff ‚Novelle‘", auf die hier wie im Folgenden häufig zurückgegriffen werden muß, überzeugend nachgewiesen, daß der Terminus zur Bezeichnung einer literarischen Gattung im deutschen Sprachgebrauch erst in der zweiten Hälfte des 18. Jahrhunderts gelegentlich auftaucht. Man begegnet ihm wohl zuweilen auch schon früher in unsystematischen Verlautbarungen (und meist in der Lautform „Nouvellen") – so bei Harsdörffer (1650), Christian Weise (1673), Kuhnau (1700) u. a.[1] Aber er ist hier außerordentlich selten, nirgends prägnant und wird zumeist als erklärungsbedürftig angesehen („nüwe Historien", „neüwe mer", „Neuigkeiten", „Neue Zeitungen", „Mährlein" u. dgl.). Lessing übersetzte Cervantes' ‚novelas ejemplares‘ 1751 bekanntlich durch „Neue Beispiele"; Wieland, der die Bezeichnung 1764 in seinem ‚Don Sylvio‘ verwandte, fügte ihr in der zweiten Auflage (1772) eine erklärende Anmerkung bei; und auch Goethe scheint der Begriff kaum vor 1827 vertraut gewesen zu sein.[2] Erst „etwa nach 1820" stellt „das Wort Novelle sich allgemein nicht nur als Übersetzung des entsprechenden romanischen Wortes sondern auch als eigenes Wort im deutschen Teil der Lexika" ein.[3]

Dabei ist ‚Novelle‘ noch in der frühen Biedermeierzeit nur e i n e Bezeichnung unter vielen anderen. Die Offenheit und Übergänglichkeit der „zahllosen größern und kleinern Erfindungen" der biedermeierlichen Prosaisten,[4] die Zurückhaltung der akademischen Ästhetik, das fast aus-

---

[1] Arnold Hirsch a.a.O. S. 15ff.
[2] Vgl. ebd. S. 40f.
[3] Ebd. S. 21 Vgl. a. Paul Thorn, Einige Worte über die Novelle. In: Wiener Zeitschrift für Kunst, Literatur, Theater und Mode (= Wiener Moden-Zeitung). 12. Jhg. 1827. 3. Quart. Nr. 103. S. 848.
[4] A. Koberstein a.a.O. Bd. V. S. 132.

schließlich sachbezogene Interesse des Publikums brachten es mit sich, daß das Feld von einer Vielzahl heterogener, unpräziser, untereinander auswechselbarer Gelegenheitsbezeichnungen beherrscht wurde. So gab es nicht nur N o v e l l e n großen und kleinen Formats, in zwei,[5] drei Teilen[6] oder in vier Bänden[7] (vgl. u. S. 130–132), sondern auch „kleine"[8] und „komische R o m a n e " – eine Rubrik, unter der man stiltrennend gelegentlich Boccaccios Novellen führte. Es gab seit der zweiten Hälfte der dreißiger Jahre Deminutivformen wie N o v e l e t t e n [9] oder N o v e l l c h e n,[10] die das boccacceske „Normalmaß" durchaus erreichten, überschritten[11] und z.B. länger als „Novellen" ein und desselben Autors sein konnten.[12] Auch U n t e r h a l t u n g e n, wie sie Goethe und K. G. Prätzel[13] schrieben, S c h w ä n k e in der Art Schützes,[14] Schießlers,[15] der Freiin von

---

[5] Georg Döring, Die Mumie von Rotterdam. Novelle in zwei Theilen. 2 Bde. (310, 331 S.). Frankfurt/Main 1829.
[6] Georg Döring, Der Hirtenkrieg. Novelle in drei Theilen. 3 Bde. (344, 348, 306 S.). Frankfurt/Main 1830.
[7] Henrik Steffens, Malkolm. Novelle in vier Bänden. Breslau 1838. (= Steffens, Novellen. Bd. 13/16.). Erste Auflage: Malkolm. Eine norwegische Novelle. 2 Bde. Breslau 1831.
[8] Friedrich Kind, Erzählungen und kleine Romane. 5 Bde. Lpz. u. Grimma 1820/27. – Emilie (Pseud.: Friederike) Lohmann, Kleine Romane. 2 Bde. Magdeburg 1825. 1827. – Theodor Mundt, Kleine Romane. Bln. 1857.
[9] Franz Frh. (von) Gaudy, Der Schweizer-Soldat in Bologna. Novellette. In: Sämmtliche Werke. Hg. von A. Mueller. Bln. 1844. Bd. XVII. S. 147/171; Der Katzen-Raphael. Novellette. Ebd. Bd. XXIII. S. 55/106. – Johann Gabriel Seidl, Novelletten. Wien 1839. – Ignaz Franz Castelli, Das geheime Zeichen. (Novellette). In: Huldigung den Frauen a. d. J. 1838. S. 321/328. – Hans Georg Lotz, Helene. Novellette. In: Originalien. Hbg. 1838. Nr. 11. – Wolfgang Adolf Gerle, Die Lehrstunde. Novellette. Nacherzählt. In: Aurora a. d. J. 1839. S. 237/250. – Willibald Alexis u. a., Babiolen. Novellen und Novelletten. Nebst polemischen Papierstreifen. 2 Bde. Lpz. 1837. – Häufig ab 1837 bei Johann Peter Lyser (vgl. Friedrich Hirth, Johann Peter Lyser. Der Dichter, Maler, Musiker. 1911. Bibliographie S. 545/551).
[10] Franz Gräffer, Neue Wiener-Tabletten und heitere Novellchen. Wien 1848.
[11] Z. B. Wilhelm Blumenhagen, Prinz und Kramer als Nebenbuhler. Eine historische Novelletta. In: Minerva a. d. J. 1829. S. 135/216.
[12] Z. B. Franz Frh. (von) Gaudy, Katzen-Raphael. Vgl. o. Anm. 9.
[13] Vgl. Karl Gottlieb Prätzel, Ausgewählte Unterhaltungen. 12 Bde. Wien 1827. (Nachdrucke).
[14] Johann Stephan Schütze, Der Mann aus dem Monde. Ein Schwank. In: Taschenbuch zum geselligen Vergnügen a. d. J. 1817. S. 261/300. – Vgl. a. W. Alexis, Gesammelte Novellen a. a. O. Bd. III. S. ivf.
[15] Sebastian Willibald Schießler, Monatrosen oder: Scherz und Ernst in Erzählungen, Novellen, Mährchen, Sagen, Schwänken und Anekdoten ... 6 Bde. Prag, Wien, Freiburg i. Br. 1826/27.

Callot,[16] Humoresken,[17] Anekdoten[18] und selbst Arabesken[19] konnten gelegentlich in den Bereich des Novellistischen hinein-
reichen. Es gab Erzählungen mit vielen verschiedenartigen Attri-
buten: kleine,[20] anspruchslose,[21] gemütliche,[22] skizzierte,[23] moralische,[24]
lehrreiche,[25] humoristische,[26] romantische,[27] historisch-romantische[28] Erzählungen, Original-[29] und Doppelerzählungen,[30] Erzählungen von allen
Farben,[31] Erzählungen mit zwei Gesichtern,[32] Erzählungen aus dem Leben[33]

[16] Magdalena Freiin von Callot, Die Ballnacht zu Gumpelwitz, oder: Das
Wiedersehen. Ein Schwank (nach aufgegebenen Worten). In: Taschenbuch des
Leopoldstädter Theaters 1826.
[17] Vgl. u. Anm. 66.
[18] Achim von Arnim, Melück Maria Blainville, die Hausprophetin aus Arabien.
Eine Anekdote. Bln. 1812.
[19] Z. B. Carl Maria von Weber, (Viertes) Bruchstück aus: Tonkünstlers Leben.
Eine Arabeske. In: Taschenbuch zum geselligen Vergnügen a. d. J. 1827. S. 371/
385. – Vgl. a. u. Anm. 66. – Rosetten und Arabesken. Novellen, poetische Gemälde
und satyrische Skizzen der jüngeren Serapionsbrüder. Hg. von L. Lesser. 2 Bde.
Bln. 1832.
[20] Henriette Hanke, Erholungsstunden. Eine Sammlung kleiner Erzählungen.
2 Bde. Liegnitz 1828/29.
[21] Ferdinand Frh. von Biedenfeld, Mohnblätter. Eine Sammlung anspruchsloser
Erzählungen. 2 Bde. Brünn 1820/21.
[22] Magdalena Freiin von Callot, Licht- und Schattengemälde in gemüthlichen
Erzählungen. Brünn 1822.
[23] Carl Spindler, Pinselchen. Skizzirte Erzählung. In: Der Sammler. Wien
1827. Nr. 59/63.
[24] Z. B. August Lafontaine, Moralische Erzählungen. 6 Bde. Bln. 1793/1801;
Heinrich von Kleist; Josef Schreyvogel, Die Fingerzeige der Vorsehung. Ein
Cyclus moralischer Erzählungen (1826). In: Gesammelte Schriften von Thomas
und Karl August West (Pseud.). Braunschweig 1829. Bd. I.
[25] Christoph von Schmid, Der gute Fridolin und der böse Dietrich. Eine lehrreiche Erzählung für Eltern und Kinder. Augsburg 1830.
[26] Karl Ludwig von Alvensleben, Die Liebe am Fenster. Humoristische Erzählung. In: Mondlichter und Gasbeleuchtungen. Lpz. 1828.
[27] Heinrich Burdach, Der Sohn der Natur, oder der neue Achill. Romantische
Erzählung. Lpz. 1819. – Lauritz Kruse, Criminalgeschichten und andere romantische Erzählungen. 6 Bde. Hbg. 1827.
[28] Friedrich Kind, Der Rector Magnificus, oder: Der Feind vor den Thoren!
Historisch-romantische Erzählung. In: Beckers Taschenbuch zum geselligen Vergnügen a. d. J. 1829. – Karl Adolf von Wachsmann, Lilien. Taschenbuch histo-
risch-romantischer Erzählungen für 1838.
[29] Karl Ludwig von Alvensleben, Mosaik. Eine Sammlung ernster und launiger
Original-Erzählungen. Gera 1829.
[30] Sebastian Willibald Schießler, Der unsichtbare Spitz. Launige Doppeler-
zählung. In: F. X. Tolds Erheiterungs-Bade-Almanach. Wien 1827.
[31] Ignaz Franz Castelli, Erzählungen von allen Farben. 6 Bde. Wien 1839/40.
[32] Christioph Kuffner, Erzählungen mit zwey Gesichtern. In: Sämmtliche Erzählungen. 4 Bde. Wien 1826/28. Bd. III.

und ein ebenso breites Band prosaepischer Formen, die in ihren Titeln die Faktizität bzw. die G e s c h i c h t l i c h k e i t des Geschilderten herauszustellen suchten: Historien,[34] Memoiren,[35] Papiere,[36] Criminalgeschichten,[37] Physiognomien[38] und Zeitabenteuer,[39] Schicksale,[40] Familien-,[41] Liebes-,[42] Dorf-,[43] Maler-,[44] und Doppelgeschichten.[45] Oft stößt man auch auf Ausdrücke, die sich an Termini der M a l e r e i anlehnen: niederländische,[46] biographische,[47] romantische,[48] historisch-romantische,[49]

[33] Ignaz Franz Castelli, Der große Rittmeister und das kleine Minchen. Erzählung aus dem Leben. In: Huldigung den Frauen a. d. J. 1824.
[34] Carl Spindler, Das Taschenbuch für Liebe und Freundschaft. Eine Historie in 8 Kapiteln, mit 8 Bildern. In: Taschenbuch für 1829. Der Liebe und Freundschaft gewidmet.
[35] Franz Gräffer, Kleine Wiener Memoiren: Historische Novellen, Genrescenen, Fresken, Skizzen, Persönlichkeiten und Sächlichkeiten, Anecdoten und Curiosa, Visionen und Notizen ... 5 Bde. Wien 1845/46. (Bd. IV/V auch unter dem Titel: Wiener-Dosenstücke, nähmlich: Physiognomien, Conversationsbildchen, Auftritte, Genrescenen, Caricaturen und Dieses und Jenes, Wien und die Wiener betreffend; thatsächlich und novellistisch. Wien 1846.)
[36] Adolf Müllner, Der Kaliber. Aus den Papieren eines Criminalbeamten. Lpz. 1829. – Emilie (Pseud.: Friederike) Lohmann, Die goldene Hochzeit. Aus den Papieren meiner Großmutter. In: Abendzeitung 1817. Nr. 87/93. – Vgl. a. Karl Immermann, Papierfenster eines Eremiten. 1822. – G. N. Bärmann, s. u. Anm. 123.
[37] Ernst Christoph Frh. von Houwald, Die Todtenhand. Eine Criminalgeschichte (1819). In: Sämmtliche Werke. Lpz. 1859. Bd. III. S. 199/226. – Der neue Pitaval. Eine Sammlung der interessantesten Criminalgeschichten aller Länder aus älterer und neuerer Zeit. Hg. von J. Hitzig und W. Häring. 12 Bde. Lpz. 1842/47. – Wilhelm von Pochhammer, Marie Remy, Eine Criminalgeschichte. In: Urania a. d. J. 1848. – Lauritz Kruse, s. o. Anm. 27.
[38] Vgl. o. Anm. 35.
[39] Vgl. Kap. III. Anm. 72.
[40] Karl Gollmick, Mimosa. Schicksale einer deutschen Prima-Donna. In: Rhein. Taschenbuch a. d. J. 1840. – Hans Georg Lotz, Merkwürdige Schicksale der Marquise Defrene. Nach Prozessacten erzählt. In: Originalien 1821. Nr. 10/13.
[41] Friedrich Kind, Die Spinne, oder: Gestern vor hundert Jahren. Familiengeschichte. In: Erzählungen und kleine Romane. Bd. I. Lpz. 1820.
[42] Josef Schreyvogel, Samuel Brink's letzte Liebesgeschichte. Eine Episode aus dem Roman seines Lebens. In: Aglaja a. d. J. 1821.
[43] Berthold Auerbach, Schwarzwälder Dorfgeschichten. 4 Bde. Mannheim 1843/53.
[44] Johanna Schopenhauer, Anton Solario. Eine Malergeschichte. In: Urania f. d. J. 1826.
[45] Heinrich Zschokke, Kleine Ursachen. Eine Doppelgeschichte. 1820.
[46] Etwa im Jahr 1840 plante Hebbel, seine gesammelten Erzählungen unter dem Titel ‚Niederländische Gemälde' zu veröffentlichen und erklärte in einem 1841 geschriebenen Vorwort: „Dadurch wollte ich andeuten, daß sie aus dem Leben, und zwar großenteils aus dem Leben der niederen Stände geschöpft sind." Vgl. Friedrich Hebbel, Sämtliche Werke. Historisch-kritische Ausgabe. Besorgt von R. M. Werner. Bd. VIII. 1902. S. 417.

Lebens-,[50] Sitten-,[51] Charakter-,[52] See-[53] und Kleingemälde,[54] Licht- und Schattengemälde,[55] Fresken,[56] Schilderungen[57] und Schildereien,[58] Bilder aus dem Leben,[59] Lebensbilder,[60] Lebensbilder aus der niederländischen Schule,[61] Spiegel-[62] und Guckkastenbilder,[63] Schattenrisse nach dem Leben,[64] Nachtstücke,[65] Holzschnitte,[66] Darstellungen,[67] Wiener-Tablet-

[47] Vgl. M. Zuber a.a.O. S. 879 (Franz Horn).

[48] Carl Spindler, Freund Pilgram. Romantisches Gemälde aus dem 14. Jh. Aarau 1825.

[49] Ludwig Storch, Die Kuruzzen, ein historisch-romantisches Gemälde aus der Geschichte Ungarns. 2 Bde. Lpz. 1828.

[50] Heinrich Burdach, Lebensgemälde, der Wirklichkeit nachgebildet in Erzählungen und Sagen aus der alten und neuen Zeit. Bln. 1822. – Karl Gutzkow, Die Diakonissin. Ein Lebensbild. Frankfurt a. M. 1835.

[51] Wilhelm Blumenhagen, Der Hagestolz. Skizzirte Gruppe aus einem Sittengemälde der neuesten Zeit. In: Urania f. 1829.

[52] Wilhelm Waiblinger, Die heilige Woche. Charaktergemälde aus Rom. (Taschenbuch f. 1829). In: Gesammelte Werke mit des Dichters Leben von H. von Canitz. Hbg. ²1842. Bd. IV. – Josef Schreyvogel, Der Schmid seines eigenen Glückes. Ein Charakter-Gemälde. Aus dem 3. Buche der Lebenserfahrungen eines Ungenannten, mitgetheilt von West (Pseud.). In: Aglaja a. d. J. 1830.

[53] Heinrich Smidt, Seegemälde. Lpz. 1828.

[54] Nach Th. Mundt, Geschichte der Literatur der Gegenwart a.a.O. S. 575.

[55] S. o. Anm. 22.

[56] S. o. Anm. 35.

[57] Louise Brachmann, Schilderungen aus der Wirklichkeit. Lpz. 1820.

[58] Carl Spindler, Schildereien. Erzählungen. 2 Bde. Stg. 1842.

[59] Hans Georg Lotz, Bilder aus dem Leben gezeichnet von einem Blinden. 3 Bde. (anonym). Altona 1820/22.

[60] Christoph Kuffner, Lebensbilder. Wien 1824.

[61] Wolfgang Adolf Gerle, Lebensbilder aus der niederländischen Schule. Originale und Copien. 2 Bde. Lpz. 1841.

[62] Karl Gottlieb Prätzel, Spiegelbilder. Skizzen und Darstellungen nach dem Leben. 2 Bde. Hbg. 1827.

[63] Wolfgang Adolf Gerle, Guckkasten-Bilder aus dem Leben und der Phantasie. Erzählungen, Träume, humoristische und satyrische Versuche, Reiseskizzen, biographische und historische Fragmente. Von Meister Konrad Spät, genannt Frühauf. 2 Bde. Brünn 1820.

[64] Hans Georg Lotz, Schattenrisse nach dem Leben von Auchmaler (Pseud.). Hbg. 1838.

[65] Friedrich Kind, Die Fastnachts-Träume. Nachtstück. In: Erzählungen und kleine Romane a.a.O. Bd. II. 1822. – Carl Weisflog, Der Nautilus. Ein Nachtstück. In: Penelope a. d. J. 1825. – Carl Spindler, Der Vampyr und seine Braut. Nachtstück aus der neuesten Zeit. In: Spindler, Zwillinge. Zwei Erzählungen. Hanau 1826.

[66] Wolfgang Adolf Gerle, Holzschnitte. Erzählungen, Novellen, Humoresken, Karrikaturen und Arabesken ... Prag, Leitmeritz u. Teplitz. 2 Bde. 1841.

[67] Hans Georg Lotz, Darstellungen aus der idealen und wirklichen Welt. Nürnberg 1825.

ten,[68] Genrebilder,[69] Studien,[70] Skizzen,[71] historische,[72] biographische,[73] Novellen-,[74] Charakter-,[75] neuseeländische[76] und Reiseskizzen.[77] Häufige Deminutivbezeichnungen von Novellensammlungen und Almanachen („heitere Novellchen", „Schneeflöckchen", „Lustwäldchen der Laune") betonten neben der Kürze des Dargebotenen (vgl. a. Novellen-Splitter,[78] Situationen,[79] Szenen,[80] Episoden[81]) auch den hohen Biedermeierwert der B e s c h e i d e n h e i t (vgl.: Feldblumen,[82] Das Veilchen,[83] Ährenlese,[84]

[68] S. o. Anm. 10.

[69] Adolf Glaßbrenner (Pseud. Brennglas), Genre-Bilder aus Berlin. In: Aus dem Leben eines Gespenstes. Von Brennglas. Lpz. 1838. S. 339/390.

[70] Adalbert Stifter, Studien. 6 Bde. Pesth u. Lpz. 1844/50.

[71] K. G. Prätzel s. o. Anm. 62. – Ignaz Franz Castelli, Wiener Lebensbilder. Skizzen aus dem Leben und Treiben dieser Hauptstadt. Wien 1828. – Eduard Mörike, Miß Jenny Harrower. Eine Skizze. In: Urania a. d. J. 1834. (Später: Lucie Gelmeroth. Novelle. In: Iris 1839).

[72] Ernst Christoph Frh. von Houwald, Das Seetreffen bei Nacht. Eine historische Skizze (1819). In: Sämmtliche Werke. Lpz. 1859. Bd. III.

[73] Ernst von Houwald ebd.: Graf Cornifitz von Ulefeld, Reichshofmeister in Dänemark. Eine biographische Skizze. – August Gottlob Eberhard, Der arme Traugott. Biograph. Skizze. In: Flatter-Rosen, Halle 1817. – Friedrich Kind, Doris von Canitz. Biographische Skizze. In: Erzählungen und kleine Romane a.a.O. Bd. IV. 1825.

[74] Franz Gräffer, Paracelsus in Wien. Novellen-Skizze. In: Österr. Zuschauer 1843. Nr. 139

[75] Josef Schreyvogel, Norberg und Elisa. Eine Charakterskizze. In: Gesammelte Schriften a.a.O. (Anm. 24). Bd. II.

[76] Friedrich Gerstäcker, Die Schoonerfahrt. Eine neuseeländische Skizze. In: Rheinisches Taschenbuch a. d. J. 1850.

[77] A. Gerle, s. o. Anm. 63.

[78] Franz Gräffer, Scene beym schwarzen Adler, in der Taborstraße, in der großen Gaststube zu Anfang des vorigen Jahrhunderts. Novellensplitter. In: Neue Wiener-Tabletten s. o. Anm. 10.

[79] Georg von Reinbeck, Situationen. Ein Novellenkranz. Nebst einigen Worten über die Theorie der Novelle. Stg. 1841.

[80] Louise Brachmann, Der Flüchtling. Eine Scene aus dem Hussiten-Kriege. In: Huldigung den Frauen a. d. J. 1824. – Harro Paul Harring, Firn-Matthes, des Wildschützen Flucht. Szenen im Bayrischen Hochlande. Eine Novelle. Lpz. 1831.

[81] J. Schreyvogel, s. o. Anm. 42. – Lauritz Kruse, Eine Episode. Dänische Novelle. In: Huldigung den Frauen a. d. J. 1836.

[82] Feldblumen, ein Taschenbuch f. d. J. 1826. Hg. von Johanna Neumann (Pseud. Satori). Danzig u. Lpz. – Vgl. a. Adalbert Stifter, Feldblumen. 1841.

[83] Das Veilchen. Ein Taschenbuch (guten Menschen geweiht) für Freunde einer gemüthlichen und erheiternden Lectüre. Hg. von Joh. Carl Unger (später wechs.). Wien 1819 (– 1851). Zit. nach M. Zuber a.a.O. (Register).

[84] Ährenlese. Sammlung kleiner Romane, Erzählungen und Legenden älterer und neuerer Zeit der Rheinlande. Hg. von F. Schulze (= Wilhelm Spitz). Köln 1818.

Laub und Nadeln,[85] Sandsteine[86]) oder, wie J. G. Seidl im Motto seiner
,Novelletten' (1838),[87] beides zusammen:

> Große Schatten wirft ein großer Baum;
> Einer Blume Schatten merkt man kaum.
> Für Novellen bleibt der Richter Stein; –
> Novelletten wird er gnädig sein!

Mancher sonst ernsthafte Novellist stellte sich in Vorreden oder kokett-
bescheidener Titelwahl ganz ähnlich dar, wie er etwa in Wielands ,Don
Sylvio von Rosalva' apostrophiert wurde: als ein gebildeter Spaßmacher
der faceten Tradition, ein Jokulator, ein „närrischer Kerl", dessen
„Schäkereien" und „kleine Spiele des Witzes" dem Leser eine langwei-
lige Stunde vertreiben sollten und sonst nichts.[88] Man ließ die Welt die
Achseln darüber zucken, daß man „nur ein Erzähler, so eine Art Spielmann für die müßige Welt, geworden" war,[89] verteidigte sich dabei wohl
manchmal ebenso traditionsgemäß, „mit einem guten Märchen manche
Wahrheit in die Welt" einschmuggeln zu können (ebd.); häufig aber
warnte man einfach nur davor, die erzählten Bagatellen,[90] Federproben,[91]
Randzeichnungen,[92] Babiolen[93] ernster zu nehmen als das Tabakrauchen
oder das Teetrinken.[94] Titel wie Confect für den Theetisch,[95] Salon[96] oder

---

[85] Johann Gabriel Seidl, Laub und Nadeln. 2 Bde. Wien 1842.
[86] Ewald Hering (Pseud.: Ewald), Sandsteine. Gesammelte Erzählungen. 4 Bde.
Lpz. 1826/28.
[87] S. o. Anm. 9.
[88] Christoph Martin Wieland, Sämmtliche Werke. Hg. von J. G. Gruber. Lpz.
1818/1828. Bd. V. S. 15. Vgl. a. F. Schlegels bekannte Charakterisierung der Novelle als eines „durch die Fülle der Kunst" geschmückten „angenehmen Nichts"
(Nachricht von den poetischen Werken des Johannes Boccaccio. In: K. A. Bd.
II. S. 394).
[89] Johann Heinrich Zschokke, Ausgewählte Novellen und Dichtungen. Ta-
schenausgabe in zehn Theilen. Aarau [6]1843. Bd. 10. S. 66: Der Creole. (Statt
einer Vorrede. H. Zschokke an K. von Bonstetten).
[90] Vgl. W. Menzel, Die deutsche Literatur a.a.O. Bd. II. S. 286.
[91] Wenzel Tremler (Pseud. J. W. Lembert), Feder-Proben. Eine Sammlung kleiner Erzählungen und Novellen. Wien 1821.
[92] Friedrich von Heyden, Randzeichnungen. Eine Sammlung von Novellen
und Erzählungen. 2 Theile. Lpz. 1841.
[93] Vgl. o. Anm. 9.
[94] W. E. Weber a.a.O. (s. o. Kap. III. Anm. 58). Bd. I. S. 218. F. Th. Vischer
wirft z. B. der durch Tieck repräsentierten Novellistik eine zu „didaktische"
Darstellungsweise („und zwar mit dem besondern Geruche des Salons, der Tee-
gesellschaft") vor. Vgl. Friedrich Theodor Vischer, Ästhetik oder Wissenschaft
des Schönen. 2. Aufl. hg. von Robert Vischer. 1922/23. (1. Aufl. 1846/57).
Bd. VI. S. 193. – „Sobald die gewöhnliche Gesellschaft" zum „Urbild" des Romans wird, meint auch Gervinus, „verliert er für die Geschichte der Literatur
alle Bedeutung; seine Veränderungen sind dann nicht mehr organisch und ge-
schichtlich, sondern modisch, und gehören vor das Forum des Theetisches, nicht

Nebenstunden[97] unterstreichen diese Funktion. Selbst Stifter nennt die ‚Bunten Steine‘ in seiner ‚Einleitung‘ vom Herbst 1852 einmal „Spielereien und Kram für die Jugend“. Und wie die biedermeierlichen „Mischlings-“ und Novellenalmanache selbst im Äußeren gern Bescheidenheit des Formats mit der zierlichen Eleganz aller Modefarben verbanden, stellten Taschenbuch- und Sammeltitel in deutlichem Widerspruch zum klassizistischen Anspruch einfarbiger „Größe“[98] die bunte Pluralität ihres Inhalts nicht selten heraus. Sie nannten sich Mosaik,[99] Kränze,[100] Sträuße[101] und Wintergarten,[102] Centifolien,[103] Rosen und Disteln,[104] Ruinen und Blüthen,[105] Kettenglieder,[106] Perlenschnüre,[107] Bunte Steine,[108] Heer-

vor das der wissenschaftlichen Betrachtung“. G. G. Gervinus, Gesch. d. dt. Dichtung a.a.O. Bd. V. S. 175f.

[95] Confect für den Theetisch. Hg. von Ludwig Pustkuchen. Hamm 1823.

[96] Vgl. Heinrich Heine, Der Salon. Hamburg 1834/40. (Enth. u. a. ‚Der Rabbi von Bacharach‘ und die ‚Memoiren des Herrn von Schnabelewopski‘).

[97] Franz Gräffer, Nebenstunden, geschichtlichen und literarischen Inhalts. Wien 1828.

[98] Vgl. W. E. Weber a.a.O. Bd. I. S. 69f., 114f., 124. – Jean Paul betont in seiner ‚Kleinen Nachschule zur ästhetischen Vorschule‘, daß „alles Große einfarbig“ sein müsse. (Jean Paul, Sämmtliche Werke. Bln. 1826/28. Bd. 45. S. 90.). Bereits Johann Michael von Loen tadelt die Bibliothek des Herrn von Besser: „Die Bücher waren … mit allerhand farbigten Papieren umzogen … schön lies es in meinen Augen nicht. Die einfältige Gleichförmigkeit dünket mich die wahre Eigenschaft des Schönen und Grosen zu seyn: das kleine ist bund und vielfärbig …“ J. M. von Loen, Gesammelte Kleine Schrifften. Besorgt und hg. von J. C. Schneidern. Frankfurt a. M. u. Lpz. o. J. (1749). S. 257.

[99] K. L. von Alvensleben, vgl. o. Anm. 29. – Carl Spindler, Mosaik. Erzählungen. 2 Bde. Stg. 1854.

[100] G. v. Reinbeck, s. o. Anm. 79. – Ludwig Tieck, Novellenkranz. Ein Almanach a. d. J. 1831, 1832, 1834, 1835. Bln. – Novellen-Kranz deutscher Dichterinnen. Hg. von Christian Friedrich Niedmann. Wolfenbüttel, Lpz. 1828. – Magdalena Freiin von Callot, Cyanen-Kränze. Erzählungen in zwanglosen Bänden. Wien 1826. – Louis von Wallenroth, Novellen-Kranz. Erstes (einziges) Bdch. Stettin 1831.

[101] Vgl. Leopold Schefer, Unglückliche Liebe. Novellenbouquet. In: Penelope f. 1833.

[102] Achim von Arnim, Der Wintergarten. Novellen. Bln. 1809. – Der Wintergarten. Hg. von Johann Stephan Schütze. 6 Bde. Frankfurt a. M. 1816/22.

[103] Die Centifolie. Ein Taschenbuch f. d. J. 1830. Hg. von F. K. Griepenkerl. Braunschweig 1829.

[104] Rosen und Disteln oder satyr. und literar. Anekdoten. Taschenbuch für 1825. Hg. von Leopold Langner (Pseud.: Alwin).

[105] Ruinen und Blüthen. Taschenbuch. Hg. von N. D. Hinsche (Pseud.: Winfried). Altona 1826.

[106] Carl Spindler, Kettenglieder. Gesammelte Erzählungen. 3 Bde. Stg. 1829.

[107] Friedrich Pustkuchen, Die Perlenschnur. 2 Bde. Quedlinburg u. Lpz. 1820.

[108] Adalbert Stifter, Bunte Steine. Ein Festgeschenk. 2 Bde. Pesth u. Lpz. 1853.

und Querstraßen,[109] Mondlichter- und Gasbeleuchtungen,[110] Licht- und Schattengemälde,[111] Dur- und Molltöne,[112] Scherz und Ernst[113] und Ernst und Frohsinn.[114] Natürlich kann man hier nicht mehr von „Synonymen" sprechen. Trotzdem ist die Rückwirkung des faceten V a r i e t a s prinzips, das sich auch im Fortleben alter Vergleiche eines als „lanx satura"[115] oder „leichter Nachtisch"[116] dargebrachten Novellenpotpourris ausdrückt, auf die Produktion selber nicht unbeträchtlich. Man stößt beispielsweise auf Quodlibets,[117] Toilette-Blätter,[118] auf Doppel-[119] und Parallelgeschichten[120] oder Zwillinge.[121] Bunte Geschichten,[122] Papiere aus meiner bunten Mappe[123] erweisen sich als bewußt auf eine pluralistische Veröffentlichung hin angelegt. Zu Stifters ‚Bunten Steinen', deren Farben bzw. Merkmale den Grundton der jeweiligen Novellen angeben sollten, gesellen sich etwa noch I. F. Castellis ‚Erzählungen von allen Farben', die für jeweils verschiedene Novellen auch verschiedenartige Vorsatzblätter einschossen,[124] ‚Novellistische Bunte-Reihen' (vgl. o. Kap. IV. Anm. 73)

---

[109] Heer- und Querstraßen oder Erzählungen, gesammelt auf einer Wanderung durch Frankreich, von einem fußreisenden Gentleman. Aus dem Englischen (Thom. Colley Grattan, High-ways and By-ways) übers. von W. Alexis u. Theodor Winckler. 5 Bde. Bln. 1824/28.
[110] Mondlichter und Gasbeleuchtungen. Hg. von Leop. Schäfer (= Herloßsohn), Karl Herloßsohn und Gust. Sellen (= K. L. von Alvensleben). Lpz. 1828.
[111] S. o. Anm. 22.
[112] Ludwig Storch, Dur- und Molltöne. Novellen. Lpz. 1827.
[113] S. W. Schießler, s. o. Anm. 15. – Carl Heun (Pseud. H. Clauren), Scherz und Ernst. 4 Sammlungen (zu je 10 Bdn.). Dresden 1818/1828. – Friedrich Mosengeil, Scherz und Ernst aus zerstreuten Werken von Lorenz Kraft und dem reisenden Kunstfreund. In: Mosengeil, Drei Freunde auf Reisen. Erzählungen und kleine Schriften heiterer Mußestunden. Lpz. 1828. Bd. III.
[114] Ernst und Frohsinn. Eine Sammlung von Erzählungen, Gedichten und Charaden ... Hg. von B. Korsinsky. Stg. f. d. J. 1822.
[115] Friedrich Schlegel, Literary Notebooks 1797–1801. Ed. by Hans Eichner. University of London 1957. § 1025.
[116] Goethe a.a.O. Bd. 10. S. 330.
[117] Christoph Kuffner, Ernestinens Blumenroman. Ein Quodlibet vor der Hochzeit. In: Taschenbuch für Frohsinn und Liebe a. d. J. 1827.
[118] Christoph Kuffner, Toiletten-Blätter für Clotilde. In Taschenbuch für Frohsinn und Liebe a. d. J. 1826.
[119] Friedrich Wilhelm Genthe, Don Fernando von Toledo. Doppel-Novelle. 2 Bde. Halle u. Lpz. 1829.
[120] Vgl. Goethe a.a.O. Bd. 10. S. 379.
[121] S. Kap. III. Anm. 77.
[122] Carl Spindler, Bunte Geschichten. 2 Bde. Stg. 1844.
[123] Georg Nikolaus Bärmann, Papiere aus meiner bunten Mappe. Eine Sammlung von Erzählungen, Mährchen und Gedichten. Bln. 1826.
[124] S. o. Anm. 31. Die Farben stehen hier in keinem näheren Bezug zu den einzel-

und wiederum Kommentare, die von „der Novellen Irisband" sprachen[125] oder „in einer frischen Buntheit und leichten Unendlichkeit nach allen Seiten" das romantische Wesen der Novelle sahen.[126] Friedrich Schlegel, von dem diese letzte Bemerkung stammt, stellte sie sich überhaupt im Ganzen eher „systematisiert",[127] zu Ketten, Kränzen und Zyklen geordnet vor[128] und vermerkte es als eine besondere Entdeckung, daß manche Novellen „auch einzeln für sich" bestehen könnten.[129] Auch in einem von Eckermann aufgezeichneten Gespräch Goethes klingen bei Gelegenheit der „einzelnen Erzählungen und Novellen der ‚Wanderjahre'" die alten Topoi an:

> ... es ward bemerkt, daß jede sich von der andern durch einen besonderen Charakter und Ton unterscheide.
> „Woher dieses entstanden," sagte Goethe, „will ich Ihnen erklären. Ich ging dabei zu Werke wie ein Maler, der bei gewissen Gegenständen gewisse Farben vermeidet und gewisse andere dagegen vorwalten läßt. Er wird z. B. bei einer Morgenlandschaft viel Blau auf seine Palette setzen, aber wenig Gelb. Malt er dagegen einen Abend, so wird er viel Gelb nehmen und die blaue Farbe fast ganz fehlen lassen. Auf eine ähnliche Weise verfuhr ich bei meinen verschiedenartigen schriftstellerischen Produktionen, und wenn man ihnen einen verschiedenen Charakter zugesteht, so mag es daher rühren."[130]

Schließlich bedarf in unserem Zusammenhang noch der weite Sammelbegriff des A u f s a t z e s der Erwähnung, der alle möglichen prosaischen Ausarbeitungen und darunter auch Novellen umfassen konnte. Man begegnet ihm bei Goethe,[131] Langbein,[132] Martin Cunow[133] und Jean Paul (anläßlich einer Besprechung Hoffmannscher Erzählungen),[134]

nen Erzählungen. Daß dies möglich wäre, zeigt etwa ‚Ernestinens Blumenroman' vom gleichen Verfasser (s. o. Anm. 117): dort spielt in jedem Kapitel eine in der Überschrift genannte Blume aus dem Brautstrauß Ernestinens eine Rolle. Zu Stifter vgl. F. Lockemann a.a.O. S. 138.

[125] Widmungsgedicht des Taschenbuchs der Liebe und Freundschaft a. d. J. 1811. – Vgl. a. Carl Spindler, Regenbogenstrahlen. Erzählungen. 2 Bde. Stg. 1836.

[126] F. Schlegel, Lit. Notebooks a.a.O. § 1347.

[127] Ebd.: 848. Vgl. a. §§ 954, 860, 972, 899.

[128] Ebd. §§ 860, 954 u. ö.

[129] Friedrich Schlegel, Nachricht von den poetischen Werken des Johannes Boccaccio. In: K. A. Bd. II. S. 386.

[130] Eckermann a.a.O. S. 198. 18. 1. 1827.

[131] Vgl. B. v. Arx a.a.O. S. 40. – Auch Körner nennt Goethes ‚Unterhaltungen deutscher Ausgewanderten' in einem Brief an Schiller vom 8. 5. 1795 „Aufsätze".

[132] August Friedrich Langbein, Sämmtliche Schriften. Ausg. letzter Hand. Stg. 1835/37. Bd. XXVIII. S. 100.

[133] M. Cunow a.a.O. (s. o. Kap. IV. Anm. 81).

[134] Jean Paul, S. W. a.a.O. Bd. 44. S. 34.

bei Hebbel[135] und Stifter.[136] Manche Taschenbücher (Eidora a. d. J. 1824, Urania a. d. J. 1815, Beckers Taschenbuch zum geselligen Vergnügen a. d. J. 1813) faßten Erzählungen, Legenden, Berichte u. dgl. unter der Rubrik „Prosaische Aufsätze" zusammen. V. A. Huber kommentierte Therese Hubers Geschichte ‚Sympathie und Geisterverkehr' mit der Bemerkung: „Dieser Aufsatz ist... eher eine Krankengeschichte als eine Erzählung" – tatsächlich unterscheidet sich der 1820 publizierte Text nicht von anderen Stücken der ‚Gesammelten Erzählungen'.[137] Berücksichtigt man diese Verwendung des Terminus und vergegenwärtigt man sich zugleich die elastische, nach dem Nichtfiktionalen hin geöffnete Biedermeiervorstellung von der „Novelle", so wird man auch eine Vermutung der Büchnerforschung skeptischer beurteilen. Man braucht eine Briefstelle, in der Büchner im Oktober 1835 seinen Eltern von seinem Interesse für einen „unglücklichen Poeten namens Lenz" berichtet und schreibt, er spiele mit dem Gedanken, „darüber einen Aufsatz in der deutschen Revue erscheinen zu lassen",[138] nicht so zu deuten, als habe der Dichter „zunächst daran" gedacht, einen „sachlichen" Artikel[139] oder eine „literaturkritische Skizze mit pikanten Details aus dem Sesenheimer Pfarrhaus"[140] zu verfassen. Es wird sich schon hier um den später von Gutzkow als „eine Reliquie" publizierten Plan gehandelt haben, an den dieser ihn am 6. Februar 1836 erinnert: „Eine N o v e l l e   L e n z war einmal beabsichtigt..."[141]

b) Doppel- und Mehrfachtitel

Daß alle im Vorangehenden genannten Begriffe und Gelegenheitsbezeichnungen selten prägnant gebraucht wurden und untereinander in vielen

[135] Friedrich Hebbel, S. W. a.a.O. Briefe Bd. I. S. 201f. An Elise Lensing. 12. 5. 1837.
[136] Aus der Mappe meines Urgroßvaters. Hg. von Max Stefl. 1953. S. 173. 174.
[137] Therese Huber, Erzählungen. Gesammelt und herausgegeben von V(ictor) A(imé) Huber. 6 Theile. Lpz. 1830/33. – Vgl. a. Therese Hubers Brief an Gubitz vom 3. 3. 1819: „Also meine kleinen Geschichtchen haben Ihren Beifall? Gewiss, sobald ich einmal daran komme, biete ich Ihnen eine dergleichen an. Ich habe für das ‚Morgenblatt' so viele Aufsätze, daß ich mir ein Gewissen daraus mache, den meinen einen Platz zu geben, um den Andre werben..." F. W. Gubitz, Erlebnisse a.a.O. (s. o. Kap. IV. Anm. 86). Bd. II. S. 232f.
[138] G. Büchner, S. W. a.a.O. S. 557.
[139] Karl Vietor, Georg Büchner, Politik, Dichtung, Wissenschaft. 1949. S. 170.
[140] Ernst Johann, Georg Büchner in Selbstzeugnissen und Bilddokumenten. (Rowohlts Monographien). Reinbek bei Hbg. 1958. S. 134.
[141] G. Büchner, S. W. a.a.O. S. 622. Vgl. a. S. 678.

Fällen mühelos austauschbar waren, wird besonders deutlich, wenn man die zahlreichen Doppel-, Drei- und Mehrfachtitel betrachtet, die sich großer Beliebtheit erfreuten. Eine 1829 im ‚Berliner Conversations-Blatt‘ anonym erschienene Besprechung der ‚Novellen und Erzählungen von Heinrich Stahl‘[142] merkt einmal kritisch an: „Novellen sind Erzählungen, Erzählungen sind Novellen, was sind aber Novellen u n d Erzählungen …?“; doch sie meinte es damit sicher selbst nicht sehr ernst. Doppeltitel dieser Art sollten gar nichts Eindeutiges bezeichnen. Sie wollten locken, reizen, verführen, indem sie pleonastisch umschrieben, „moderne europäische Leser“[143] und konservative Familienkreise gewinnen und mitunter vielleicht auch noch den modischen und nicht allgemein üblichen Begriff „Novelle“ erklären. Von einem gattungstheoretischen Aussagewert wird man in den seltensten Fällen sprechen können. ‚Novellen und Erzählungen‘, wie sie außer Jodocus Temme (Pseud.: Heinrich Stahl) auch Wilhelm Blumenhagen (1826) und Karl August von Witzleben (1827) publizierten; ‚Erzählungen und Novellen‘, wie sie Amalie Schoppe (1827/28), Karl Spindler, Karl Adolf von Wachsmann, Eduard von Bülow (‚Jahrbuch der Novellen und Erzählungen‘, 1840) oder Johann Ludwig Deinhardstein (1846) veröffentlichten, meinten im Grunde natürlich alle dasselbe und ließen sich unschwer auch gegen Titel wie ‚Erzählungen und kleine Romane‘ (Friedrich Kind 1820/27), ‚Kleine Romane und Erzählungen‘ (Heinrich Doering 1818, K. G. Prätzel 1822, Magdalena von Callot 1823), ‚Sammlung von kleinen Romanen, Erzählungen und Novellen‘ (Irmin Leutbecher 1829, Haupttitel: ‚Zauberglöckchen‘) austauschen. Als sich gegen Ende der zwanziger Jahre die Diskussion um die Bezeichnung „Novelle“ stärker entfachte, war dies ein Grund mehr, bewußt vage zu bleiben; aber es war nicht der einzige. Das Hauptmotiv liegt zweifellos in den meisten Fällen in der Absicht, eine möglichst breite, klein- und vielteilige, „zerstreuende“ Pluralität des Gebotenen zur Schau zu stellen, auch wenn man dabei nicht immer solchen Wortreichtums mächtig ist wie Franz Gräffer, der 1845/6 in Wien ‚Kleine Wiener Memoiren‘ mit dem Untertitel „Historische Novellen, Genrescenen, Fresken, Skizzen, Persönlichkeiten und Sächlichkeiten, Anecdoten und Curiosa, Visionen und Notizen…“ herausgab. Manche Autoren gaben routinemäßig den meisten von ihnen zusammengestellten Taschenbüchern eine bestimmte Untertitelkombination, – Carl Spindler bevorzugte z. B. ‚Erzählungen und Novellen‘ (‚Moosrosen‘ 1830, ‚Sommermalven‘ 1833, ‚Winterspenden‘ 1833,

---

[142] Zit. nach A. Hirsch a.a.O. S. 37.
[143] Vgl. Ignaz Jeitteles, Vorrede zum Taschenbuch für Frohsinn und Liebe a. d. J. 1826.

‚Lenzblüthen' 1834, ‚Herbstviolen' 1834, ‚Rosetten' 1838).[144] Andere, wie
Georg Döring und Hans Georg Lotz, nannten fast wahllos alle ihre Produkte „Novellen". Leopold Schefer, Ludwig Storch, Karl Adolf von
Wachsmann, Wilhelm Hauff gebrauchen den Terminus zumindest sehr
häufig; in programmatischer Verwendung begegnet er, wie wir sehen
werden, beim jungen Alexis. Stifter,[145] Gotthelf und Grillparzer scheinen
ihn dagegen ebenso nachdrücklich zu vermeiden. Grillparzer bat sich im
Begleitschreiben zu seinem ‚Armen Spielmann' sogar entschieden aus, er
solle „als Erzählung (ja nicht Novelle!)" gedruckt werden.[146] Auch Friedrich Kind liebt die Bezeichnung, die ihm um 1800 noch zur Etikettierung
einer größeren Einzelpublikation recht ist,[147] nach 1815 offensichtlich
nicht mehr. Von seinen ‚Sagen, Erzählungen und Novellen' (1829)[148] und
der polemischen, gegen Carl Maria von Weber gerichteten ‚Biographischen Novelle' (1843)[149] abgesehen ist in seinen späteren Schriften von
Novellen kaum mehr die Rede. Stattdessen findet man häufig Benennun-
gen wie Erzählung, kleiner Roman, Skizze, romantisches Idyll u. ä. Einer
ausdrücklichen Bevorzugung der Bezeichnung „Erzählung" begegnet man
bei Henriette Hanke.

So darf man auch nicht überrascht sein, wenn ein und dasselbe Werk mitunter einmal als „Novelle", ein andermal als „Roman" oder „Erzählung"
nicht nur im zwangloseren Sprachgebrauch erscheint. Christoph Kuffners
‚Ydoman und Lisbe' heißt beispielsweise im ‚Taschenbuch für Frohsinn
und Liebe' a. d. J. 1827 „Erzählung", in den im gleichen Jahr erschienenen ‚Sämmtlichen Erzählungen' wird das Werk als „Novelle" geführt
(Wien 1827, Bd. 3). Wilhelm Hauff, den Arnold Hirsch unter die wenigen Biedermeierpublizisten gerechnet hat, bei denen eine präzisere Einsicht in den artistischen Formcharakter der Novelle vorausgesetzt werden dürfe, verwendet in seiner ‚Controverspredigt' völlig wahllos bald

---

[144] Zit. nach K. Goedeke, Grundriß. Bd. X. Nr. 183.
[145] Trotzdem nennt z. B. Bäuerles ‚Allgemeine Theater-Zeitung' Stifters ‚Feldblumen' eine „Novelle". Vgl. M. Zuber a.a.O. S. 904.
[146] Reinhold Backmann, Grillparzer und Stifter in der Iris für 1848 (Armer
Spielmann und Prokopus). In: Jahrbuch der Grillparzer-Gesellschaft. N. F. Bd. 2.
Wien 1942. S. 134.
[147] Friedrich Kind, Carlo. 236. S. Züllichau 1801. (Wiederabdruck in: Kind,
Erzählungen und kleine Romane als ‚Kleiner Roman'. Bd. III.). – Vgl. dazu:
F. Kind, Dramatische Gemälde. Vom Verfasser der Novelle Carlo ... Züllichau
1802.
[148] Friedrich Kind, Sagen, Erzählungen und Novellen. 2 Bde. Lpz. 1829.
[149] Friedrich Kind, Der Freischütz. Volks-Oper in drei Aufzügen. Ausg. letzter
Hand mit ... einer biographischen Novelle, Gedichten u. a. Beilagen. Lpz. 1843.
[150] Ludwig Pustkuchen, Novellenschatz a.a.O. (s. o. Kap. IV. Anm. 67). Bd. I.
S. xxiii.

den Begriff „Roman", bald die Bezeichnung „Novelle" zur Benennung der gleichen Claurenschen Produkte bzw. seines ,Mann im Mond'. Friedrich Pustkuchen nennt Fouqués ,Undine' einen „Roman", der, wie auch andere Werke, „aus... Novellen vermuthlich hervorgegangen" ist.[150] Otto Ludwigs ,Buschnovelle' (1846) stellt sich im Untertitel als „Erzählung" vor; Heinrich Smidt veröffentlicht im Jahre 1838 einen Band ,Seenovellen. Erzählungen'; W. Blumenhagens Sammlung ,Novellen und Erzählungen' (1826/27) enthält u. a. auch einen ,Roman in Briefen'. Die traditionellen erklärenden Identifikationen von Novellen mit „Erzählungen" bzw. „kleinen Romanen" (Wieland),[151] „kleineren prosaischen Erzählungen" (Eschenburg),[152] „wirklichen kleinen Romanen" (Blanckenburg),[153] „prosaischen Erzählungen" (Brockhaus)[154] finden in der Praxis also mancherlei Bestätigung. Viel seltener spürt man bei den Autoren ein stärkeres Bedürfnis, sich über den Unterschied von „Novelle" und „Roman" wirklich belehren zu lassen (vgl. o. S. 51, Henrik Steffens). Und schließlich stößt man auch noch auf rätselhafte Anmerkungen von der Art Daniel Leßmanns, der den ersten Band seiner ,Novellen' (Berlin 1828), die u. a. auch Reiseberichte, Mitteilungen aus Afrika und ähnliches enthalten, mit einer Nachschrift versah: „ein Bändchen Novellen, von welchem jedoch einige, strenge genommen, sich der Welt als Erzählungen anmelden müßten..." Man sucht vergebens nach einer Erklärung dieser Einschränkung, faßt sie wohl aber am richtigsten als eine prophylaktische Absicherung gegenüber theoretisierenden Kritikern auf, wie uns das auch von Alexis[155] und Hauff[156] her bekannt ist.

[151] Wieland, Sämmtliche Werke a.a.O. Bd. V. 1818. S. 285.

[152] Johann Joachim Eschenburg, Entwurf einer Theorie und Literatur der schönen Wissenschaften. Bln. u. Stettin 1783. Zit. nach A. Hirsch a.a.O. S. 19.

[153] Blanckenburg bemerkt über die „so genannten, eigentlichen Nouvelles, welche gegen die Mitte des siebzehnten Jahrhundertes Mode wurden": „Sie zeichnen... sich durch größere Umständlichkeit, durch mehrere Entwickelung des Inhaltes, durch mehr Ernst, oder Feyerlichkeit im Tone aus; es sind wirkliche kleine Romane..." Johann Georg Sulzer, Allgemeine Theorie der Schönen Künste in einzelnen, nach alphabetischer Ordnung der Kunstwörter auf einander folgenden, Artikeln abgehandelt. Neue verm. Aufl. Lpz. 1792/94. Bd. II. S. 143f.

[154] Urania a.d. J. 1821. S. xliv.

[155] Vgl. Alexis über ,Die Schlacht bei Torgau': dieses Werk sträube sich in seiner „starren Form vielleicht am meisten gegen den Begriff: Novelle, wie wir ihn hegen." Ges. Novellen a.a.O. Bd. I. Bln. 1830. S. xxiii.

[156] Wilhelm Hauff, Vertrauliches Schreiben an Herrn W. A. Spöttlich a.a.O. Bd. III. S. 267: „Den Titel haben wir, wie eine Maske, von den großen Novellisten entlehnt, und Gott und seine lieben Kritiker mögen wissen, ob die nachstehenden Geschichten wirkliche und gerechte Novellen sind."

c) „Novelle"

Je mehr sich nun im Lauf der zwanziger Jahre der Begriff „Novelle" in den Vordergrund schob, je beliebter und „modischer" er wurde, umso deutlicher scheint er sich zugleich allen Assoziationen, Unschärfen und Spezialbedeutungen der „Skizzen", „Gemälde", „Romane", „Erzählungen", die er ersetzen konnte, ohne sie allerdings zu verdrängen, anzupassen. Aber nicht nur das: er brachte selbst noch eine Reihe von Assoziationen ins Spiel, die oft kaum auf den ersten Blick zu erkennen sind. Bevor wir darauf eingehen, soll ein kurzer Überblick über die wichtigsten Varianten, in denen der Begriff „Novelle" in der Biedermeierzeit in Erscheinung tritt, sowie eine summarische Übersicht über einige gebräuchliche Kombinationen, die er einging, vorangestellt werden.

Der juristische Terminus – in früherer Zeit zweifellos der wichtigste – ist in unserem Zeitraum ebenso sicher, was unseren Zusammenhang betrifft, der unergiebigste, obwohl man vielleicht nicht mit der Bestimmtheit Benno von Wieses sagen kann, „das italienische Wort novella" habe „mit dem lateinischen Wort novella der Juristensprache nicht das Geringste zu tun."[157] Die Reflektion auf die auch in der Biedermeierzeit noch benutzten ‚Institutiones' Quintilians, in denen unter allen rhetorischen Übungen die gerichtliche „narratio" den höchsten Rang einnimmt, konnte in einem sehr vagen Sinn einen gewissen Bezug auf den juristischen Begriff novellistischer „casus", die entweder „auctoritas" besaßen oder rednerische „Übung" waren,[158] immerhin anklingen lassen. Belegen läßt er sich allerdings nirgends.

Näher liegt es, im einen oder anderen Fall die Einwirkung des Begriffs „Novelle" als einer Zeitungsrubrik auf die literarische Gattungsvorstellung zu vermuten. Man begegnet ihr in der ersten Hälfte des 19. Jahrhunderts nicht einmal selten. In Verengung der älteren (bei A. Hirsch verschiedentlich belegten) Gleichsetzung von „Novelle" = „Neuigkeit aus der Zeitung"[159] bezeichnete sie etwa die „vermischten" bzw. „neuesten", „kurzgefaßten Nachrichten" oder „Miszellen" anderer Blätter.[160] Diese „Novellen" wurden zuletzt gesetzt und enthiel-

---

[157] B. v. Wiese, Novelle a.a.O. S. 1.
[158] Daniel Georg Morhof, Polyhistor, Literarius, Philosophicus et practicus. Lübeck 1732. Tom. III. Lib. VI. Sect. IV. § 8ff. (Erste Ausg.: Bd. I u. II: 1688, Bd. III: 1692).
[159] A. Hirsch a.a.O. S. 16.
[160] Die ‚Zeitung der freien Stadt Frankfurt' verwendete z. B. für die gleiche Rubrik wechselnde Überschriften wie „Kurzgefaßte Nachrichten" (1. 9. 1819), „Miszellen" (5. 4. 1820), „Vermischte Nachrichten" (16. 9. 1821), „Neueste Nachrichten" (22. 4. 1827).

ten im allgemeinen nur wenige, unverbindlich mitgeteilte Fakten. Sie brachten, wenn wir etwa die von der Schweizer Wochenzeitung ‚Der Erzähler‘ in den Jahren 1823/24 veröffentlichten „Novellen" als repräsentativ ansehen wollen – kurzgefaßte, meist in zwei Sätzen abgetane Notizen aus der politischen Welt[161] oder aus dem Wirtschaftsleben,[162] Lokales,[163] statistische Angaben,[164] Berichte über Duells,[165] Verhaftungen,[166] „telegraphische Depeschen"[167] usw. und betonten gern die Neuheit und Unverbürgtheit des Mitgeteilten:

> „Die neuesten Berichte über das Befinden des Königs von England lauten nicht günstig";[168] „Parisernachrichten schildern den Gesundheitszustand des Königs von Frankreich als sehr bedenklich";[169] „Bey der Pforte will man große Rüstungen... bemerken. Den Oberbefehl über das türkische Heer glaubt man im Falle eines Kriegs-Ausbruches mit Rußland dem neuen Großvezier Abdallah zugedacht"[170] usw.

Es ist nicht ausgeschlossen, daß man in der Biedermeierzeit, in der man den „fiktionalen" Anspruch der Prosagattungen selten betonte und häufig durchbrach, an diesen in einem verhältnismäßig strengen Sinn „historischen" Wortgebrauch denken konnte. Eindeutig in der Absicht einer sachlichen Mitteilung verwendet Friedrich Kind den Ausdruck ‚Biographische Novelle‘ (1843) im Anhang seines Textbuchs zum ‚Freischütz‘.

Natürlich gibt es daneben „Novelle" nicht nur als musikalischen Terminus (man denke an Schumanns ‚Novelletten‘!), sondern auch Versnovellen (z. B. Tiecks ‚Glocke von Aragon‘), Novellen, in denen die Handlung bald in Versen, bald in Prosa weitergeführt wurde, und gelegentlich auch dramatische Novellen. Unter diesem Titel gab Georg Döring 1833 eine vierbändige Sammlung von Theaterstücken heraus, die z. T. bereits früher Publiziertes enthält und somit mit einiger Sicherheit die Deutung von „Novelle" als Neuheit auf dem Buchmarkt ausschließt, die man ebenfalls bisweilen beobachten kann. Man stößt auf

---

[161] Der Erzähler. Eine politische Zeitschrift. St. Gallen. 18. Jhg. 1823. Vgl. etwa Nr. 3. (17. 1.): „Die Untersuchung der akademischen Unruhen zog die Relegation der Urheber nach sich. Das eingerückte Militär ist wieder nach Weimar abgezogen." Nr. 6. (7. 2.): „In Peru hat sich der Vicekönig Laserna selbst unabhängig erklärt, und scheint den General San-Martin verdrängen zu wollen."
[162] Z. B. Nr. 5. (31. 1. 23).
[163] Eine Unterabteilung umfaßte z. B. „Schweizerische" (zu erg. „Novellen").
[164] Z. B. über die Verbreitung der Bibel in der Welt. Nr. 40. (3. 10. 23).
[165] Nr. 4. (24. 1. 23). [166] Ebd.
[167] Nr. 42. (17. 10. 23). [168] Nr. 7. (14. 2. 23).
[169] Nr. 37. (10. 9. 24). [170] Nr. 3. (17. 1. 23).

Märçhennovellen,[171] Idyllnovellen,[172] Originalnovellen − einen Begriff, der wohl ausschließlich dazu diente, novellistische Erstveröffentlichungen von Nachdrucken, Übersetzungen und Bearbeitungen abzuheben.[173] Den überwiegenden Anteil nehmen allerdings Titelkombinationen ein, in denen H i s t o r i z i t ä t, geographische oder soziale Milieudarstellung als Tendenz und Anspruch zum Ausdruck kommen. Benno von Wieses Vermutung, die Geschichte der deutschen Novelle stünde überhaupt in einem engen Zusammenhang mit der „Entdeckung der Wirklichkeit im 19. Jahrhundert",[174] findet zumindest bei einer Musterung der häufigsten Epitheta, die sich seit den zwanziger Jahren mit dem Terminus „Novelle" verbinden, manche Bestätigung. So gibt es zahllose historische[175] oder geschichtliche Novellen,[176] historische Novellen aus

---

[171] L. Tieck, Nov. a.a.O. Bd. XI. ‚Die Vogelscheuche. Mährchen-Novelle in fünf Aufzügen' (1835). − David Bär Schiff, Gevatter Tod. Eine Mährchen-Novelle. 2 Bde. (244, 304 S.). Hbg. 1838.

[172] Adelheid Reinbold (Pseud.: Franz Berthold), Irrwisch-Fritze. Idyll-Novelle. In: Urania a. d. J. 1839. − Vgl. dazu L. Tieck, Kritische Schriften a.a.O. (s. o. Kap. III. Anm. 150), Bd. II. S. 400. − Karl Eduard von Bülow, Der Schatz. Idill-Novelle. In: Gegenwart. Wien 1845. Nr. 12, 14/18, 20/21. − Die beiden Belege genügen, um die Annahme zu korrigieren, Gotthelf habe mit seinem ‚Erdbeeri-Mareili' (1850) die Idyllnovelle „geschaffen" (Rudolf Hunziker, Jeremias Gotthelf. 1927. S. 201). Vgl. dazu F. Sengle, Arbeiten zur deutschen Literatur a.a.O. S. 203f. Zur Theorie zwei Belege aus Solger und Vischer. „So ist besonders in den italiänischen Novellen des B o c c a c c i o und Anderer die Situation als allgemein menschliche die Hauptsache, ohne höhere ethische oder religiöse Beziehung. Die Novelle hat in sofern die nächste Ähnlichkeit mit dem Idyll." (Karl Wilhelm Ferdinand Solger, Vorlesungen über Ästhetik. (Gehalten 1819). Hg. von K. W. L. Heyse. Lpz. 1829. Photomechan. Nachdruck der 1. Aufl. 1962. S. 297.). „Dem Roman stellt sich... die N o v e l l e zur Seite. Das Volkstümliche hat sich vorzüglich in diese Form gelegt und als realistische I d y l l e die Dorfgeschichte eingeführt." (F. Th. Vischer, Ästhetik a.a.O. Bd. VI. § 883. S. 192.

[173] Vgl. Maja. Bibliothek neuer Originalnovellen. Stg. 1834. Allerdings ist auch hier Vorsicht geboten. Hermann Blumenthal hat darauf aufmerksam gemacht, wie „weiterzig" z. B. Georg Lotz das Prinzip seiner Zeitschrift ‚Originalien', „nur Originalaufsätze zu bringen", ausgelegt hat. S. O. Kap. IV. Anm. 86. Blumenthal, S. c, lxxviii.

[174] B. v. Wiese, Dt. Novelle a.a.O. Bd. I. S. 16.

[175] Amalie Schoppe, Maria von Brabant, oder: Die Gründung des Klosters Fürstenfeld. Historische Novelle. Abendzeitung 1821. Nr. 91/98. − Karl August Friedrich Witzleben (Pseud. A. von Tromlitz), Die Lady von Mull. Historische Novelle. Wiener Zeitschrift 1825. Nr. 61/69. − Daniel Lessmann, Zdenko, der Kosakenhauptmann. Historische Novelle. (Zuerst 1826). In: Novellen. Bln. 1828/30. Bd. IV. u. a. m.

[176] Ludwig Robert, Die Erfindung des Porzellanes, eine geschichtliche Novelle. In: Taschenbuch für Damen a. d. J. 1831.

alter und neuer Zeit,[177] historische Novellen in Briefen,[178] aus dem Jahre 1638 (nebst einem Anhang von Originalbriefen),[179] italienische Novellen von historischem Interesse[180] oder einfach italienische,[181] deutsche,[182] alt-deutsche,[183] schottische,[184] dänische,[185] südamerikanische,[186] neugrie-chische,[187] norwegische,[188] südliche,[189] See-,[190] Devrient-Novellen[191] und Novellen aus dem Leben niederländischer Maler.[192] Es scheint, als schweb-te der Begriff der ‚K u l t u r g e s c h i c h t l i c h e n N o v e l l e‘, den Wil-helm Riehl später geprägt hat, der frühen Biedermeierzeit schon auf der Zunge.[193] Zweifellos bahnt sich in den zwanziger Jahren die das ganze 19. Jahrhundert hindurch verfolgte Tendenz bereits an, möglichst alle geographischen, geschichtlichen und sozialen Bereiche in Bildern aus dem Leben und der „Wirklichkeit", in „Rundgemälden" oder „Ausschnitten"

[177] Charlotte von Glümer, Wahrheit und Dichtung. Eine Sammlung historischer Novellen aus alt und neuer Zeit. 2 Bde. Schleusingen 1833.

[178] Amalie Schoppe, Angelica Kaufmann, Historische Novelle in Briefen. In: Abendzeitung 1820. Nr. 292/304.

[179] Carl Spindler, Friedmüllers Sannchen. Erzählung aus dem Jahre 1638. Nebst einem Anhang von Originalbriefen. In: Zwillinge a.a.O. (s. o. Kap. III. Anm. 77).

[180] Karl Friedrich von Rumohr, Italienische Novellen von historischem Interesse. Übers. u. erläutert. Hbg. 1823. (Slg. f. Kunst und Historie Bd. 2.).

[181] Amalie Schoppe, Giovanni. Italienische Novelle. In: Wiener Zeitschrift 1822. Nr. 57/61. – Magdalena Freiin von Callot, Die Ruinen von Anxur, Italiänische Novelle. In: Wiener Zeitschrift 1823. Nr. 152/155.

[182] Georg Döring, Launen des Schicksals. Eine deutsche Novelle aus dem An-fange des 16. Jhs. In: Frühlingsklänge. Lpz. 1822. Bd. I.

[183] Georg Döring, Ital's Brunnenfahrt. Altdeutsche Novelle. In: Rosen. Taschen-buch f. 1827.

[184] Hans Georg Lotz, Der Klausner, Eine schottische Novelle. In: Originalien 1820. Nr. 133/149.

[185] L. Kruse, s. o. Anm. 81.

[186] Christoph Kuffner, Ydoman und Lisbe. Erzählung. In: Taschenbuch für Frohsinn und Liebe a. d. J. 1827. Wiederabdruck in: Kuffner, Sämmtliche Erzäh-lungen. Wien 1826/28 als ‚Südamerikanische Novelle‘. Bd. III. 1827.

[187] Franz Lichtenfels, Maja der Räthselhafte. Neugriechische Novelle auf deutschem Boden. Lpz. 1828.

[188] Henrik Steffens, Malkolm. S. o. Anm. 7.

[189] Lauritz Kruse, Anna-Kapri. Eine südliche Novelle. In: Novellen, Wien 1816.

[190] Heinrich Smidt, See-Novellen. Erzählungen Burkhardts des Steuermanns. 2 Bde. Frankfurt a. M. 1838.

[191] Heinrich Smidt, Devrient-Novellen. Bln. 1852.

[192] Franz Xaver Told, Das jüngste Gericht. Novelle aus dem Leben nieder-ländischer Meister. In: Fortuna f. 1827.

[193] Wilhelm Heinrich von Riehl, Culturgeschichtliche Novellen. Stg. 1856.

(beides konnte „novellistisch" sein) zu erfassen. Um die Fruchtbarkeit dieses Ansatzes zu erkennen, vergegenwärtige man sich nur die Flut von Frauen-, Kinder-, Arbeiter-, Meister-, Tier-, Kriminalnovellen und ‚Novellen aus der aristokratischen Welt', die chinesischen, brasilianischen, spanischen, deutsch-ostafrikanischen, niederländischen, elsäßischen, Florentiner, Venezianischen, Meraner, Hamburger, Helgoländer, Nürnberger usw. Novellen, in denen die Literatur des 19. Jahrhunderts dann zu schwelgen begann.[194]

[194] Zusammengestellt unter Verwendung von Max Schneider, Deutsches Titelbuch ²1927.

VI

LITERARISCHER ANSPRUCH

Im Vorangehenden ist deutlich geworden, daß das Wort „Novelle" zu
Beginn der Biedermeierzeit nicht nur bekannt, sondern sogar beliebt
und vielleicht gerade um seiner terminologischen Unschärfe willen eine
Art Modebegriff wurde. Wir haben ferner zu zeigen versucht, daß par-
allel zu dieser Popularisierung der Gattungsbezeichnung in den zwanziger
Jahren auch ein bemerkenswerter Aufstieg der „kleinen" bis „mittleren"
Prosaepik einsetzt; – „Novellen" begannen sich dabei nicht nur als leichte,
trivialliterarische Ware in der Publikumsgunst einzunisten, sondern sie
interessierten auch die anspruchsvolleren Dichter der Epoche. Goethe,
Tieck, Grillparzer, Immermann traten als Novellisten hervor; Ludwig
Pustkuchens ‚Novellenschatz des deutschen Volkes' leitete das Jahrzehnt
ein, an dessen Ende der junge Stifter seine erste fragmentarische Erzählung (‚Julius') schrieb. Kurz, die Dichtart stand im Begriff, sich eine so
ansehnliche Position zu erobern, daß man mit Recht überrascht sein darf,
wenn man bei näherem Zusehen feststellen muß, daß die z e i t g e n ö s -
s i s c h e n Ä s t h e t i k e n dieser Situation nicht nur unbefriedigend,
sondern tatsächlich kaum andeutungsweise Rechnung trugen.

Sieht man von den in der neueren Novellenforschung stets ungewöhn-
lich stark akzentuierten Untersuchungen der Brüder Schlegel ab, so gab
es vor den zwanziger Jahren des 19. Jahrhunderts nur ganz wenige wissenschaftliche oder essayistische Verlautbarungen, die von dem populären Genre Notiz nahmen. Es gab weder einen ‚Versuch über die Novelle' in der Art Blankenburgs noch irgendwelche Spekulationen, die sich
mit den Gottschedschen Träumen von einem „epischen" bzw. „klassischen" Roman vergleichen ließen.[1] Jean Paul gebrauchte den Terminus
„Novelle" in seiner ‚Vorschule' ein einziges Mal unspezifisch; Hegels
‚Ästhetik' ging kaum auf ihn ein.[2] Der nach Gattungen geordnete ‚Codex
nundinarius' spricht von „Romanen", wenn er Erzählprosa im allgemei-

---

[1] Vgl. F. Sengle, Der Romanbegriff in der ersten Hälfte des 19. Jahrhunderts.
In: Sengle, Arbeiten zur deutschen Literatur 1750–1850 a.a.O. S. 178.
[2] Georg Wilhelm Friedrich Hegel, Vorlesungen über die Ästhetik. In: Sämtliche Werke. Jubiläumsausgabe. Hg. von H. Glockner. Bd. XII/XIV. 1927/28.
Bd. XIV. S. 418.

nen meint.[3] Und auch für die Romantiker steht die „Novelle", anders als der „Roman", keinesfalls im Zentrum ihrer literaturtheoretischen Bemühungen. Eine Geschichte des Gattungsbegriffs kann an Friedrich Schlegels ‚Nachricht von den poetischen Werken des Johannes Boccaccio' (1801)[4] und den z. T. wörtlich damit übereinstimmenden Bemerkungen seines Bruders August Wilhelm in den ‚Vorlesungen über Schöne Litteratur und Kunst', ebenfalls bei Gelegenheit Boccaccios,[5] natürlich nicht vorbeigehen. Aber man darf dabei doch nicht übersehen, daß diese Abhandlungen, wie schon Rudolf Haym richtig erkannt hat,[6] ihrer Absicht nach in erster Linie „rein literarhistorisch" waren, nur nebenbei einige theoretische Grundsatzerklärungen enthielten und zweifellos keine Welle novellenästhetischer Gattungsspekulation ausgelöst haben. W. Alexis wird den Aufsatz F. Schlegels mit großer Wahrscheinlichkeit gekannt haben; gleichwohl konnte er das Genre 1821 als einen „ganz neuen Kreis" der deutschen Literatur ansehen, über den seines Wissens noch keine Theorie existiere.[7]

Diese Lage änderte sich kaum, als sich das Wort Novelle nach 1820 allgemein durchgesetzt hatte. Hier und da erschienen jetzt freilich feuilletonistische Mutmaßungen, Zeitungsartikel und gelegentlich publizierte Gedanken über Wesen und Abgrenzung der neuen Modegattung. Aber weder Friedrich Pustkuchens Vorwort zum ersten ‚Novellenschatz des deutschen Volkes' (1822), das als erste monographische Kurzstudie über die „Novelle" den Ruhm der Priorität beanspruchen kann, noch Daniel Leßmanns Studie über ‚Roman und Novelle' im ‚Gesellschafter' (1823),[8] Paul Thorns (1827),[9] C. B. v. Miltitz' (1828),[10] Th. Mundts (1828f)[11] Zeitungs-

[3] S. o. Kap. IV. Anm. 31.
[4] Friedrich Schlegel, Nachricht von den poetischen Werken des Johannes Boccaccio. In: Kritische Ausgabe. Hg. von Ernst Behler unter Mitarbeit von Jean-Jacques Anstett und Hans Eichner. Bd. II. 1967. S. 373/396.
[5] August Wilhelm Schlegel, Vorlesungen über Schöne Litteratur und Kunst a.a.O. (s. o. Kap. IV Anm. 44). Die Fragen gegenseitiger Abhängigkeit, gattungstheoretischer Relevanz und der Wirkung auf Tieck, Schleiermacher usw. werden bei A. Hirsch a.a.O. S. 24ff. ausführlich erörtert.
[6] Rudolf Haym, Die Romantische Schule. 3. Aufl. bes. v. O. Walzel. 1914. S. 747. Vgl. a. S. 748.
[7] Vgl. A. Hirsch a.a.O. S. 33.
[8] Daniel Leßmann, Roman und Novelle. An Amalia. Mantua 14. 8. 1823. In: Der Gesellschafter, oder Blätter für Geist und Herz. Hg. von F. W. Gubitz. Bln. 1823. Nr. 206/207.
[9] Paul Thorn s. o. Kap. V. Anm. 3.
[10] Carl Borromäus von Miltitz, Über den Unterschied zwischen Novelle und Erzählung. In: Dresdener Lit.-Bl. (zur Dresdener Morgenzeitung). 1828. Nr.1f.
[11] Theodor Mundt, Zur Geschichte und Kritik der Novellen-Poesie. In: Berliner

artikel, noch auch die bedeutendsten unsystematischen Verlautbarungen des frühen Biedermeier, Tiecks und Alexis' Novellenprogramme aus dem Jahr 1829, beanspruchten mehr zu sein als bewußt vorläufige und unvorgreifliche Gedanken zu einem peripheren Thema. Man gab sich nicht nur bescheiden, sondern war es auch. Man verwahrte sich ernstlich dagegen, mit den Bemerkungen, die man über das aktuelle Phänomen der Novelle machte, in den Raum der philosophischen Poetik vordringen zu wollen, begnügte sich mit dem Anfachen partikulärer Diskussionen; und die akademischen Ästhetiker, die in diesem Bereich gleichsam im freien Raum schwebten und keinen Rückhalt in systematischen Vorarbeiten des von ihnen kanonisierten (vorromantischen) 18. Jahrhunderts fanden, schwiegen die Novelle weiterhin tot. Tatsächlich bedeutete sie, wie auch Arnold Hirschs Überblick über die wichtigsten Theoretiker des ersten Jahrhundertdrittels zeigt, kein literarisches Problem.[12]

Der wichtigste Grund für dieses „Versagen" der Ästhetiker lag darin, daß die Position der humanistisch-klassizistischen Poetiktradition zu Beginn der Restaurationsepoche noch kaum geschwächt war. Die tiefeingewurzelte Geringschätzung, mit der die akademischen Kritiker a l l e r Prosaliteratur gegenüberstanden, konnte sich gar nicht anders auswirken, als daß man diesen ganzen Kreis, der an den Bereich der „Poesie" nur eben angrenzte, nicht allzu ernst nahm. Wo man utopisch eine Überwindung des „prosaischen Zeitalters" erträumte, kam man nicht erst auf den Gedanken, sich F o r m problemen der Prosaepik anders als beiläufig oder aphoristisch zu stellen. Die Literaturgeschichten entwarfen wohl erfindungsreiche und oft sehr farbige Skalen, die die belletristischen Erzeugnisse der Zeit als Räuber-, Ritter-, Gespenster-, Emigranten-, Entsagungs-, Dorf-, Sitten-, Volks-, Religions- usw. romane bzw.-novellen rubrizierten.[13] Bemühungen um eine formale Aufgliederung des großen Zwitterbereichs, als den man den Kreis der Novellistik wie der Romandichtung[14] auffaßte, fehlen dagegen so gut wie gänzlich. Was sollte man viele Worte auf jene „untergeordneten, unpoetischen Formen"[15] verschwenden,

Conversations-Blatt 2. Jg. 1828. Nr. 101/104. – Ders., Über Novellenpoesie. In: Kritische Wälder. Blätter zur Beurtheilung der Literatur, Kunst und Wissenschaft unserer Zeit. Lpz. 1833. S. 131/149. – S. a. o. Kap. IV. Anm. 45.

[12] Vgl. A. Hirsch a.a.O. S. 28.

[13] Vgl. z. B. Koberstein a.a.O. Bd. IV. S. 234ff.

[14] Vgl. dazu W. Alexis, Vorwort (1830) a.a.O. S. xix. – Oskar Ludwig Bernhard Wolff, Allgemeine Geschichte des Romanes, von dessen Ursprung bis zur neuesten Zeit. Jena 1841. S. 19. – G. G. Gervinus, Geschichte der deutschen Dichtung a.a.O. Bd. V. S. 175f. – Th. Mundt, Geschichte der Literatur der Gegenwart a.a.O. S. 675. – Positive Wertung bei Robert Prutz, Neue Schriften a.a.O. Bd. II. S. 185.

[15] Vgl. Gottfried Keller an Theodor Storm 16. 8. 1881 (über R. Gottschall). In:

die insgesamt einen Rückfall in die ungebundene Rede darstellten, von der sich die „höhern Gattungen ... mit Anstrengung ... loszuringen" eben erst begonnen hatten?[16] Man hielt es für wichtiger, diese letzteren zu stützen (von Restaurieren spricht man kaum, sondern hält sich allgemein für fortschrittlich), statt das Chaos konturloser „Leseliteratur"[17] zu lichten, das sich dem humanistisch-klassischen Streben nach „reinen Formen" widersetzte. A. W. Schlegel registriert August Lafontaines Benennung seiner dialogisierten Erzählungen als „Gedichte" z. B. nur mit der herablassenden Bemerkung, der Autor habe wohl „von dem, was ein Gedicht ist, nie einen reinen Begriff gehabt" (vgl. u. S. 139). Auch die alte Vorstellung, daß allein Epos und Tragödie eine klare Komposition erforderten,[18] wiegt in der Restaurationsepoche noch schwerer als die Forderung nach „inneren" Formen.

So ist es verständlich, daß man zwischen Roman und Novelle oft überhaupt keinen Unterschied machte, ihren „gemeinsamen Charakter als Prosa" stärker als ihre Abgrenzungen betonte[19] und beide Begriffe einander gern wechselseitig erklären ließ. Manches, was in den Ästhetiken und Literaturgeschichten über den Roman und zumal über die ‚Kunst der deutschen Prosa' gesagt wird, gilt selbstverständlich auch für die Novelle mit; ein methodisches Handbuch aus den Jahren 1842/43 formulierte sogar, „die drei Gattungen der Lyrik, des Dramas und der Novelle" seien „wirklich die einzig organischen des neuen Zeitraums" und begriff unter „Novelle" sowohl den Roman als auch die mittlere Prosaepik der Zeit.[20] Wie in der Titelgebung gebraucht man auch in der Theorie Prosa, Geschichte, Erzählung, Novelle und Roman gern synonym. Allerdings wird man bei näherem Zusehen doch noch auf eine Unterscheidung aufmerksam. Hat während der Restaurationsepoche schon „ein entschiedenes Eintreten für die Gleichberechtigung des Romans stets revolutionären Charakter",[21] so gilt dies in weit höherem Maß noch für die „Novelle", und zwar gerade dann, wenn man die Bezeichnung für die gleiche Sache (d. h. also Großformen) verwandte. In positiver wie in negativer Hinsicht ist

Der Briefwechsel zwischen Theodor Storm und Gottfried Keller. Hg. von P. Goldammer. 1960. S. 97.
[16] G. G. Gervinus, Geschichte der deutschen Dichtung a.a.O. Bd. V. S. 175.
[17] Vgl. Th. Mundt, Geschichte der Literatur der Gegenwart a.a.O. S. 675.
[18] E. R. Curtius, Europäische Literatur und lateinisches Mittelalter a.a.O. S. 80.
[19] F. Sengle, Arbeiten zur deutschen Literatur 1750–1850 a.a.O. S. 190.
[20] Johann Carl Friedrich Rinne, Innere Geschichte der Entwicklung der deutschen National-Litteratur. Ein method. Handbuch. 2 Theile. Lpz. 1842/43. S. 541 u. 540.
[21] F. Sengle, Arbeiten zur deutschen Literatur 1750–1850 a.a.O. S. 179.

die Novelle die „prosaischere" Gattung, – hinsichtlich der a l l g e m e i -
n e n , nicht nur der akademischen Wertschätzung bedeutet dies natürlich eine niedrigere Einstufung. Verfolgt man das Prestige, das das
W o r t Novelle zu Beginn unserer Epoche besitzt, so stößt man auf eine
außerordentlich breite, nur von gelegentlichen Aufwertungsversuchen
durchbrochene Front genereller Ablehnung, die in einer eigentümlichen
Disproportion zu seiner zunehmenden Beliebtheit steht. Auch die enra-
gierten jungdeutschen Verfechter der Novelle gaben jederzeit bereitwillig
zu, daß sich mit dieser „künstlerisch" keineswegs „vollwertigen Gattung"
(Gutzkow 1834)[22] hoher dichterischer Ehrgeiz nur unbefriedigend verbinden ließ. Man sprach von „N o v e l l e n stroh", in das man den
„Wein" der Tendenz hüllen müsse (Gutzkow 1835),[23] von der „Trägheit
der Novellenleserei" (Mundt 1834)[24] oder faßte sie als „deutsches Hausthier" auf (Mundt ebd.). „Auf Künstlergröße verzichte ich gern", kommentiert Mundts bereits zitierter Salzschreiber seinen Entschluß, das
Feld der Novelle zu bebauen; „ich und die Zeit, wir beide sind zu unruhig dazu. Nicht als ob ich Kunstwerth verachtete, sondern ich achte
ihn eben zu hoch, um ihn würdig erreichen zu können."[25] Das ‚Damen-
Conversations-Lexicon' (1834) erwähnt unter dem Stichwort „Novelle"
auch „bändereiche Geschichten..., die man oft geneigt wäre für standes-
mäßige Romane zu halten, wäre der Stoff derselben gewissenhafter, die
Charaktere gediegener, die Entwickelung der Begebenheiten consequenter
durchgeführt..."[26] Wohin man blickt, haftet der Gattung der Makel
medisanten Neuigkeitsgeschwätzes, klatschhafter Gentryunterhaltung
und zweitrangigen Zeitvertreibs an. Sie gilt in einem spezifischen Sinn
als Frauengenre,[27] als oberflächlicher Lesestoff, als eine leichte und auch
leichtfertige Gattung, die sie in den Augen der „ascetischen" Kritiker von
vornherein in einen tiefen Widerspruch zu dem stoisch-klassizistischen
Konzept „männlich" disziplinierter Geistigkeit stellt. Hengstenbergs
‚Evangelische Kirchen-Zeitung' bemüht sich noch 1837 durch den Hinweis auf Henrik Steffens' Parabelepik und die „novellistischen" biblischen
apokryphen Bücher ‚Judith' und ‚Tobias' darum, den Vorwurf grund-
sätzlicher Unchristlichkeit, den man der Gattung machte, abzuschwä-
chen.[28] Immer wieder spricht man ihr dichterischen Adel ab, reagiert sei-

[22] Zitat bei A. Hirsch a.a.O. S. 50.
[23] K. Gutzkow an G. Büchner (undatiert). In: Büchner, S. W. a.a.O. S. 614.
[24] Th. Mundt, Moderne Lebenswirren a.a.O. S. 157.
[25] Ebd.
[26] Damen-Conversations-Lexicon a.a.O. (Artikel ‚Novelle').
[27] Vgl. W. Hauff, Vertrauliches Schreiben an Herrn W. A. Spöttlich a.a.O. Bd.
III. S. 265f, S. 268.
[28] Vgl. o. Kap. IV. Anm. 12.

nen Ärger darüber, daß sie sich nicht in ein Schema reiner Kunst- oder Naturformen pressen läßt, dadurch ab, daß man sie als heterogenen Mischmasch, als „Mischlings- und Übergangsklasse" (W. E. Weber),[29] als Hermaphrodismus (vgl. Hauff)[30] oder die „Charakterlosigkeit selbst" (K. Rosenkranz)[31] beschimpft. Man bagatellisiert sie, wie wir gesehen haben, als „angehmes Nichts" (vgl. o. S. 80. Anm. 88) oder als rohstoffliches Material für künftig zu schreibende musterhafte deutsche Dramen (vgl. o. S. 65).[32] „Geschwätzig und sich ganz in Darstellung auch von Nebensachen verlierend" nennt Tieck sie unter anderem.[33] Ihr „Lehren und Beschreiben", ihr genrehaftes „Individualisieren" und Isolieren (vgl. u. S. 164f), ihr Herabsteigen zum niederländischen Detail, zur Darstellung des „baaren Lebens unserer Häuser und Straßen",[34] zur Gegenwartsschilderung[35] und die Freiheit zum Unpoetischen, die sie sich nahm, indem sie „das gemeine und unwürdige mit auf den Schauplaz" brachte:[36] alle diese Möglichkeiten und Assoziationen waren geeignet, sie nicht nur in den Augen der akademischen Schulästhetik herabzusetzen.

Man kann darauf verzichten, in diesen Schwall von Anwürfen (bzw. Entschuldigungen) eine systematische Ordnung zu bringen, denn sie fließen den biedermeierlichen Theoretikern ebenso ungeordnet wie selbstverständlich aus der Feder. Es sind zumeist affektgeladene Vorwürfe, die wie alle emotionale Argumentation auf alte, tiefeingewurzelte, bequem und liebgewordene Denkschemata zurückgreifen können und ihre Heftigkeit dem insgeheim unbehaglichen Gefühl verdanken, ein „altes wahres" Kunst- und Weltkonzept gegen eine neue, als bedrohend empfundene Realität verteidigen zu müssen. Da es in der germanistischen Novellenforschung in dieser Hinsicht an Voruntersuchungen vollkommen

[29] W. E. Weber, Ästhetik a.a.O. (s. o. Kap. III. Anm. 58). 2. Abth. S. 184.
[30] Wilhelm Hauff, Die letzten Ritter von Marienburg. Novelle (Frauentaschenbuch f. 1828). In: Werke a.a.O. Bd. IV. S. 391f.
[31] S. o. Kap. IV. Anm. 60.
[32] Paradigmatisch und mit einem Ansatz zu positiver Wertung bei Robert Prutz: „Am wenigsten aber zürne man den Dichtern, wenn sie bis dahin" – gemeint ist: bis zur Zeit einer „neuen vollkommenen und klassischen Dichtung" – „... es sich lieber bequem machen in der breiten, episodischen Form des Romans und des erzählenden Gedichts, als daß sie um den Preis des Dramas vergebliche Kämpfe wagen." Neue Schriften a.a.O. Bd. II. S. 219.
[33] L. Tieck, Vorbericht a.a.O. S. lxxxvii.
[34] W. Alexis, Vorwort (1830) a.a.O. S. viii.
[35] Vgl. L. Tieck, Vorbericht a.a.O. S. lxxxvii f. – Eichendorff, Der deutsche Roman a.a.O. S. 264. – Ernst Kleinpaul, Poetik. Die Lehre von den Formen und Gattungen der deutschen Dichtkunst. Bremen [6]1868. Bd. II. S. 131.
[36] Friedrich Schleiermacher, Vertraute Briefe über Friedrich Schlegels Lucinde (1800). In: Sämmtliche Werke. III. Abth. 1. Bd. Bln. 1846. S. 504.

fehlt, die deutlich machten, w i e k o n s e r v a t i v die soeben zitierten „Gattungs"definitionen tatsächlich sind, müssen wir auf diesem Punkt etwas ausführlicher verweilen. Weit davon entfernt, ein Ergebnis jüngerer, möglicherweise nachromantischer Literaturreflexionen zu sein oder sich etwa als Reaktion auf die von A. v. Grolman betonten „formzertrümmernden" Tendenzen des 19. Jahrhunderts deuten zu lassen, wirken sie vielmehr bei näherem Zusehen wie aus einem tiefen, gleichsam geschichtslos stagnierenden Reservoir althergebrachter Vorbehalte geschöpft. Für den romanischen Raum haben Walter Pabst und Werner Krauss in verschiedenen wegweisenden Untersuchungen die Vielzahl hartnäckiger Schichten aufgezeigt, die die Novellistik in ihrem für die Folgezeit relevanten Ursprungsbereich seit ihrem ersten Auftreten zu überkrusten begannen. Man geht indes kaum fehl, wenn man in Deutschland eine ähnliche, wenn auch verdecktere Tradition annimmt. Oft läßt sich bei der Interpretation der oben genannten Formeln ein Bogen über ein halbes Jahrtausend gemeinsamer europäischer Allergien, gemeinsamen Stilwillens und Assoziationshintergrunds schlagen.

So haftete bereits den frühesten romanischen Novellen – um das Gesagte anhand einiger dem Aufsatz von W. Krauss entnommener Belege zu verdeutlichen – das Odium weibischen Neuigkeitsgeschwätzes an, das sie der chevaleresken Sphäre verdächtig erscheinen ließ.[37] Man sah sie als spezifische Frauenlektüre,[38] als Gegenstand des Frauenzimmer-Gesprächsspiels, der Damen-Kalender und Frauentaschenbücher, stereotyp im 18. Jahrhundert und, wie wir am Beispiel Hauffs sahen, auch noch im 19. Jahrhundert.[39] „Novelero" zu sein gehörte in höfischer Zeit zum härtesten Tadel, dem sich der angehende Ritter aussetzen konnte;[40] auch geistliche Schriftsteller wie Thomas von Kempen warnten vor „denen, die immer viel Neues von den Menschen erkunden und sich allzuwenig um den Weg" des Gottesdienstes kümmern. Novellenerzählen an sich schon und unabhängig von den behandelten Gegenständen stellt bei Boccaccio ein viel zu frivoles Unterfangen dar, als daß man es an einem Freitag hätte ausüben können.[41] Die humanistische Verachtung des „Neuen" überhaupt,[42] viel-

[37] Werner Krauss, Novela – Novelle – Roman. In: ZfrPh Bd. LX. 1941. S. 26f.
[38] Ebd. S. 25.
[39] Vgl. a. Friedrich Kind, Erzählungen. Wien 1827. Bd. V. S. 74. W. Hauff meint in seinem ‚Vertraulichen Schreiben' a.a.O. S. 265, „Frauen, die das fünfundsechzigste hinter sich haben" seien um ihrer Medisance und treffsicheren Beobachtungsgabe willen vor allem zu Novellistinnen geschaffen.
[40] W. Krauss, Novela – Novelle – Roman a.a.O. S. 26f.
[41] Giovanni Boccaccio, Il Decamerone, con prefazione e glossario di Angelo Ottolini. Milano ⁶1955. S. 160, 467.

leicht sogar der Anklang an die revolutionäre Formel „nova res", das volkssprachliche Gewand und die implizierte Gegenwärtigkeit der Sujets[43] zogen innerhalb der gesamten humanistischen Großepoche der Geltung der so bezeichneten Literaturformen enge Grenzen. „Seit jeher", beobachtet W. Krauss, wurde „die Kunst des Novellenschreibens ... vom Bannstrahl des Humanismus getroffen. Das Ärgernis des Humanismus wird von den Schöpfern der Novelle selbst als ihr wichtigstes Merkmal beansprucht."[44]

Seit jeher hatte es die Novelle auch nicht mit „unbedingten" Ideen, sondern, wie bereits F. Th. Vischer bemerkt, mit der Erfahrung zu tun, daß „Menschen Menschen, ‚sterbliche Menschen'" sind.[45] „Selbst in den Arab-(esken)", meinte F. Schlegel mit Bezug auf Boccaccio, „wird der eigentliche Sinn das sein, daß das andre Leben eine nichtige Täuschung sei."[46] Das war in der vorrealistischen Zeit in der Tat kein hohes Motiv. Der neuplatonische Furorgedanke, der idealistische Anspruch der deutschen Klassiker, der Poesiebegriff der Romantiker oder Hegels begnügte sich mit dieser Beschränkung natürlich keineswegs. Nur ein Skeptiker wie Wieland konnte gelegentlich einmal darauf aufmerksam machen, dem Menschen gezieme es, „ungeachtet des aufgerichteten Angesichts und des Blicks gen Himmel der ihm gegeben ist, von Zeit zu Zeit auf seine Füße zu sehen..."[47] „Lassen Sie uns die Erde nicht ganz aus den Augen verlieren", bemerkte Tiecks Sidonie in ‚Glück giebt Verstand' (1827), – man beachte, wie zögernd derlei formuliert wird![48] – und in ‚Waldeinsamkeit' (1841) heißt es: „Stellt euch, so hoch ihr wollt, am Gewöhnlichen müßt ihr euch immer wieder zerstreuen und erholen, um zu Athem zu kommen und die Luft, die feine des Parnasses, wieder ertragen zu können."[49] Man konnte die Novelle ohne weiteres als die spezifische Gattung kühler Gewöhnlichkeit auffassen. Sie habe es, meinte man oft, nicht mit den

---

[42] Vgl. Elena Eberwein-Dabcovich, Das Wort ‚novus' in der altprovenzalischen Dichtung und in Dantes ‚Vita nova'. In: Roman. Jhb. Bd. II. 1949. S. 171/195. „Novus" umfaßt nach der Zusammenstellung dieser Untersuchung eine Vielzahl von Bedeutungen: vom Überraschenden, Merkwürdigen, Komischen, Witzigen bis zum Närrischen, Pikaresken, Erfinderischen, Lügenhaften. Schon im Lateinischen hat es einen negativen Beiklang.

[43] E. Kleinpaul (s. o. Anm. 35) zitiert in seiner ‚Poetik' eine Stelle aus Vilmar, in der von der „aus den Ereignissen der Gegenwart hergenommenen prosaischen Erzählung, eben darum Novelle genannt", die Rede ist. A.a.O. Bd. II. S. 131.

[44] W. Krauss, Perspektiven und Probleme a.a.O. S. 48.

[45] F. Th. Vischer, Aesthetik a.a.O. Bd. VI. S. 193. § 883.

[46] Friedrich Schlegel, Literary Notebooks a.a.O. § 1996.

[47] Wieland, S. W. a.a.O. Bd. 30. Lpz. 1821. S. 192 (‚Was ist Wahrheit?').

[48] L. Tieck, Nov. a.a.O. Bd. III. S. 36.

[49] Ebd. Bd. X. S. 487.

weltbewegenden, geistes- und religionsgeschichtlichen Kräften, sondern mit dem Rankenwerk der „kleinen Dinge" außerhalb der großen Geschichte zu tun,[50] nicht mit aristokratischen Menschheitsrepräsentanten, sondern mit „Privatpersonen",[51] nicht mit dem „Alten", „Ewigen", „Ritterlichen", „Romantischen",[52] sondern mit dem Zeit- und Weltverlorenen, dem „Neuen", das noch für Schopenhauer „selten das Gute" sein konnte, „weil das Gute nur kurze Zeit das Neue ist."[53] Es ist verständlich, daß sich der Terminus unter diesen Umständen bereits früh geradezu als Sammelwort für zu diskreditierende Literatur empfahl. Bis in die Zeit der „europäischen Romantik" hinein, bemerkt Werner Krauss, wird der Begriff nicht als „ästhetische Form einer Gattung", sondern zur Kennzeichnung „gehaltloser Lektüre" gewertet. Die populäre novellistische Stilart verstand sich dabei unter dem universalen Druck des humanistischen Stilanspruchs überhaupt „als Verzicht auf jegliche Stilisierung, als eine kunstlose Kunst."[54] Man behauptete offen (wie Bandello), keinen Stil zu besitzen, gab sich als Narr (Grazzini), als „uomo discolo e grosso" (Sacchetti), verglich Novellen mit „Lauch und Zwiebeln"[55] usw. Der Begriff konnte dabei Klein- und Großformen umfassen, auf die Komödie übergreifen und ins Schwankhafte abgleiten. Lope de Vega unterschied „novela" vom Romangenre, dem immer noch ein Schimmer des Ritterepischen anhaftete, als „mas humilde el modo".[56] In der nachcervantinischen Zeit trennte man in Spanien überhaupt nur noch zwischen „Ritterbüchern" und „novelas", unter welch letzteren alle nichtritterlichen Erzählformen subsumiert wurden.[57]

Die stiltrennende Nuance des „Realistischen", Plebejischen oder doch Mittelständischen, und selbst des Asozialen (Gauner-, Zigeunermilieu) repräsentiert tatsächlich das hartnäckigste Etikett, das man dem Novellenbegriff anheftete, so daß dieser sich letzten Endes erst unter dem Einfluß der westeuropäischen Aufklärung und der sozialen Revolutionen gemein-

---

[50] Vgl. Goethe a.a.O. Bd. 10. S. 326.
[51] Ebd. Ferner: Georg Philipp Harsdörffer, Der Große Schauplatz Lust- und Lehrreicher Geschichte. Hamburg 1651. Zuschrifft zum ersten Hundert.
[52] Vgl. Eichendorff, Der deutsche Roman a.a.O. S. 264.
[53] A. Schopenhauer S. W. a.a.O. Bd. VI. S. 540. (Parerga II. § 280).
[54] W. Krauss, Perspektiven und Probleme a.a.O. S. 48. – Zu Beginn des vierten Tages betont Boccaccio im ‚Decamerone' a.a.O. S. 243 den bescheidenen Anspruch seiner „novellette ..., le quali, non solamente in fiorentin volgare e in prosa scritte per me sono e senza titolo, ma ancora in istilo umilissimo e rimesso quanto il più si possono."
[55] Vgl. W. Krauss ebd.
[56] W. Krauss, Novela – Novelle – Roman a.a.O. S. 16.
[57] Ebd. S. 19.

sam mit den „niedrigen" („novellistischen") Gegenständen, Themen und der „Gegenwärtigkeit" voll aufwerten ließ. Bis dahin bedurfte er stets gewisser Rechtfertigungen, die sich zumeist auf die schlichte bzw. „bescheidene" Wahrheit des Geschilderten, auf den moralischen Exemplumcharakter oder – in der faceten Tradition – auf die „witzige" Entwertung der novellistischen Rohstofflichkeit beziehen.– Auf der gleichen stiltrennenden Voraussetzung beruht auch die Identifikation von „novelas, y comedias" (Gracian),[58] die ebenfalls zu den unreflektierten Selbstverständlichkeiten und so sehr zum festen Assoziationsinventar der Barockzeit gehört, daß man Cervantes' ‚Novelas ejemplares' beispielsweise einfach als Prosakomödien rubrizieren konnte,[59] oder daß Harsdörffer sich von ihr in der Titelwahl seiner 1651 erschienenen Novellensammlung ‚Der Große Schau-Platz Lust- und Lehrreicher Geschichte' bestimmen ließ. Aufgabe der Novellen sei es, fügte er in der „Zuschrifft zum ersten Hundert" hinzu, „die Begebenheiten von Privat-personen vorstellig" zu machen, „da diese Welt ein Schauplatz genennet wird / darauff nicht nur Könige Fürsten und Herren / wie in den Trauerspielen / sondern auch Edle / Burger und Bauren / wie in den Freudenspielen erscheinen..." Um dieser niedrigen Thematik willen nannte er seine Sammlung auch eine „ringschätzige Arbeit".[60] Die Vorstellung, daß Komödien ein novellistisches Element anhaften und daß eine Novelle eigentlich „komisch" sein müsse, führt tief in den Vorstellungsraum der antiken Stilistik zurück.[61] E. R. Curtius hat ferner darauf aufmerksam gemacht, daß man die mittellateinische elegische Komödie als Brücke zwischen Komödie und Novelle betrachten dürfe und diese Erscheinung ein „produktives Mißverständnis des Plautus" genannt.[62] Allerdings wird man dabei wohl nur von einem etwas dogmatisch formalistischen Standpunkt aus von einem „Mißverständnis" sprechen dürfen. Allgemeine Erkenntnisse wie die Walter Pabsts, daß nämlich literarische Gebilde, die man heute im weiteren Sinne als Novellen auffassen würde, unter Umständen Komödien hießen, während „andererseits Komödien in unserem Sinne der Kategorie der fabulae zugeordnet werden konnten",[63] bestätigen vielmehr, daß es sich hier um ein formal wenig differenziertes, inhaltlich aber

[58] Ebd. S. 25.
[59] Ebd. S. 23.
[60] S. o. Anm. 51.
[61] Vgl. Ernst Walser, Die Theorie des Witzes und der Novelle a.a.O. S. 52 u. ö.
[62] E. R. Curtius, Zur Literaturästhetik des Mittelalters II. In: ZrPh Bd. LVIII (1938) S. 141. Vgl. Walter Pabst, Novellentheorie und Novellendichtung. Zur Geschichte ihrer Antinomie in den romanischen Literaturen. 1953. [Abh. a. d. Gebiet der Auslandskunde. Bd. 58. Reihe B (32)]. S. 24f.
[63] Walter Pabst ebd. S. 25.

relativ scharf abgegrenztes Feld handelte. Noch in der zweiten Hälfte des 18. Jahrhunderts rechnete der auch für Deutschland wichtige Verfasser der ‚Contes moraux‘, Jean-François Marmontel, die Novelle zur komischen Kunst;[64] und ebenso sprachen die deutschen Ästhetiker bei der Einordnung der boccaccesken und cervantinischen Novellen gern von „komischen“ bzw. „kleinen lustigen Erzählungen oder Novellen“.[65] Wir können hier das weite Assoziationsfeld, das mit dem Begriff des „Komischen“ zugleich die Begriffe des „Realistischen“ und „Individualisierenden“ verknüpfte, nicht verfolgen. Man muß es aber wenigstens im Umriß ins Auge fassen, um Bezeichnungen wie die der Balzacschen ‚comédie humaine‘ oder die kritische Huldigung Immermanns für Tiecks „komische Muse“ (vgl. o. S. 44) recht zu verstehen. „Wenn Witz und Scherz“, fuhr Tieck in seiner oben (S. 100. Anm. 49) zitierten verhüllten Rechtfertigung der Alltagsprosa-Novellistik fort, „auf jener Galeere der Gewöhnlichkeit die Ruder führen, wie es doch oft geschieht, was könnt ihr, schiefrennenden Poeten, dann noch an diesen Sklaven der Alltagswelt aussetzen?“[66] Speziell die „heilsamen britischen Humoristen“ waren für die Entwicklung des – ja auch am englischen „novel“ orientierten (vgl. u. S. 212f) – Novellenbegriffs im biedermeierlichen Deutschland von Bedeutung. So könnte Herders Hinweis auf sie sinngemäß recht gut in Alexis’ Novellenprogramm oder auch als Leitwort über dem gesamten Tieckschen Spätwerk stehen:

> „Selten geht der unabläßige Eifer (sc. der menschlichen Natur) anderswohin aus als auf Schwärmerei und Übertreibung, die durch nichts zurecht gebracht werden kann, als durch eine Darstellung dessen, w a s s i e i s t , durch eine leichte fröliche Nachahmung ihrer eignen Charaktere.“[67]

Hier handelt es sich freilich bereits um eine differenzierte aufklärerische Weiterbildung des alten Topos. Stärker in der konservativen „romanischen“ Tradition stehen andere Äußerungen; vielleicht F. Schlegels Ansicht, die Novelle sei die eigentümliche Gattung des „realen Witzes“,[68] sicher seine Notiz, die „neue attische Komödie“ sei „durchaus Novelle“[69] oder Hebbels Bemerkung aus dem Jahr 1835, er könne „das L u s t s p i e l nicht zum eigentlichen Drama rechnen“, sondern glaube vielmehr, es „un-

---

[64] W. Krauss, Perspektiven und Probleme a.a.O. S. 108.
[65] Vgl. A. Hirsch a.a.O. S. 18 u. 19.
[66] L. Tieck, Nov. a.a.O. Bd. X. S. 487f.
[67] Briefe zur Beförderung der Humanität. 4. Slg. In: Sämmtliche Werke. Hg. von B. Suphan. Bd. XVII. Bln. 1881. S. 250.
[68] Caroline. Briefe aus der Frühromantik. Nach Georg Waitz vermehrt hg. von Erich Schmidt. 1913. Bd. I. S. 524.
[69] Friedrich Schlegel, Literary Notebooks a.a.O. § 1950.

ter die Kategorie dialogisirter Erzählungen bringen" zu müssen.[70] Man
sieht, wie redlich sich Theodor Mundts räsonierender Salzschreiber über die
Originalität seines Gedankens täuscht, als er beschließt, ein ganz „neues
Genre aufzubringen" und gegen den Überfluß an „historisch-romantischen
Sachen ... in der Literatur" mit einer „historisch-komischen Novelle aus
der Gegenwart" zu Felde zu ziehen.[71] Sogar die traditionelle Verbindung
von komischer und realistischer Darstellung findet sich in den unmittelbar folgenden Passagen:

> Das Leben verarmt nie an Novellenstoff, man muß ihn nur zu erlauschen
> wissen. Eine bewegte Zeit bewegt und färbt Alles, selbst den verborgensten
> Sorgenwinkel des Familienstübchens, neu. Seht doch zu, wie im Kleinen das
> Große nachwirkt, und stellt diesen Scherz der Geschichte dar! Seht doch zu, wie
> aus den großen Begebenheiten oft die helle Ironie lachend herausbricht, und
> fangt dies Lachen der Zeit auf, ihr braucht nur den Hut unterzuhalten...[72]

Aber selbst diese Ansätze zu einer Aufwertung der Novelle bei Theodor
Mundt werden durch die obligate Reverenz vor der konservativen Poetik
gedämpft. Wir erinnern uns noch einmal an den oben zitierten, im gleichen Zusammenhang ausgesprochenen Verzicht des Novellisten auf
„Künstlergröße" und seine Rechtfertigung: „Nicht als ob ich Kunstwerth
verachtete, sondern ich achte ihn eben zu hoch, um ihn würdig erreichen
zu können." Man wertete lieber die ganze eigene Zeit als Übergangsepoche ab („ich und die Zeit, wir beide sind zu unruhig dazu"), als daß
man einen so revolutionären Eingriff in das Wertesystem der akademischen Ästhetik gewagt hätte, wie ihn die Anerkennung der Novelle als
vollgültiger und „überzeitlicher" Kunstform bedeutete. Der k o n t i n u -
i e r l i c h e n e g a t i v e B e i k l a n g des Terminus konnte in der deutschen Restaurationsepoche höchstens modifiziert, nicht aber grundsätzlich in Frage gestellt werden. Man tut daher gut daran, auch die zahlreichen Bescheidenheitskundgebungen, die sich in Briefen, Vorreden und
Selbstzeugnissen der Biedermeiernovellisten finden, nicht nur als einfach
hingesagte Formeln beiseitezuschieben. Die traditionelle Geringschätzung
der Kritik wirkte vielmehr tatsächlich außerordentlich stark auf ihre
eigene Selbstwertvorstellung zurück. Man muß es ernst nehmen, wenn sich

---

[70] „Ich hätte hinzufügen müssen, daß ich das Lustspiel nicht zum eigentlichen
Drama rechnen kann, sondern unter die Kategorie dialogisirter Erzählungen
bringen muss. Wenn man sich den Zweck des höheren Lustspiels: ‚S c h i l d e -
r u n g‘ einzelner Zeitalter und Stände‘ vergegenwärtigt, so wird man zugeben,
dass ich dieß darf." Über Theodor Körner und Heinrich von Kleist. 1835.
Hebbel, S. W. a.a.O. Bd. IX. 1902. S. 56.
[71] Theodor Mundt, Moderne Lebenswirren a.a.O. S. 160.
[72] Ebd. S. 160f.

die Novellisten zunächst einmal nicht als „Dichter" empfanden, wenn Novellenschreiben Herablassung oder Entsagung für sie bedeutete, Novellistik Poesie war und auch wieder nicht.[73] „Ist denn hier von echter Poesie, von echten Dichtern die Rede?" fragte Hauff in seinem ‚Vertraulichen Schreiben'. „Man lege doch nicht an die Erzählungen einiger alten Damen diesen erhabenen Maßstab."[74] Allenfalls war die Novelle in einer „miserablen Zeit... ein ganz bequemes Ding."[75] Hauff, dem Alexis in seinen literarischen Erinnerungen den Charakterzug „berechnender Schüchternheit" nachgesagt hat,[76] ist nicht immer ganz zuverlässig in seinen persönlichen und pseudoprivaten Äußerungen. Sein sensibles Reagieren auf aktuelle, ja modische Tendenzen des Zeitgeschmacks steht dagegen außer Zweifel; und in dieser Hinsicht decken sich die zitierten Sätze vollkommen mit dem Geist der Epoche. Die ältere Therese Huber, deren moralische Autorität im Gegensatz zu ihrer dichterischen Potenz weniger antastbar ist, meint es nicht anders. Ihre „Arbeiten" verwahrten sich, wie V. A. Huber 1830 im Vorwort der gesammelten Erzählungen schreibt, ausdrücklich dagegen, irgendein „Vorrecht der Kunst, der Poesie in Anspruch" zu nehmen[77] und suchten sich „durchaus der Gerichtsbarkeit künstlerischer Kritik" zu entziehen.[78] Stifter meinte im Vorwort seiner ‚Studien':[79] „Auf Schriftstellertum macht das Vorliegende keinen Anspruch, sondern sein Wunsch ist nur, einzelnen Menschen, die ungefähr so denken und fühlen wie ich, eine heitere Stunde zu machen, die dann vielleicht weiter wirkt und irgend ein sittlich Schönes fördern hilft. Ist dies gelungen, dann ist der Zweck dieser Blätter erreicht, und sie mögen vergessen werden..." „Die Kunst ist mir ein so Hohes und Erhabenes", gestand die programmatische Vorrede der ‚Bunten Steine' (1852) – und manche Briefstelle Stifters wiederholt das Geständnis fast wörtlich –, „sie ist mir... nach der Religion das Höchste auf Erden, so daß ich meine Schriften nie für Dichtungen gehalten habe, noch mich je vermessen werde, sie für Dichtungen zu halten."[80] Gotthelf versicherte:

---

[73] „Novelle und Tendenzgedicht
Ist Poesie und ist's auch nicht." Franz Grillparzer, Werke. Hg. von St. Hock a.a.O. Bd. II. S. 254.
[74] W. Hauff, Vertrauliches Schreiben an Herrn W. A. Spöttlich a.a.O. Bd. III. S. 268.
[75] Vgl. o. Kap. IV. Anm. 14.
[76] W. Alexis, Erinnerungen a.a.O. S. 302.
[77] Therese Huber, Erzählungen a.a.O. (s. o. Kap. V. Anm. 137). Bd. I. S. vi.
[78] Ebd. S. vii.
[79] Adalbert Stifter, Ausgewählte Werke in sechs Bänden. Hg. von Rudolf Fürst. Lpz. (Max Hesse) o. J. Bd. I. S. 1f.
[80] Ebd. Bd. V. S. 3. – Vgl. a. A. Stifter, Sämmtliche Werke. Hg. von Gustav Wilhelm. Briefwechsel Bd. II. S. 107 („ich lege nur einen sittlichen keineswegs

„An schriftstellerische Bedeutsamkeit denke ich nicht" und hielt sich für völlig für die Dichtung verloren, als ihn auf der bekannten Elbfahrt des Jahres 1822 keine poetische Stimmung überkommen wollte.[81] Man könnte derlei Bekenntnisse fast beliebig vermehren; alle schlagen indes den gleichen Ton an. Sprechende Titel prosaepischer Sammelbände wie ‚Federproben‘, ‚Randzeichnungen‘, ‚Abend-‘ und ‚Nebenstunden‘ stimmen mit ein. Noch das „und" im Untertitel eines von J. B. Rousseau 1831 herausgegebenen Taschenbuchs, das ‚Dichtungen und Novellen‘[82] oder in Mörikes und Zimmermanns ‚Jahrbuch‘ schwäbische „Dichter und Novellisten"[83] vereint, unterstreicht den Unterschied stärker als das Verbindende.

Daß die Biedermeiernovellisten ihr eigenes dichterisches Engagement möglichst zu bagatellisieren versuchten, verwundert bei ihrer niedrigen Einstufung nur wenig. Wir haben auch gesehen, daß die anspruchsvolleren Autoren auf diesem Feld, das von subalternen, für ihre eigene und „gewissermaßen für die Leibesnothdurft der Lectüre" arbeitenden Schriftstellern beherrscht wurde,[84] nur „nebenbei" und oft unter wunderlich verlegenen Vorwänden arbeiteten. Vergaßen sie wirklich einmal darauf, den Gelegenheitscharakter solcher Veröffentlichungen zu betonen, so fehlte es nicht an Freundes- und Bekanntenstimmen, die sie auf ihre Eskapaden aufmerksam machten. Schon die Weimarer Hofgesellschaft hatte zu den ‚Unterhaltungen deutscher Ausgewanderten‘ recht eindeutig Stellung bezogen. „Dem Goethe", schrieb etwa Frau von Stein, „scheints gar nicht mehr ernst ums Schreiben zu sein...";[85] und tatsächlich übersehen die novellistischen Gattungsgeschichten heute leicht, wie wenig zentral dieser kleine Zyklus in Goethes Gesamtwerk wirklich liegt. Die Unbeschwertheit der Schreibweise, die Themenwahl, über die sich der Dichter selbst abschätzig geäußert hat und die sich nur in einem Fall um Originalität der Erfindung bemüht, die Nachlässigkeit der Handlungs-

---

aber künstlerischen Werth auf meine Arbeiten"); II. S. 187 („Nicht der Rang unter den Dichtern, sondern die Wirkung auf edle Menschen thut meinem Herzen wohl"). Ähnlich: II. 29; III. 235; IV. 146, 246, 290; V. 104, 236; VI. 108, 218.

[81] Jeremias Gotthelf, Sämtliche Werke in 24 Bänden. Hg. von Rudolf Hunziker und Hans Bloesch. Briefe. Bearb. v. K. Guggisberg u. W. Juker. Bd. III. S. 236. – Gabriel Muret, Jérémie Gotthelf. Sa vie et ses oeuvres. Paris 1913. S. 28.

[82] Johann Baptist Rousseau, Bernsteine. Dichtungen und Novellen. Frankfurt a. M. 1831.

[83] Jahrbuch schwäbischer Dichter und Novellisten. Hg. von Eduard Mörike und Wilhelm Zimmermann. Stg. 1836.

[84] Th. Mundt, Gesch. d. Lit. der Gegenwart a.a.O. S. 727.

[85] 19. 2. 1795. Zit. nach B. von Arx a.a.O. S. 26, dessen Deutung ich hier folge.

führung in der Rahmenerzählung und das abrupte Abbrechen des Ganzen sprechen dafür, daß Goethe dieses Werk durchaus als N e b e n a r b e i t betrachtete. Offensichtlich wählte er die Gattung für ein falsch eingeschätztes Z e i t s c h r i f t e n p u b l i k u m zur Füllung der Hefte, als es Schiller „an Manuskript zu den ‚Horen'" fehlte.[86] Man begegnet dem gleichen Motiv bei der Abfassung der Cotta zuliebe geschriebenen ‚Guten Weiber' oder auch bei Grillparzer wieder, dessen ‚Kloster bei Sendomir' seine Entstehung „höchst wahrscheinlich" den Bitten Schreyvogels verdankt, „den das Ausbleiben eines zugesagten größeren Beitrages für sein Taschenbuch ‚Aglaja' in Verlegenheit gesetzt hatte, und der nun bei Grillparzer Hilfe suchte."[87]

Goethe brachte noch ein weiteres Moment ins Spiel. Die alte Funktion kurzatmiger und kurzweiliger Novellistik, durch Zerstreuung Trost zu bringen[88] und durch „kleine Spiele des Witzes" (Wieland) für einen Augenblick die großen, Konzentration fordernden Ideen vergessen zu machen (vgl. o. S. 80, S. 100), übertrug sich für ihn „organisch" auch ins Biographische. Es ist glaubhaft, daß er die Niederschrift der „Unterhaltungen" als eine Art E r h o l u n g von der angestrengten Arbeit am ‚Wilhelm Meister' betrachtete. „Nach der Last, die einem so ein Pseudo-Epos, als der Roman ist, auflegt", versichert er wenigstens Schiller, habe er „zu den kleinen Erzählungen... große Lust."[89] Die ‚Unterhaltungen deutscher Ausgewanderten' fallen somit wohl wirklich „nicht zufällig" in Goethes k l a s s i s c h e Zeit, wie Johannes Klein meint (vgl. o. S. 3); nur freilich als dem klassischen Stilwillen grundsätzlich entgegengesetzte Produkte einer entspannteren Sphäre; und es bedeutet schließlich nichts weiter als eine souveränere und komplizierte Fortentwicklung dieses Ansatzes, wenn Goethes Spätwerk diese Zweigleisigkeit der Produktion zu integrieren sucht. Die von Gervinus zeitgemäß und naiv als „Novellensammlung" aufgefaßten ‚Wanderjahre'[90] stehen dann nicht mehr als „Pseudoepos" neben kurzen, „zur Erholung" geschriebenen Erzählungen, sondern nehmen diese in den Roman mit hinein und konstituieren sich eben dadurch als eine Großform, die zugleich alle Merkmale des kleinteiligen, durch schwer interpretierbare Andeutungen verknüpften Altersstil aufweist.[91]

[86] Goethe an Ludwig Friedrich Schultz. 10. 1. 1829.
[87] Vgl. Grillparzer, Werke hg. von Stefan Hock a.a.O. Bd. VIII. S. 13. (Einleitung des Herausgebers).
[88] Vgl. Boccaccio, Il Decamerone a.a.O. S. 1/3 (Proemio). Ähnl. Busone da Gubbio (vgl. W. Pabst, Novellentheorie und Novellendichtung a.a.O. S. 43).
[89] An Schiller 27. 11. 1794.
[90] G. G. Gervinus, Geschichte der deutschen Dichtung a.a.O. Bd. V. S. 776.
[91] Zur Deutung des Romans als einer sphärischen Einheit vgl. vor allem Arthur

Auch anderswo begegnet man ähnlich doppelspurigem Arbeiten, z. B. bei Stifter, dessen ‚Waldbrunnen' Erich Kühl richtig als ein „Nebenprodukt" erkannt hat, bei dem sich der Dichter von der Mühe seiner „Ilias", des ‚Witiko' zu entspannen suchte.[92] Raabes ‚Krähenfelder Geschichten' nach der Großerzählung ‚Schüdderump', Kellers ‚Leute von Seldwyla' nach dem ‚Grünen Heinrich' spiegeln den gleichen Arbeitsrhythmus. Georg Ebers (1867–96) „erholte" sich nach der Anstrengung des großen historischen Romans, indem er „bloß eine Novelle" schrieb, und zog sich durch dieses Verfahren, das in realistischer Zeit mit konservativen, typisch biedermeierlichen Argumenten kolportiert wurde, den heftigen Zorn Theodor Storms zu[93] – ein beiläufiges Zeugnis auch für die noch empfindliche Ehre der jungen, nicht etablierten Gattung! In der Restaurationsepoche konnte man mit allgemeiner verständnisvoller Nachsicht rechnen, wenn man sich als Kavaliernovellisten oder novellistischen Sonntagsschreiber hinzustellen beliebte (man denke an Moltke, Brockhaus, Gubitz oder Carl Maria von Weber!).

Henkel, Entsagung. Eine Studie zu Goethes Altersroman. 1954. (Hermaea. Germanistische Forschungen hg. von H. de Boor und H. Kunisch. N. F. Bd. 3).
[92] Erich Kühl, Ein Einblick in den Spätstil A. Stifters. In: Wirkendes Wort VI. 1955/56. H. 1. S. 12.
[93] Vgl. Peter Goldammer, Der Briefwechsel zwischen Theodor Storm und Gottfried Keller. 1960. S. 201. (Kommentar zu S. 97). Der Brief Storms nebst Kellers Antwort ist in unserem Zusammenhang so wichtig, daß er ausführlich zitiert werden muß. Storm an Keller 14. 8. 1881: „Beunruhigend besuchen mich mitunter theoretische Gedanken über das Wesen der Novelle, wie sie jetzt sich ausgebildet, über das Tragische in Dramen und Epik und den etwaigen Unterschied zwischen beiden; ich schrieb auch eine Vorrede zu den zwei neuen Doppelbänden meiner Gesamtausgabe...Zu dem Vorwort ward ich durch den frechen Juden Ebers aufgereizt, der (laut Zeitungsberichten) eine ‚Novelle' herausgegeben und sie (die Gattung der Novelle) in einem Vorwort als ein Ding bezeichnet, das ein Dichter sich nach dem eigentlichen Kunstwerk, dem dreibändigen Roman, wohl einmal zur Erholung erlauben dürfe. Der Esel! Die ‚Novelle' ist die strengste und geschlossenste Form der Prosadichtung, die Schwester des Dramas; und es kommt nur auf den Autor an, darin das Höchste der Poesie zu leisten." (S. 93/94). Keller antwortete darauf: „Das, was er zur Herabsetzung der Gattung der Novelle sagt, würde mich nicht stark rühren; vor ein paar Jahren degradierte er ebenso den Roman...Übrigens hat sein Judentum, das mir unbekannt ist, mit der Sache nichts zu schaffen. Herr von Gottschall, ein urgermanischer Christ, hat schon ein dutzendmal verkündigt, Roman und Novelle seien untergeordnete, unpoetische Formen und fielen nicht in die Theorie... Was die fragliche Materie selbst betrifft, so halte ich dafür, daß es für Roman und Novelle so wenig aprioristische Theorien und Regeln gibt als für die andern Gattungen, sondern daß sie aus den für mustergültig anzusehenden Werken abgezogen, resp. daß die Werte und Gebietsgrenzen erst noch abgesteckt werden müssen. Das Werden der Novelle, oder was man so nennt, ist ja noch immer im Fluß..." (Ebd. S. 97/98. 16. 8. 1881).

Als bescheidene Kurzform, deren geringerer epischer Atem sie auch unsicheren und „schwächeren Konstitutionen" zugänglich machen konnte,[94] erfüllt die Novelle oft auch die Funktion einer spezifischen D e b ü t - g a t t u n g . Natürlich handelt es sich dabei nicht nur um ein Biedermeierphänomen.[95] Heinrich Brockhaus hat aber doch recht gesehen, wenn er bei einem Rückblick auf die novellistische Taschenbuchpublizistik der zwanziger Jahre feststellt, „neu auftauchende Talente" hätten sich gerade hier „die ersten Sporen" verdient.[96] August Lafontaine, Leopold Schefer, Gustav Kühne, Stifter, Schücking, F. Lewald, Hackländer, R. Heller und jener große Kreis der „ausgezeichnetsten Vertretung" der „eigentlichen Blütezeit der deutschen Novelle", den Brockhaus im Auge hatte,[97] begannen als Novellisten, auch wenn sie später oft nur noch Romane schrieben (vgl. dazu u. S. 112, S. 222). Als Taschenbuchnovellisten stellten sie sich zum ersten Mal der Kritik, knüpften sie ihre ersten einflußreichen Beziehungen an[98] oder „sondierten" sie das Terrain wie z. B. der 1821 noch namenlose russische Hauslehrer Ernst Raupach, der einen Band ,Erzählende Dichtungen' veröffentlichte, als er seine Rückkehr nach Deutschland erwog.[99] Hier durfte man auch e x p e r i m e n t i e r e n . Wir haben im Vorangehenden mehrfach darauf hingewiesen, daß man der „Novelle" größere Freiheiten als den „hohen" Gattungen und auch dem Roman zubilligte: thematischer und formaler Sansculottismus vertrug sich in der Restaurationszeit am ehesten mit literarischer Anspruchslosigkeit. Der relativ elastische, unfixierte Charakter dieser „plasmatischen" Wachstumszone gewährte dabei auch atypischen Außenseitern und einer möglicherweise unkonventionellen Schreibart einen kleinen Spielraum. „Novellen haben am meisten von Studien", hatte schon F. Schlegel in seinen Notizheften vermerkt:[100] so ist es wohl kein Zufall, daß sich

---

[94] Vgl. Harry Maync, Eduard Mörike. Sein Leben und Dichten. 1927. S. 178. – B. von Arx a.a.O. S. 175.

[95] Vgl. Brander Mathews, zit. bei Hans-Adolf Ebing, Die deutsche Kurzgeschichte. Wurzeln und Wesen einer neuen literarischen Kunstform. 1936. S. 140.

[96] H. Brockhaus a.a.O. Bd. II. S. 254. – Vgl. a. Mörikes Abneigung, seinen ,Maler Nolten' als „ein selbständig Büchlein" erscheinen zu lassen. Eine Taschenbuchpublikation schien ihm den Vorteil zu haben, „das Ding nur so gelegentlich in die Welt schlüpfen zu lassen ohne alle Prätensionen als erstes Debüt". Eduard Mörike, Sämtliche Werke. Hg. von Rudolf Krauß. Lpz. (Max Hesse) o. J. Bd. IV. S. 4. (Einleitung des Herausgebers).

[97] H. Brockhaus ebd. Bd. II. S. 286.

[98] Vgl. M. Zuber a.a.O. S. 874.

[99] Vgl. Robert Prutz, Neue Schriften a.a.O. Bd. II. S. 247.

[100] Friedrich Schlegel, Literary Notebooks a.a.O. § 1609.

zahlreiche moderne Versuche, „realistische", „impressionistische", „expressionistische" Vorläufer bzw. „Klassiker" im 19. Jahrhundert auszumachen, mit einem gewissen Recht immer wieder auf novellistische Biedermeierveröffentlichungen berufen konnten. Manches wirklich oder scheinbar in die Zukunft Weisende konnte hier tatsächlich „nur so nebenher" (Hebbel vgl. u. S. 116) entstehen. Vor allem in thematischer Hinsicht bilden die Novellen als „Ausschnitte unsers ächten deutschen Lebens, seiner Verhältnisse und Aussichten"[101] jene facettenhaften V o r a r b e i t e n für die Erfassung der „Wirklichkeit", auf die sich die realistischen Romantheoretiker später gern beriefen. Einige kurze Hinweise mögen genügen. So begegnet man etwa kurzen Vorformen des Kriminialromans bereits bei Houwald,[102] Caroline Fouqué,[103] Daniel Lessman[104] oder Adolf Müllner,[105] zu dessen ‚Kaliber' Müllners Biograph F. C. J. Schütz auch sogleich einschränkend bemerkt, diese Novelle besitze „durchaus kein höheres, poetisches Verdienst, als das einer geistreich erzählten, interessanten Criminalgeschichte."[106] Friedrich Kinds ‚Rector Magnificus' (1829) läßt sich leicht als ein Vorklang des Butzenscheibenhistorismus in der Art Scheffels, Friedrich Jacobs' Buchhalternovelle ‚Die Proselyten' (1826) als eine Milieustudie interpretieren, wie sie unter dem Eindruck Ludwigs und Freytags in der zweiten Jahrhunderthälfte Mode wurde. Tiecks ‚Dichterleben' oder Steffens' Novellenzyklus ‚Die Familien Walseth und Leith' (1826/27) handhaben bereits vor Gutzkow die Romantechnik des „Nebeneinander" mit einer gewissen Virtuosität. Vor allem aber läßt sich die „operative" Funktion der Novelle[107] in den Schaffensgeschichten der Biedermeierschriftsteller selbst verfolgen. Die Erzähler des Vormärz waren leicht geneigt, wie J. J. Wagner (und wohl auch Göttling[108]) „Novellen" lediglich als „Teile eines (möglichen) Romans" zu be-

---

[101] Ludwig Tieck, Nov. a.a.O. Bd. XII. S. 5. (Vorwort zum ‚Jungen Tischlermeister').
[102] S. o. Kap. V. Anm. 37.
[103] Caroline Fouqué, Das Recht will Recht behalten. In: Frauentaschenbuch a. d. J. 1820.
[104] Daniel Leßmann, Das Taschentuch. In: Leßmann, Novellen. Bln. 1828/30. Bd. I. (Zuerst in: Der Gesellschafter 1826).
[105] S. o. Kap. V. Anm. 36.
[106] Friedrich Carl Julius Schütz, Müllner's Leben, Charakter und Geist. Meißen 1830. S. 470.
[107] Zu diesem fruchtbaren Begriff vgl.: Zu Problemen des sozialistischen Realismus in Deutschland. Referate, gehalten auf der wiss. Konferenz des Germanist. Instituts der Humboldt-Universität zu Berlin am 9. und 10. 5. 1958. S. 5f., S. 6off. u. ö.
[108] Göttling vermutete angesichts der Goetheschen ‚Novelle', sie sei „vielleicht

trachten,[109] oder hielten es mit Friedrich Pustkuchen für „ausgemacht, daß jede gelungene Novelle sich zu einem Romane erweitern lasse" (Novellenschatz Bd. I. S. XXI). Man stößt auf Novellen als Ausweichformen, als Ableger gescheiterter Großromane (vgl. u. S. 215ff) und als Vorspann späterer Romanversuche. Alexis erklärte in seinen ‚Erinnerungen' als den eigentlichen Zweck seiner frühen Novellen (wie ‚Die Schlacht bei Torgau'), daß sie seinem Roman „Cabanis, der ein sehr früher Plan ist, v o r - b a h n e n " sollten.[110] In Details, Personencharakteristiken und ganzen Erzählsträngen bahnten ‚Acerbi', ‚Iblou' oder ‚Die Geächteten' dem späteren ‚Isegrimm' bzw ‚Ruhe ist die erste Bürgerpflicht' vor; – man vergleiche etwa die Gestalt Theodors in ‚Isegrimm' mit den „Theodor-Typen" der ‚Venus in Rom' und der ‚Geächteten', die des Pastors Blühdorn (‚Acerbi') mit Isegrimm selbst, des Colonel d'Espignac mit Acerbi usw. Selbst der Name der bürgerlichen Heldin in ‚Ruhe ist die erste Bürgerpflicht' (Adelheid Alltag) spielt, vielleicht unbewußt, auf Tiecks Novellenprogramm und Alexis' Versuch über die ‚Novellen in der Poesie und die Poesie in den Novellen' an. Novellen umkreisten dabei zunächst einmal in begrenztem Raum Probleme, die in den großen Romanen ausführlicher zur Sprache kamen. Man findet ähnliches bei Gutzkow[111] oder Meinhold, dessen ‚Bernsteinhexe' (1843) z. B. auf eine neuhochdeutsche Kurzfassung aus dem Jahr 1826 zurückgeht.[112] Sealsfield probierte nach einer Beobachtung E. Castles seine spätere Erzähltechnik vorsichtig in zwei in ‚The Englishman's Magazine' (1831) erschienenen Novellen aus;[113] und das Beispiel Therese Hubers zeigt in diesem Zusammenhang, daß an solcher Reihenfolge und versteckten Rangordnung gelegentlich auch Verlegerwünsche schuld sein konnten.[114] Genau kalkulierende Buchhändler

ein Teil eines größeren noch unbekannten Kunstwerkes." Vgl. B. von Arx a.a.O. S. 19.

[109] Johann Jacob Wagner, Dichterschule. Ulm 1840. ²1850. S. 178. – Pustkuchen, Novellenschatz a.a.O. (s. o. Kap. IV. Anm. 67) Bd. I. S. xxi.

[110] W. Alexis, Erinnerungen a.a.O. S. 269.

[111] Hugo (von) Kleinmayr sieht z. B. in der Novelle ‚Emporblick' eine „Vorstudie" zu den ‚Rittern vom Geist'. Kleinmayr, Welt- und Kunstanschauung des ‚Jungen Deutschland'. Studien zur Geistesgeschichte des 19. Jahrhunderts. 1930. S. 144f.

[112] Wilhelm Meinhold, Die Bernsteinhexe. In ihrer ursprünglichen, neuhochdeutschen Gestalt vom Jahre 1826. In: Leipziger Novellen-Zeitung vom 3. 7. 1844. Zit. nach: Die Bernsteinhexe. 1949.

[113] Eduard Castle, Der große Unbekannte a.a.O. S. 303f.

[114] Erst nach der Publikation mehrerer Novellen in der Urania (1817/19) verstand sich F. A. Brockhaus dazu, zwei ihrer Romane zu verlegen. Vgl. H. Brockhaus a.a.O. Bd. II. S. 379.

wie Brockhaus entschlossen sich zu dem größeren Risiko einer Roman-
publikation leichter, wenn ein Autor bereits auf eine Reihe positiver
Kritiken von Taschenbuchbeiträgen zurückblicken konnte. (Übrigens
führt auch der Umstand, daß sich vor der allgemeinen Etablierung
des Feuilletonromans in Deutschland für Erzählformen „mittlerer Länge"
einfach bedeutend mehr Publikationsmöglichkeiten fanden, dazu, daß
eine Reihe in späterer Zeit repräsentativer Großformtypen in der frühen
Biedermeierzeit durch novellistische Veröffentlichungen gleichsam prä-
ludiert werden.) – Auch das Phänomen des unvorhergesehenen An-
schwellens von Kleinformen („Novellen", die sich „unterm Schreiben"
zu Großformen auswuchsen) gehört in etwa hierher. Wir erinnern uns
der tradierten Vorstellung, daß allein Epos und Tragödie einer klaren
„Komposition" bedurften (s. o. S. 96); und wirklich glaubten die Prosaschriftsteller unseres Zeitraums im Gegensatz zu der verbreiteten modernen Vorstellung vom Primat eines detaillierten Vorentscheids über die
Form überraschend häufig, auf d i e s e m ihrem Sektor auf einen „bestimmten Plan" weitgehend oder auch ganz verzichten zu können. „Es
ist offenbar, daß ihm erst im Arbeiten selbst der Plan aufdämmerte...
Wilh. von Chézy, der in vertrautem Umgange mit ihm lebte, versichert,
daß Spindler mit einer fabelhaften Schnelligkeit schrieb und das Ge-
schriebene nicht wieder las."[115] Sätze wie die zitierten – wir streifen hier
wieder den Kontaminationsraum von Roman und Novelle als „untergeordneten Dichtungszweigen" – waren nicht nur für Trivialschriftsteller
charakteristisch. Auch Tieck kehrte zu dem, „was einmal fertig war, ...
ungern zurück",[116] weitete nach Gutdünken und oft, ohne sich über die
Proportionen im klaren zu sein, ungebührlich aus und gestattete sich
„ein gewisses dilettantisches Darüberfahren."[117] Alexis überließ sich bei
seiner Arbeit am ‚Walladmor' „vollkommen der Laune des Tages", an
dem er schrieb.[118] Man vermied noch auf lange hinaus das „Grübeln
über die Mache",[119] improvisierte, diktierte und ließ es drauf ankommen:
unterm Schreiben konnte man immer noch ausweiten, erklären, revidieren
oder abbrechen. Es war möglich, weitausladende Romananfänge stehen-
zulassen und zu publizieren, indem man sie einfach mit „novellistischen"

[115] Biographische Anmerkung zu Carl Spindler in: Goedeke, Grundriß. Bd. X.
Nr. 183.
[116] Rudolf Köpke, Ludwig Tieck a.a.O. Bd. I. S. 154.
[117] Vgl. Erinnerungen an Friedrich von Üchtritz a.a.O. (s. o. Kap. II. Anm. 31)
S. 313.
[118] W. Alexis, Erinnerungen a.a.O. S. 270.
[119] G. Keller an E. Kuh 12. 2. 1874. Gottfried Keller, Gesammelte Briefe in vier
Bänden. Hg. von Carl Helbling. 1950/54 Bd. III, 1. S. 173. Vgl. u. S. 146.
Anm. 178.

Behelfskonstruktionen überdachte (vgl. u. S. 215). Tendenznovellen konnten sich andererseits zu Sittenromanen auswachsen (Gotthelf), Schicksalsnovellen zu Künstlerromanen (Mörike), Ehebruchspiele zu Problemromanen (Goethe). Das Fehlen von Kompositionsregeln, das den großen Biedermeierromanciers mit nur wenigen Ausnahmen die e x t e n s i v e Arbeit so schwer machte, brachte es mit sich, daß sich die Prosaerzähler mittleren und trivialen Niveaus oft zur bedenkenlosesten Sorglosigkeit legitimiert fühlten. Auch dies läßt sich vom geringen Anspruch dieser Literatur her am leichtesten begreifen; es erklärt das Scheitern mancher „aufs Geradewohl" begonnenen Großform und die unwillkürliche Bevorzugung kleinerer Umfangsgrenzen, innerhalb deren man wie in kleinen Fürstentümern leichter Ordnung schaffen zu können meinte.[120] Freilich gerieten bereits hier Zusammenhänge und einzelne Teile häufig genug ins Schwimmen; Personen konnten (wie der Vikari in ,Anne Bäbi Jowäger') im Lauf der Erzählung verlorengehen oder sich auswachsen – man verfolge etwa, wie in Tiecks Cevennenfragment die anekdotische Gestalt Lacostes später in den Familienzusammenhang einbezogen wird, wie der ursprünglich als „Fanatiker" geplante junge Held allmählich ernster und problematischer genommen wird. Johanna Schopenhauers Novelle ,Der Schnee' führt als bezeichnendes Beispiel sorgloser Arbeitsweise einen Grafen Strahlenfels vor, der nach einem längeren Einschub in den beiden letzten Dritteln der Erzählung als Graf S t e r n fels weitergegeben wird. Bei Hauff, dessen Zeitgenossen bereits wußten, „daß er zu mehrern seiner Arbeiten nie ein Konzept entwarf oder auch nur einen Plan verfertigte",[121] hat man schon öfter auf Flüchtigkeiten, Sinnsprünge von Kapitel zu Kapitel und innere Widersprüche hingewiesen. Unterm Schreiben konnte sich bei ihm – wie im ,Jud Süss'– sogar die innere Motivation einer Novelle verändern. Assoziierendes Motivtreiben, Lötungen, Vergeßlichkeiten in der Personencharakteristik, doppeltes Erklären, komödiantisches Stegreifverfahren, um eine Spannungsszene herum „irgendeinen Kanevas" zusammenzuleimen[122] usw. wurden auf dem Gebiet der Prosaepik eher als in anderen Bereichen geduldet; man rühmte sich

---

[120] Vgl. o. S. 64. – Dazu Jean Paul: „Wie schwer durch zehn Bände Ein Feuer, Ein Geist, eine Haltung des Ganzen und Eines Helden reiche und gehe, und wie hier ein gutes Werk mit der umfassenden Gluth und Luft eines ganzen Klimas hervorgetrieben seyn will, nicht mit den engen Kräften eines Treibscherbens..., das ermessen die Kunstrichter zu wenig, weil es die Künstler selber nicht genug ermessen, sondern gut anfangen, dann überhaupt fortfahren, endlich elend endigen." (Sämtliche Werke a.a.O. Bd. 41. S. 115).
[121] Neuer Nekrolog der Deutschen. 1827. S. 961ff. Zit. nach: Albert Mannheimer, Die Quellen zu Hauffs ,Jud Süß'. Diss. Gießen 1909.
[122] Ernst Theodor Amadeus Hoffmann, Werke in fünfzehn Teilen. Auf Grund

dieser Achtlosigkeit nicht gerade, gab sie aber doch (wie E. T. A. Hoffmann) ohne Widerstreben zu.

Da man mit Novellen nun einmal kaum Ruhm erlangen konnte, deklarierte man sie wenigstens gern und sehr häufig als Gattung leichten oder
notwendigen G e l d e r w e r b s. „Viel Ehre kann mir dieser Novellen-
Maikäfer ... nicht bringen", schrieb z. B. Hebbel über seinen in Laubes
‚Mitternachtszeitung' 1836 publizierten ‚Barbier Zitterlein', „hoffentlich
aber bringt er mir etwas Honorar, und darauf kommt's jetzt hauptsäch-
lich an."[123] Otto Ludwig nahm sich 1839 vor, „eine Novelle zu schreiben
und es damit zu probieren, vom Erlös zuerst Kleider oder Bücher, dann
das Theater zu bestreiten", d. h. „durch Novellenschreiben so viel" zu
verdienen, „daß man sich ans Theater machen könnte."[124] Louise Brachmann, die „deutsche Sappho", schrieb neben ihrer marmorblassen Gedan-
ken- und Selbstmitleidslyrik nur gezwungenermaßen „für den Bedarf"
Taschenbuchnovellen;[125] die Kaufmannsgattin Johanna Neumann (-Sa-
tori) sicherte nach dem Konkurs ihres Mannes (1821) das Auskommen
ihrer Familie durch Novellenschriftstellerei und die Gründung einer Leih-
bibliothek. Der „deutsche Béranger", der stets verschuldete preußische
Leutnant Franz Frh. Gaudy, der bis an sein Lebensende auf imaginäre
Erbschaften und ein Dasein als Grandseigneur spekulierte, verlegte sich
von dem „verdammten Verseln",[126] dem sein eigentlicher Ehrgeiz galt,
auf die mehr Gewinn versprechende Prosa. Friedrich Bodenstedt klagte
wiederholt, nur „der Not gehorchend" habe er sich, als der Erfolg seiner
lyrischen Publikationen ausblieb, der Prosaerzählung zugewandt.[127] Friedrich von Üchtritz, eine „durchaus aufs Ideale gerichtete Natur", betonte
trotz seiner „zarten Scheu vor dem Unedlen"[128] – und im Gegensatz zu

der Hempelschen Ausgabe neu hg. von Georg Ellinger. (Bong) o. J. Bd. VII. S.
123. – Vgl. dazu W. Krauss, Perspektiven und Probleme a.a.O. S. 111.
[123] An Elise Lensing 18. 12. 1836. Briefe a.a.O. Bd. I. S. 131.
[124] Otto Ludwig, Werke. Hg. von Paul Merker. 6 Bde. 1912/14. Bd. I. S. xxiv.
Vgl. a. Bd. III. S. viii f.: „Ich werde mich doch am Ende dem erzählenden Fache
widmen. Schauspiele, wenn sie gut einschlagen, tragen zwar bedeutend mehr ein,
aber wie schwer ist's, in diesem Fall der eignen, der Kritik und des Publikums
Anforderungen zugleich zu genügen." (An Ambrunn 30. 4. 1855).
[125] S. o. Kap. III. Anm. 88. Bd. I. S. xli.
[126] „Ich will auch das verdammte Verseln lassen –
    Zur Krankheit ward's bei mir, ward zur Manie.
    Auf Honorar für Verse kann man passen,
    Kaum gratis noch gedruckt wird Poesie."
Franz Frh. (von) Gaudy, Sämmtliche Werke. Hg. von A. Mueller a.a.O. Bd. I.
S. 72.
[127] DLE. Reihe Formkunst Bd. II. S. 89.
[128] Erinnerungen an Friedrich von Üchtritz a.a.O. S. vi u. S. xiii.

dem hohen Anspruch seiner historischen Dramen – bei seinen N o v e l -
l e n , daß er sie bloß schreibe, um seine Schulden abzutragen und (ähnlich wie Tieck[129]) um einmal eine Reise machen zu können.[130] Die Honorarfrage drang, fast ein Topos, bis in die Einleitungssätze der Trivial-
novellistik[131] und kam auch Grillparzer gelegen, der sich als „Belohnung"
für die Überwindung seines Widerwillens gegen den Druck des ‚Armen
Spielmanns' die beträchtliche Summe von dreihundert Gulden ausbat.[132]
Mörike ließ sich aus Scheu vor einem festen Beruf in einen Vertrag mit
der Franckhschen Buchhandlung ein, der ihn zum Novellenschreiben ver-
pflichtete (allerdings trat er bald wieder davon zurück); und für Wilhelm
Waiblinger, der in Italien in äußerste Not geriet, von einem Hohenstau-
fenzyklus,[133] einer Pilgerfahrt nach Palästina, der Teilnahme am griechischen Freiheitskampf oder der Auswanderung nach Amerika zu träumen begann,[134] bedeutete die Einwilligung des Verlegers Reimer, einen
Novellenalmanach aus Italien herauszugeben, eine unmittelbare Rettung.[135]
Oft bot sich dabei die niedrige Gattung der Novelle den an den hohen
Literaturformen scheiternden Dichtern als eine Ausweichmöglichkeit
einfach in dem Sinn an, daß sie ihnen eine mehr oder weniger bescheidene Existenz als Berufsschriftsteller und ein mitunter bedeutendes Ne-
benverdienst neben ihrem Staatsamt, dem unproduktiven Ringen um die
klassische Tragödienform oder der riskanten, auf privates Mäzenatentum
spekulierenden Arbeit an einem Epos garantierte. Es ist keineswegs para-
dox, daß sich die Novelle in diesem Zusammenhang als die „leichteste"
literarische Form, wie Tieck sie einmal nennt,[136] unmittelbar neben die
„schwierigste"[137] und anspruchvollste, das historische Drama, als eine
„vorübergehende Sphäre" jugendlicher Biedermeierdichter[138] gesellt. Die
Reflektion auf die stets als Leitbilder oder als Vorwurf gegenwärtigen
hohen Gattungen konnte in den Schaffensgeschichten der Restaurations-
schriftsteller durchaus manches Pendeln zwischen Anspruch und Vermö-
gen, manche Zweigleisigkeit der Produktion verursachen. Nicht nur

---

[129] Vgl. ebd. (Dorothea Tieck an Üchtritz 20. 1. 1836).
[130] Ebd. S. 101. (Üchtritz an Dorothea Tieck 12. 2. 1829). Ähnl. S. 104.
[131] Vgl. Friedrich Kind, Erzählungen. Wien 1827. Bd. VI. S. 109.
[132] Vgl. R. Backmann a.a.O. (s. o. Kap. V. Anm. 146) S. 134.
[133] Wilhelm Waiblinger, Gesammelte Werke a.a.O. (s. o. Kap. V. Anm. 52)
Bd. I. S. 135ff. (Canitz).
[134] Ebd. S. 137.
[135] Ebd. S. 140 („. . . und nun hatte alle Noth ein Ende.")
[136] L. Tieck, Nov. a.a.O. Bd. VII. S. 137.
[137] S. u. Anm. 147.
[138] Vgl. Friedrich Sengle, Das deutsche Geschichtsdrama. 1952. S. 113.

Waiblinger schwankte zwischen hybridem Unsterblichkeitsanspruch[139] und novellistischer Lohnschriftstellerei und wandte sich, sobald er sich durch die Veröffentlichung seiner Novellenalmanache ein bescheidenes Auskommen gesichert hatte, alsbald wieder der Niederschrift von Dramenentwürfen und der Ausarbeitung einer Tragödie („Manfred') zu. Auch Alexis bemühte sich neben seinen Jugendnovellen zunächst um Drama und Epos. Immermanns frühe Prosaepik (bis 1828) konnte, wie Manfred Windfuhr gezeigt hat, nur in „dramatischen Schaffenspausen" entstehen.[140] Hebbel nahm für seine „ N o v e l l e n ... keine weitere Anerkennung in Anspruch", „als daß es lebendige Organismen sind. In dieser Beziehung", meinte er, „stehen sie vielleicht hinter meinen übrigen Arbeiten nicht zurück; in jeder anderen kommen sie nicht in Betracht, denn sie gingen meinen Haupt-Aufgaben entweder voraus..., oder sie liefen nur so nebenher."[141] Stifter klagte gelegentlich, daß ihm der Mangel an Muße, die versäumte Italienreise und die fehlende Freundschaft großer Männer verwehrt habe, den jahrelang gehegten Plan eines klassischen Dramas („Nausikaa') zu verwirklichen.[142] Mörike, der gleich nach Abschluß seines Novellenvertrags „Bauchweh" verspürte und sich durch das Bewußtsein, für eine Zeitung zu schreiben, um allen inneren Antrieb gebracht sah, verkündete ebenfalls in einem Anflug stolzer Selbsttäuschung, er wolle stattdessen auf das D r a m a setzen.[143] Bei allen Novellisten, die „auch nur etwas mehr" auf sich hielten „als Wilhelm Hauff",[144] findet man derartige Hinweise darauf, daß sie der Gattung innerhalb ihrer privaten Produktionspläne eine untergeordnete Stellung einräumten. Selbst Pustkuchens Novellenschatz betrachtete sich, wie wir gesehen haben, wenn auch „ohne übertriebene Hoffnung" als „Vorläufer deutscher musterhafter Dramen."[145] Man kann deutlich beobachten, wie der Vergleich mit dem Drama in der Biedermeierzeit allenthalben, oft unausgesprochen, gezogen wird, und zwar zunächst, um den Abstand zwischen der bildungsaristokratischen Kunst- und der populären Trivialform ins rechte Licht zu rücken, wie die Verteidiger der Novelle aber im Lauf der

---

[139] „Die Unsterblichkeit? ich bin zu stolz..., mir sie nehmen zu lassen." W. Waiblinger, Gesammelte Werke a.a.O. Bd. IV. S. 248.
[140] Manfred Windfuhr, Immermanns erzählerisches Werk. Zur Situation des Romans in der Restaurationszeit. 1957. (Beiträge zur deutschen Philologie hg. von L. E. Schmitt Bd. 14). S. 64.
[141] An Friedrich von Üchtritz 12. 4. 1856.
[142] Adalbert Stifter, Briefe a.a.O. Bd. I. S. 140, 151.
[143] Harry Maync, Eduard Mörike a.a.O. S. 118.
[144] Eduard Mörike, Briefe an seine Braut Luise Rau. Hg. von Friedhelm Kemp. 1965. S. 108. (Sommer 1830).
[145] L. Pustkuchen, Novellenschatz a.a.O. Bd. I. S. xxvi. S. o. Kap. IV. Anm. 67.

Zeit den einen oder anderen dramaturgischen Begriff gleichsam zur Rechtfertigung der geschmähten Gattung usurpieren, bis sie – in realistischer Zeit – den Parvenu bewußt adeln, zur „Schwester des Dramas" erheben und ihn wie die Tragödie für würdig erachten, die „tiefsten Probleme des Menschenlebens" zu behandeln (vgl. o. Anm. 93).[146] – Unter den biedermeierlichen Novellentheoretikern begegnen wir solchen Gedankengängen zwar gelegentlich andeutungsweise, nirgends aber konsequent durchgeführt. Das Drama ist in dieser Zeit ja auch noch eindeutig die „objektivste und in mehr als einer Hinsicht vollkommenste, auch schwierigste Gattung der Poesie",[147] der „Gipfel der Dichtkunst",[148] der „Triumph einer vollendeten Architektonik der Poesie"[149] und vielleicht die „einzig würdige Aufgabe für einen Dichter".[150] Es war selbstverständlich einer „kunstgerechteren Form fähig"[151] und bewahrte seinen hohen einsamen Rang auch dann, wenn man gelegentlich meinen konnte, „in diesem Augenblick" komme es vielleicht weniger auf die „vollendete Architektonik" als auf die „Lebensperspectiven" an, „welche die Poesie vor den Augen der Zeit aufthun" solle, – „und dafür ist die Novelle biegsamer, weil sie unbegränzter ist."[152] Sie blieb für die Zeit wesentlich „ein u n a u s g e f ü h r t e s poetisches Süjet."[153] Bei näherem Zusehen stellt sich wohl sogar ein Passus aus Grillparzers Vorbemerkung zu seiner „embryonalen" Künstlernovelle ‚Der arme Spielmann' in diesen Assoziationszusammenhang. Wenn sich dem Dichter hier vom „novellistischen" Alltagsgezänk weinerhitzter Karrenschieber ein „unsichtbarer, aber ununterbrochener Faden bis zum Zwist der Göttersöhne" spinnt oder wenn er „in der jungen Magd, die, halb wider Willen, dem drängenden Lieb-

[146] Theodor Storm, Eine zurückgezogene Vorrede aus dem Jahre 1881. In: S. W. hg. u. A. Köster. Bd. VIII. Lpz. 1921. S. 122f. – Einen Beleg für diese Vermutung bringt Gottfried Keller in einem Brief an Wilhelm Petersen vom 2.9.1881: „Der Inhaber eines dramtischen Schillerpreises, Albert Lindner, soll ... einen Band Novellen mit einer Vorrede herausgegeben haben, in welcher er sage, man müsse diese untere Gattung dadurch etwas zu suchen, daß man ihr dramatische Bewegung einflöße und ihr so den Zutritt in die gebildetere Kunst verschaffe ..." (Gottfried Keller, Ges. Briefe a.a.O. Bd. III, 1. S. 385.)
[147] Vgl. Arthur Schopenhauer, S. W. a.a.O. Bd. II. S. 293. – Fritz Martini, Drama und Roman im 19. Jahrhundert. Perspektiven auf ein Thema der Formgeschichte. In: Gestaltprobleme der Dichtung. 1957. S. 213f.
[148] Arthur Schopenhauer ebd. S. 298.
[149] Theodor Mundt, Moderne Lebenswirren a.a.O. S. 155.
[150] W. Alexis, Erinnerungen a.a.O. S. 322.
[151] Theodor Mundt, Moderne Lebenswirren a.a.O. S. 155.
[152] Ebd. S. 155/156.
[153] Franz Grillparzer, Sämtliche Werke. Historisch-kritische Gesamtausgabe. Hg. von August Sauer. 1909/1935. Tagebücher IV. S. 286. Nr. 3476. (Sperrung von mir).

haber seitab vom Gewühl der Tanzenden folgt..., als Embryo die Julien, die Didos und die Medeen" liegen sieht,[154] so paraphrasiert er zunächst einmal auch die zeitübliche Vorstellung von der vorläufigen, untergeordneten Position und Thematik der Novelle überhaupt. Sie hatte es nur mit „Embryos" der „unbedingten" poetischen Heroenwelt zu tun. Sie beschied sich mit dem „Blei", das sich nur in der Hand großer Künstler begnadeter Epochen zum „Gold" des Dramas läuterte,[155] und durfte dabei selbst auf das alchimistische Elixier der „Phantasie" verzichten.[156] Sofern sie freilich „gut" war, schien sie allerdings gleichsam darauf zu warten, „in Verse" gebracht[157] oder zum Drama erhoben zu werden. „Beispielsweise das Verwandeln einer Novelle oder Erzählung in ein Drama, sofern dieses gut ist", meinte auch der von F. A. Brockhaus unterzeichnete ‚Bericht über die zur Preisbewerbung eingegangenen poetischen Erzählungen, dramatischen Gedichte, Übersetzungen und prosaischen Aufsätze' in der ‚Urania' a. d. J. 1821, sei „höchlich zu billigen und ein wahrer Gewinn."[158] – Man versteht, wie es unter diesen Umständen dazu kommen konnte, daß Novellen- und teilweise auch Romantheoretiker wie Storm oder Spielhagen bis tief in die realistische Zeit hinein bei ihren Versuchen, die untergeordneten, „rohstofflichen", leichten Prosagattungen[159] aufzuwerten, ihre Argumente mit Vorliebe der Poetik der hohen Formen entliehen. Alle Versuche, das epische „Wunderbare" in sie einzusenken, die Beteuerungen, „auf die prosaische Form der Darstellung nicht weniger und einen gewissermaßen ähnlichen Fleiß verwendet zu haben, als eine rhythmische Arbeit erfordert"[160] oder die oben erwähnten Vergleiche mit dem Drama zielen darauf ab, das Ansehen der als „bequemes Faulbett" u. dgl. verrufenen Novelle zu heben. Sie blieben in der Folge nicht ohne Einfluß auf die Novellistik selbst, – im guten wie im schlechten Sinn. In unserem Zusammenhang der frühen Biedermeierzeit sind solche Fragen allerdings noch verhältnismäßig wenig relevant. Hier entfaltet sich die Novellenprosa, wie wir gesehen haben, noch fast ganz in der Peripherie des allgemeinen Stilwollens und des dichterischen Anspruchs. Daß sich Anspruch und Bedeutung eines Kunstwerks allerdings keineswegs zu decken brauchen, muß dabei nicht eigens bemerkt werden.

[154] Franz Grillparzer, Werke hg. von Stefan Hock a.a.O. Bd. VIII. S. 152.
[155] Vgl. o. Kap. III. Anm. 159.   [156] S. u. S. 175 (Gaudy).
[157] Franz Grillparzer, Tagebücher a.a.O. IV. S. 286. Nr. 3476.
[158] Urania f. 1821. S. viii.
[159] Vgl. o. Anm. 93 u. 146. – Noch Geibel meint, der Prosadichtung hafte „immer ein gewisses unkünstlerisches, rohstoffliches Element" an. (nach Harry Maync, Deutsche Dichter. 1928. S. 152.)
[160] Eduard Mörike an Cotta 11. 5. 1855. Zit. nach: F. Sengle, Arbeiten zur deutschen Literatur 1750–1850 a.a.O. S. 137.

VII

DER GATTUNGSBEGRIFF „NOVELLE"

Klassiker, Begebenheit, Reflexion, Umfangsfrage,
„Simplicität des Plans",
Novelle und Drama, Offenheit der Form

Die zurückhaltende bzw. deutlich ablehnende Haltung der Biedermeier-
ästhetiken hatte, wie wir zu Beginn des vorangehenden Kapitels andeu-
teten, zur natürlichen Folge, daß sich eine allgemein verbindliche Novellentheorie in der frühen Restaurationsepoche gar nicht erst ausbilden
konnte. Hinsichtlich der „formlosen", „unbegränzten", „bequemen",
„rohstofflichen", „prosaischen" Novellistik stellte sich der zeitgenössischen
Poetik die Frage nach der „Form" äußerst selten und auch dann nur am
Rande. Der Umstand, daß sich der Terminus „Novelle" in den zwanziger
Jahren allgemein durchzusetzen begann, bedeutete eben noch keineswegs,
daß man damit eine selbstverständliche Gattungsvorstellung verband.
Prüft man die gelegentlichen, oft widersprüchlichen und stets unsystematischen Gedanken, die sich die Biedermeierautoren über die Novelle machten, so muß man im Gegenteil feststellen, daß allen ihren Äußerungen
etwas Vages, Provisorisches und selbst dort, wo sie entschiedener vorgetragen werden, leicht Widerrufbares anhaftet. Erst im Rückblick wird
deutlich, wie komplex des Phänomen tatsächlich war: die Novellenanaly-
tiker der Epoche selbst erfaßten es jeweils nur in Teilaspekten. Sie verabsolutieren die eine oder andere Traditionslinie, schaffen und verwer-
fen „Klassiker" und stellen dabei eine große Zahl verschiedenartiger An-
knüpfungsmöglichkeiten, aber kein System normativer Fixpunkte bereit,
an dem sich eine Gattungstheorie der Novelle orientieren könnte. Wo
man einzelne, meist beiläufig abgegebene Äußerungen prominenter Autoren wie Goethe oder Tieck (der ja, wie wir gesehen haben, den Begriff sein Leben lang hin und her bewegt und mehrfach neu formuliert hat) herausgreift, verstellt man sich meist unwillkürlich den Blick
auf die wirklichen Verhältnisse der Biedermeierästhetik und -produktion.
Tatsächlich gilt in Deutschland vor der Zeit der realistischen Prosaprogramme etwas ähnliches wie für „Novellentheorie und Novellendichtung" in den romanischen Ländern, für die W. Pabst in seiner Untersu-

chung resümieren mußte, daß es hier nirgends einen scharfen Novellenbegriff gebe, „weil die Gattung selbst unbestimmt" sei.[1]

Im Bereich der Novellentheorie unseres Zeitraums ist die Lage ähnlich unübersichtlich wie im Bereich der Terminologie. Es ist kein Zufall, daß Arnold Hirschs auf „Klarheit", „Eindeutigkeit" und auf kritische Verwendung eines artistisch gefaßten Novellenbegriffs abzielende Untersuchung bei der Betrachtung der Biedermeierkritik über die Feststellung von „Widersprüchen"[2] oder von blinden Flecken kaum hinauskommt.[3] Denn nicht nur im Umkreis der von ihm als „unpräzise" abgelehnten „Lehrbücher"[4] und der trivialen Unterhaltungsliteratur[5] finden sich deutliche Unstimmigkeiten und artistisches Desinteresse; auch seine Beispiele einer „sorgfältigeren, kritischen Anwendung" des Gattungsnamens[6] lassen bei näherer Betrachtung kaum den Schluß auf eine auch nur einigermaßen einheitliche Durchdringung des Phänomens zu. Kein Zweifel: wir stoßen dabei auf manchen Vorklang späterer Gattungsvorstellungen, auf vieles, was der heutigen Novellenvorstellung annähernd entspricht; aber diese „Erkenntnisse" werden doch fast stets durch ebensoviele, ebenso bestimmt ausgesprochene „Mißgriffe" wieder relativiert. Man braucht bloß einen Blick auf die disparaten Stegreifdefinitionen des romantischen Hauptgewährsmanns der deutschen Novellentheoretiker zu werfen, um erhebliche Zweifel an der Prägnanz einer Einzelformulierung zu bekommen. Innerhalb eines Zeitraums von fünf Jahren bezeichnet Friedrich Schlegel, neben dessen „grundlegenden Einsichten" Benno von Wiese „alle weiteren Erkenntnisse zur ‚Theorie' der Novelle in Deutschland mehr peripherer Natur" nennt,[7] die Novelle in seinen literarischen Notizheften abwechselnd als „analytischen Roman ohne Psychologie" (§ 450), als „romantische Rhapsodie" (§ 860), „Romantische Tendenz, Fragment, Studie, Skizze in Prosa; – eins, oder alles zusammen" (§ 951), als „Roman der sich ganz aufs Zeitalter bezieht" (§ 1430), „zugleich Romanze und Roman" (§ 1102), „witzige Begebenheit" (§ 1441), „mythische Concetti" (§ 1449), „KünstlerR(oman)" (§ 1365), „Poesie der guten Gesellschaft, daher Anekdote" (§ 2035) usw. Einmal bemerkt er, es könne „auch Novellen und Romane o h n e L i e b e" geben (§ 974), ein andermal später: „die Novelle muß durch und durch erotisch sein" (§ 1230):

---

[1] Walter Pabst, Novellentheorie und Novellendichtung a.a.O. S. 245.
[2] A. Hirsch, Der Gattungsbegriff ‚Novelle' a.a.O. S. 12.
[3] Ebd. S. 37.
[4] Ebd.
[5] Ebd. S. 38.
[6] Ebd. S. 12.
[7] Benno von Wiese, Novelle a.a.O. S. 15.

ein bunt sortiertes Angebot von Charakteristiken also, als deren einzige Konstante man höchstens die ebenfalls mit unterlaufende Formulierung ansprechen könnte, für Novellen sei „Verschiedenheit des Tons und des Colorits ganz wesentlich" (§ 899).[8] Streng genommen ließe sich natürlich auch hier durch sorgfältiges Überprüfen und Vergleichen einige Klarheit schaffen. So versteht man etwa die Definition der Novelle als „romantische Rhapsodie" (§ 860) besser, wenn man weiß, daß der Ästhetiker Friedrich Ast wenige Jahre später das antike Epos mit dem modernen Roman und die antike Rhapsodie mit der modernen Novelle verglich.[9] Man könnte für jede der Schlegelschen Formulierungen unausgesprochene Voraussetzungen, subjektive Vorstellungen und die Reflexion auf objektive Werktraditionen sichtbar machen und sie als letzte, gleichsam losgelöste Glieder verborgener Assoziationsketten erschließen. In unserem Zusammenhang soll dies nur gelegentlich versucht werden. Wir begnügen uns damit, die Gefahren unhistorischer Willkür, die eine vermeintlich „gattungsbewußte Kritik" mit sich bringt, dadurch zu umgehen, daß wir möglichst viele Definitionen und Definitionsansätze zunächst einmal akzeptieren und sie insgesamt einen breiten, um natürliche (d. h. sich aus dem Material ergebende) Schwerpunkte gruppierten Spielraum novellistischer Möglichkeiten bilden lassen.

Ein solcher Definitionspluralismus ist auch darum ratsam, weil wir bei der Suche nach novellistischen Klassikern in der Biedermeierzeit auf keinen festen Kern kanonischer Modelle stoßen. Boccaccio (dessen Falkennovelle ja durchaus nicht typisch ist) und Cervantes sind selbstverständlich bekannt, im allgemeinen Bewußtsein indes nicht allzu fest verankert. Oft tauchen sie innerhalb seltsamer Vorbildreihen bzw. Assoziationszusammenhänge auf. So sieht F. Schlegel in seinem Athenäums-Gespräch über die Poesie (1800) Boccaccios Verdienst z. B. darin, daß er „die Erzählungs-Sprache der Konversation zu einer soliden Grundlage für die Prosa des Romans erhob."[10] A. W. Schlegel entwickelt im 3. Teil seiner ‚Vorlesungen über schöne Litteratur' den Begriff des modernen Ro-

---

[8] Friedrich Schlegel, Literary Notebooks a.a.O. S. 101.

[9] „So wie sich aber die Romanze zum Rittergedichte, und in der epischen Poesie der Griechen die Rhapsodie zum Epos verhält, so verhält sich auch die Novelle, die eine einzelne Begebenheit und Geschichte erzählt, zum Romane, in welchem sich das Individuelle zum Universum erweitert, das Endliche im Unendlichen lebt, das Prosaische im Poetischen spielt, die Geschichte in Poesie aufgelöst ist..." Friedrich Ast, System der Kunstlehre oder Lehr- und Handbuch der Ästhetik zu Vorlesungen und zum Privatgebrauche entworfen. Lpz. 1805. S. 260. – Ähnlich Wilhelm Wackernagel, Poetik a.a.O. S. 258: „...daß sich die Novelle zum Roman verhalte, wie die epische Rhapsodie zur Epopöie.

[10] Friedrich Schlegel, Kritische Ausgabe a.a.O. Bd. II. S. 297f.

mans bei Gelegenheit Boccaccios[11] u. dgl. m. Friedrich Pustkuchen hielt der breiten deutschen Novellistik die pointierte boccacceske Spielart entgegen, bemerkte allerdings sogleich, daß sie ihm kaum restaurierbar erscheine.[12] Goethe spielte die „Heiterkeit", „Anmut" und „fröhlich bedeutsame Lebensbetrachtung italienischer Novellen" gegen die „gründliche Hypochondrie" des ‚Michael Kohlhaas' aus.[13] Alexis wiederum rückt entschieden von diesen italienischen Mustern ab („Unsere Novelle ist eben so verschieden von der des Boccaz, als unser historischer Roman vor den ältern Compendienerklärungen nicht mehr Stich hält"[14]) und schränkte zugleich die Vorbildlichkeit Goethes ein, der ihm eine eigentlich veraltete, allzusehr am Schema der moralischen Erzählungen oder der „witzigen Histörchen" und „launigen Intriguen" der italienischen Tradition verhaftete Entwicklungslinie zu repräsentieren schien.[15] „Cervantes", meinte er stattdessen, „gilt mir als der erste Meister der neueren Novelle."[16] Allerdings darf es als zweifelhaft gelten, ob er damit nur die „novelas exemplares" und nicht auch den ‚Don Quijote' meinte. Seine Reihe vorbildlicher Novellisten fährt nämlich mit den Namen Tieck, Washington Irving, Walter Scott und Fielding fort; – wir wissen, daß Alexis keine Ausnahme bildet, wenn er unter „Novellenpoesie... nicht sowol die Erzählungen unserer Taschenbücher, als den gesammten neuern Roman" begreift.[17] Das ‚Damen-Conversations-Lexicon' erwähnte nach Boccaccio „Cervantes in Spanien, Scarron in Frankreich, ... Tieck in Deutschland," um dann noch „Steffens, W. Alexis, L. Schefer, von Arnim etc." anzuschließen.[18] Zweifellos muß man die Relativierung, die in solchen Zusammenstellungen liegt, ernst nehmen. Unter diesem Gesichtspunkt ist auch die Empfehlung, die F. A. Brockhaus am 15. August 1820 in seinem ‚Programm über die Preisaufgaben zur Urania a. d. J. 1822' gab, bemerkenswert, umsomehr, als sie seine Einschätzung der deutschen Schriftsteller und nicht etwa nur des Lesepublikums verrät (vgl. o. S. 71). Goethe, Tieck und Friedrich Kind standen hier nebeneinander, alle drei als „große Muster" bezeichnet, während der Name Kleists selten auftauchte[19] und

---

[11] August Wilhelm Schlegel, Vorlesungen über schöne Litteratur und Kunst (1801–1804) a.a.O. Bd. III. S. 238ff.
[12] Ludwig Pustkuchen, Novellenschatz a.a.O. Bd. I. S. xiii f.
[13] Johannes Falk, Goethe aus näherm persönlichen Umgange dargestellt. Lpz. ²1836. S. 121.
[14] W. Alexis, Vorwort (1830) a.a.O. S. xvii.
[15] Ebd. S. xvi, xx.
[16] Ebd. S. xv.
[17] Ebd. S. xiv.
[18] Ebd. S. XVI.
[19] Karl Eduard von Bülow, Das Novellenbuch a.a.O. (s. o. Kap. IV. Anm. 71)

ausdrücklich erst bei Hebbel den Vorzug vor Tieck gewann (vgl. o. S. 17).
Vereinzelt spielte man auch Außenseiter wie Henrik Steffens mit seiner
umfangreichen Tendenz- und Parabelepik gegen die jungdeutsche Kon-
versationsnovellistik aus oder erhob die apokryphen Bücher ‚Judith‘ und
‚Tobias‘ zu frühen Modellen vorbildlicher historischer Novellen. – Insgesamt aber zeigen die genannten Beispiele, daß man dem ganzen Phänomen meist viel zu distanzlos gegenüberstand, als daß man lange nach
Leitsternen gesucht hätte. Man nannte wohl Goethe, Boccaccio und Cervantes; beim Schreiben aber orientierte man sich an näherliegenden, oft
sogar „negativen“ Modellen, – z. B. an Clauren (Hauff), der selbst wiederum am ehesten auf die französischen „contes moraux“ reflektiert, oder
an dem in der Restaurationszeit heftig abgelehnten E. T. A. Hoffmann,
dessen Einbettung in den trivialliterarischen Strom Marianne Thalmann
aufgezeigt hat,[20] und natürlich an den „Zeitschriften, vom ‚Morgenblatt‘
bis zur ‚Abendzeitung‘“ (vgl. o. S. 67f).
Schon die Identifikation von „Novelle“ und „Taschenbuchgattung“, die
häufigen Hinweise auf das Ephemeridendasein der „beliebten sogenannten Novellisten unserer Tage und Stunden“ (Bülow)[21] und die Assoziation der „Neuigkeit“ weisen in eine Richtung, die die Schwierigkeiten
anzeigt, innerhalb dieses Bereichs unklassischer und oft als eigentümlich
antiklassisch empfundener Prosaepik „Klassiker“ auszumachen. Dazu
kommt, daß man „Novelle“ nicht einmal immer eindeutig als ein itali-
enisches Fremdwort auffaßt. Oft denkt man eher an das französische
„nouvelle“, was den Gebildeten übrigens noch stärker an die Assoziation
der „Neuigkeit“ erinnerte. Harsdörffer, Lessing, Sulzer, Johannes von
Müller[22] und zahlreiche andere[23] schrieben „Nouvellen“, „Nouvelliste“,
„Nouvellenschreiberin“. Th. Heinsius wählt als Stichwort in seinem
‚Vollständigen Wörterbuch der deutschen Sprache‘ noch 1840 „Nouvellen“.[24] Die Vermutung liegt nahe, daß man „Novelle“ dabei gelegent-

---

Bd. I. S. xxv (nur Kleist habe „Novellen im Geiste der alten mit klarem Bewußtsein geschrieben“).

[20] Marianne Thalmann, Der Trivialroman des 18. Jahrhunderts und der romantische Roman. Ein Beitrag zur Entwicklungsgeschichte der Geheimbundmystik.
1923. (Germanische Studien H. 24). S. 191ff.

[21] K. E. von Bülow a.a.O. Bd. I. S. xxv.

[22] Die Belege hierfür bei A. Hirsch a.a.O. S. 14f., 16, 18, 19.

[23] Weitere Belege bei J. H. Campe, Wörterbuch zur Erklärung und Verdeut-
schung der unserer Sprache aufgedrungenen fremden Ausdrücke. Braunschweig
1813. S. 439. – Weigand, Deutsches Wörterbuch. [5]1909. II. Sp. 316. – Schulz-
Basler, Deutsches Fremdwörterbuch. II. 1942. S. 216f.

[24] Theodor Heinsius, Vollständiges Wörterbuch der deutschen Sprache. Wien

lich als eine Art Eindeutschung aus dem Französischen empfand. Man braucht dabei nicht nur an die Feststellung W. Krauss' zu denken, daß es sich im 17., 18. und teilweise im 19. Jahrhundert bei französischer Literatur nicht nur um „französische Literatur, sondern die Literatur schlechthin" handelte, „deren Anregungen man sich aus Frankreich holte."[25] Übersetzungen und Nachahmungen der „leichten französischen Ware"[26] waren es ja auch, die vom Barock bis zum Ende des 18. Jahrhunderts den deutschen Bedarf am reichhaltigsten ergänzten. Man denke an Goethe, den frühen Tieck, in der Biedermeierzeit noch an die zahlreichen französischen Pseudonyme (F. H. Contée, D. F. Vaillant), an Richers ‚Causes Célèbres', aus denen E. T. A. Hoffmann (und in „antifranzösischem Geist" Friedrich Rochlitz) schöpften, an die berühmte ‚Bibliothèque de Campagne', auf die Wieland verweist und die auch in der Titelwahl einer Novellensammlung Arnims (‚Landhausleben') nachwirkt. Blanckenburg weiß „Novelle" 1796 nur als „eine Erzählungsart der Franzosen" zu umschreiben;[27] Herder meint, man nenne die Gattung „gewöhnlich contes".[28] Erst die allgemeine antifranzösische Stimmung nach den napoleonischen Kriegen in der Restaurationsepoche („Muhamedaner, Juden, Heiden, Pariser",[29] „wenn der Deutsche Genius vor dem Französischen sich neigt: das ist allemal ein böses Omen"[30]) ließ das Verhältnis zu dieser Tradition zwiespältig werden. Der französische Beiklang konnte nun sogar zum grundsätzlichen Mißkredit der Gattung (z. B. als einer „unchristlichen") noch beitragen. Es ist sicher bezeichnend, daß K. Chr. Niedmann 1828 das Attribut „frei nach dem Französischen" seiner Claurenparodie zur besonderen Diskriminierung des „unsittlichen", „lasziven", „süßlichen" Claurenschen Genres anhängte.[31] Auch Tieck nannte Clauren in einem Atem mit Übersetzungen französischer Lustspiele und Melodramen;[32] im gleichen Sinn kennzeichnet noch in Kellers ‚Mißbrauchten Lie-

---

1840. Bd. III S. 293. „Nouvellen und Novellen, ... Neuigkeiten; kleine Dichtungen, die in romantischen Erzählungen bestehen."
[25] Werner Krauss, Probleme der vergleichenden Literaturgeschichte. In: Krauss, Perspektiven und Probleme a.a.O. S. 14.
[26] Rudolf Haym, Die Romantische Schule a.a.O. S. 63.
[27] Nach B. von Wiese, Novelle a.a.O. S. 1f.
[28] Vgl. A. Hirsch a.a.O. S. 19.
[29] Evangelische Kirchen-Zeitung a.a.O. 8. 8. 1835.
[30] Ebd. 7. 12. 1836.
[31] Christian Friedrich Niedmann, Krähwinkel wie es ist. Ein Sittengemälde von Santo Domingo. Frei nach dem Französischen bearbeitet von Niemand. Wolfenbüttel u. Lpz. 1828.
[32] L. Tieck, Nov. a.a.O. Bd. VIII. S. 7.

besbriefen' das Übersetzen und Plagiieren von Novellen aus „französischen Zeitungen" den „schlechten Skribenten".[33] Die Frankreichfeindschaft begünstigte die Verdrängung der Lautform „Nouvelle" und zugleich die Besinnung auf andere Ableitungen (mit anderen Modellen); – man denke etwa an die mühevolle Bearbeitung, die E. T. A. Hoffmann an der zweiten Auflage seiner ‚Phantasiestücke in Callots Manier' (1819) vornahm, in der er systematisch französische Ausdrücke durch deutsche ersetzte.[34] F. A. Brockhaus verschwieg 1822 zunächst die französische Quelle seiner ‚Nebenbuhlerin ihrer selbst' und wählte ein auffällig altdeutsches Pseudonym (Guntram).[35] Ernsthaftere Vorkämpfer der Novelle erinnerten sich nun lieber an das spanische „novela", auf das die Romantiker (Bretano) hingewiesen hatten. Gleichsam nach Aufhebung der Kontinentalsperre und unter dem Eindruck der Scott-Mode benutzte man auch das englische „novel", um den Begriff zu erklären (vgl. u. S. 212f).

Allerdings stößt man bei diesen Erklärungsversuchen ebensowenig auf einen allgemeinen Consensus wie bei der Erhebung novellistischer „Klassiker". Bald faßte man die Novelle in der Biedermeierkritik als „Form", bald als „Stoff"; bald stand die „Begebenheit" stärker im Vordergrund der Betrachtungen, bald die „Reflexion", bald die Nähe zum Drama, bald die zum Roman. Man könnte ein breites Spektralband komplementärer Gattungsdefinitionen ausfächern, bei denen jeweils eine Komponente hervorstäche: Einsträngigkeit oder Polymythie, „zirkelähnliche Konstruktion" oder „breiter Vortrag", geistreich facettierter Stil oder „plane" Erzählweise, historisches Gewicht oder Friedrich Schlegels „angenehmes Nichts." Und doch zeichnen sich innerhalb der Assoziationen und Teildefinitionen – und quer durch die Fronten konservativer wie revolutionärer Schriftsteller – einige wenige Schwerpunkte, häufiger wiederkehrende Begriffe ab, innerhalb deren sich der Spielraum des Novellistischen fixieren ließe. Sie seien im folgenden kurz skizziert.

Vielleicht am häufigsten begegnet man in unserer Zeit der Identifikation von Novelle und B e g e b e n h e i t – Begebenheit oft in einem ganz schlichten Sinn mit dem Beiklang von „Wahrheit" des Ereignisses oder der Ereignisse, von Faktizität und Historizität. Auch in Goethes von Eckermann aufgezeichneter Gelegenheitsdefinition ist die Rede von einer „sich ereigneten, unerhörten Begebenheit".[36] In der Konversationsgesellschaft einer Tieckschen Novelle referiert man ein sonderbares, scheinbar

---

[33] Gottfried Keller, Werke. Hg. von M. Zollinger a.a.O. Bd. VI. S. 80.

[34] Vgl. E. T. A. Hoffmann, Werke. Hg. von G. Ellinger a.a.O. Bd. XV. S. 108f.

[35] Friedrich Arnold Brockhaus (Pseud.: Guntram), Die Nebenbuhlerin ihrer selbst. Erzählung. In: Urania f. 1822.

[36] Eckermann, Gespräche mit Goethe a.a.O. S. 207f. 29. 1. 1827.

„märchenhaftes" Schicksal und bemerkt dazu von zuständiger Seite (nämlich einem „Professor"): „die ältesten Italiäner, wenn sie die Begebenheit erzählend und ohne alle Bezweiflung vorgetragen, hätten sie wahrscheinlich Novelle genannt."[37] Schon in vorbiedermeierlicher Zeit haftet dem Begriff des Begebenheitlichen die Nuance „objektiven" Erzählens an, – man denke an Mercks Forderung an die jungen Schriftsteller, die Koberstein ausdrücklich hervorhebt: „Sie sollten sich nur üben, einen Tag oder eine Woche ihres Lebens als eine Geschichte zu beschreiben, daraus ein Epos, d. i. eine lesenswürdige Begebenheit zu bilden, und zwar so unbefangen und so gut, daß nichts von ihren Reflexionen und Empfindnissen durchflimmert, sondern daß alles so dasteht, als wenn's so sein müßte. Dann mögen sie Romane schreiben."[38] Man hat „Nouvelles" als „wunderbare Begebenheiten"[39] und die Novelle als „witzige Begebenheit" definiert.[40] Für Solger bestand die „Aufgabe der N o v e l l e " darin, „die Begebenheiten überhaupt als allgemein menschliche" darzustellen;[41] Friedrich Ast meinte, sie solle „eine einzelne Begebenheit und Geschichte" erzählen.[42] „Die Novelle ist eine Geschichte außer der Geschichte", schrieb A. W. Schlegel, „sie erzählt folglich merkwürdige Begebenheiten, die gleichsam hinter dem Rücken der bürgerlichen Verfassungen und Anordnungen vorgefallen sind;"[43] und eine ähnliche Betonung des Faktischen findet sich bei Ungern-Sternberg, Immermann, Karl Rosenkranz u. a. m.[44] Gegen Ende der vierziger Jahre machte sich Hebbel die Ideologie von der „alten", „reizenden" Novellenform zu eigen, die Tieck „erweiternd zerstört" habe.[45] Er polemisierte gegen seine „Zeit, die sogar den Begriff der Gattung verloren" habe,[46] und jetzt erst konnte man Goethes Bemerkung zu Eckermann programmatisch zitieren und mit Tieckschen Gedanken und Hegelschen Ideen verbinden: „Die No-

---

[37] In: Der Wassermensch. L. Tieck, Nov. a.a.O. Bd. V. S. 29.
[38] ‚Über den Mangel des epischen Geistes in Deutschland' (1778). Vgl. A. Koberstein a.a.O. Bd. IV. S. 94.
[39] Zit. nach A. Hirsch a.a.O. S. 20.
[40] Friedrich Schlegel, Literary Notebooks a.a.O. § 1441.
[41] K. W. F. Solger, Vorlesungen über Ästhetik. (Gehalten 1819). A.a.O. (s. o. Kap. V. Anm. 172). S. 297.
[42] Friedrich Ast, System der Kunstlehre a.a.O. S. 260.
[43] A. W. Schlegel, Vorlesungen über Schöne Litteratur und Kunst a.a.O. Bd. III. S. 248. – Vgl. a. Friedrich Schleiermacher, Vertraute Briefe a.a.O. S. 432; Vorlesungen über die Aesthetik a.a.O. S. 699.
[44] Belege bei A. Hirsch a.a.O. S. 29, 33, 54.
[45] Friedrich Hebbel, S. W. Hg. von R. M. Werner a.a.O. Bd. VII. S. 288. (‚Tieck' 1848).
[46] Briefe Bd. V. S. 291. An Adolph Pichler 30. 12. 1855.

velle namentlich sollte... die Begebenheit, die neue, unerhörte, bringen, und das aus dieser entspringende neue, unerhörte Verhältniß."[47] Fast so häufig wie das „begebenheitliche Interesse" fordert man in unserem Zeitraum indes auch ein „r e f l e x i v e s E l e m e n t " in der Novelle. Herders Vorstellung vom allgemeinen reflexiven Charakter der neueren Poesie (‚Briefe zur Beförderung der Humanität', 8. Slg. Nr. 107) darf in der Biedermeierzeit bereits als Allgemeingut angesehen werden. „Er kannte", begründet z. B. Alexis sein Lob des „Meisters" Cervantes, „wie einer die Poesie, und doch gefiel es ihm, schildernd, reflectirend, rügend, belobend, die enge und die weite Wirklichkeit um ihn zum Thema seiner Erzählungen zu wählen."[48] Die nicht unkritische ‚Evangelische Kirchen-Zeitung' wußte in einer ausführlichen Sammelbesprechung ganz besonders zu loben, „daß die Steffenschen Novellen eine Fülle des geistreichsten Räsonnements, besonders in langen Reden enthalten... Wie manches Gebiet des Lebens findet hier in bedeutenden Sentenzen und Ansichten seine Beleuchtung – wie manche köstliche Regel fällt als Goldfrucht aus dem dunkelgrünen Laube seines wortreichen Styls..."[49] Lediglich ihrem reflexiven Gehalt, meinte z. B. auch Wilhelm Meyer in seinen ‚Vorlesungen über das Wesen der epischen Poesie', verdankten Roman und Novelle ihre zeitgenössische Beliebtheit;[50] K. F. von Rumohrs dozierender „Poet" charakterisierte die „neue deutsche Novellenart" 1835 als ein „Mittelding philosophischer und poetischer Darstellung."[51] Cervantes' Berganzaerzählung oder sein ‚Gläserner Lizenziat', im Biedermeierdeutschland der durch Therese Huber und Heinrich Zschokke tradierte, später durch Tieck oder Leopold Schefer repräsentierte Strom moralischer Diskussionsnovellistik gaben hier unübersehbare Beispiele; und daß das reflektierende Kommentieren, Interpretieren das Interesse an der begebenheitlichen Faktizität nicht störte, gilt nicht nur für den Biedermeierroman, sondern für die gesamte frühbiedermeierliche Prosaepik, also auch für die Novelle.[52] Dem nicht auf epische Integration bedachten, wohl aber um die Herstellung robust konstruktivistischer,

---

[47] F. Hebbel, S. W. a.a.O. Bd. VIII. S. 418. – Vgl. a. Briefe Bd. V. S. 216. An Arnold Schloenbach 10. 3. 1855.
[48] W. Alexis, Vorwort (1830) a.a.O. S. xv f.
[49] Evangelische Kirchen-Zeitung a.a.O. Nr. 93. 22. 11. 1837.
[50] Wilhelm Meyer, Drei Vorlesungen über das Wesen der epischen Poesie und über den Roman und die Novelle insbesondere, gehalten im Museum zu Bremen im Winter 1829/30. In: Bremisches Album. Hg. von H. Hülle. Bremen 1839. – Vgl. A. Hirsch a.a.O. S. 40.
[51] K. F. von Rumohr, Novellen. 2. Bd. München 1835. S. 11. (Hinweis bei A. Hirsch a.a.O. S. 53).
[52] F. Sengle, Arbeiten zur deutschen Literatur 1750–1850 a.a.O. S. 183.

stofflich-begebenheitlicher und geistig-reflektierender „Totalitäten" besorgten Restaurationsstilwillen entsprach es, daß man eben darum glaubte, „manches in conventioneller oder ächter Sitte und Moral Hergebrachte überschreiten zu dürfen";[53] – man konnte es „reflectirend, rügend, belobend" (Alexis, Vorbericht S. XVI) ja stets wieder zurücknehmen und in Ordnung bringen.

Die Kritik, die vor allem seit dem Ende der dreißiger Jahre gegen dieses reflexive Moment laut wird (und zwar auch bei Schriftstellern, die in dieser Hinsicht selbst nicht gerade haushälterisch sind), – bei Sternberg, Immermann, Eduard Duller u. a., richtet sich dabei oft weniger gegen das Phänomen als gegen die „Schwächlichkeit unsrer Literaturperiode" im allgemeinen (Marggraff).[54] Hermann Marggraff, der gegen „Raisonnement, Philosophie, Lebensverzweiflung, Hypochondrie, Kunst, Religion, hegel'sche Weltanschauung" in der Novelle polemisierte, wollte gleichwohl „nicht die Tieck'sche Art der Novelle an sich, sondern den Mißbrauch, den man mit ihr getrieben hat" anprangern.[55] Er akzeptierte die Reflexionsnovelle „für die hoch und höchst Gebildeten"[56] und bezweifelte nur, „daß man dieser Gattung einen bedeutenden Einfluß auf die Masse des Volkes einräumen" dürfe.[57] Selbst Theodor Mundts 1842 vorgetragene Ansicht, die Novelle trage grundsätzlich „ein Reflexionselement in sich, das ihrer plastischen Gestaltungskraft nicht förderlich zu sein scheint",[58] ist in diesem Zusammenhang noch kein ausschließliches Verdikt, wohl aber eine vorsichtige Revision früherer (die Reflexion enthusiastisch feiernder) Stellungnahmen;[59] – nur von fern deutet sich dabei etwas vom Kampf gegen das „Didaktische" (im Zuge der sich anbahnenden Aufwertung der Novelle als „Kunstform") an. Für die Theorie und Praxis der frühen Biedermeierepoche ist in dieser Hinsicht vielmehr eine vermittelnde Äußerung W. Alexis' am charakteristischsten, in der er vorschlägt, b e i d e s , plastisches und reflexives Darstellen, nur mit Maß zu ver-

[53] L. Tieck, Nov. a.a.O. Bd. XII. S. 7. (Vorwort zum ‚Jungen Tischlermeister').
[54] Hermann Marggraff, Deutschlands jüngste Literatur- und Culturepoche a.a.O. (s. o. Kap. IV. Anm. 16) S. 375.
[55] Ebd. S. 377.
[56] Ebd. S. 373.
[57] Ebd. S. 372.
[58] In Deutschland trete die Novelle eben darum „zur schläfrigen Zeit der Restaurationsepoche so blühend und überwuchernd" hervor, da „die Thatkraft... den Rückweg antreten mußte in die Betrachtung"; auch die spanische Novellistik erscheint Mundt jetzt als das Produkt einer „bürgerlich und künstlich in sich selbst reflektirten Ära." Theodor Mundt, Geschichte der Literatur der Gegenwart a.a.O. S. 228ff.
[59] Vgl. z. B. Th. Mundt, Moderne Lebenswirren a.a.O. S. 152ff, 258; Brief an Brockhaus vom 21. 4. 1830.

wenden. Aus beiden Richtungen drohten Gefahren: „eine zu plastische Darstellung und die überwiegende Reflexion."[60] Wir erinnern uns noch einmal der biedermeierlichen Unbefangenheit, Prosaformen, in denen „große Lebens-, Wissens- und Kunstideen" abgehandelt werden, „den blos thatsächlichen Erzählungen" vorzuziehen.[61] Auch Theodor Mundt hält in den dreißiger Jahren „von einem Dichter... nicht viel", der „nicht auch Bedürfnisse der Forschung, der Wissenschaft, ja der Kritik, in sich zu befriedigen" suchte.[62] Tendenz, Kritik, Reflexion – Alexis faßt zusammen: „die Herrschaft des Worts", den „Geist" des „Mannesalters", der die Gegenwart mit „Sinn, That und Wort" zu ergreifen wisse[63] – stellte man (anstelle der „katholischen Phantasie") der „plastischen" Darstellung „objectiver Eindrücke" ergänzend zur Seite, ohne den Akzent allzu stark auf das illusionistische Verbergen der Absicht hinter dem Stoff zu legen. „Die Kritik, die Reflexion – die Herrschaft des Wortes – sie sind da, keine Ausnahmen, keine Seltenheiten, bei jedem Schritt treten sie uns entgegen. Warum soll die Dichtung vor ihnen ausweichen?"[64] Dualistisch bedingt man innerhalb dieses Rahmens für die „Conversation" ein „begebenheitliches Interesse" ein[65] und sieht in der „Novelle" für „Räsonnement, Urtheil und verschiedenartige Absicht eine Bahn" geöffnet.[66] Noch 1868 vermerkt Ernst Kleinpauls reichlich mit Zitaten aus F. Th. Vischers ,Ästhetik' durchsetzte ,Poetik' in ihrer 6. Auflage bei der Erörterung der Möglichkeiten novellistischer Reflexionsprosa, dabei könne „möglicher Weise der äußere Umfang einer Novelle die manches Romans erreichen oder gar überschreiten, – besonders wenn, was in ihr (wie im Tendenzroman) nicht selten der Fall ist, ,eine Lebensfrage, ein Kampf geistiger Richtungen, dunkle Erscheinungen des Seelenlebens und dergleichen – vorherrschend g e s p r ä c h s w e i s e – erörtert werden, während in den persönlichen Schicksalen zugleich die praktische Antwort erfolgt.'"[67] Wir haben im Vorangehenden bereits mehrfach darauf hinweisen müssen, wie häufig man die Begriffe „Roman" und „Novelle" o h n e A n s e h e n d e s U m f a n g s wechselseitig für austauschbar hielt. Man definierte die Novelle z. B. als „das moderne Epos", die „weiteste und

---

60 W. Alexis, Vorwort (1830) a.a.O. S. xix.
61 Damen-Conversations-Lexicon a.a.O. Bd. IV. S. 314f. Artikel ,Lektüre'.
62 Theodor Mundt, Moderne Lebenswirren a.a.O. S. 258.
63 W. Alexis, Vorwort (1830) S. xii, x.
64 Ebd. S. xii f.
65 Vgl. o. S. 35.
66 L. Tieck, Vorbericht a.a.O. S. lxxxviii.
67 Ernst Kleinpaul, Poetik a.a.O. (s. o. Kap. VI. Anm. 35). Bd. II. S. 129. (Abschnitt IX. Der Roman und die Novelle).

freieste Dichtungsform",[68] als „Rundgemälde", „Totalanblick", oder verstand den „gesammten neuern Roman" als „Novellenpoesie".[69] Scotts ‚Ivanhoe',[70] Gutzkows ‚Maha Guru'[71] und andere Großformen werden unbedenklich als Novellen apostrophiert; selbst Goethes ‚Unterhaltungen deutscher Ausgewanderten' faßt man gelegentlich nicht als Novellenzyklus, sondern als „eine historische Novelle" auf.[72] Bis gegen die Jahrhundertmitte scheint für Deutschland zu gelten, was Spielhagen auch für Frankreich um 1850 feststellt, daß es nämlich keine feste Grenze zwischen Roman und Novelle gebe.[73] In regional begrenztem Fachjargon kann sich diese Situation sogar noch bedeutend länger erhalten: einer Feststellung R. Hackmanns zufolge wurde z. B. bei den ‚Hamburger Nachrichten' „noch im ersten Jahrzehnt dieses Jahrhunderts der Roman in der Metteursprache stets ‚Novelle' genannt."[74]

„Novellen" konnten in der Biedermeierzeit also ebenso zwei- bis dreizeilige Zeitungsnachrichten (vgl. o. S. 88f) wie zwei- und mehrbändige Romane sein (in Breslau erschien 1840 eine Novelle „in neun Büchern"[75]). Die kürzeste literarische Novelle, auf die ich gestoßen bin, umfaßt 357 Worte,[76] erreicht also noch nicht einmal den halben Umfang des ‚Bettelweib von Locarno' (mit ca. 960 Worten). Es scheint „Preis-Novellen von 60 oder 70 Zeilen" gegeben zu haben.[77] Auch unter Heinrich Zschok-

---

[68] Evangelische Kirchen-Zeitung Nr. 94. 25. 11. 1837.
[69] W. Alexis, Vorwort (1830). S. xix („Roman und Novelle, in unserm Sinne, sind Rundgemälde"), x, xiv.
[70] Vgl. A. Hirsch a.a.O. S. 32.
[71] „Wie aber G u t z k o w ... nach künstlerischer Geschlossenheit und ruhiger Objektivirung einer eigenen Welt ringt, und sie auf's Glücklichste erringt, das sehen wir in seinem Roman: M a h a G u r u, G e s c h i c h t e e i n e s G o t t e s, ausgeführt, einem Werke, welches bisher noch wenig verstanden, wenig in seiner Weltbeziehung geahnt, jedenfalls zu den größten Erzeugnissen deutscher Novellistik gehört." Alexander Jung, Vorlesungen über die moderne Literatur der Deutschen. Danzig 1842. S. 201f.
[72] Wilhelm Hauff, Die letzten Ritter von Marienburg a.a.O. Bd. IV. S. 415.
[73] Nach Paul Bastier, La nouvelle individualiste en Allemagne a.a.O. S. 23.
[74] R. Hackmann, Die Anfänge des Romans in der Zeitung. Diss. Bln. 1938. S. 52.
[75] Edward in Rom, eine Novelle in neun Büchern von Maier. Breslau 1840. Bibliograph. nicht ermittelt. Hinweis bei: Zur Erinnerung an Henrich Steffens a.a.O. (s. o. Kap. III. Anm. 155). S. 50.
[76] Christian Dietrich Grabbe, Konrad. Novelle. In: Düsseldorfer Tageblatt vom 27. 5. 1836. Nr. 146. Zit. nach: Grabbe, Werke. Hg. von E. Grisebach. 1902. Bd. IV. S. 31f.
[77] Adolf Bernhard Marx, Erinnerungen. Aus meinem Leben. Bln. 1865. Bd. II. S. 42f.

kes historischen Novellen begegnet man Kurzformen mit einer Erzähllänge von siebenhundert oder elfhundert Worten,[78] – eine Minimalgrenze übrigens, die sich in realistischer Zeit noch bei Storm findet.[79] Nach oben indes scheinen der Erzähllänge auch in vor- und nachromantischer Zeit keine Beschränkungen auferlegt zu sein. Bereits eine summarische, bewußt auf wenige und um das Leitmodell des erzähltechnisch recht konservativen Zschokke gruppierte Namen begrenzte Übersicht macht ein kontinuierliches Ansteigen der Erzähllänge qualitativ gleichwertiger Novellen bis fast auf das Dreihundertfache des Minimalumfangs sichtbar (‚Das Bein' ca. 2000 Worte, ‚Der Abend vor der Hochzeit' und ‚Der König von Athen' ca. 3000 Worte, ‚Der Creole' ca. 66000 Worte, ‚Die Rose von Disentis' ca. 77000 Worte, ‚Lyonel Harlington' ca. 90000 Worte). Das Gros der Tieckschen Spätnovellen schwankt zwischen ca. 18000 (‚Des Lebens Überfluß') und ca. 32000 Worten (‚Der Geheimnißvolle'); aber es gibt hier auch Großformen von ca. 50000 Worten (‚Dichterleben II'), fast 77000 Worten (‚Aufruhr in den Cevennen'), 80000 Worten (‚Tod des Dichters'); seine dreiteilige Shakespearenovelle umfaßt insgesamt sogar ca. 90000 und ‚Der junge Tischlermeister' etwa 124000 Worte (in der Gesamtausgabe der Novellen 1852/54 vierhundertfünfzig Seiten). Die von E. M. Forster und zahlreichen anderen Literaturwissenschaftlern vorsichtig mit ca. 50000 angesetzte „Romangrenze"[80] wird also ohne alle Skrupel und z. T. erheblich überschritten. Weniger um der Vollständigkeit willen als um die Reichweite des Phänomens anzudeuten, erwähnen wir noch einige biedermeierliche Großnovellisten: Alexander von Opeln-Bronikowski,[81] Georg Döring,[82] Wilhelmine von Gers-

---

[78] Heinrich Zschokke, Die Lampe des Anaxagoras und die russische Fürstin. – Ders., An Euphrasien über den Nachruhm.

[79] Theodor Storm, Posthuma. – Ders., Wenn die Äpfel reif sind (jeweils ca. 1100 Worte).

[80] Vgl. Bernhard von Arx, Novellistisches Dasein a.a.O. S. 9. – Heimito von Doderer, Grundlagen und Funktion des Romans a.a.O. S. 13. – Zur Diskussion: Hans-Adolf Ebing, Die deutsche Kurzgeschichte a.a.O. S. 137f. (Hinweis auf J. B. Esenwein S. 136). Zur Relativierung der Umfangsfrage gute Beobachtungen bei Rafael Koskimies, Die Theorie der Novelle a.a.O. S. 80f. – Etwas andere Umfangsmaße gibt die ‚Encyclopedia Americana' (Bd. XX. S. 447) an (Novelle: 20000 bis 40000 Wörter). – B. Q. Morgan, The Novellette as a Literary Form a.a.O. S. 35: hundert statt zehn oder tausend Seiten.

[81] Alexander von Opeln-Bronikowski, Kazimierz der Große ‚Piast'. Novelle. 2 Bde. (173 u. 193 S.). Dresden 1826.

[82] Georg Döring s. o. Kap. V. Anm. 5 u. 6. – Ders., Das Kunsthaus. Novelle in drei Theilen. 3 Bde. (376, 372, 384 S.). Frankfurt a. M. 1831. – Daneben veröffentlichte Döring in Taschenbüchern bzw. in Cottas ‚Morgenblatt' auch kurze, z. T. zehn Seiten lange „Novellen".

dorff,[83] Ludwig Storch,[84] K. Adolph Suckow (Posgaru),[85] David Bär Schiff,[86] Willibald Alexis,[87] Alexander von Ungern-Sternberg (‚Die Zerrissenen‘ 1832), J. Chr. Biernatzki (‚Wege zum Glauben‘, Altona 1835, ‚Die Hallig‘, Altona 1836). Henrik Steffens’ in der Gesamtausgabe von 1837/38 in vier Bänden (mit zusammen 1024 Seiten) erschienener Zeitroman ‚Malkolm‘ wurde als eine ‚Norwegische Novelle‘, sein antirevolutionärer Tendenzroman ‚Die Revolution‘ als ‚Novelle in drei Bänden‘ (Breslau 1834) publiziert, während der historische, eine Reihe eng miteinander verketteter Einzelschicksale verbindende Generationenroman ‚Die Familien Walseth und Leith‘ den Untertitel ‚Ein Cyclus von Novellen‘ trägt. In diesem Zusammenhang sei auch auf Mörikes ‚Maler Nolten‘ (vgl. u. S. 211f) und Eichendorffs „Roman"[88] ‚Dichter und ihre Gesellen‘ hingewiesen, für den Eichendorffs erster Verleger den Untertitel „Novelle" vorgezogen zu haben scheint.

Wenige dieser Großnovellisten, wenige Theoretiker empfinden angesichts solcher Überlängen formale Bedenken; nicht alle reflektieren dabei auch einfach nur auf das englische „novel" (vgl. u. s. 212f). Die bereits erwähnte Äußerung von Henrik Steffens, der in einem Brief an seinen Verleger Josef Max das Erscheinen der Tieckschen ‚Vittoria Accorombona‘ ungeduldig zu erwarten gestand, „um endlich einmal zu erfahren, wodurch er Novelle vom Roman unterscheidet", verrät ganz andere Gedankengänge, die nach Bestätigung suchten. Steffens fährt nämlich mit der Vermutung fort, daß im Roman „alle Ereignisse, wie wohl angenommen werden muß, sich um eine entschiedene Hauptperson bewegen, so daß mein ‚Malcolm‘ eigentlich ein Roman heißen sollte…"[89] Das allgegenwärtige Modell des ‚Wilhelm Meister‘, den Tieck gelegentlich den einzigen „wahren Roman in deutscher Sprache" nennt, den „man nie genug studiren" könne,[90] verstellt hier wie in manchem anderen Fall (z. B. bei Laube oder Alexis) den Blick auf andere, modernem Empfinden eher geläufige Möglichkeiten der Abgrenzung.

---

[83] Wilhelmine von Gersdorff, Renate. Novelle. 2 Bde. (150, 120 S.). Lpz. 1833.
[84] Ludwig Storch, Kunz von Kauffung. Novelle aus der Geschichte Sachsens. 3 Bde. (268, 240, 260 S.). Lpz. 1828. – Ders., Der ewige Jude. Eine historische Novelle der Vorzeit (nach dem Englischen). 3 Bde. (300, 262, 286 S.). Stg. 1829.
[85] Karl Adolph Suckow (Pseud.: Posgaru), Die Liebesgeschichten. Novelle. (310 S.). Breslau 1829. – Ders., Germanos. Novelle (238 S.). Breslau 1830.
[86] S. o. Kap. V. Anm. 171.
[87] Willibald Alexis, Die Geächteten. Novelle. (352 S.). Bln. 1825.
[88] Zur Diskussion der „Gattungsfrage" vgl. Rudolf Majut, Geschichte des deutschen Romans a.a.O. Sp. 2213.
[89] An Josef Max 29. 4. 1840. In: Zur Erinnerung an Henrich Steffens a.a.O.
[90] L. Tieck, Nov. a.a.O. Bd. VII. S. 46.

Trotz dieser also unzweifelhaft vorhandenen Tendenz, den Begriff Novelle „wie der Engländer" (Tieck, Alexis) auf die gesamte neuere Prosaepik zu übertragen, ergibt eine nach quantitativen Gesichtspunkten vorgenommene Sichtung der theoretischen Biedermeierverlautbarungen zur Novelle doch insgesamt ein deutliches Überwiegen jener Stimmen, die man auch in unserem Zeitabschnitt am ehesten noch auf die alte Formulierung Wielands in seinem ‚Don Sylvio' festlegen kann: Novellen seien „eine Art von Erzählungen ... welche sich von den großen Romanen durch die S i m p l i c i t ä t d e s P l a n s und den kleinen Umfang der Fabel" unterschieden.[91] Gegen die von Eduard von Bülow bekämpfte, „unter den beliebten sogenannten Novellisten unserer Tage und Stunden" verbreitete Meinung, „als dürfe man sich für berechtigt halten, jedwede breit vorgetragene Erzählung eine Novelle benennen",[92] steht Tiecks Äußerung aus dem Jahre 1829: „Wir brauchen jetzt das Wort Novelle für alle, besonders kleineren Erzählungen"[93] – ebensowenig dogmatisch, aber mit dem Blick auf die novellistische Formenwelt der Epoche mit größerer Berechtigung. Öfter als ein „modernes Epos" (vgl. o. S. 129) sah man in der Novelle einen „Roman in Miniatur",[94] ein „Diminutiv-Romänchen",[95] eine „Tochter des Romans",[96] den „Teil eines (möglichen) Romans";[97] und die Praxis gibt solchen, der allgemeinen auf Kleinformen abzielenden Tendenz der Biedermeierzeit entsprechenden Definitionen weitgehend recht: unter Einschluß der überdimensionalen Großformen beträgt z. B. für Zschokke der aus 45 Erzählungen errechnete durchschnittliche Umfang einer Novelle ca. 19 400 Worte (zum Vergleich Storm: ca. 13 000 Worte). Bescheidenheit (vgl. o. S. 79f), die Möglichkeit leichterer „innerer Vollendung",[98] der Vorzug einer „wohlorganisierten Maus" vor dreibeinigen Elefanten,[99] Entgegenkommen gegenüber „den Ansprüchen, die Beruf und Amt und gesellige Verhältnisse" an die Zeit moderner Leser stellten,[100] werden dabei gern angeführt. Gelegentlich macht man einen Unterschied zwischen der „älteren" kurzen Novelle und der neueren Großno-

[91] Chr. M. Wieland, S. W. a.a.O. Bd. V. 1818. S. 285.
[92] Karl Eduard von Bülow, Das Novellenbuch a.a.O. Bd. I. S. xxv.
[93] L. Tieck, Vorbericht a.a.O. S. lxxxiv.
[94] W. E. Weber, Die Ästhetik a.a.O. Bd. II. S. 184.
[95] Paul Thorn, Einige Worte über die Novelle. A.a.O. (s. o. Kap. V. Anm. 3). Nr. 103. S. 855: „Indeß wurde der Name sehr gewöhnlich, und erst in der neuesten Zeit allgemein beliebt, als die Masse der Almanache und Allerwelt-Journale einen Regenguß von Diminutiv-Romänchen ausströmte."
[96] Damen-Conversations-Lexicon a.a.O. Artikel ‚Novelle'.
[97] J. J. Wagner, Dichterschule a.a.O. (s. o. Kap. VI. Anm. 109) S. 178.
[98] L. Pustkuchen, Novellenschatz a.a.O. Bd. I. S. xiii.
[99] Ernst Frh. von Feuchtersleben. S. W. 1851. Bd. 3. (Die Novelle. Didaskalie).
[100] Wilhelm Meyer, s. o. Anm. 50.

velle (Alexis,[101] Tieck,[102] vgl. a. Blanckenburg o. S. 87) oder meint, Novelle und Roman seien „beinahe mehr dem äußeren Umfange als dem eigentlichen Wesen nach verschieden" (W. E. Weber;[103] ähnl. Heinrich Laube[104] u. Friedrich Beck[105]).

„Alle und jede eng begrenzte erzählende Prosa, auch die eigentlich historische", wird man mit Wackernagel annehmen dürfen,[106] „kann also mit dem Namen Novelle belegt werden." Allerdings neigt man in der Biedermeierzeit doch oft auch dazu, derlei quantifizierenden Definitionen noch eine kurze Charakteristik beizufügen. Man betont dann etwa den Episodencharakter der Novelle oder definiert sie, wie schon Wieland in einem Brief an Sophie von La Roche vom 13. Dezember 1780, als eine auf eine Hauptsituation beschränkte Kleinform. „Was ich von Ihnen wünschte", hatte dieser geschrieben, „wären kleine interessante Erzählungen in Form von Novellen ... Jede pièce müßte nur Eine Haupt-Situation, oder Einen Knoten haben, und gleich so zugeschnitten sein, daß es nicht unter den Fingern zu einem größern Werk anwachsen könnte."[107] Der Begriff „Situation" hat später durch Reinbecks Novellensammlung[108] eine gewisse Popularität erlangt und kehrt auch bei Gervinus[109] und F. Th. Vischer wieder: „Man hat sie einfach und richtig als eine Situation im Unterschied von der Entwicklung durch eine Reihe von Situationen im Romane bezeichnet."[110] Freilich nimmt man solche Bemerkungen nicht im-

[101] W. Alexis, Vorwort (1830) a.a.O. S. xx.
[102] L. Tieck, Nov. a.a.O. Bd. V. S. 29, 30, 39.
[103] W. E. Weber, Vorlesungen zur Aesthetik. Hannover 1831. S. 253. (Hinweis bei A. Hirsch a.a.O. S. 37).
[104] Heinrich Laube, Geschichte der deutschen Literatur. Stg. 1839/40. Bd. IV. S. 167: „Denn wie viel Unterscheidungszeichen auch aufgesucht worden sind, sie kamen entweder darauf hinaus, daß der Roman mehr ein größeres, in sich vollendetes Gemälde, eine vollständige Entwicklung zu geben habe, oder sie verirrten sich in Nebenkennzeichen."
[105] „Im Gegensatz vom Roman, welcher ursprünglich seine Stoffe aus der alten Heldenzeit nahm, wählt die Novelle ihre Gegenstände zunächst vielmehr aus den Ereignissen der Gegenwart, worauf auch ihr Name (ital. novella, frz. nouvelle) hindeutet ... Sonst unterscheidet sich die Novelle vom Roman nur durch ihre geringere Ausdehnung." Friedrich Beck, Lehrbuch der Poetik für höhere Unterrichts-Anstalten wie auch zum Privatgebrauche. München ⁶1889. (Hinweis bei A. Hirsch a.a.O. S. 37).
[106] Wilhelm Wackernagel, Poetik a.a.O. S. 257.
[107] Zitiert im Nachwort von Fritz Martini zu: Christoph Martin Wieland, Werke. Hg. von F. Martini und H. W. Seiffert. Bd. II. 1966. S. 893f.
[108] Georg von Reinbeck, Situationen a.a.O. (s. o. Kap. V. Anm. 79).
[109] G. G. Gervinus, Geschichte der deutschen Dichtung a.a.O. Bd. V. S. 775.
[110] F. Th. Vischer, Ästhetik a.a.O. Bd. VI. S. 193. – Weitere Belege bei A. Hirsch a.a.O. S. 29.

mer widerspruchslos hin. Tieck deutet z. B. 1834 an, als Behandlung eines
„isolirten Vorfalls, der keine Folgen hat", lasse sich nur die alte italienische
Novellenform begreifen";[111] Alexis wendet sich, wie wir bereits gesehen
haben, entschieden gegen eine Verknüpfung der Bezeichnung mit Kleinform, „pikanter Pointe" oder „epigrammatischer Katastrophe"[112] und
zeigt sich auch an Theodor Mundts 1828 vorgetragenen Thesen vom ab-
geschlosseneren, zirkelförmigen Charakter der Novelle desinteressiert:
„Ob der Unterschied zwischen Roman und Novelle in der größern Fülle und dem abeschlossenern Kreis zu suchen, der in letzterer zur Anschauung kommen soll, mögen Andere erörtern, ich möchte jetzt noch
keinen Unterschied einräumen ..."[113] Mundt hat die Novelle auch später
noch mit den gleichen Worten mit einer „Circellinie" verglichen, „die in
sich selbst zusammengeht, und die bestimmteste Beziehung auf ein gewisses
Centrum hat, um dessentwillen sie da ist und ihren Lauf vollführt";[114] er
spricht ihr an derselben Stelle auch eine Art Präzipitation auf den „Schluß
oder die Pointe" hin zu.[115] Er bemerkt, ihre „Lebensanschauung" sei „nicht
so universal und allseitig, wie im Roman ..., die Novelle fängt ihre Verhältnisse in dem Brennspiegel einer charakteristischen Absicht, einer
Zeittendenz": und doch wird man diese Äußerungen kaum als eine Interpretation der Novelle als einer „dramatischen" Literaturform deuten
dürfen. „Die Novellenpoesie", fährt Mundt nämlich fort, „trägt somit
ein Reflexionselement in sich, das ihrer plastischen Gestaltungskraft
nicht förderlich zu sein scheint", – überhaupt sei es „unmöglich", „über
den Unterschied von Roman und Novelle eine bis ins Einzelne hinein entscheidende Norm aufzustellen."
Man muß außerordentlich vorsichtig sein, wenn man in jenem Zeitraum
auf Vergleiche zwischen D r a m a und N o v e l l e stößt. So findet sich
in Schleiermachers ‚Vorlesungen über die Ästhetik' aus dem Jahr 1825

[111] L. Tieck, Nov. a.a.O. Bd. V. S. 48.
[112] W. Alexis, Vorwort (1830) a.a.O. S. xvi.
[113] Ebd. S. xx.
[114] Th. Mundt, Geschichte der Literatur der Gegenwart a.a.O. S. 228ff. – Fast
die gleichen Sätze auch bei Th. Mundt, Aesthetik. Die Idee der Schönheit und
des Kunstwerks im Lichte unserer Zeit. Faksimiledruck nach der 1. Aufl. von
1845. Mit einem Nachwort von H. Düvel. 1966. (Deutsche Neudrucke). S. 342f.
[115] Th. Mundt, Geschichte der Literatur der Gegenwart. Ebd. – Wie wenig selbstverständlich die auf eine dramatische Situation hin konzipierte Novelle noch zu
Storms Zeiten ist, zeigt ein Passus aus den einleitenden Sätzen seiner Novelle
‚Im Nachbarhause links' (1875), in denen die Erzählung kommentiert wird:
„...‚auch ist es eigentlich keine Geschichte, sondern nur etwa der Schluß einer
solchen.' – ‚Danke es,' versetzte ich, ‚unserer heutigen Novellistik, daß mir das
letzte jedenfalls besonders angenehm erscheint.'"

wohl ein Hinweis darauf, „daß die Erzählung immer ein sogenannte epi-
grammatische Spize haben muß" und die Schlußfolgerung, dies zeige „die
Abneigung vom Epischen und die Hinneigung zur abgeschlossenen Handlung, dem eigentlichen Charakter des antiken Drama."[116] Dieser Gedanke
wird indes unmittelbar darauf in andere Bahnen gelenkt: aus Boccaccios
‚Decamerone' habe sich in der Folge „das ganze Gebiet der prosaischen
Dichtung entwikkelt, auf der einen Seite der Roman, auf der andern das
neuere Drama; denn dieses geht meistens auf eine solche Novelle zu-
rükk."[117] „Diderots Vorschlag Stände zu schildern", notiert er ein andermal, „paßt wol eigentlich mehr auf die Novelle, wo er auch früher aufgeführt ist, als auf's Drama;"[118] und ‚Don Quixote' scheint ihm „eher eine
Novelle" zu sein „als ein Roman."[119] Gutzkow hielt die Dramatisierung
von Romanen und Novellen für „gefährlich", meinte dagegen, die
E r z ä h l u n g ließe sich sehr wohl dramatisieren, da sie „schon an und
für sich selbst ein objektiv berichtetes Drama" sei.[120] Schelling behauptet,
im Gegensatz zum Epos sei der R o m a n „durch den Gegenstand beschränkt, er nähert sich dadurch mehr dem Drama, welches eine beschränkte und in sich abgeschlossene Handlung ist."[121] Vermutlich stößt
man kaum seltener auf die Vorstellung eines „dramatischen Romans"
(Jean Paul und noch Fontane)[122] als auf den Begriff der „dramatischen
Novelle"; – und in beiden Fällen macht es der Vergleich mit der gleichzeitigen Prosapraxis oft schwer, „dramatisch" in einem modern-verinner-
lichten Sinn aufzufassen.[123] Wir haben bereits gesehen, daß die üblichen

---

[116] Friedrich Schleiermacher, Vorlesungen über die Aesthetik a.a.O. (s. o. Kap. I.
Anm. 55) S. 697.
[117] Ebd. S. 698.
[118] Denkmale der inneren Entwicklung Schleiermachers... Tagebücher. Im Anhang zu: Wilhelm Dilthey, Leben Schleiermachers. Bln. 1870. S. 116. (2. Tgb.
Nr. 18).
[119] Friedrich Schleiermacher, Vorlesungen über die Aesthetik a.a.O. S. 699.
[120] Karl Gutzkow, Vom Baum der Erkenntnis. Denksprüche. Stg. 1868. In: Werke. Ausw. in 12 Teilen hg. von R. Gensel. (1912). Bd. 12. S. 110.
[121] Friedrich Wilhelm Joseph Schelling, Werke. Nach der Originalausgabe in
neuer Anordnung hg. von Manfred Schröter. (Münchner Jubiläumsdruck). 1959.
3. Erg.-Bd. Zur Philosophie der Kunst 1803–1817. S. 325. – Vgl. a. ebd. S. 329:
„Um einen leichten Kern – einen M i t t e l p u n k t, der nichts verschlinge und
alles gewaltsam in seine Strudel ziehe – muß überhaupt im Roman alles fort-
schreitend geordnet seyn."
[122] Vgl. dazu vor allem F. Sengle, Der Romanbegriff in der ersten Hälfte des
19. Jahrhunderts. In: Sengle, Arbeiten zur deutschen Literatur 1750–1850 a.a.O.
S. 190ff. – Zu Fontane s. Theodor Fontane, Aufsätze zur Literatur. Hg. von Kurt
Schreinert. 1. Teil. 1963. S. 243.
[123] Daß dies möglich ist, bezeugt eine Gelegenheitsformulierung Heinrich Laubes,
die zugleich ein Aufwertungsprogramm enthält: „Man hat meistin keine Form

Identifikationen von Novelle und K o m ö d i e im allgemeinen nicht auf
form-, sondern auf inhaltsästhetischen Überlegungen beruhten und vor
allem stiltrennend gemeint waren (vgl. o. S. 102–104). Oft versteht man
unter solcher Bezeichnung nichts weiter als die mehr oder weniger konsequent durchgeführte Tendenz zur D i a l o g i s i e r u n g des Erzählstoffs.
Wie im bürgerlichen Barock-,[124] im Ritter- und Räuberroman des 18. Jahrhunderts und in der etwas anspruchsvolleren philosophischen Aufklä-
rungsepik des ausgehenden 18. und beginnenden 19. Jahrhunderts[125]
ist es auch in der Restaurationsprosa noch jederzeit möglich, die Erzählung unvermittelt in Dialogpartien übergehen zu lassen (Friedrich Kind,
‚Wie man sich irren kann‘, Tieck, ‚Der Wassermensch‘, Zschokke, ‚Der
Eros, oder Über die Liebe‘). Es gibt die Konversationseinlage mit voran-
gestellten, gesperrt gedruckten Namen und gelegentlichen (in Klam-
mern eingerückten) Regiebemerkungen (Grabbe, ‚Konrad‘; Spindler,
‚Friedmüllers Sannchen‘; Stifter, ‚Julius‘). Nicht selten betrachtet man
die Novelle als eine Art „halböffentlicher“ Vorlesegattung, gibt Lesehil-
fen oder bemerkt im Erzählungszusammenhang, eine Person gebe
hier ein Gespräch „so bezeichnend und charakteristisch“ artikuliert
wieder, „daß keiner von den Zuhörern jemals darüber, wer eben
rede, in Zweifel gerieth. Da die Schrift dieß nicht nachzuahmen
vermag, so setzen wir, zum Besten der Leser und etwaigen Vorleser, vor
den Dialog die Namen der Personen…“[126] Sogar Mimisch-Szenisches
kann einbezogen werden.[127] Peter Lyser setzt in einer Novelle, die eine
Verführungsszene ausspart und stattdessen zwei Notenzeilen einfügt
(Text: „poverina“), offensichtlich ein im Salon vorhandenes Piano voraus, über das der Vorleser nachlässig hingleiten kann (‚Die Freunde‘).
Ähnlich wie man auch Verse, Exkurse (z. B. über „den eitlen Wahn des
Nachruhms“ über zwei Seiten in Kinds ‚Die Grafen Dohna‘), Theater-

---

für vollkommener gehalten als die Tragödie, und es kann die Novelle alle innere Gesetze der Tragödie in sich aufnehmen, und sie kann, im Äußeren weniger beengt, sich viel fesselloser bewegen.“ Heinrich Laube, Rezension in: Zeitung
für die elegante Welt. 33. Jhg. Nr. 108. 6. 6. 1833. S. 430.
[124] Vgl. Arnold Hirsch, Bürgertum und Barock im deutschen Roman. Ein Beitrag zur Entstehungsgeschichte des bürgerlichen Weltbildes. ²1957. S. 204.
[125] Zahlreiche Beispiele bei Rudolf Fürst, Die Vorläufer der modernen Novelle
im 18. Jh. a.a.O. S. 177ff.
[126] Friedrich Kind (Pseud.: Salvatorello), Aegyptische Nächte in der Landkutsche. (Nach geheimen Memoiren) In: Beckers Taschenbuch zum geselligen
Vergnügen a. d. J. 1828. S. 123. – Über Tiecks Leseabende z. B. R. Köpke, Ludwig Tieck a.a.O. Bd. II. S. 67.
[127] L. Tieck, Nov. a.a.O. Bd. VII. S. 366.

zettel (Langbein, ‚Das Geheimniß‘) in den Erzählzusammenhang hinein-
nehmen kann, wie man auf bekannte, in Galerien ausgestellte Gemälde
verweist,[128] ist es eben auch möglich, gleichsam gefrorene und kaum inte-
griert „genrehafte“ Volksstückszenen zu bringen (Alexis, ‚Die Schlacht
bei Torgau‘). Man kann (wie Goethe in seinen ‚Guten Weibern‘) dem
ganzen Werk einen Unterhaltungscharakter geben oder Lesedramen unter
Novellen mischen, ohne dies im Titel eigens zu vermerken. Und der
offene Charakter der biedermeierlichen Leseliteratur ist es auch vor allem,
der es möglich macht, daß man bei manchen Biedermeiernovellisten den
Eindruck hat, als orientierten sie sich gelegentlich stärker an zeitgenössischen Schauspielgepflogenheiten als an novellistischen Werktraditionen. So stößt man auf Akteinteilungen,[129] „Scenen“,[130] Dienerneben-
handlung,[131] Monolog,[132] Exposition im Gespräch,[133] Beiseitesprechen,[134]
Regieanweisung[135] und das selten fehlende Schlußtableau, das Eckermann z. B. in Goethes ‚Novelle‘ vermißt.[136] Eine Novelle Louise Brachmanns schließt mit den Sätzen:

> Natalie weinte sanft in seinen Armen, und – – Der Vorhang fällt vor dem
> Gemälde, wo Liebe ihre seeligste Versöhnung feierte. –[137]

[128] „Konstantine stand indessen da mit einem Blick – ähnlich dem Blicke der gen
Himmel fahrenden Maria von Guido Reni, in der Gallerie zu Düsseldorf. Sie
fühlte nie empfundene Wonne und – schwieg.“ In: L. Pustkuchen, Novellenschatz
a.a.O. Bd. I. S. 139.
[129] Z. B. L. Tieck, Nov. a.a.O. Bd. XI. ‚Die Vogelscheuche‘.
[130] Z. B. Wilhelm Blumenhagen, Jahn der Büßende. In: Urania f. 1827. S. 177,
178 u. ö.
[131] Z. B. Tieck, Der Gelehrte, Die Gesellschaft auf dem Lande; E. T. A. Hoffmann, Der Elementargeist.
[132] Z. B. Goethe, Wer ist der Verräter?
[133] Z. B. Tieck, Des Lebens Überfluß; der funfzehnte November; Dichterleben I
(Nov. a.a.O. Bd. II. S. 48/51). – Wilhelm Blumenhagen, Jahn der Büßende a.a.O.
S. 97.
[134] Helmuth von Moltke, Die beiden Freunde. In: Gesammelte Schriften und
Denkwürdigkeiten des General-Feldmarschalls Grafen Helmuth von Moltke.
Bln. 1892. Bd. I. S. 93. (Zuerst in: Der Freimüthige. 8. 3. 1827. Nr. 48).
[135] Vgl. o. S. 137. Vgl. a. L. Tieck, Nov. a.a.O. Bd. V. S. 50, 61. – Adalbert Stifter,
Julius. Eine Erzählung. Erstausgabe nach der Handschrift. Mit einer Einführung
von Franz Hüller. (1950). S. 29f.
[136] Eckermann findet am 18. 1. 1827 den Ausgang der Novelle „zu einsam“: es
„hätten wenigstens einige der übrigen Figuren wieder hervortreten und, das
Ganze abschließend, dem Ende mehr Breite geben sollen.“ (Vgl. a. 26. 1. 1827).
Beispiele: L. Tieck, Die Verlobung. – Friedrich von Heyden, Die Reise zum Aetna. Erzählung. In: Penelope f. 1825.
[137] Caroline Louise Brachmann, Licht aus Dunkel, oder die Macht des Vorur-
theils. Auserlesene Dichtungen a.a.O. Bd. VI. S. 172.

In all dem darf man keinen Hinweis auf den „dramatischen Charakter" der Novelle sehen. Wir stoßen hier vielmehr auf ein schwer überschaubares Feld dramatisch-epischer Überschneidungen von außerordentlich produktiver Turbulenz. Vielleicht wäre es sogar richtiger, von einem Interferenzraum zwischen „repräsentierenden" Kunstformen und „Leseliteratur" zu sprechen, der keineswegs erst unter dem Eindruck der romantischen „Formverwilderung" entstanden ist, sondern unterhalb der klassizistischen Ordnungsversuche tief ins 18. Jahrhundert zurückreicht. Auch das Problem der prosaepischen Abfassung als Ersatz- und Ausweichform für gescheiterte und – in mitunter durchaus positivem Sinn – „unbewältigte" Dramenproduktion wird nicht erst in unserem Zeitraum aktuell. Wilhelm Hauff hat 1828 ausdrücklich darauf hingewiesen, „welch kleiner Schritt" es sei, den natürlichen „Übergang ... vom historischen Drama, wie wir es bei Goethe finden, zum modernen geschichtlichen Romane" ins Auge zu fassen;[138] und bereits 1784 hatte der Hallenser Historiker J. Chr. Krause in der Einleitung seiner dialogisierten ‚Romantischen Erzählungen nebst Abhandlungen über Gegenstände vergangner Zeiten' erklärt, nur der Verfall des deutschen Theaters habe ihn daran gehindert, seine Stoffe zu „nationalen Schauspielen" auszuarbeiten.[139] Friedrich Christian Laukhard gestand: „Ich wollte vor einiger Zeit eine Komödie schreiben, und ersann ein dieser Erzählung ähnliches Sujet. Ich fand aber bald, daß ich zu schwach war, für das Theater zu arbeiten, und verwandelte das Sujet in eine Novelle."[140] Man erinnert sich an Tiecks Bekenntnis, der „Kenner" werde vielleicht bemerken, daß der Gegenstand einer seiner ersten Novellen, des ‚Geheimnißvollen', „ursprünglich zu einer Comödie" bestimmt gewesen sei.[141] August Lafontaine begann seine schriftstellerische Laufbahn mit dialogisierten Erzählungen, die er ‚Scenen' nannte (1788) und die selbst A. W. Schlegel in seiner Polemik gegen die ‚Mode-Romane' (1798) lobte, wenngleich er auch bemerkte, daß Lafontaine „von dem, was ein Gedicht ist, nie einen reinen Begriff gehabt haben muß, da er seine Scenen Gedichte nennen, ja sie sogar als Annäherungen zur tragischen Dichtkunst betrachten konnte."[142] Lafontaines Biograph E. F. Vogel fand in einer ebenfalls frühen Erzählung (‚Das Orakel') die Neigung des Verfassers, „das dramatische Element vorherrschen zu lassen", „bemerkenswerth" und fügte hinzu, „eben diese Neigung..., hervorgerufen

---

[138] W. Hauff, Die letzten Ritter von Marienburg a.a.O. S. 416.
[139] Zit. bei Rudolf Fürst a.a.O. S. 177.
[140] Zit. bei Schulz/Basler, Deutsches Fremdwörterbuch Bd. II. S. 217.
[141] L. Tieck, Vorbericht a.a.O. S. lxxxiv.
[142] August Wilhelm Schlegel, Mode-Romane. Lafontaine (1798). In: Sämmtliche Werke hg. von E. Böcking. Bd. XII. Lpz. 1847. S. 14.

durch sein eifriges Studium des Shakespeare", habe ihn auch „zu mehreren eignen dramatischen Versuchen und dialogisirten Erzählungen" geführt.[143] – Natürlich nimmt auch das Umschreiben von Novellen zu Theaterstücken und von Schauspielen zu Novellen – vor allem im „mittleren" Bereich – einen breiten Raum ein, innerhalb dessen die kontinuierlich an Bedeutung gewinnende Vorrangstellung der Prosaepik Beachtung verdient. Bereits W. Menzel und W. E. Weber weisen darauf hin, daß Claurens Erzählungen nichts weiter als die zeitgemäß prosaepischen Modifikationen der ehemals Kotzebue überantworteten Aufgaben darstellten.[144]

Äußere und innere Gründe spielen dabei zusammen. Wir haben gesehen, daß in der vorindustrialistischen Restaurationsepoche, deren Kultur nicht ausschließlich residenz- bzw. großstädtisch orientiert ist, die Marktbedingungen stärker zugunsten periodisch erscheinender Lese- und Vorlese-, bzw. Leihbibliotheksliteratur sprachen (vgl. o. S. 56f). Auch die strengere staatliche Überwachung der Bühne legte ein Ausweichen auf Erzählungen nahe, zumal die Zensoren nicht nur die politische Meinungsäußerung kontrollierten, sondern sich auch oft als ebenso schmerzlich empfundene Eingriffe in die innere Motivation der Stücke erlaubten (man denke dabei nur an die Wiener Gepflogenheit, Vatergestalten durch „Onkel" zu ersetzen[145] u. a. m.). „Draußen vor dem Schauspielhause," schrieb Th. Mundt, „ist auch Gensdarmerie und Polizei aufgestellt, und behüten das Drama. Die Novelle steht sich mit der Polizei besser, und sie flüchtet sich auf die Stube, wo es keine Gensdarmerie gibt. In seiner Stube ist der Deutsche auch ein ganz anderer Mensch, da kann man mit ihm reden. Hier sitzt er stille und läßt sich gern für Alles begeistern . . ."[146] Tatsächlich hängt das wichtigste „innere" Argument für die biedermeierliche Bevorzugung der Prosaepik m i t t e l b a r mit dem letzten Teil der eben zitierten Bemerkung Theodor Mundts zusammen. Das zeittypische Interesse für Intimität und Individualisieren, psychologische Nuancierung und realistische „Zuständlichkeit" – Jost Hermand spricht von einer spezifischen Zustandsnovelle im Biedermeier[147]

[143] E. F. Vogel, Erinnerungen an August Lafontaine. In: Zeitgenossen. 3. Reihe VI (ii). 1841. S. 149.
[144] Heinz Liebing, Die Erzählungen H. Claurens (Carl Heuns) als Ausdruck der bürgerlichen Welt- und Lebensanschauung in der beginnenden Biedermeierzeit. Diss. Halle/Saale 1931. S. 105 u. 98f.
[145] Jacob Minor, Die Schicksals-Tragödie in ihren Hauptvertretern. Frankfurt a. M. 1883. S. 110f.
[146] Th. Mundt, Moderne Lebenswirren a.a.O. S. 156f.
[147] Jost Hermand, Die literarische Formenwelt des Biedermeiers a.a.O. S. 119/132.

– drängte naturgemäß immer stärker auf den Abbau lauter Effekte und der „Übertreibung", ohne die (nach einer Bemerkung Dürrenmatts) die Bühnenerzählung nicht auskommt.[148] Diderots populäre Polemik gegen barocke „Phrasen", Schlußeffekte und jede Art von Kothurn, vor allem aber seine Idee der „vierten Wand" und die Forderung nach „Verinnerlichung der Peripetie" ließen sich innerhalb prosaepischer Formen bedeutend leichter und natürlicher verwirklichen. Wo man sich unter dem Eindruck dieser und ähnlicher (bereits von den Stürmern und Drängern übernommener) Thesen die „Natur... blöde" vorstellte und annahm, sie tue „ihre Handlungen sehr ungern vor Zuschauern; in solchen unbemerkten Winkeln aber sieht man sie zuweilen eine einzige kurze Szene aufführen, die so gut ist, als alle Sentiments aus einem Dutzend französischer Komödien zusammengenommen",[149] und wo man womöglich noch die „Nothwendigkeit einer v o l l k o m m e n e n Illusion" forderte,[150] dort konnte man sich nur noch äußerlich am Medium des Bühnendramatischen orientieren. Für eine Anschauung, die die „Grundlage des menschlichen Daseins, die Bedingungen unsrer Existenz" in „so feinen und leisen Schwingungen" verankert sah, „daß... diese von... hartfäustigen Kameraden in plumper Berührung nur Schwächen genannt werden" konnten (Tieck),[151] dort war der Rahmen des Theaters im allgemeinen nicht mehr intim genug. Trotz aller Erneuerungsbemühungen ist das Theater in der Biedermeierzeit nicht diejenige Gattung, die „das Leben, wie es ist, in seinen feinsten Nuancen aufzufassen, die tiefliegendsten, zartesten Züge zu ergründen, und so unglaublich treu" hätte schildern können, „daß der Leser förmlich erschrecken soll, als werde ihm ein Kübel kaltes Wasser über den Kopf gegossen."[152] Es ist vielmehr vor allem, wie auch Franz von Gaudy in diesem Zusammenhang meint, in dieser Zeit „die Novelle". Man konnte sie gelegentlich der „dramatischen Form" geradezu aus Gewissenhaftigkeit vorziehen und meinen, diese habe „neben bedeutenden Vorteilen doch etwas so Scharfes, Einseitiges, Borniertes, daß ein recht

<hr />

[148] Friedrich Dürrenmatt, Theaterprobleme. 1955. S. 25.
[149] L. Sterne, Empfindsame Reise. Hg. von W. Clemen. 1957. (Rowohlts Klassiker). S. 105. – Ähnlich Friedrich Ludwig Bührlen, Bilder aus dem Schwarzwald. Stg. 1831. Bd. 2. S. 150: „Das menschliche Gemüth lernt man am besten da kennen, wo man gar nicht darauf aus geht..., wenn man in... höchst eigenthümlichen Fällen den Nächsten in seinen vier Wänden, in Gesellschaft, im Verkehr mit Antheil beobachtet..."
[150] E. F. Vogel, Erinnerungen an August Lafontaine a.a.O. S. 193.
[151] L. Tieck, Nov. a.a.O. Bd. X. S. 47.
[152] Franz Frh. (von) Gaudy, S. W. Hg. von A. Mueller a.a.O. Bd. XII. S. 147f., 149ff.

gründlicher Geist sie kaum zu seinem Organe wählen" könne (Immermann).[153]

Unter diesen Umständen wird man wohl auch den Tieckschen Begriff des W e n d e p u n k t s nicht übermäßig stark akzentuieren dürfen. Zweifellos handelt es sich dabei um einen dramaturgischen Terminus, der den Zeitgenossen als Übersetzung der griechischen „Peripetie" vertraut war.[154] Er begegnet bei Tieck auch nicht zum ersten Mal. So überschreibt E. T. A. Hoffmann in seinen ‚Elixieren des Teufels' (1815/16) bereits ein wichtiges Kapitel ‚Der Wendepunkt'. „So viel ist gewiß:", hatte auch A. W. Schlegel in seinen Berliner Vorlesungen 1804 erklärt, „die Novelle bedarf entscheidender Wendepunkte, so daß die Hauptmassen der Geschichte deutlich in die Augen fallen, und dieß Bedürfniß hat auch das Drama."[155] Man hat es gelegentlich für bedeutsam gehalten, daß Tieck den aller Wahrscheinlichkeit nach von Schlegel übernommenen Begriff nicht im Plural, sondern in der Einzahl verwendet und dies als eine Einsicht in den dramatischen Grundcharakter der Novelle gefeiert. Betrachtet man den Stellenwert dieser Formulierung innerhalb der theoretischen Überlegungen und der praktischen Novellenproduktion Tiecks genauer, vergegenwärtigt man sich überdies, daß Tieck an anderer Stelle die Novelle „vom Roman und dem Drama... bestimmt" unterschieden wissen wollte,[156] so kommt man schwerlich zu dem Schluß, daß Tieck hier ein präzises Formkriterium ansprechen wollte. Vielmehr handelt es sich bei der Wendepunktvorstellung eher um eine elastische Arbeitshypothese, mit der er mancherlei sehr verschiedenartige Vorstellungen verband, und die in der Praxis erst wirksam wurde nicht durch die Reflexion auf aristotelische Prinzipien, sondern in ihrer Verbindung mit der Besserungsstruktur der Moralischen Erzähltradition. Oft handelt es sich dabei in einem „tieferen" Sinn um das Sichtbarmachen eines „Lebenspunkts, wo sich... das, was wir das Unsichtbare nennen, sichtbarlich" offenbart.[157] Da dieses „Unsichtbare" aber als tatsächlich überall im „Alltäglichen" vorhanden angenommen wird,[158] ist es kein Wunder, daß viele Tiecksche

[153] K. L. Immermann, Werke hg. v. Boxberger. Bln. 1883. Bd. X. S. 110.
[154] „Die Novelle liebt es vorzugsweise, solche auffallende Wendungen und Umkehrungen, die man mit der Aristotelischen Peripetie vergleichen kann, zum Vorwurf zu nehmen..." Hermann Hettner, Die romantische Schule in ihrem inneren Zusammenhange mit Göthe und Schiller. Braunschweig 1850. S. 196.
[155] A. W. Schlegel, Vorlesungen über Schöne Litteratur und Kunst a.a.O. Bd.III. S. 245.
[156] L. Tieck, Nov. a.a.O. Bd. XII. S. 7.
[157] Ebd. Bd. IX. S. 40.
[158] Ebd. Bd. X. S. 291: „Was Gewohnheit uns nothwendig macht, nennen wir Natur und ihre Gesetze: wo ich eine Abweichung sehe, die mich überrascht und

Novellen sich des so interpretierten Wendepunktprinzips zu einer gleichsam siebartigen Lichtung der Realität, und zwar durch wiederholte „Blicke in die Ewigkeit"[159] bedienen. In der Praxis hat Tieck vom Plural A. W. Schlegels („Wendepunkte") außerordentlich freizügigen Gebrauch gemacht, – man denke etwa an ‚Wunderlichkeiten', den ‚Schutzgeist' oder die zahlreichen, zwiebelschalenartig um die zentrale Bekehrung Leonhards zur Bescheidung im ständisch Vorgegebenen gruppierten Besserungsgeschichten im ‚Jungen Tischlermeister'. Natürlich drängte die „krisenhafte", d. h. zum Problem gemachte Darstellung einer „Lebensfrage", eines „Kampfs geistiger Richtungen" u. dgl.[160] auch nicht ohne weiteres zu pointierten Erzählformen „mittlerer Länge". Das Beispiel der von Daniel Leßmann 1826 übersetzten, von Tieck hochgeschätzten ‚Verlobten' Manzonis[161] zeigt, daß man auch umfangreiche Stoffmassen auf eine epochale „Wende" hin gruppieren konnte: Tieck versucht in seinem ‚Aufruhr in den Cevennen' auf recht ähnliche Weise Entstehung und Scheitern einer religiös-politischen Bewegung nicht nur anhand eines symptomatischen Schicksals, sondern als Summe einer ganzen Reihe einzelner Entscheidungen, Wendungen und Bekehrungen zu erfassen (vgl. u. S. 221).

Blickt man von hier aus noch einmal auf die bescheidenen Daten zurück, die sich aus unserem Überblick über die zeitgenössischen Vorstellungen von der „Novelle" ergeben haben, so ist der entscheidende Eindruck der einer außerordentlich großen O f f e n h e i t des Genres. Innerhalb des Assoziationsspielraums des „begebenheitlichen Interesses", der Reflexion", der „Simplizität des Plans", die man als allgemeine Anhaltspunkte, nicht aber als verbindliche Normen ansehen darf, boten sich zahlreiche Möglichkeiten für die Einwirkung gebrauchsliterarischer Anforderungen, für Experimente und die Unterstellung des Genres unter nicht unbedingt gattungsimmanente Formgesetze. Die Bedeutung, die die (meist um einen Wendepunkt konstruierte) Besserungsstruktur gewinnen konnte, und die Möglichkeit der Orientierung an anderen Gattungen (für die die Orientierung am Schau- und Lustspiel nur ein Beispiel ist) sagen in der Biedermeierzeit kaum etwas über den Gattungscharakter aus, sondern unterstreichen

---

erstaunt, spreche ich von Wunder: als wenn jene sogenannten Gesetze nicht ebenfalls Wunder wären, als wenn ich die alltäglichste Erscheinung deuten, fassen und erklären könnte. Als wenn jede Blume mir nicht als Räthsel entgegen blühte, mein Entstehen, Wachsthum und Vergehen, Sonne, Mond und Sterne, Licht und Firmament und Wasser, ja die Organisation der kleinsten Mücke nicht ebenfalls Wunder sei. Alles Leben umgiebt mich geistig, wundersam..."

[159] Vgl. u. Kap. X. Anm. 103.
[160] Vgl. o. S. 129f Anm. 67.
[161] Vgl. etwa L. Tieck, Nov. a.a.O. Bd. VIII. S. 138.

vielmehr die grundsätzliche Elastizität der anspruchslosen Prosaepik, mit der man zuerst einmal rechnen muß.

So ist es auch verständlich, daß die Theoretiker der Novelle kaum „ex cathedra" sprechen, wenn sie sich über die „Novelle" – wie wir gesehen haben, meist sehr beiläufig – äußern. Es sind mitunter die gleichen Autoren, die sie einmal mit dem Drama, ein andermal mit dem Roman vergleichen (H. Laube, F. Schleiermacher) oder die sie bald als Kurz- und bald wieder als Großformen definieren (Alexis, Mundt). Tieck selbst hat aus seinem Novellenprogramm keine entschiedene Konsequenz gezogen und sich zuletzt auch noch von der Wendepunkttheorie distanziert (vgl. o. S. 51). Andere, anscheinend klare Äußerungen geraten in ein eigentümliches Zwielicht, sobald man sie mit der novellistischen Realität vergleicht. „Diese Novelle muß wohl überdacht, in ihre Teile reinlich geordnet, die Sprache durchsichtig, klar, einfach sein", schreibt z. B. Henrik Steffens am 29. 4. 1835 an seinen Verleger Josef Max über ‚Die Revolution'; „sie muß durchaus einen völligen Gegensatz gegen die schnelle polypenartige Beweglichkeit" der Jungdeutschen bilden: tatsächlich aber steht dieser umfangreiche Roman mit seinen „satanischen Mittelpunkten und Souterrains"[162] und der „Fülle des geistreichsten Räsonnements"[163] an Weitschweifigkeit und verwickelter Prolixität hinter keiner jungdeutschen Großnovelle zurück. Selbst der Steffens wohlgesinnten ‚Evangelischen Kirchen-Zeitung' schien es der Dichter in diesem Werk in dieser Hinsicht „zu viel zu thun"; sie erinnerte mahnend „an die hohe Einfalt des biographischen Fortschritts, wie er sich z. B. durchgehends in Göthes Novellen findet"[164] Aber auch bei Goethe entbehrt es nicht einer gewissen – vielleicht beabsichtigten – Ironie, wenn in den ‚Unterhaltungen deutscher Ausgewanderten' jene Art von Geschichten abgelehnt wird, „bei welchen, nach Weise der 1001 Nacht, eine Begebenheit in die andere eingeschachtelt, ein Interesse durch das andere verdrängt wird, wo sich der Erzähler genötigt sieht, die Neugierde, die er auf eine leichtsinnige Weise erregt hat, durch Unterbrechung zu reizen",[165] und die „Unterhaltungen" selbst gerade dieses getadelte Bauprinzip aufweisen.[166] Bernhard von Arx hat schließlich auch überzeugend belegt, daß man Goethes eigene, oft zi-

---

[162] Die Novellen von Steffens, in: Evangelische Kirchen-Zeitung 25. 11. 1837. Nr. 94.

[163] Ebd. Nr. 93.

[164] Ebd.

[165] Goethe, Werke a.a.O. Bd. 10. S. 254.

[166] A. Koberstein war sich z. B. nicht im klaren, ob er die ‚Unterhaltungen' als „eine Art Nachbildung von Boccaccio's Decameron oder von Tausend und einer Nacht" auffassen sollte. Geschichte der deutschen Nationalliteratur a.a.O. Bd. IV. S. 292.

tierte und zur Grundlage vieler Novellentheorien gemachte Bemerkung über die novellistische „unerhörte Begebenheit" höchstens als unverbindliche Stegreifdefinition werten darf.[167] Sie ist gewiß nicht „vor allem deswegen" wichtig, wie Arnold Hirsch meint, „weil sie gegen die Literatur des Tages einen strengeren Novellenbegriff verteidigt."[168] Der Vorwurf, den Paul Thorn den Unterhaltungsschriftstellern der zwanziger Jahre machen konnte, daß sie nämlich ihre Produkte „auf's Geratewohl" Novellen überschrieben,[169] gilt ohne große Einschränkung vielmehr auch auf höherer Ebene. Auch Goethe verwendet die Ausdrücke „Geschichte", „Erzählung", „Novelle" fast wahllos nebeneinander[170] und spricht in den Nachträgen zur Farbenlehre – ähnlich übrigens wie Boccaccio[171] – von mehreren „kleinen Novellen, Geschichten, Romanen, wie man sie nennen will", die sich zu den ‚Wanderjahren' vereinigt hätten. Vielleicht sollte man bei der Interpretation des Eckermannzitats sogar den Akzent stärker auf die ironische Verwendung des Wortes „unerhört" legen. Denn wenn bei der Titelgebung der ‚Novelle' von 1827 auch nicht an gattungsdogmatischen, kanonischen Anspruch gedacht war, so ist hier doch zweifellos das tiefsinnig-restaurative Spiel mit der Assoziation der „Neuigkeit" bedeutsam: sie enthüllt sich zugleich als das „alte" und „ewige" Wahre. Das Neueste (Amerika, Revolution, Novelle) und das Älteste (Orient, das sanfte Gesetz, Poesie) werden wie in vielen Biedermeiernovellen (z. B. bei Arnim, Eichendorff, Stifter oder Tieck) zum Ausgleich gebracht. Daneben scheint aber auch die „prosaische Ausführung" des als Versepos geplanten Werks eine Rolle bei der Titelwahl gespielt zu haben. Eine briefliche Äußerung an Humboldt legt diese Deutung zumindest nahe, in der Goethe bemerkt: „jetzt, beim Untersuchen alter Papiere, finde ich den Plan wieder und enthalte mich nicht, ihn prosaisch auszuführen, da es denn für eine Novelle gelten mag, eine Rubrik unter welcher gar vieles wunderliche Zeug kursiert."[172]
Die Begriffsbestimmung der Novelle bleibt also, wie schon die Biedermeierkritik klagt, „ein mißliches Ding".[173] „Eine Rubrik unter welcher gar vieles wunderliche Zeug kursiert", ein Wort, das man „für alle, be-

[167] Bernhard von Arx a.a.O. S. 21.
[168] A. Hirsch a.a.O. S. 40.
[169] Paul Thorn, Einige Worte über die Novelle a.a.O. Nr. 103. S. 848.
[170] B. von Arx a.a.O. S. 22.
[171] Boccaccio, Decamerone a.a.O. S. 3 (Proemio): „... cento novelle, o favole o parabole o istorie che dire le vogliamo."
[172] An W. von Humboldt 22. 10. 1826. (Goethes Werke. Hamburger Ausgabe. 1965. Bd. VI. S. 723).
[173] Wilhelm Meyer a.a.O. S. 111. Vgl. A. Hirsch a.a.O. S. 39.

sonders kleineren Erzählungen" braucht,[174] eine Form, die „ein Zwitter von Erzählung, Novelle und Roman, oft dies Alles zusammen" ist,[175] ein „unausgeführtes poetisches Süjet", die „Charakterlosigkeit selbst" (vgl. o. S. 117 u. S. 98): man darf alle diese und ähnlich lautende Formulierungen nicht ganz außer acht lassen. Sie interferieren die scheinbar festeren Formprogramme und erklären auch die Unsicherheit mancher Erzähler, die angesichts ihrer Werke zögernd fragten: „Gott und seine lieben Kritiker mögen wissen, ob die nachstehenden Geschichten wirkliche und gerechte Novellen sind",[176] oder umgekehrt verwundert feststellten: „Jetzt war ich unter die Poeten geraten und hatte Novellen geschrieben und wußte gar nicht, was eigentlich eine Novelle ist – wobei ich übrigens manchen gefeierten Novellisten zum Schicksalsgenossen hatte."[177] Keller gab noch drei Jahre nach dem Erscheinen des ersten wirklich weithin verbindlichen Anhaltspunkts und der Grundlage aller späteren Gattungsstudien (des von Paul Heyse und Hermann Kurz 1871 herausgegebenen ersten Bandes des ‚Deutschen Novellenschatzes‘) seinem Unwillen über das „aprioristische Spekulieren, das beim Drama noch am Platz ist, aber nicht bei der Novelle und dergleichen" kräftig Ausdruck.[178] Nicht unwichtig ist auch die Feststellung, daß zwischen den bedeutenderen Novellenprogrammen der Biedermeierzeit wohl zahlreiche Interdependenzen zu beobachten sind, daß es sich dabei aber nirgends um Versuche eines methodischen Weiterdenkens handelt. Die Bemerkungen Nadines in Wielands ‚Hexameron‘ fußen auf den Rahmengesprächen der Goetheschen ‚Unterhaltungen‘; Tieck knüpft in seinem ‚Vorbericht‘ 1829 an Goethe und Wieland an, übernimmt den Wendepunktbegriff vermutlich von A. W. Schlegel und setzt sich mit F. Schlegels Auffassung von der Novelle als einer „Anekdote" auseinander; Alexis beruft sich im gleichen Jahr

---

[174] S. o. Anm. 93.
[175] O. L. B. Wolff, Allgemeine Geschichte des Romans a.a.O. S. 19.
[176] S. o. Kap. V. Anm. 156.
[177] Wilhelm Heinrich von Riehl, Geschichten und Novellen. Gesamtausgabe. 1923. Bd. V. S. xii.
[178] „In dieser Äußerung (sc. Julian Schmidts) fiel mir nämlich wieder das Grübeln über die Mache auf, dieses aprioristische Spekulieren, das beim Drama noch am Platz ist, aber nicht bei der Novelle und dergleichen." (G. Keller an E. Kuh 12. 2. 1874. Gesammelte Briefe hg. von C. Helbling. A.a.O. Bd. III, 1. S. 173). – „Daß es auch für die Novelle eine Technik gebe ..., davon haben die wenigsten Novellisten einen Begriff" (Paul Heyse, Jugenderinnerungen und Bekenntnisse. 1900. S. 345f.). – „Was ich jetzt sage, scheint unglaublich, aber es ist so: man braucht nur ein paar Bändchen Novellen aufzuschlagen, um zu sehen, daß die Verfasser selbst nicht darüber im Reinen sind, was das Wort bedeutet oder auch nur bedeuten soll, welches sie ihren Productionen als Titel vorsetzen." (Paul Thorn, Einige Worte über die Novelle a.a.O. Nr. 104. S. 855f.).

vor allem auf Tieck, in Details auf F. Schleiermacher und Th. Mundt; Hauff auf kritische Äußerungen Alexis' – : alle diese Bemerkungen bleiben indes bewußt persönliche Stellungnahmen am Rande und unterhalb der anspruchsvollen klassifizierenden Ästhetik.

Wie offen man sich den „Gattungsbegriff" in unserem Zeitraum wirklich vorstellte und wie „bescheiden" man trotz eigener Definitionsbemühungen in biedermeierlicher Toleranz auch andere, diesem Programm nicht entsprechende als „Novellen" bezeichnete Werke gelten ließ, möge zum Abschluß noch ein kurzer Blick auf die gesellige Unterhaltung einer Tieckschen Novelle (‚Der Wassermensch‘, 1834) verdeutlichen. – Lucilie, die weibliche Protagonistin, ein „Professor" und der welt- und improvisationsgewandte junge Rat Eßling unterhalten sich hier über die alte Sage vom „Fischmenschen".

> L u c i l i e . . . . Ist nun die Erzählung, die wir eben vernommen haben, nicht auch vielleicht eine Novelle zu nennen? Jetzt, da man alles so tauft?
> P r o f . Die ältesten Italiäner, wenn sie die Begebenheit erzählend und ohne alle Bezweiflung vorgetragen, hätten sie wahrscheinlich Novelle genannt. Denn sonderbar und neu ist dieser Untergang und diese Gabe des Schwimmens gewiß.
> L u c i l i e . Könnte man nicht auch nach unserm neuern Bedürfniß, oder unsrer Mode eine Novelle daraus machen?
> E ß l i n g . Gewiß, und zwar in mehr als in einer Manier. So wie wir schon sonst in der Landschafts-Malerei ein Genre, die Seestücke hatten, wo Häfen, Stürme, Schiffe und Meer in mannigfaltigen Aufgaben dargestellt wurden, so haben jetzt Engländer und Franzosen eine eigne See-Romantik. So könnte an das Schicksal dieses Mannes das ganze Schifferleben der Neapolitaner und Sicilianer geknüpft werden, die Beschreibung aller dortigen Inseln und Buchten: einen guten Contrast hiezu würde der feuerspeiende Aetna geben. Ein Schiff müßten wir nun besonders mit jedem seiner Segel, mit jeglichem Tau und Brette kennen lernen, damit, wenn es nun untergeht, wir ihm, wie einer Person, Thränen nachweinen könnten. Die interessanteste Figur, natürlich ein wunderschönes, vornehmes, reiches Mädchen, wird von Nicola [dem Fischmenschen] aus dem Schiffbruch gerettet, durch diese kömmt eine Verbindung mit dem Hof und dem Könige, und so weiter.
> L u c i l i e . Alle Achtung vor Coopers Talent, so glaube ich doch, daß seine Manier zu weitschweifig ist. Die französischen Seedichtungen zu lesen, die sich auch viel Ruf erworben, habe ich noch nicht den Muth gehabt.
> E ß l i n g . Da Ihnen, mein Fräulein, diese Weise nicht zusagt, so ließe sich auch um die Figur des menschlichen Fisches her ein Conspirations-Roman reihen und bilden . . .[179]

Der junge Rat improvisiert also, vom Beifall der Gesellschaft ermuntert, einen zweiten und einen „dritten Roman" (d. h. eine Novelle „nach unserm

[179] L. Tieck, Nov. a.a.O. Bd. V. S. 29f.

neuern Bedürfniß, oder unsrer Mode"), bei dem eine Liebesaffäre im Mittelpunkt steht; man spricht weiterhin „noch von andern Novellen, oder wahren Begebenheiten";[180] der Professor trägt eine fernere alte Variante der Sage vor, in der sich das „Phantastische" eines „sonderbaren Lebenslaufs" mit historischer Beglaubigung verbindet:[181] in einer geographisch genau bestimmten Ortschaft erfüllt sich in einem chronikalisch genau erfaßten Lebenslauf des späteren „Fischmenschen" Francesko de la Vega der Fluch seiner Mutter, „daß er ganz im Wasser leben und dort Wohnung und Aufenthalt finden möge." Stumpfsinnig, sprach- und gefühllos geworden fangen ihn Fischer später wieder ein und bringen ihn in sein Vaterhaus, wo er bis zu seinem endgültigen Verschwinden einige Jahre dahinlebt. Kann man, erhebt sich alsbald die Frage, „auch diese Begebenheit, diesen isolirten Vorfall, der keine Folgen hat, eine Novelle nennen?"

> Prof. Vielleicht mit mehr Recht, als sich jetzt manche schlichte oder verwirrte Erzählung dieses Titels bemächtigt. Hier ist das Wunderbare, Unauflösliche grade das Anziehende, welches vielfache Gedanken und Fragen in uns weckt... Auch waren... Zeugnisse für die Ächtheit dieses Francesko von den achtbarsten und von vornehmen Männern vorhanden, so daß diese Begebenheit sich an viele der merkwürdigsten Naturerscheinungen reiht, die zu erklären den Physikern ebenfalls so oft schwierig, selbst unmöglich wird.[182]

Die Sage vom Fischmenschen bildet in dieser Tieckschen Novelle also das „begebenheitliche Interesse", das das ,Damen-Conversations-Lexicon' von der „Conversation" fordert: „um dieses dreht sie sich, dieses handelt sie auf die verschiedenartigste Weise ab, und variiert das Thema auf das Vielfältigste, oft Überraschendste" (vgl. o. S. 35). Geradezu paradigmatisch fährt Tieck nun aber fort, getreu dem Programm seines ,Vorberichts' „Gesinnung, Beruf und Meinung" der an diesem Gespräch beteiligten Personen „in Handlung übergehen" zu lassen.[183] Die „tiefere", „ewige" (und das heißt natürlich konservative) Wahrheit der alten Sagen wird innerhalb der Rahmenhandlung durch ein „modernes" Exempel bestätigt und dabei ganz auf die Ebene einer neueren, völlig im Sinne Tiecks konzipierten „Novelle" transponiert. Ohne ihre „wunderbare" parabolische Überzeitlichkeit abzustreifen, entwickelt sich die Erzählung zum „Roman, der sich ganz aufs Zeitalter bezieht"[184] und doch „mythisches Concetto"[185] bleibt.

[180] Ebd. S. 39.
[181] Ebd. S. 39f.
[182] Ebd. S. 48.
[183] L. Tieck, Vorbericht a.a.O. S. lxxxviii.
[184] Friedrich Schlegel, Literary Notebooks a.a.O. § 1430.
[185] Ebd. § 1449. – Ähnlich heißt es bereits in Goethes ,Unterhaltungen': „Sie

Eßlings „unreifer" Gegenspieler, der junge frankophile Revolutionär Florheim braust in einem anschließenden politischen Gespräch auf, verleugnet ostentativ das von dem konservativen Honoratiorenkreis monopolierte, als allein menschenwürdig empfundene Element loyaler Gesittung und löst im Zorn seine Verlobung mit Lucilie.

> Mutter. Sonderbar, – wir leben in einer Zeit, die Dinge zu Tage fördert, die man ehemals mährchenhaft würde genannt haben.
> Prof. Dergleichen ist die traurige Novelle unserer Zeit, die neueste Neuigkeit unserer Tage. So wandelt er nun hin, der Arme, und merkt nicht, welche Nüchternheit ihm so dürftig genügt, da er bestimmt war, das unendliche Universum in sich aufzunehmen...
> Mutter. Ein sonderbarer Mensch...[186]

Zweifellos wird in dieser Novelle „manches in conventioneller oder ächter Sitte und Moral Hergebrachte" überschritten.[187] Indes – im Rahmen des Biedermeierdenkens genügt es nicht mehr, einen „isolirten Vorfall, der keine Folgen hat" (vgl. o. S. 148), eine „sonderbare" naturgeschichtlich oder anthropologisch interessante Ausnahmeerscheinung wie einen Fischmenschen oder einen Revolutionär einfach um ihrer selbst willen zu schildern. Die „Nüchternheit" mußte wenigstens mit dem „unendlichen Universum" konfrontiert werden, der „Sonderfall" aus seinen Voraussetzungen heraus oder durch Parallelgeschichten erklärt und – auch dies ist die Regel – durch Maximen kommentiert werden. Es ist kaum „novellistisch", sehr wohl aber biedermeierlich, wenn Tieck in seinem „Vorbericht" meint, der Novelle sei es darum „vergönnt, über das gesetzliche Maas hinweg zu schreiten", weil sie „zuweilen auf ihrem Standpunkt die Widersprüche des Lebens lösen, die Launen des Schicksals erklären, den Wahnsinn der Leidenschaft verspotten" könne, so „daß der lichter gewordene Blick auch hier im Lachen oder in Wehmut, das Menschliche, und im Verwerflichen eine höhere ausgleichende Wahrheit erkennt."[188] Gerade darum aber, weil der Name „Novelle" relativ unfixiert und unvorbelastet war, erwies er sich nun als brauchbar zur Kennzeichnung neuer Absichten innerhalb der Prosaepik.

werden uns doch nicht verwehren, unsre Freunde und Nachbarn wieder zu kennen...?' –...„Keineswegs. Sie werden mir aber auch dagegen erlauben, in einem solchen Falle einen alten Folianten hervorzuziehen, um zu beweisen, daß diese Geschichte schon vor einigen Jahrhunderten geschehen oder erfunden worden. Eben so werden Sie mir erlauben, heimlich zu lächeln, wenn eine Geschichte für ein altes Märchen erklärt wird, die unmittelbar in unsrer Nähe vorgegangen ist..." (Goethe, Werke a.a.O. Bd. 10. S. 329).

[186] a.a.O. S. 61.
[187] L. Tieck, Nov. a.a.O. Bd. XII. S. 7. (Vorwort zum ‚Jungen Tischlermeister').
[188] L. Tieck, Vorbericht a.a.O. S. xc.

Sowohl das didaktische als auch das „rundende" Prinzip der „poetischen Gerechtigkeit" wird am Schluß dieser Tieckschen Novelle sichtbar. Nachdenklich zieht die als etwas naiv geschilderte Mutter Luciliens hier ausdrücklich noch einmal die Parallele zwischen der „widernatürlichen" Verirrung des jugendlichen Schwärmers und der Perversion des Fischmenschen:

> Der hatte auch keine Ruhe, bis er in das Meer gerieth, und nach vier, fünf Jahren fischten sie ihn wieder heraus, und er war ganz dumm geworden, und konnte sich weder an etwas Vernünftiges erinnern, noch war er zu etwas Tüchtigem zu gebrauchen.[189]

Und um die gestörte Harmonie der Familie wiederherzustellen, bittet Rat Eßling um die Hand der entlobten Lucilie. Mutter und Tochter erklären freundlich, das werde „sich finden".

> P r o f . Und Alles wird sich finden, und so auch das, daß diese Familiengeschichte sich wieder gewissermaßen zu einer Novelle ausbildet.[190]

Natürlich kann es sich hier nicht darum handeln, Tiecks ‚Wassermensch' als eine biedermeierliche Musternovelle zu interpretieren. Tatsächlich aber finden wir in ihr nicht nur die historisch gebildete, der Moderne zugleich maßvoll aufgeschlossene Erörterung aller möglicher Novellenformen („jetzt, da man alles so nennt"). Offensichtlich benutzt Tieck den Rahmen darüber hinaus auch zur vorsichtigen Insinuation einiger seiner eigenen Gattungsvorstellungen, die sich zwanglos mit den wichtigsten im Vorangehenden angeführten Leitbegriffen decken. Auf verhältnismäßig knappem Raum (ca. 15 000 Worte) begegnen uns in lockerer Folge eine Reihe der berührten Punkte wieder: gesellige Unterhaltung und Reflexion, Hinweise auf alte („italienische") Modelle, ihre genauer lokalisierte spanische Variante und auf moderne Werkformen von Romanformat. Alte Begebenheiten und die „neueste Neuigkeit unserer Tage" vermischen sich und interpretieren sich. Zeitbezug, „Gegenwärtigkeit" und moralistische Distanz, eine auf einen dramatischen Eklat ohne dramatische Formstrenge hin zugespitzte, durch Parallelgeschichten und „Dialogisierung" aufgelockerte Handlung, die Darstellung eines exzentrischen Charakters inmitten einer selbstsicheren und unerschütterlichen Gesellschaft sind formkonstituierend. Auch für die laxe Handhabung des Originalitätsprinzips (vgl. o. S. 68f) findet sich ein Beispiel: die Sage vom Fischmenschen wurde kaum modifiziert und ohne Quellenhinweis einer formal ähnlichen

[189] a.a.O. S. 62.
[190] Ebd.

Konversationsnovelle Heinrich Zschokkes entlehnt.[191] Und schließlich bestätigt auch noch eine nachträgliche Korrektur den bewußt unperfektionistischen, ephemeren Charakter, den man der Novellenprosa zuerkannte. Daß der ,Wassermensch' nämlich insofern eine Ausnahme unter Tiecks Novellen bildet, als er auf eine „Bekehrung" des jungen Revolutionärs verzichtet, „die Umstände" also, wie Solger an Scott rügte, nichts „aus ihm" machten,[192] scheint den Dichter selbst so wenig befriedigt zu haben, daß er eine Revision offensichtlich erwog. Statt die Erzählung indes noch einmal zu überarbeiten (wie dies Stifter in nachbiedermeierlicher Zeit bei der Herausgabe seiner zunächst in Taschenbüchern veröffentlichten ,Studien' tat), holte er das Versäumte einfach vier Jahre später in der Nachschrift der ,Glocke von Aragon' nach, in der er sich an den Kreis seiner „Freunde, welche die Erzählung vom ,Wassermenschen' gelesen haben" wandte[193] und sie noch einmal unter die ihm selbst nicht mehr ganz vertraute Konversationsgesellschaft versetzte. Aus der „zu einer Novelle" ausgebildeten „Familiengeschichte" wurde dabei wieder eine „Erzählung", aus Lucile eine Cäcilie – Tieck hielt es also nicht einmal der Mühe für wert, die alten Blätter wieder zu überfliegen. Der uns bekannte „Professor" aber berichtet hier kurz über die Rückkehr des nach Frankreich emigrierten „verwilderten und jetzt bekehrten Florheim":[194]

Er schreibt mir, daß er in der Fremde erst sein Vaterland habe achten und verstehen lernen. Dort in Paris sei für diejenigen, die Deutschland und dessen Glück verkennen, eigentlich die beste Heilanstalt ... – Kurz, meine Freunde, der schwärmende Jüngling ist ein verständiger Mann geworden.

[191] ,Der Eros oder Über die Liebe'. – Die gemeinsame Grundlage ist eine Novelle Joviano Pontanos.
[192] Tieck and Solger a.a.O. S. 530.
[193] L. Tieck, Nov. a.a.O. Bd. IX. S. 343.
[194] Ebd. S. 413.

VIII

„NOVELLISTISCHER REALISMUS"

Voraussetzungen. Romantikkritik und Polemik gegen
das „Romanhafte im Roman". Novelle als wirklichkeitsschildernde
Prosaform

Bei der vorangehenden Betrachtung der häufigsten mit dem Novellenbegriff verbundenen Assoziationen in der Biedermeierzeit tauchte bereits
mehrfach auch eine Vorstellung auf, die sich bei näherem Zusehen als so
wichtig und komplex erweist, daß sie ein gesondertes Kapitel erfordert: die Nuance des Novellistischen als des „Neuen", „Aktuellen",
„Gegenwärtigen" und damit zugleich „Wirklichen", „Lebensnahen",
„Zeitgemäßen", „Realen", „Alltäglichen" in vielen verschiedenen Spiel-
arten nahm im Denken der Epoche überall dort, wo von Novellen die
Rede ist, einen überaus breiten Raum ein. In der germanistischen Novellenforschung findet sich auch mancher Hinweis auf dieses Phänomen. Während Bernhard von Arx freilich Märchen u n d Novelle gleichermaßen als
„Erzählformen mittlerer Länge" von derselben „Daseinshaltung" her zu
interpretieren versucht, äußert Benno von Wiese im einleitenden Abschnitt
seiner ‚Deutschen Novelle' ausdrücklich die Vermutung, die „Entdeckung
der Wirklichkeit im 19. Jahrhundert und die Geschichte der deutschen
Novelle" stünden in einer engeren Wechselbeziehung.[1] Walter Silz deutet in seinem Buch über ‚Realism and Reality'[2] ähnliche Zusammenhänge
ebenso vorsichtig wie zurückhaltend an und formuliert an anderer Stelle:
„... die Novelle bewegt sich deutlich in der Welt der Wirklichkeit."[3]
Auch naivere Vorstellungen wie die Johannes Kleins, die „Urform" der
Novelle sei „das Leben selbst"[4] oder die Ansicht Hans-Adolf Ebings,
im Gegensatz zur „Kurzgeschichte" sei „naturalistisch-realistische Pho-
tographie für die Novelle durchaus möglich,[5] zielen in den gleichen Vor-

---

[1] Benno von Wiese, Dt. Novelle a.a.O. Bd. I. S. 16.
[2] Walter Silz, Realism and Reality. Studies in the German Novelle of Poetic
Realism. 1954.
[3] Ders., Geschichte, Theorie und Kunst der deutschen Novelle a.a.O. (s. o. Kap.
I. Anm. 13) S. 86.
[4] Johannes Klein, Geschichte der deutschen Novelle a.a.O. S. 5.
[5] Hans-Adolf Ebing, Die deutsche Kurzgeschichte a.a.O. S. 140.

stellungsbereich. Noch die Untersuchung Richard Brinkmanns über „Gehalt und Grenzen des Begriffs Realismus für die erzählende Dichtung des neunzehnten Jahrhunderts"[6] steht – insofern sie sämtliche Belege aus dem Bereich novellistischen Erzählens wählt – indirekt im Bann dieser Identifikation; und je tiefer man in den geistigen Raum des 19. Jahrhunderts zurückstößt, umso unreflektierter scheint diese Identifikation gegenwärtig zu sein. A. W. Schlegel hielt es beispielsweise für „ausgemacht, daß viele der moderenen und unromantischen Romane sich gerade dasselbe zum Ziel gesetzt, was die Novelle: nämlich Erfahrungen über den Weltlauf mitzutheilen, und etwas als wirklich geschehen zu erzählen. Daher die vielen Überschriften: k e i n R o m a n, w a h r e G e s c h i c h t e u. s. w."[7] Man denke auch an die Selbstverständlichkeit, mit der F. Th. Vischer die Begriffe „Novelle" und „Realismus" verbindet. „Die Novelle hat dem Romane den Boden bereitet, das Erfahrungsbild der Welt erobert", schrieb er in seiner Ästhetik;[8] und bei Gelegenheit der Kellerschen ,Legenden' fragte er unvermittelt an: „... es folgen vermutlich Novellen? Dann könnte man den Dichter betrachten, wie er es auf dem realen Boden treibt..."[9] Hermann Hettner behandelte in seiner Darstellung der ,Romantischen Schule in ihrem inneren Zusammenhange mit Göthe und Schiller' die „Novelle" am Beispiel Tiecks. Er proklamierte: „Gegenwart und Wirklichkeit! das gerade war es ja, was unserer Poesie in ihrer idealistischen Selbstüberhebung fehlte und was sie sich wiedererobern mußte. Wir können daher diese wiedererwachende Novellenpoesie gar nicht hoch genug veranschlagen",[10] und fuhr fort: „Man würde sich sehr irren, wollte man diese realistische Wendung unserer Poesie für eine vereinzelte und zufällige Erscheinung halten."[11] Auch August Koberstein brachte in seiner bereits erwähnten Äußerung das Zurücktreten der „schlechten romantischen Tendenzen" zu Beginn der zwanziger Jahre mit der Tieckschen Novellenwendung in Zusammenhang und stellte die Erscheinung vor einen breiten epochengeschichtlichen Hintergrund:

> Unsre Dichtung nahm von nun an in den großen Gattungen sichtlich eine Wendung, die sie ihren Beruf mehr wie früher darin finden ließ, das wirkliche

---

[6] S. o. Kap. I. Anm. 1.
[7] August Wilhelm Schlegel, Vorlesungen über Schöne Litteratur und Kunst a.a.O. Bd. III. S. 246.
[8] Friedrich Theodor Vischer, Aesthetik a.a.O. Bd. VI. S. 193.
[9] Vgl. Albert Hauser, Gottfried Keller. Geburt und Zerfall der dichterischen Welt. 1959. S. 108.
[10] Hermann Hettner, Die romantische Schule in ihrem inneren Zusammenhange mit Göthe und Schiller a.a.O. S. 194.
[11] Ebd. S. 199.

Leben der Gegenwart und der Vergangenheit in seiner objectiven Wahrheit darzustellen. Mehreres traf zusammen... Zunächst waren es die Werke W a l t e r   S c o t t s ... Sodann trat jetzt T i e c k mit seinen Novellen auf, die sich entweder ganz in den Verhältnissen und in den Gesinnungen des modernen Lebens bewegten..., oder geschichtliche Charaktere und Begebenheiten in lebensvollen Bildern uns vorführten und damit den Hauptanstoß für den nunmehrigen raschen Anwuchs dieser Gattung erzählender Darstellungen gaben... Mittelbar trug auch der Einfluß, den H e g e l durch seine Philosophie auf die Denkart und geistige Bildung der Zeit ausübte, dazu bei, die früherhin in der Literatur so mächtig vorwaltende Idealistik zurückzudrängen und der vernünftigen Wirklichkeit des gegenwärtigen und des geschichtlichen Lebens, wie in der Wissenschaft, so auch in der Kunst, zu der ihr gebührenden Geltung zu verhelfen...[12]

Es ist nicht leicht, auf Grund dieser Zitate und vor allem anhand der oft komplizierten Gedankenverknüpfungen zu entscheiden, ob das Schlagwort vom wirklichkeitsdarstellenden Charakter der Novelle nun tatsächlich in die Begriffsbestimmung der Gattung hineingenommen werden muß oder ob es sich dabei nicht vielmehr um eine Projektion epochenkonstituierender (und auch in anderen Gattungen wirksamer) „realistischer" Tendenzen in der frühen Biedermeierzeit handelte. Die vorsichtige Weltzuwendung nach den romantischen und klassizistisch-idealistischen Abstraktionen, das Bemühen um eine bescheidene Konsolidierung nach dem Verebben des nationalen und liberalen Elans der Befreiungskriege, das Hervorkehren praktischer, prosaischer, empirischer Interessen und das Eindringen historisierender und auf geographischen Detailrealismus bedachter Stiltendenzen in Kunst und Literatur hat die Biedermeierforschung ja von jeher stark beschäftigt. Bereits bei unserer Betrachtung der „Prosawendung" zu Beginn der zwanziger Jahre (vgl. o. S. 55ff.) stießen wir auf das Phänomen einer kollektiven, keineswegs auf den literarischen Bereich beschränkten Reaktion gegen alle möglichen Formen von „Idealistik" (Koberstein), „Idealismus" (G. Büchner),[13] „Geisttreiberei" (Evangelische Kirchen-Zeitung), von „poetischen Träumen" (Karoline Fouqué), „fatalistischem" oder „ironischem Fieber" (Alexis) u. dgl. m. Parallel zu den biographischen Verbürgerlichungstendenzen im Leben zahlreicher aktiv gebliebener Romantiker zeichnete sich auch das wissenschaftliche Bemühen um „eine mehr praktische Haltbarkeit" in ihren Publikationen ab.[14]

[12] August Koberstein, Geschichte der deutschen Nationalliteratur a.a.O. Bd. IV. S. 937f.
[13] „Dieser Idealismus ist die schmählichste Verachtung der menschlichen Natur" (Lenz). Büchner, S. W. a.a.O. S. 92.
[14] Theodor Mundt, Geschichte der Literatur der Gegenwart a.a.O. S. 337f. (über K. L. von Haller).

Man hat mit Recht von einem fast frühpositivistischen Forschertyp gesprochen, der sich in diesen Jahren durchzusetzen begann und das romantische Spekulieren ebenso wie die großen irrationalistischen Syntheseversuche des 18. Jahrhunderts ablöste.[15] Ein Hauch von nüchterner „Ostwindklarheit" (Therese Huber, ‚Verstand kommt nicht vor Jahren') durchdringt das gesamte Epochenklima. Wir werden sehen, daß viele Biedermeiernovellisten stolz darauf waren, als Moralisten anerkannt zu werden; Gotthelf, Steffens und Alexis taten sich auf die „wissenschaftliche" Exaktheit ihrer Lokal- und Milieuschilderungen nicht wenig zugute. Selbst ein genialischer Einzelgänger wie Wilhelm Waiblinger betonte in seiner Autobiographie das frühe Interesse für die Schulfächer der „R e a l i e n"[16] (d. i. Geschichte, Naturkunde und Geographie) und empfahl sein Werk dem Leser mit einem antiromantischen Ausfall:

> Besser, als wenn ich Dich mit fliegenden Drachen, Burgen, Feen, Ritterliebe, Schicksalschauernissen und dergleichen romantischen Flunkereien hätte unterhalten wollen ... Das Leben eines jeden Menschen ist interessant und ich habe für jede brave Selbstbiographie dem Verfasser gedankt...[17]

Auch die Buchhandelsstatistik des ‚Codex nundinarius' (s. o. Kap. IV. Anm. 31) weist nach, daß Geschichtswerke in der ersten Hälfte der Biedermeierzeit zwischen 1816 und 1830 den höchsten Prozentsatz aller publizierten Buchtitel ausmachten. Die „ökonomische Literatur", deren Einflüsse sich nicht nur in Goethes ‚Wanderjahren' aufzeigen lassen, erlebte (nach der gleichen Statistik) eine Art Gründerzeit: im Zeitraum zwischen 1816 und 1820 konnte sie 5,8%, im Jahrfünft 1826/1830 bereits fast doppelt soviel (10,4%) und im Zeitraum zwischen 1836 und 1840 14,1% aller Titel auf sich vereinigen und war damit an die Spitze aller Sparten der gesamten Buchpublikation gerückt. Wiederum zeigt dabei schon ein oberflächlicher Blick auf die biedermeierlichen Taschenbücher, daß diese Tendenzen nicht auf ein engeres Fachpublikum von Spezialisten beschränkt blieben, sondern unverzüglich popularisiert wurden. Nicht allein in den eigentlichen historischen, genealogischen, topographischen oder archäologischen Almanachen wurde man mit „Realien" konfrontiert. Auch die schöngeistigen Taschenbücher hielten es für selbstverständlich, ihren Lesern geschichtliche und naturgeschichtliche Beiträge vorzusetzen. So druckte Brockhaus z. B. in seiner ‚Urania' Abschnitte aus Raumers

[15] Vgl. Jost Hermand, Die literarische Formenwelt des Biedermeiers a.a.O. S. 11.
[16] „... während ich in allen Realien, in Geschichte und Geographie, wohl der Beste von allen war." W. Waiblinger, Gesammelte Werke a.a.O. B. I. S. 51.
[17] Ebd. S. 95.

Hohenstaufengeschichte ab. Die (zunächst von Kuhn, Meissner und Wyss, später von Zschokke herausgegebenen) ‚Alpenrosen' brachten in jedem Jahrgang eine Beigabe von meist durch Kupfer illustrierten und fast immer „vaterländisch" ausgerichteten Heimatkundebeiträgen; Fouqués ‚Frauentaschenbuch' bevorzugte die Rubrik ‚Lebensbilder' (Franz Horn war hier ein beliebter Autor); Friedrich Kinds ‚Taschenbuch zum geselligen Vergnügen' brachte wie die ‚Penelope' ‚Biographische Aufsätze', die durch ‚Gemälde-' bzw. Kupferstich-‚Galerien' illustriert wurden; das ‚Rheinische Taschenbuch' kannte eine Sparte ‚Historische Aufsätze' usw. Oft nahmen die Berichte dabei einen essayistischen und mitunter (z. B. bei Franz Horn) auch novellistischen Charakter an, wie es andererseits angesichts des z. T. nichtfiktionalen, durch Anmerkungen und dokumentarische Anhänge beglaubigten Wahrheitsanspruchs vieler Erzählungen nicht unverständlich ist, daß man mancherorts der Meinung zu sein schien, „eine geschichtliche Abhandlung sei das Ideal einer historischen Novelle, und diejenige historische Novelle sei folglich die beste, welche am meisten Ähnlichkeit mit einem Abschnitt einer allgemeinen Weltgeschichte habe..."[18] Der bekannte österreichisch-böhmische Almanach ‚Libussa' bestand aus einem schöngeistigen und einem ‚Vaterländische Denkwürdigkeiten' betitelten zweiten Teil, in dem böhmische Geschichte, Wirtschaftsberichte, Baudenkmäler, Funde aus der Vorzeit, Biographien, Historisches und Topographisches ihren Platz fanden. Ohne an eine unmittelbare Abhängigkeit zu denken, mag man sich beim Blick beispielsweise auf den Jahrgang 1848, der u. a. über einen „alten Becher der Leibgedingstadt Melnik (mit einer gestochenen Ansicht)", über „einige in neuester Zeit in Böhmen aufgefundene alte Aschenkrüge, Geräthe und Kunstgegenstände", „die Reihenfolge der sämmtlichen Bischöfe und Erzbischöfe Prag's", „die böhmischen Edelsteine" berichtete und überdies ein biographisches „Lebens- und Charakterbild" enthielt, an manche beschreibenden Partien Stifterscher Prosaepik erinnert fühlen. Mit einer indirekten Rückwirkung solcher Detailrealismen innerhalb des Taschenbuchrahmens auf die literarischen Beiträge selbst wird man mit Sicherheit rechnen dürfen. Viele Biedermeiernovellisten schrieben auch nebenher hochbegehrte und gutbezahlte Reise- und Korrespondenzberichte. Man denke an Chamisso, Laube, Alexis, Sealsfield, Gaudy, Schücking, Gutzkow, Hebbel, Hackländer, Waiblinger oder Wilhelm Müller, den Theodor Mundt als „frischen, die Volksindividualitäten sinnig belauschenden Beobachter" lobte.[19] Waiblinger hat z. B. in seinen ‚Britten

[18] Zit. nach M. Zuber a.a.O. S. 925.
[19] Th. Mundt, Geschichte der Literatur der Gegenwart a.a.O. S. 80.

in Rom', die an einem dünnen improvisierten Erzählfaden mit großem Fleiß Sehenswürdigkeiten, Lokalsitten u. dgl. aufreihten, in einem wörtlicheren Sinn Reisenovellen geschrieben als Tieck, dessen Novellen Friedrich Gundolf als „Reiseführer durch Geschichte und Gesellschaft seiner Zeit" charakterisiert hat (vgl. o. S. 44). Wackernagel nannte die norwegischen Landschaftsschilderungen in den Novellen Henrik Steffens' in einem Atem mit der für ihn vorbildlichen wissenschaftlichen Darstellungskunst E. Pöppigs in seinen ‚Reisen in Chile, Peru und auf dem Amazonenstrome 1827–1832';[20] und über Sealsfield konnte man nicht ganz zu Unrecht schreiben, ihm scheine es „gleich…, ob er Novelle, Geschichte oder Reisebeschreibung giebt…".[21]

Als Gegenbegriff gegen alle diese empirischen Bestrebungen, die sich im literarischen Bereich meist schlechtweg mit dem Anspruch verbanden, die „Poesie… wieder ganz mit dem Leben" zu verschwistern,[22] gewann das Etikett des „R o m a n t i s c h e n " in dieser Zeit erst seine größte (negative) Popularität. „Romantisch" wurde zum Inbegriff aller überwundenen und „schlechten … Tendenzen" (s. o. S. 153). Alexis bemerkte in seinem Rückblick auf die Jahre nach den napoleonischen Kriegen, man sei „durch alles Romantische… gesättigt" gewesen und habe nichts weiter im Sinn gehabt als „Ruhe, und dann fort, hinaus, zurück ins alltägliche Leben."[23] Tieck verdrehte das Wort – allerdings in einem Ausfall gegen die französischen Romantiker – zu „rohem Mantschen".[24] In einer Reihe von Lustspielen und zeitkritischen, oft stark verschlüsselten Novellen verspottete man „die Unsitte jener Dichterschule, sich von der Gegenwart wegzuwenden, den poetischen Katholizismus, Hellenismus und Hispanismus."[25] Man verwarf klassizistisches „Zurückleben" (Alexis, ‚Venus in Rom'), professorale Arkadiensehnsucht (Tieck, ‚Der Gelehrte'), „müßiges" Verharren in orientalischen „Tempelträumen" (Leopold Schefer, ‚Der Unsterblichkeitstrank'), Mondlichtschwärmerei (Alexis, ‚Der Braune')[26] und zielloses Wandern (Therese Huber, ‚Die lustigen Leute von Knöringen') gleichermaßen als „romantisch" und spielte dagegen mit Vorliebe die Berliner Gasbeleuchtung (Alexis), „zweckmäßiges Studiren", die „Ostwindklarheit" der Väter- bzw. Oheimgeneration (Th.

---

[20] Wilhelm Wackernagel, Poetik a.a.O. S. 261.
[21] Th. Mundt, ebd. S. 238.
[22] W. Alexis, Vorwort (1830) a.a.O. S. vii.
[23] W. Alexis, Erinnerungen a.a.O. S. 232.
[24] L. Tieck, Nov. a.a.O. Bd. VIII. S. 140. (1835).
[25] G. G. Gervinus, Geschichte der deutschen Dichtung a.a.O. Bd. V. S. 768.
[26] Vgl. a. o. Kap. V. Anm. 110 (‚Mondlichter und Gasbeleuchtungen').

Huber) und die „positiven Mächte des natürlichen Bodens, des Bodens der Geschichte, des Volks, der Sitte" aus.[27]

In unserem Zusammenhang ist dabei nicht ohne Bedeutung, daß man im Lager der biedermeierlichen (und der mit ähnlichem Vokabular operierenden jungdeutschen) Romantikgegner nicht nur allenthalben wieder an „die Nüchternheit und die ehemalige Vernunft" der Aufklärungstradition erinnerte,[28] vorschlug, einige Knöpfe zurückzustecken,[29] gegen die altnordische Mode Bürgers ‚Lied vom braven Mann' ausspielte[30] und Kants Kritizismus unter Berufung auf Mösers ‚Patriotische Phantasien' in die „Schreibestuben der Gelehrten" zurückverwies (Caroline Pichler).[31] Man verfiel auch mit der Identifizierung von Romantischem und R o - m a n h a f t e m häufig wieder in den alten Sprachgebrauch;[32] und unter „romanhaft" verstand man nun vollends das verantwortungslose Spiel mit den „unwahrscheinlichen" Wundern eines utopischen Dschinnistan oder die undistanzierte Darstellung der „Tollheit" isolierter, schwärmerischer Emotionen. „Die Ähnlichkeit zwischen Traum und Roman" oder „Mährchen und Roman", die Jean Paul noch „wahr und zart" genannt hatte,[33] wurde zum unmißverständlich negativen Kriterium. Man beschloß etwa, mit künftig zu schreibenden Novellen die „ganze seichte Romantik in Grund und Boden (zu) drücken"[34] oder konfrontierte auf Taschenbuchkupfern der zwanziger Jahre „Roman" und „Wirklichkeit".[35] „Die luftigen Umzüge romantischer Muse", schrieb Caroline Fouqué, die wie manche andere Schriftstellerin ihrer Zeit[36] nun mit „realistischen" Novellen und Gegenwartsschilderungen hervortrat, „fließen mit

---

[27] Robert Prutz, zit. nach: Jost Hermand, Das Junge Deutschland. Texte und Dokumente. 1966. (Reclam, Universal-Bibliothek Nr. 8794/8). S. 32.

[28] L. Tieck, Nov. a.a.O. Bd. X. S. 359.

[29] Ebd.

[30] Alexander von Ungern-Sternberg, zit. nach J. Hermand, Das Junge Deutschland a.a.O. S. 37.

[31] Caroline Pichler, Über Wahrheit im Erkennen, Denken und Empfinden. In: Minerva a. d. J. 1824. S. 292.

[32] „Man redete vom Romanhaften, vom Geisterhaften" (Goethe, Werke a.a.O. Bd. 10. S. 331).

[33] Jean Paul, S. W. a.a.O. Bd. 42. S. 118.

[34] Th. Mundt, Moderne Lebenswirren a.a.O. S. 160.

[35] Erläuterungen zu zwei Kupfern im Taschenbuch ‚Urania' a. d. J. 1827. S. xviii und S. xx.

[36] „Während die Dichterin in ihren früheren Produkten nur Traum- und Märchenwelt dazustellen strebte, oder ein schönes Gedicht des Mittelalters erzählte, so hat sie in diesem Roman ihre Ansichten der Welt und der Menschen und vielfache Erfahrungen niedergelegt." (L. Tieck im Vorwort zum Roman seiner Schwester Sophia Bernhardi, Evremont a.a.O. S. xvi f.)

andern Nebelbildern auseinander. Der poetische Traum ist ausgeträumt. Wir sind aus der harmlosen Willkür der Fabel in strenge geschichtliche Nothwendigkeit zurückgefallen."[37] Tieck rechnete in seiner letzten Novelle ‚Waldeinsamkeit' noch einmal mit dem separatistischen Charakter seiner romantischen Jugend ab[38] und griff dabei auf Formulierungen zurück, wie sie ähnlich E. T. A. Hoffmann bereits zwanzig Jahre zuvor in seiner in D. Symanskis ‚Z u s c h a u e r' (April/Mai 1822, Nr. 49/54) erschienenen Biedermeierskizze ‚Des Vetters Eckfenster' gebraucht hatte: „aus den Fenstern des Marktes... sieht man klarer und richtiger, als in jener Waldeinsamkeit..."[39] An Steffens' ‚Revolution' rügte die ‚Evangelische Kirchen-Zeitung', „daß hier kein genügendes Spiegelbild der Zeit" gegeben werde,[40] und führte in einer Sammelbesprechung aus:

> In dem pragmatischen Gange der Novellen entfaltet der Dichter ein großes Talent der Erfindung, der kunstvollsten Verknüpfung und Verwickelung. Darin scheint er uns zu viel zu thun; das R o m a n t i s c h e des Unerwarteten steigert sich manchmal bis zum Phantastischen, und oft bilden sich Knoten der Verlegenheit, welche nur durch eine kühne Unwahrscheinlichkeit können gelöst werden. Das Leben ist freilich bisweilen auch so; doch möchten wir dieser Überfülle kunstreicher Verwickelungen und Lösungen gegenüber, w o d u r c h d a s e i g e n t l i c h R o m a n h a f t e b i s w e i l e n s t ö r e n d e i n t r i t t, an die hohe Einfalt des biographischen Fortschritts lobend erinnern, wie er sich z. B. durchgehends in Göthe's N o v e l l e n findet.[41]

Es lag nahe, daß man unter diesen Umständen den diskriminierten Begriff des „Romanhaften", vielleicht sogar den des „Romans" durch einen neuen, den Erfordernissen der Wahrscheinlichkeit, Klarheit und Richtigkeit besser angepaßten und weniger vorbelasteten Terminus zu ersetzen suchte; und hier stoßen wir plötzlich wieder an verschiedenen Stellen auf den Gebrauch des Wortes „Novelle" in einem sehr prägnanten Sinn. Man erinnert sich, daß sich in der Geschichte der englischen Literaturkritik im letzten Drittel des 18. Jahrhunderts unter ähnlichen Voraussetzungen die bestimmte Trennung von n o v e l und r o m a n c e vollzogen hatte. – „Novel", hatte hier z. B. 1785 Clara Reeve definiert, „ist ein Bild des wirklichen Lebens, der Sitten und der Zeit... ‚Romance' beschreibt in gehobener Sprache, was niemals geschehen ist und kaum je-

---

[37] Caroline Fouqué, Geschichte der Moden a.a.O. S. 133.
[38] Zum Begriff „separatistisch" vgl. Robert Prutz, zit. bei J. Hermand, Das Junge Deutschland a.a.O. S. 31.
[39] L. Tieck, Nov. a.a.O. Bd. X. S. 483.
[40] Evangelische Kirchen-Zeitung a.a.O. 25. 11. 1837. Nr. 94.
[41] Ebd. 22. 11. 1837. Nr. 93. Sperrungen von mir.

mals geschehen wird."[42] Während der Begriff „romance" den Dichtern eine Art poetischen Bereichs sichern sollte, „in dem auf Tatsächliches kein Gewicht gelegt wird" (Hawthorne), entwickelten sich die als „novel" bezeichneten Prosawerke unmittelbar „aus der Familie der nicht-fiktiven erzählenden Formen, dem Brief, dem Tagebuch, den Memoiren oder der Biographie, der Chronik oder der Historie", also „sozusagen aus Dokumenten."[43] Tatsächlich stoßen wir in unserer Zeit im deutschen Sprachbereich auf eine Reihe von Ansätzen zu einer ähnlichen Entwicklung. Schon die soeben zitierte Kritik an der „romanhaft" verwirrten, dreibändigen „Novelle" Henrik Steffens' und das damit verbundene Lob der „hohen Einfalt des biographischen Fortschritts... in Göthes Novellen" legt die Vermutung nahe, daß der Rezensent den ‚Wilhelm Meister' in seine Betrachtung mit einschloß. „Wie mögen sich die Leser dieses Romans", heißt es z. B. in Friedrich Schlegels Essay ‚Über Goethes Meister' (mit einer bezeichnenden von den früheren Fassungen abweichenden Formulierung in der Ausgabe von 1825), „beym Schluss desselben getäuscht fühlen, ... da hinter allen diesen wunderbaren Zufällen, weissagenden Winken und geheimnißvollen Erscheinungen nichts steckt als die klarste Lebens-Poesie"[44] „Unsre meisten Romane sind bis jetzt Novellen gewesen, und auch der *Meister* hat noch viel von dieser Art", hatte sich Schleiermacher notiert.[45] Das unbestimmte Wortfeld und die relative Unbekanntheit des Begriffs begünstigten diese Entwicklung, die gegen Ende der zwanziger Jahre schließlich klar ins Auge gefaßt wurde. Das wichtigste Zeugnis ist in diesem Zusammenhang das schon mehrfach zitierte Vorwort von Willibald Alexis zum ersten Band seiner ‚Gesammelten Novellen'.[46] Alexis zählte hier zunächst einmal die uns schon vertrauten Vorbehalte gegenüber dem romantischen Dichtungsbegriff auf und kritisierte die esoterischen und irrationalistischen Lieblingsvorstellungen der „lyrischen Kritiker" (Seelenrausch, Trunkenheit der Gefühle, träumerisches Rückwärtsblicken, unerfüllbare Sehnsucht, einsames Gefühl, Träume und Luftgestalten usw.), die ihm allesamt Ausdruck einer grundsätzlichen Unzufriedenheit „mit dem Leben" schienen.[47] „Die Jugend der Völker ist vorüber", wandte er dagegen ein, indem er die beliebte Par-

---

[42] Clara Reeve, Progress of Romance. London 1785. Zit. nach Wellek/Warren, Theorie der Literatur. Dt. von E. Lohner. 1959. S. 243f.
[43] Ebd.
[44] Friedrich Schlegel, Nachricht von den poetischen Werken des Johannes Boccaccio a.a.O. Bd. II. S. 144. Anm. 6.
[45] Friedrich Schleiermacher, 2. Tagebuch a.a.O. Nr. 23. S. 116.
[46] S. o. Kap. III. Anm. 73.
[47] Ebd. S. ix.

allele der Aufklärungstradition von „Prosa" und „Männlichkeit" mit
Herderschen Gedankengängen und biedermeierlicher Epigonenstimmung
verknüpfte,[48] „wir sind im Mannesalter, vielleicht schon etwas weiter.
Jugenderinnerungen sind schön, aber die Gegenwart ist doch die Hauptsache; sie will ergriffen seyn mit Sinn, That und Wort..." Die vornehm-
ste Aufgabe zeitgemäßer Literatur sei es, „objective Eindrücke" der „lebendigen Wirklichkeit" aufzunehmen und „die gerettete Poesie... wieder
ganz mit dem Leben" zu verschwistern.[49] „Ich halte dafür", fuhr er dann
unvermittelt fort, „daß in diesem Augenblicke die N o v e l l e n p o e s i e
– worunter ich nicht sowol die Erzählungen unserer Taschenbücher, als
den gesammten neuern Roman begreife – durch alle cultivirte Nationen
in ihrer Entwickelung ist."[50] Novellistisch war für ihn „ d i e Poesie, welche das gesellige Leben der größeren und kleineren Vereine auffaßt, wie
es die Wirklichkeit giebt, oberflächlich an der Erscheinung haftend, oder
tiefer in die Motive eindringend."[51] Sie war geeignet, einen „Totalanblick"
der Welt mit ihren Städten und Verkehrswegen, nicht nur „die grüne
Natur" darzustellen[52] und „das breite Leben dichterisch zusammen[zu]-
fassen."[53] Auf etwas anderes kam es ihm sowenig an, daß er die Beschäftigung mit Formfragen sogar ausdrücklich zurückwies (vgl. o. S. 135) und erklärte: „ich möchte, w i e d e r E n g l ä n d e r, d e n h i s t o r i s c h e n
R o m a n überhaupt N o v e l l e n e n n e n."[54] Wichtig war ihm innerhalb der gesamten Prosaepik das Wegfallen des „Willkührlichen."
„Der nationelle, der sittliche Grund und Boden ist gegeben; da heraus ent-
springen die Gestaltungen...; sie müssen mit dem Boden zusammenhän-
gen, ihre Interessen sind gegeben, sobald wir Ort und Zeit wissen; Träume
und Luftgestalten werden sogleich erkannt."[55] Wie der Dorpater Philo-
loge Karl Morgenstern[56] sah Alexis allenthalben den bereits von Sulzer

---

[48] Ebd. S. x. – Auf den engen Bezug seiner Novelle ‚Acerbi' (1829) zu Immermanns ‚Epigonen' sei hier wenigstens hingewiesen.
[49] Ebd. S. xv f., S. vii.
[50] Ebd. S. xiv f. (Sperrung von mir).
[51] Ebd. S. xv.
[52] Ebd. S. x.
[53] Ebd. S. xviii.
[54] Ebd. S. xx. (Sperrung von mir). Ähnlich L. Tieck, Vorbericht a.a.O. S. lxxxiv
(„... aber der Engländer nennt schon lange alle seine Romane Novellen").
[55] Ebd. S. xvii f.
[56] Vgl. Fritz Martini, Der Bildungsroman. Zur Geschichte des Wortes und der
Theorie. In: DVjs XXXV. 1961. S. 55. Ähnl. auch E. F. Vogel über Lafontaine:
„Der Roman... ist dann erst vortrefflich, wenn er als Spiegel der wirklichen
Welt uns erscheint. Die bürgerliche Epopöe, welche er uns liefert, nimmt in ihrem erzählenden Theile durchaus die Miene der Geschichte an... Ihr Wunder-

geforderten Rückzug des Romanhaften aus dem Roman in vollem Gang. Er bemerkte mit Genugtuung, daß „der Roman das Romanhafte mehr und mehr verläßt, und statt phantastischer Fictionen nach geschichtlicher und psychologischer Wahrheit ringt. Gegen das Unwahrscheinliche ist man jetzt nirgends strenger als im Romane, und es scheint a l s o b d e r Name Novelle … bestimmt sey, den Flecken zu tilgen, welcher über zwei Jahrhunderte auf der Romanendichtung haftete."[57]

Wenn Alexis in einer Parenthese dann allerdings doch zu bedenken gab, ob der neu eingeführte Terminus Novelle an Stelle der alten Bezeichnung Roman nicht vielleicht „noch unpassender für die Wesenheit des neuern, als jener für den alten Begriff" sei,[58] so täuschte er sich, irritiert vermutlich durch die Auseinandersetzung mit den 1828 publizierten Novellenvorstellungen Theodor Mundts (vgl. o. S. 135). Tatsächlich stellte die Novelle ja nicht nur eine Art „Vakuum" (B. von Arx) dar, das sich den empirischen Tendenzen und dem Stoffhunger der neuen Epoche öffnete, – soviel dürften die vorangehenden Betrachtungen deutlich gemacht haben –; die Bezeichnung brachte vielmehr eine Reihe von traditionellen Voraussetzungen bereits selbst ins Spiel, die sich als immer noch wirksam erwiesen. Im größeren Zusammenhang der Begriffsgeschichte mutet Alexis' Vorschlag nur als die moderne Variante eines alten Themas an. Wir erinnern noch einmal an die Assoziation der Neuigkeit, des Zeitverhafteten und Zeitungshaften, die sich bis tief ins 18. Jahrhundert hinein als die im deutschen Sprachgebrauch dominierende, mit dem Wort Novelle assoziierte Konstante aufzeigen läßt. Während man in den frühesten Boccacioübersetzungen des 16. und 17. Jahrhunderts das italienische novella im allgemeinen mit Historie übersetzte,[59] erschien „Nouvelle" oder „Novelle" im Alamode-Vokabular meist in der Bedeutung von „Nachricht",[60] als „Neuigkeit aus der Zeitung"; gegen Ende des 17. Jahrhunderts ging das Wort „geradezu in die Bedeutung ‚Zeitung' über".[61] Noch O. L. B. Wolff erinnerte sich in seinem ‚Neuen elegantesten Conversations-Lexicon' (Lpz. 1843) an diese Terminologie; und wir haben gesehen, daß man ja auch in der Zeitungssprache des Biedermeier gelegentlich statt

---

bares besteht allein in der eigenthümlichen Verkettung der Begebenheiten, Bewegungsgründe und Handlungen." (s. o. Kap. III. Anm. 82). S. 169.

[57] Ebd. S. xviii. (Sperrung von mir).
[58] Ebd.
[59] Vgl. A. Hirsch a.a.O. S. 13f.
[60] Vgl. Schulz/Basler, Deutsches Fremdwörterbuch Bd. II. S. 216. – Werner Krauss, Perspektiven und Probleme a.a.O. S. 47.
[61] A. Hirsch a.a.O. S. 16.

neuester, vermischter oder kurzgefaßter Nachrichten „Novellen" schrieb (vgl. o. S. 88f). Reminiszenzen an romanische Novellendefinitionen konnten diesen Eindruck nur noch verstärken. So sparsam man hier nämlich mit formalen Abgrenzungsversuchen war, so selbstverständlich blieb „der Gattungsbegriff ‚novella‘ gegenüber dem Wortursprung jederzeit offen."[62] Die Aufnahme gegenwärtiger, aktueller Stoffe, die stiltrennende Nuance in der Darstellung alltäglicher Wirklichkeitsbereiche, die sie – wie auch ihr „plebejischer Grundcharakter"[63] – in die Nähe der Komödie rückte, gehörte zu den elementaren, fast ausschließlich abwertenden Assoziationen, die man mit dem Begriff verband. Bereits Quintilian, dessen entscheidenden Anteil an der Ausbildung der Renaissancenovelle E. Walser aufgezeigt hat, hatte für die „narratio" gefordert, sie müsse vor allem „Zeit, Zuhörern, Ort und Streitobjekt weise Rechnung tragen" („distincta rebus, personis, temporibus, locis, causis"): die auftretenden Personen, die ihnen zugeteilten Überlegungen und Pläne, und endlich die sich daraus ergebenden Handlungen mußten eine logisch verknüpfte Kette bilden und in völligem Einklang mit den äußeren Umständen wie Ort und Zeit (den colores) stehen, d. h. gesellschaftsunmittelbar und wahrscheinlich sein; und auch Quintilian hatte hieraus bereits einen Feldzusammenhang mit der Komödie abgeleitet [„est autem quidam etiam ductus rei credibilis qualis in comoediis etiam et in minis (sic. Halm: mimis)"].[64] Mit großer Folgerichtigkeit begegnet man expressis verbis allen diesen und darüber hinaus einigen von ihnen abgeleiteten Begriffen innerhalb der gesamten humanistischen Großepoche (einschließlich der Restaurationszeit) wieder.[65] Die Kennzeichnung von Novellen als „wahren Begebenheiten", „eigenen Erlebnissen" (Enea Silvio), „veritable histoire" (Margarete von Navarra) und ihre Lokalisierung in (im Gegensatz zum orientalischen Genre der féerie und zum antikisierenden philosophischen Roman) er-

---

[62] W. Krauss ebd. S. 47. – S. a. o. Kap. VII. Anm. 105. (Friedrich Beck).
[63] W. Krauss ebd.
[64] Ernst Walser, Die Theorie des Witzes und der Novelle a.a.O. S. 51f.
[65] Vgl. Friedrich Schlegel, Literary Notebooks a.a.O. § 899 („Für N o v e l l e n ist Verschiedenheit des Tons und des Colorits ganz wesentlich"). – Goethe s. o. Kap. V. Anm. 130. – Hauff bittet in seinem ‚Vertraulichen Schreiben‘ (a.a.O. Bd. III. S. 259) den Kritiker, die Meinungen, die in seinen Novellen ausgesprochen werden, nicht als die seinigen „sondern als Farben der Personen" anzusehen. – In Tiecks ‚Vorbericht‘ finden sich ebenfalls z. T. wörtliche Anklänge an die ‚Institutiones‘. Die Novelle habe „dem Charakter und den Umständen angemessen, die Folge" zu entwickeln; sie lasse alle möglichen „Farben und Charaktere" zu; und wie Quintilian fordert er die Integration von Personen, Plänen und Überlegungen, die „dadurch selbst in Handlung übergehen."

reichbaren Gegenden (Boccaccio, Grazzini, Cervantes, Cent nouvelles nouvelles)[66] war bereits früh zur Formel geworden; allerdings wurde diese Formelhaftigkeit immer wieder durch den Umstand aufgebrochen, daß man die Novellistik als schlechterdings unstilisierte, „kunstlose Kunst" betrachtete.[67] Bald hob man in der Kritik die Kategorie der Wahrheit, bald die der Wahrscheinlichkeit stärker hervor, durch die Quintilian die Formen der argumenta und der historiae gegen den rein fiktiven Bereich der fabulae abgegrenzt hatte; – am häufigsten aber verschmolzen sie zu einer unpräzis gefaßten Art von „Wirklichkeitsreferat", die dem Begriff schon vor seiner ersten literaturkritischen Verwendung angehaftet hatte. Die didaktischen Entwertungsversuche der „rohen Stofflichkeit" durch die Moralische Erzählliteratur gingen ebenso wie die Bemühungen der faceten Tradition um geistreiche Vernichtung der Faktizität von der gleichen Grundvorstellung der Novelle als einer stofflichen Gattung aus, die alle nur möglichen Begebenheiten „erzählend und ohne alle Bezweiflung" vorzutragen hatte.[68] Ihr Feld war zunächst einmal die „Wirklichkeit" und zumal die niedere Wirklichkeit der „P r i v a t p e r s o n e n" (Harsdörffer, Goethe).[69] P r i v a t bedeutete dabei: abseits der großen Weltbegebenheiten, außerhalb der Geschichte, und noch im Barock „nichtritterlich"; – wie wichtig man diese stiltrennende Abgrenzung nahm, beweist das Verfahren eines repräsentativen spanischen Ästhetikers, der im Jahr 1666 unter dem Titel „novela" a l l e n i c h t r i t t e r l i c h e n E r z ä h l u n g e n ohne Ansehen des Umfangs und der Formgebung zusammenfaßte.[70] „Privat" bedeutete aber zugleich im älteren Sprachgebrauch auch I n d i v i d u a l i s i e r e n; und „individuell" wiederum war alles, was sich dem Allgemeinen und dem damit identifizierten Idealen[71] entzog (das Niederländische, Komische, Häßliche usw.).

[66] Walter Pabst, Novellentheorie und Novellendichtung a.a.O. S. 50, 171, 203.
[67] W. Krauss a.a.O. S. 48.
[68] L. Tieck, Nov. a.a.O. Bd. V. S. 29.
[69] Vgl. o. S. 102 (Harsdörffer). – In Goethes ‚Unterhaltungen' bemerkt der alte Geistliche: „Zur Übersicht der großen Geschichte fühl' ich weder Kraft noch Mut, und die einzelnen Weltbegebenheiten verwirren mich; aber unter den vielen Privatgeschichten, wahren und falschen, mit denen man sich im Publikum trägt..., gibt es....manche, die uns die menschliche Natur und ihre inneren Verborgenheiten auf einen Augenblick eröffnen... (Goethe, Werke a.a.O. Bd. 10. S. 326).
[70] Benito Remigio Noydens. Nach Werner Krauss, Novela – Novelle – Roman a.a.O. S. 25f.
[71] Tieck an Solger 29.7.1816 über Jean Paul: „Wie traurig, daß auch er das Ideal mit dem Allgemeinen verwechselt und für eins hält, so behauptet er, ein Bösewicht sey wegen des Individuellen leichter zu schildern, als ein Tugendhafter." – Dazu Jean Paul, S. W. a.a.O. Bd. 42. S. 57/86.

Grundsätzlich galt realistisches Darstellen bis tief in die Biedermeierzeit hinein als Technik des Individualisierens[72] – „Realität" und „Individualität" begegnet als engverbundenes Begriffspaar (vgl. u. S. 185) – und die Novelle als diejenige literarische Form, die zur Aufnahme der realistischen Details vornehmlich geeignet war und auch darum ein „untergeordneter Dichtungszweig" blieb.[73] Erst die Ansätze zu einer Demokratisierung der Literatur und zu voraussetzungsfreierem wissenschaftlichem Denken führten später zu einer Aufhebung der einfachen Gleichung und zugleich zu dem von Richard Brinkmann analysierten problematischen Realismusbegriff. Das eigentümliche Synthesestreben der Epoche, das Besondere mit dem Allgemeinen zu verknüpfen, begann ja in der Folge gerade den Begriff des Individualisierens bis an die Grenze seiner Tragfähigkeit und bis zum gänzlichen Verlust seines ursprünglich isolierenden Charakters zu belasten. Stifters verzweifeltes Bemühen, „Individualität und Kräftigkeit" durch unermüdliches Feilen zu erreichen,[74] spiegelt mittelbar a u c h die unbewußten Konflikte, die die Aufwertung der unscheinbaren „Nebendinge" für einen gewissenhaften Epiker mit sich brachte, sofern man sie nicht nur mit allgemeinen Naturgesetzen, sonden auch dem „ewigen" Sittengesetz in Einklang bringen wollte. Die artistischen Novellendefinitionen nach der Jahrhundertmitte, die sich oft eines rein naturwissenschaftlichen Vokabulars bedienten,[75] waren nicht zuletzt von der Er-

[72] Vgl. z. B. Rahel Varnhagen über Tiecks Tagebuchgedichte aus Italien, die für Rudolf Lieske (a.a.O. S. 16f.) das erste Anzeichen der „realistischen Wendung" des Dichters darstellen: „ich bin entzückt, daß Sie Italien so individuel nehmen, ich sehe ja alles, ich rieche es..." (Briefe an L. Tieck hg. v. K. von Holtei a.a.O. Bd. IV. S. 143f.). – Tieck selbst spricht in seinem ‚Vorbericht' ausdrücklich vom „individuellen Leben", das die „ächte Novelle" dadurch erhalte, „daß Gesinnung, Beruf und Meinung im Contrast... sich entwickeln." Vgl. a. u. Kap. X. Anm. 6.

[73] W. E. Weber spricht vom „glücklichen Humor" der niederländischen Maler, „wo sie Gegenstände des gemeinen, ja niedrigen Lebens darstellen: dagegen verträgt sich eine zu starke Erinnerung an die Natur mit erhabenen Gegenständen keineswegs" (Die Ästhetik a.a.O. Bd. I. S. 134). Umgekehrt nennt Jean Paul als Charakteristiken der „italienischen Schule" des Romans: „höherer Ton, ... Erhöhen über die gemeinen Lebens-Tiefen – die größere Freiheit und Allgemeinheit der höhern Stände – weniger Individualisierung – unbestimmtere oder italienische oder natur- oder historisch-ideale Gegenden..." (S. W. a.a.O. Bd. 42. S. 121).

[74] Adalbert Stifter, Briefwechsel a.a.O. Bd. I. S. 271.

[75] Das bekannteste Beispiel ist Paul Heyses Vergleich von Novellentechnik und chemischer Analyse: „Daß dieser Fall in kleinem Rahmen energisch abgegrenzt ist, wie der Chemiker die Wirkung gewisser Elemente, ihren Kampf und das endliche Ergebnis ‚isolieren' muß, um ein Naturgesetz zu klarer Anschauung zu bringen, macht den eigenartigen Reiz dieser Kunstform aus, im Gegensatz zu dem

kenntnis bestimmt, wie sehr das von der hochbiedermeierlichen Provi-
denznovellistik ausgebildete prekäre Gleichgewicht zwischen empirischer
und „höherer" Wahrheit, das auch den Realisten als formal (und dem
deutschen Konservativismus als ideologisch) tradierungswürdig erschien,
durch ein Übermaß sich verselbständigender, positivistisch addierter Details gefährdet war.[76]

Zu Beginn unserer Epoche haben wir es indes im allgemeinen noch mit
wesentlich naiveren Vorstellungen zu tun. Es genügt, wenn wir bei unserem kursorischen Überblick über die Geschichte des Novellenbegriffs den
Eindruck gewonnen haben, daß die Übertragung realistischer Aufgaben
auf den Bereich des scheinbar noch unbeschriebenen jungen Terminus
doch nicht ganz von ungefähr kam. Die im west- und südeuropäischen
Sprachraum traditionell mit „Novelle" verbundene Assoziation einer
weitgefaßten wirklichkeitsdarstellenden Funktion gehörte auch in
Deutschland überall dort, wo man das Wort aufnahm, zum festen Defi-
nitionsinventar. Oft handelte es sich dabei sogar um den einzigen Angel-
punkt, um den sich die Erörterungen drehten. Spätaufklärung und Nach-
romantik bildeten hierin eine ineinandergreifende Einheit; und auch das
romantische Intermezzo wertete zwar die Alltagsnovellistik im Gegensatz zum roman- bzw. märchenhaft Phantastischen grundsätzlich ab,
änderte indes nichts an den Fronten selbst. Unter diesem Gesichtspunkt
verdienen bei einer Betrachtung der ersten ausführlicheren Gattungsbe-
stimmungen zu Beginn des 19. Jahrhunderts auch die anspruchslosen
Worte, mit denen der Erzähler des vierten Tages in W i e l a n d s ,Hexa-
meron von Rosenhain' (1805) den Begriff zu umreißen versucht, stärker
hervorgehoben zu werden. Eine Novelle, schien dieser zu glauben, sei
völlig ausreichend durch die einfache Voraussetzung definiert, „daß
sie sich weder im Dschinnistan der Perser, noch im Arkadien der Gräfin
Pembroke, noch im Thessalien der Fräulein von Lussan, noch im Pais de
Tendre der Verfasserin der Clelia, noch in einem andern idealischen oder

---

weiteren Horizont und den mannichfaltigen Charakterproblemen, die der Roman
vor uns ausbreitet." Paul Heyse, Jugenderinnerungen und Bekenntnisse. 1900.
S. 344f.

[76] Vgl. Ludwig Feuerbach: „Ich bin, was ich bin, geworden nur im Zusammenhang mit diesen Menschen, diesem Volke, diesem Orte, diesem Jahrhundert,
dieser Natur, nur im Zusammenhang mit diesen Umgebungen, Verhältnissen,
Umständen, Begebenheiten..." (zit. nach: Franz Koch, Idee und Wirklichkeit.
Deutsche Dichtung zwischen Romantik und Naturalismus. 1956. Bd. II. S. 237).
– Dagegen etwa Tieck: „Es könnte unbegreiflich scheinen, wie allenthalben in
unsern Tagen der Sinn für ein großes Ganze, für das Untheilbare, welches nur
durch göttlichen Einfluß entstehen konnte, sich verloren hat..." (L. Tieck, Nov.
a.a.O. Bd. X. S. 48).

utopischen Lande, sondern in unserer wirklichen Welt begeben habe, wo
alles natürlich und begreiflich zugeht, und die Begebenheiten zwar nicht
alltäglich sind, aber sich doch, unter denselben Umständen, alle Tage
allenthalben zutragen könnten...“[77] Diese konservative Äußerung, die
zwar zeitlich nach den theoretischen Verlautbarungen der Brüder Schlegel und Schleiermachers liegt, tatsächlich aber auf ähnliche Bemerkungen
in den ‚Unterhaltungen deutscher Ausgewanderten‘ anspielte und im Unterschied zu diesen fünfmal den Gattungsbegriff „Novelle“ ausdrücklich
dort gebrauchte, wo Goethe noch von „Erzählungen“ oder „Geschichten“
gesprochen hatte, bildet bei näherem Zusehen die eigentliche Grundierung
für alle folgenden Novellendefinitionen des Biedermeier. Ganz ähnlich
findet sie sich z. B. bei Wilhelm Hauff wieder; Alexis erweiterte sie,
indem er auch die (von den Romantikern poetisierte) unhistorische Ubi-
quität der pikaresken Romane in die als romanhaft verurteilte Sphäre
mit einbezog.[78] Tiecks Novellenprogramm umkreist, wie schon mehrfach
angedeutet wurde, die gleichen Brennpunkte des Wunderbaren und des
Alltäglichen;[79] und zuletzt stoßen wir noch einmal in den ironisch-ernst-
gemeinten Ratschlägen Franz von Gaudys an einen jungen Autor auf die
Konfrontation von phantastischem, durch Geisterapparat dämonisiertem
„Roman“ und naturalistischer „Novelle“ (vgl. u. S. 175). Aber nicht nur
die alten und neuen Aufklärer, auch die Romantiker selbst trugen der
realistischen Fixierung, auf die sie durch ihre literarhistorischen Studien
gestoßen wurden, recht häufig Rechnung. S c h l e i e r m a c h e r sah beispielsweise das Wesen der „Novelle“ in der „Darstellung der äußeren
Menschheit“[80] und meinte, im Unterschied zum „Roman“ brauche sie
nicht auf äußere Begebenheiten, die „allemal vieldeutig und unendlich
sind“, zu verzichten.[81] Er pries in seinen ‚Vertrauten Briefen über Friedrich Schlegels Lucinde‘ die „schöne Simplicität“ dieses Musterromans
und warnte: „Entschlage dich... ja aller Gedanken an eine große Men-
schenmasse oder an complicirte Verhältnisse und Begebenheiten, an alles
novellenartige, was in unsern Romanen so oft das wesentliche und immer
die allzureichliche Draperie ist, welche die Figuren erst im allgemeinen
beinahe verbirgt, und sie dann noch einzeln als ein schweres Gewand un-
kenntlich macht.“[82] In einem „der Liebe geheiligten Kunstwerk“ wie

---

[77] Chr. M. Wieland, S. W. a.a.O. Bd. 29. S. 121f.
[78] Alexis bezieht sich dabei ebenso wie Tieck auf Lesages ‚Gil Blas‘. W. Alexis,
Vorwort (1830) a.a.O. S. xvii. – L. Tieck, Nov. a.a.O. Bd. IX. S. 340.
[79] L. Tieck, Vorbericht a.a.O. S. lxxxvi.
[80] Friedrich Schleiermacher, 2. Tagebuch a.a.O. Nr. 23. S. 116.
[81] Friedrich Schleiermacher, Vertraute Briefe a.a.O. S. 505.
[82] Ebd. S. 432.

diesem Roman schien es ihm „schlechterdings nothwendig", „von der bürgerlichen Welt und ihren Verhältnissen" zu abstrahieren: „Bilde dir doch nicht ein, daß alle Verwikklungen Gemüthsbewegungen und Thaten, welche daraus hervor gehen können, im Stande wären, die Liebe zu erläutern oder zu verherrlichen, und daß es deshalb der Mühe lohnen könne, das gemeine und unwürdige mit auf den Schauplaz zu bringen, und mache Dir den Unterschied zwischen einem Roman und einer Novelle recht klar, um bestimmt zu wissen was Du von jedem fordern darfst."[83] F r i e d r i c h   S c h l e g e l betonte aus ähnlicher Perspektive die Faktizität der Novelle, definierte sie als „einen Roman, der sich ganz aufs Zeitalter bezieht"[84] oder meinte, daß sich „Novellen und Märchen... unendlich entgegengesetzt" seien.[85] Auch er knüpfte an seine ‚Lucinde' gattungstheoretische Überlegungen:

> Wenn Wilhelm die Lucinde durchaus als Roman oder Unroman beurtheilen will, so sollte ichs wohl zur Bedingung machen, daß er den Cervantes gelesen hätte, nicht den Don Quixote allein. Der aber gehört mehr in die Sphäre, für die ich aus guten Gründen den Namen Novelle gewählt; sondern die Novelas, noch mehr den Persiles und am meisten die Galatea. (Witziger als die letzte soll die Lucinde nicht seyn – das Ganze hat eine witzige Form und Construction. Wegen des realen Witzes den Wilhelm zu erwarten scheint, assignire ich ihn auf die Novellen...[86]

Im letzten Abschnitt seines Boccaccio-Aufsatzes umkreist er das Problem der Historizität der Novelle:

> Da die Novelle ursprünglich Geschichte ist, wenn auch keine politische oder Kulturgeschichte, und wenn sie es nicht ist, dieses nur als erlaubte, vielleicht notwendige, aber immer doch nur einzelne Ausnahme angesehen werden muß: so ist auch die historische Behandlung derselben in Prosa mit dem Styl eines Boccaccio die ursprünglichste.[87]

A u g u s t   W i l h e l m   S c h l e g e l bedient sich fast wörtlich der gleichen Formulierungen:

> Deswegen muß es nun auch in der modernen Poesie eine eigenthümlich historische Gattung geben, deren Verdienst darin besteht, etwas zu erzählen, was in der eigentlichen Historie keinen Platz findet, und dennoch allgemein interessant ist. Der Gegenstand der Historie ist das fortschreitende Wirken des

---

[83] Ebd. S. 504. – Der gleiche Unterschied wird in der Praxis z. B. von Wilhelm Waiblinger beobachtet, der im Gegensatz zu seinen Novellen den Roman ‚Phaeton' bewußt arm an Begebenheiten hält.

[84] Friedrich Schlegel, Literary Notebooks a.a.O. § 1430.

[85] Friedrich Schlegel, Brief über den Roman. In: Kritische Ausgabe a.a.O. Bd.II. S. 337.

[86] Caroline. Briefe aus der Frühromantik a.a.O. Bd. I. S. 524.

[87] Friedrich Schlegel, Nachricht von den poetischen Werken des Johannes Boccaccio. In: Kritische Ausgabe a.a.O. Bd. II. S. 396.

Menschengeschlechts; der jener wird also dasjenige seyn, was immerfort geschieht, der tägliche Weltlauf.[88]

Es mutet wie eine bewußte Übernahme uns schon bekannter Begriffe aus der romanischen Barockästhetik an (vgl. o. S. 164), wenn er die so definierte Gattung der „Novelle" dann weiterhin „von demjenigen Roman, welcher sich eine idealische Welt zubildet, wie z. B. die alten Ritterromane thun", entschieden abhebt.[89] „Das eigentlich Faktische", auf das sich der Gehalt eines beliebigen Romans reduzieren läßt, ist für ihn „dasjenige was sich darin zur Novelle qualifizirt".[90] Er bemerkt: „Da nun die Novelle Erfahrung von wirklich geschehenen Dingen mittheilen soll, so ist die ihr ursprünglich und wesentlich eigne Form die Prosa";[91] und diese Ansicht findet sich wohl nicht nur unter seinem Einfluß, sondern spontan auf Grund der gängigen Gleichung „Novelle" = „Prosa" = „reiner Gehalt" wiederum an verschiedenen anderen Stellen. J e a n   P a u l verwendet den Begriff „Novelle" z. B. fast gleichbedeutend mit „Stoff" bzw. Material, aus dem man erst wirkliche Dichtungen machen müsse, und bemerkt, Shakespeare verarbeite „die aus dem Eschenburg und andern Novellisten" bekannten „historischen Urstoffe" wie in einem zylindrischen Hohlspiegel; „hingegen die planen und platten Spiegel zeigen nur in sich ein Bild und zu gleicher Zeit sieht man außer ihnen die Sache, Novelle, Geschichte sichtbar stehen..."[92] Auch der alte Topos von der „kunstlosen" Literaturform der Novelle (vgl. o. S. 164) wird in jener Zeit mehrfach neu formuliert: man denke an Hauff (s. o. S. 105) oder an Gutzkows Gleichsetzung von Novelle und Sujet.[93] G o e t h e brachte das realistische Moment in seinen Unterhaltungen über die „Novelle" von 1827 – freilich mit spezifisch biedermeierlichen Vorbehalten (vgl. u. S. 220, S. 225) – ebenfalls gewichtig ins Spiel. Er ließ Eckermann „die außerordentliche Deutlichkeit... bewundern, womit alle Gegenstände bis auf die kleinste Lokalität vor die Augen gebracht waren. Der Auszug zur Jagd, die Zeichnung der alten Schloßruine, der Jahrmarkt, der Feldweg zur Ruine" erschienen dem Schüler darum besonders bemerkenswert, weil „alles Darstellung des

[88] August Wilhelm Schlegel, Vorlesungen über Schöne Litteratur und Kunst a.a.O. Bd. III. S. 242.
[89] Ebd. S. 243.
[90] Ebd. S. 246.
[91] Ebd. S. 242f.
[92] Jean Paul, S. W. a.a.O. Bd. 42. S. 96. Allerdings rechnet er an der gleichen Stelle den „lustigen Boccaz" unter die Dichter, die „die Gestalten der Geschichte in ihre dunkeln Kammern, in ihre Vergrößerung- und Verkleinerung-Spiegel aufgefangen" haben.
[93] Vgl. Paul Bastier, La nouvelle individualiste a.a.O. S. 437.
[94] Eckermann a.a.O. S. 186 u. S. 187 (15. 1. 1827).

Äußeren, alles real sei.[94] Den Verzicht auf seinen ursprünglichen Plan, das Sujet in Hexametern und die Ablehnung des Schillerschen Vorschlags, es in Stanzen zu behandeln, motivierte Goethe: „Sie sehen aber wohl, daß ich mit der Prosa jetzt am besten gefahren bin. Denn es kam sehr auf genaue Zeichnung der Lokalität an . . ."[95]

Im gleichen Jahr 1827 verwies W i l h e l m H a u f f in seinem ‚Märchenalmanach' auch auf orientalische Klassiker der Novelle. Nur aus den Gedankengängen der deutschen Novellendiskussion heraus ganz verständlich machte in den Rahmengesprächen der ‚Karawane' der Scheik von Alessandria eine Unterscheidung zwischen Märchen, deren Begebenheiten „von dem gewöhnlichen Gang des Lebens" abschweiften und sich in einem Bereich bewegten, der „nicht mehr durchaus irdischer Natur" sei, und einer anderen Gattung, die sich ebenfalls in ‚Tausendundeiner Nacht' finde und z. B. durch die meisten Erlebnisse des Königs Harun al Raschid und seines Veziers vertreten werde. Hier erlebten die Personen „diesen oder jenen höchst sonderbaren Vorfall, der sich nachher ganz natürlich auflöst." Er sprach sogar eine vorsichtige Wertung aus:

> Im Märchen häuft sich das Wunderbare so sehr, der Mensch handelt so wenig mehr aus eigenem Trieb, daß die einzelnen Figuren und ihr Charakter nur flüchtig gezeichnet werden können. Anders bei der gewöhnlichen Erzählung, wo die Art, wie jeder seinem Charakter gemäß spricht und handelt, die Hauptsache und das Anziehende ist.[96]

Hauff vermied es wohl aus Stilgründen, in seiner ‚Karawane' den modischen Begriff Novelle zu verwenden. In seinem ‚Vertraulichen Schreiben an Herrn W. A. Spöttlich', das die Sammelausgabe seiner ‚Novellen' einleitet, kannte er diese Rücksicht nicht und bewegte sich ganz auf der in unserem Zusammenhang wichtigen Ebene. Da ihm die P h a n t a s i e nicht, im Unterschied zu den großen und wirklichen Dichtern, zu Hilfe gekommen sei, habe er sich darauf beschränken müssen, „nach einer Novelle zu s p i o n i e r e n", schrieb er.[97] Er empfahl sie dem Kritiker „als reine, treue Wahrheit"[98] und betonte ausdrücklich, er „habe keine Mühe gescheut, die Geschichten . . . so glaubwürdig als möglich zu machen."[99] Wie Alexis an anderer Stelle (s. u. S. 184) bekundete er sein Interesse für

[95] Ebd. S. 197 (18. 1. 1827). Auch Wilhelm Meinhold zog für seine ‚Bernsteinhexe' die prosaische Abfassung vor, „weil sie nicht wie die antiken und modernen Versmaße und der Reim den Anschein des Gekünstelten, mithin Unnatürlichen erwecke." Zit. nach: Rupprecht Leppla, Wilhelm Meinhold und die chronikalische Erzählung. 1928. (Germanische Studien H. 54). S. 7.

[96] W. Hauff, Werke a.a.O. Bd. IV. S. 68/70.

[97] Ebd. Bd. III. S. 264.

[98] Ebd. S. 269.

[99] Ebd. S. 268.

„das Kostüm, das Gespräch, die Sitten ‚vor fünfzig Jahren'"[100] und klagte:

> Es gibt freilich Leute, die mir dieser historischen Wahrheit wegen gram sind und behaupten, der echte Dichter müsse keine Straße, keine Stadt, keine bekannten Namen und Gegenstände nennen, alles und jedes müsse rein erdichtet sein, nicht durch äußern Schmuck, sondern von innen Wahrheit gewinnen, und wie Mahomeds Sarg, müsse es in der schönen, lieben, blauen Luft zwischen Himmel und Erde schweben.[101]

In seiner Vorrede wich Hauff diesen Vorwürfen noch mit einer Bescheidenheitsformel aus („ist denn hier von echter Poesie, von echten Dichtern die Rede?"); in einer im ‚Frauentaschenbuch' a. d. J. 1828 erschienenen Novelle verteidigte er sich und seine Gesinnungsgenossen – die er als „Hermaphroditen von Geschichte und Dichtung", als „Novellenprosaiker" und „Scott-Tieckianer" beschimpft sah – heftiger und polemisierte gegen die Schwäbische Schule und „alle Romantiker": „Sie gebärden sich..., als ob sie gegen irgend eine Erscheinung des Zeitgeistes ankämpfen könnten, wie Pygmäen gegen einen Riesen."[102]
Natürlich kannte Willibald Alexis die Ansichten Hauffs, als er das Vorwort zu seinen ‚Gesammelten Novellen' schrieb und darin in mancher Hinsicht noch über ihn hinausging. Wie Hauff wandte er sich gegen die „lyrischen Kritiker", die „die neuere Novellenliteratur eine Abirrung von der Poesie" dünke, und beschwor den Zeitgeist: sie kämpften „gegen einen Strom..., der bereits mächtiger ist als ihr Verdict."[103]
Er pries, wie wir gesehen haben, die „sonnenhelle historische Wahrheit" Scotts, Cervantes', Tiecks, glossierte in einem wichtigen Absatz eine Bemerkung aus dessen erster epochemachender Novelle („Seit lange war die Kunst aus dem Leben getreten..."[104]) und unterstrich die Funktion der neuen Literatur, „objective Eindrücke" der Welt mit ihren Städten und Verkehrswegen, die Gegenwart in ihrer räumlichen und zeitlichen Bedingtheit zu schildern und auch vor Kritik, Reflexion und Psychologie (die für die Romantiker den „wahren Tod" der Poesie bedeutete)[105] nicht zurückzuschrecken (vgl. o. S. 129, S. 162). Er forderte unpoetische Bedenkenlosigkeit in der Themenwahl (bereits der Griff nach einem Stoff aus der

---

[100] Ebd. S. 266.
[101] Ebd. S. 268. Sperrung von mir.
[102] Ebd. Bd. IV. S. 391f, 415.
[103] W. Alexis, Vorwort (1830) a.a.O. S. vi.
[104] L. Tieck, Nov. a.a.O. Bd. I. S. 29.
[105] „Als Wissenschaft schon taugt die Psychologie nicht viel, aber in der Poesie ist sie der wahre Tod, ja die ekelhafteste Verwesung..." A. W. Schlegel, Vorlesungen über Schöne Litteratur und Kunst a.a.O. Bd. I. S. 98.

Gegenwart konnte die „Poesie" ja schon in Frage stellen"[106]), und hielt die Gattung für geeignet, die „Gardinen von den Heiligthümern des herkömmlich Bewunderten" herunterzureißen.[107] Er betonte mehrfach die gesellschaftliche Funktion der Novellistik, stellte darüber formale Kriterien ganz zurück („dem Novellendichter stehen alle Formen frei") und charakterisierte sie am Beispiel der cervantinischen novelas ejemplares mit Worten, die in späteren Gattungsdefinitionen selten fehlten: als „Gemälde, aus deren jedem wir einen bestimmten Kreis damaliger Thätigkeit, damaliger Ansichten kennen lernen..."[108] Ausdrücklich erklärte er, die Herausgabe seiner Novellen dazu benutzen zu wollen, „ein Wort über die Gattung zu sprechen", und polemisierte unter Hinweis auf Tieck „gegen eine vorgefaßte Meinung, welche selbst von geistreichen Kritikern vertheidigt wird, und im gebildeten Publicum auch unter echten Freunden der Poesie Anhänger findet":[109]

> Diese Rechte, eingeräumt der lebendigen Wirklichkeit, sind unsern lyrischen Kritikern ein Ärgerniß. Mehr oder minder deutlich lassen sie merken, daß sie die neuere Novellendichtung nicht für Poesie achten, die nehmlich, wo nicht mehr das Individuum und seine Gemüthswelt die Hauptsache ist, sondern der Kreis des Universums, mit dem es in Berührung tritt. Unzufrieden mit dem Leben, gelten ihnen nur d i e für Dichter, welche sich aus demselben herausheben... Nur weil dies Leben ihnen nicht gefällt, weil es ihnen verderbt, schlecht, kleinlich dünkt, weil das commercielle, industrielle Interesse die Lebensader zu tief durchdringt. Aber die Cultur bleibt nicht bei Dampfschiffen, Gaslicht, Staatspapieren, und Lancasterschulen stehen. Sollte mit ihrer immer größern Ausdehnung die Poesie immer dünner werden? Im Gegentheil, ihr Kreis wird immer weiter.[110]

Wir haben bereits gesehen, eine wie bedeutende Rolle den mittelstands- und detailrealistischen Aufgaben der Novelle in T i e c k s berühmtem Vorbericht zur dritten Lieferung seiner Schriften (1829) beigemessen wurde, und können uns hier darauf beschränken, die Leitbegriffe seines Programms noch einmal zu resümieren. Natürlichkeit, Alltäglichkeit, Erfahrung waren bei Tieck wie bei Alexis tragende Begriffe. Wie Alexis legte Tieck einen starken polemischen Akzent auf gesellschaftliche Gesamtdarstellung und eine auch die Gegenwart umfassende Historizität.

> Alle Stände, alle Verhältnisse der neuen Zeit, ihre Bedingungen und Eigenthümlichkeiten sind dem klaren dichterischen Auge gewiß nicht minder

[106] Vgl. Eichendorff, Der deutsche Roman a.a.O. S. 264. – L. Tieck, Vorbericht a.a.O. S. lxxxvii.
[107] W. Alexis, Vorwort (1830) a.a.O. S. vii.
[108] Ebd. S. xvi.
[109] Ebd. S. vi.
[110] Ebd. S. ix, xi f.

zur Poesie und edlen Darstellung geeignet, als es dem Cervantes seine Zeit und Umgebung war, und es ist wohl nur Verwöhnung einiger vorzüglicher Critiker, in der Zeit selbst einen unbedingten Gegensatz von Poetischen und Unpoetischen anzunehmen. Gewinnt jene Vorzeit für uns an romantischem Interesse, so können wir dagegen die Bedingungen unsers Lebens und der Zustände desselben um so klarer erfassen ...[111]

„Romantisches Interesse" stand also dem klaren – Alexis sprach von „sonnenhellem" – novellistischen Interesse gegenüber. Für Tieck unterschied sich „die Form der Novelle" von Drama und Roman auch darin „bestimmt", daß sie ihm geeignet schien, „manches in conventioneller oder ächter Sitte und Moral Hergebrachte überschreiten zu dürfen."[112] Er meinte wie Alexis, daß „der Engländer ... schon seit lange alle seine Romane Novellen" nenne[113] und hielt es an anderer Stelle wie dieser unter Hinweis auf Cervantes für die wichtigste Aufgabe der Novelle, „klare und bestimmte Ausschnitte unsers ächten deutschen Lebens, seiner Verhältnisse und Aussichten wahrhaft zu zeichnen",[114] – wobei man übrigens (wie schon der Fundort des Zitats in der Vorrede zum ‚Jungen Tischlermeister' anzeigt) den Begriff des „Ausschnitts" nicht ohne weiteres mit Kleinform, sondern eher mit der vorhin erwähnten Technik des Individualisierens gleichsetzen darf. In den Rahmengesprächen des ‚Wassermenschen' war es ja wiederum gerade die detailfaszinierte, „weitschweifige" Beschreibungslust der englischen und französischen Seeromane, die diese als Novellen „nach unserm neuern Bedürfniß, oder unsrer Mode" auswies (vgl. o. S. 147f.). „Bestimmtere Ausmalung", die sie erst „interessant" mache,[115] Beglaubigung durch Zeugnisse achtbarer und vornehmer Männer,[116] ein Vortrag „ohne alle Bezweiflung",[117] der Bericht über ein Faktum, das „sonderbar und neu" war,[118] ja „die neueste Neuigkeit unserer Tage" sein konnte,[119] waren grundsätzlich während der Periode seiner größten literarischen Wirksamkeit die häufigsten Assoziationen, die Tieck anläßlich alter oder neuer Novellenformen in den Sinn kamen. So – als theoretischen Apologeten und praktischen Lehrmeister „novellistischer Beobachtungskunst" (Heinrich Laube)[120] – sah man ihn in den ersten

---

[111] L. Tieck, Vorbericht a.a.O. S. lxxxvii f.
[112] L. Tieck, Nov. a.a.O. Bd. XII. S. 7.
[113] L. Tieck, Vorbericht a.a.O. S. lxxxiv.
[114] L. Tieck, Nov. a.a.O. Bd. XII. S. 5.
[115] Aus Tiecks Novellenzeit a.a.O. S. 99. Oktober 1835 an Brockhaus.
[116] L. Tieck, Nov. a.a.O. Bd. V. S. 39f.
[117] Ebd. S. 29.
[118] Ebd.
[119] Ebd. S. 61.
[120] Heinrich Laube, Gesammelte Werke in fünfzig Bänden. Unter Mitwirkung

Biedermeierjahrzehnten auch am liebsten. Man fühlte sich bei der Lektüre seiner Novellen mitunter sogar an Shakespeare erinnert (Theodor Mundt),[121] betonte im jungdeutschen Lager die Offenheit der Novelle für „Lebensperspektiven" und sah sie als die dem Zeitgeist am ehesten angemessene literarische Gattung an, gestand, unter Tiecks Einfluß zum „Realismus" bekehrt worden zu sein (H. Laube, vgl. o. S. 39), identifizierte Realismus dabei ohne weiteres mit Prosa und Novellenschreiben u. dgl. m. Es ist in unserem Zusammenhang gleichzeitig aber wohl deutlich geworden, daß die Popularität dieser mit Tiecks Person verknüpften Novellendarstellung gerade nicht in der Originalität, sondern in der klaren Vermittlung traditioneller Assoziationen mit modernen Bedürfnissen ihre tiefere Ursache hatte.

Nicht dem Theoretiker einer formal fixierten Wendepunktnovellistik gebührt also die eigentliche Aufmerksamkeit, sondern dem Praktiker Tieck, der in seiner bewußten Wahl alltäglicher und historischer Sujets von „mittlerer" Relevanz „in stofflicher Hinsicht zum Bahnbrecher der biedermeierlichen und realistischen Novellistik" wurde[122] und der in seinen kritischen Anmerkungen die Bedeutung eben dieser Stoffe und der beschreibenden, genreverliebten Stilmittel weithin sichtbar machte. Unter seine Ägide etablierte sich die Novelle als diejenige literarische Form in Deutschland, in der die „realistischen" modernen Tendenzen am angemessensten zum Ausdruck kommen konnten. Die Möglichkeit, gegenwärtige Stoffe und „alle Stände" zu schildern, wurde dabei so sehr zur Selbstverständlichkeit, daß die nachfolgenden Untersuchungen sie bald ganz außer acht ließen und sich anderen – artistischen – Fragen zuwenden konnten. Eichendorffs Versuch, das alte Problem 1851 noch einmal zur Diskussion zu stellen,[123] erweist sich in vieler Hinsicht als ein einsamer Anachronismus. Aber auch Franz von Gaudys im Vorangehenden angekündigte Ratschläge an einen jungen Autor, in denen noch einmal roman- bzw. märchenhafte „Phantasie" mit novellistischem Naturalismus konfrontiert wurde, wirken bereits wie der verspielte Nachklang einer ehemals heftigen und ernsthaften Auseinandersetzung. Es war kaum mehr als ein feuilletonistischer Witz, wenn Gaudy hier dem angehenden Schrift-

---

von A. Hänel hg. von H. H. Houben. 1908/1909. Bd. 49. S. 339. (Der Ausdruck bezieht sich nicht unmittelbar auf Tieck).
[121] S. o. Kap. III. Anm. 72. – In späterer Zeit wird Gottfried Keller in einem Sonett Paul Heyses als „Shakespeare der Novelle" apostrophiert. (G. Keller, Werke hg. von M. Zollinger a.a.O. Bd. V. S. 7). Im gleichen Gedicht rühmt Heyse auch mit der bekannten Tieckschen Formel, in Kellers Novellen sei „dem Höchsten ... das Albernste gesellt."
[122] Jost Hermand, Die literarische Formenwelt des Biedermeiers a.a.O. S. 105.
[123] Eichendorff, Der deutsche Roman a.a.O. S. 264f.

steller empfahl, sofern es ihm wirklich an aller Phantasie fehlen sollte, „die Alltäglichkeit seiner Umgebung vermöge einiger dämonischer Maschinen" herauszuputzen, „in jeder Nagelschmiede diverse Salamander, in der Pferdeschwemme Undinen, in dem Kohlgarten Erdgnomen" zu wittern, und es ihm also nicht gelänge, einen „Roman" mit als Kalkulatoren, Kompagniechirurgen, Apotheker und Studenten verkleideten Geisterfürsten, Magnetiseuren, Alchimisten und Anselmusgestalten zu erfinden: „ei nun, so greife er zur N o v e l l e ":

> „Hier hat er den weitesten Spielraum ... Der Schriftsteller kann hier auf der einen Seite eine so erbärmliche Armuth schildern, daß es dem gefühlvollen Leser ganz kalt über den Rücken läuft ...", und braucht dabei „nur einen gewandten Blick auf seine eigene dürftige Lage und Umgebung werfen, und den wackelnden Tisch, den kalten Ofen, den detestablen Froschwein etwas grell schildern. Er kann den vor Hunger knurrenden Pudel in einen dito Säugling transformiren, und alle Löcher der eigenen Leibwäsche dem unglücklichen Helden oder der verzweifelten Heldin an den Hals hängen. – Auf der folgenden Seite läßt er den Leser wieder zu Athem kommen, und wirft einen ungarischen Magnaten, polnischen Starosten, einen Minister, Grafen oder Baron ..., mit einem Worte, einen ordentlich unanständig reichen Glückspilz, auf's Papier ..." Die von den stoischen und christlich-asketischen Kritikern seit alters mit Verachtung gestraften sybaritischen und milesischen Möglichkeiten der Novelle werden ebenfalls (wie in Hauffs ‚Controverspredigt') mit einem Seitenblick gestreift:[124] der Novellist könne Mahlzeiten ebenso wie „reizende", gebildete und zugleich unvorstellbar unschuldige Mädchengestalten vorgaukeln und das kulinarische Traumbild schließlich – wie Tieck gelegentlich ausdrücklich bemerkt – in „Ruhe und Behaglichkeit"[125] enden lassen: „... zuletzt ladet der Autor ... das Publikum auf den ersten Trinitatis-Sonntag zur Kindtaufe."[126]

Von der ehemals heftigen Polemik bleibt gegen Ende der Biedermeierzeit nur noch eine Handvoll leicht zu handhabender Topoi übrig; und nicht zuletzt die aufklärende Novellenpraxis selbst unterstützte die theoretische Arbeit auf diesem Sektor wirksam. Von Caroline Fouqués ‚Dornen und

[124] Fürst Pücklers kulinarische Episoden wurden z. B. von der ‚Evangelischen Kirchen-Zeitung' als Dokumente „sinnlicher Lüsternheit" befehdet (Jhg. 1836. Nr. 98). – Zu Claurens Vorliebe für die Beschreibung von Mahlzeiten vgl. a. Heine, Das Buch Le Grand (Kap. XIV). – Stifter schrieb eingedenk solcher Kritiken dann: „Es liegt außer unserem Zwecke, das Mahl, das diesen beschwerlichen Tag beschloß, näher zu beschreiben. Nur so viel genüge, daß es sehr glänzend war." (Prokopus. In: Ausgew. Werke hg. von Rudolf Fürst a.a.O. Bd. VI. S. 33).
[125] In: Die Wundersüchtigen. L. Tieck, Nov. a.a.O. Bd. VII. S. 209. (Ähnl. ebd. S. 272).
[126] Franz Frh. (von) Gaudy, Sämmtliche Werke. Hg. v. A. Mueller a.a.O. Bd. XII. S. 149/153.

Blüthen des Lebens' (1820) über Tiecks ,Geheimnißvollen' (Dresdner Merkur 1822) oder ,Jahrmarkt' (Novellenkranz 1832), Alexis' ,Collaborator Liborius' (1827), Waiblingers ,Britten in Rom' (1829) bis in die Novellistik des Realismus hinein zieht sich eine Kette didaktischer Versuche, in Hoffmannscher Phantastik oder „romanhaften" Ideen befangene Schwärmer mit der novellistischen Wirklichkeit zu konfrontieren.[127] 1844 ironisiert ein jugendlicher Hypochonder in Levin Schückings ,Frauenherz' seine nächtlichen Träume und Ahnfrauvisionen selbst als „romanhaft", bis ihn die rational-„novellistische" Handlung auf natürliche Weise durch die Liebe heilt und in die bürgerliche Wirklichkeit zurückführt.[128] Noch Gottfried Kellers N o v e l l e ,Kleider machen Leute' (1873) bedient sich der tendenziösen Begriffsnuance als Schlußpointe: nach seinem Erwachen aus dem „verhexten Traum" lügenhafter Verstrickung in den Jahrmarkt der Eitelkeit[129] macht der entlarvte Held einen letzten schüchternen Versuch, sich in eine neue Illusion zu flüchten, nämlich „in unbekannte Weiten zu ziehen und geheimnisvoll romantisch dort zu leben in stillem Glücke, wie er sagte.– Allein Nettchen rief: ,Keine Romane mehr! Wie du bist, ein armer Wandersmann, will ich mich zu dir bekennen und in meiner Heimat... dein Weib sein. Wir wollen nach Seldwyla gehen und dort durch Tätigkeit und Klugheit die Menschen, die uns verhöhnt haben, von uns abhängig machen ...'"[130]

---

[127] Caroline Fouqué vermerkt in ihrer Novelle ,Dornen und Blüthen des Lebens' ausdrücklich, es sei Absicht dieser Erzählung, die „Traumwelt" der beiden Hauptgestalten „mit der wirklichen in Conflict" zu bringen. In: Frauentaschenbuch a. d. J. 1820. S. 131.

[128] Die Vision des Helden – „sie lautet wie aus einem schlechten Roman genommen" (S. 310) – erscheint als Symbol seines Lebens, das er „verträumt, statt es mit beiden Armen zu ergreifen" (S. 313). Auf der Gegenseite steht „das Freie, die frische Luft, das Land" (S. 298) und die Liebe, die ihn von dem „ganzen Egoismus des Denkers" (S. 294) befreit, indem sie ihm „bestimmte irdische Sorgen aufbürdet" (S. 279). Levin Schücking, Ein Frauenherz. Novelle. In: Rheinisches Taschenbuch a. d. J. 1844.

[129] Gottfried Keller, Werke hg. von M. Zollinger a.a.O. Bd. VI. S. 42.– Ein ähnliches Motiv – die Entlarvung eines Grafen als Spieler und Hochstapler – findet sich auch in Tiecks ,Jahrmarkt'.

[130] Ebd. S. 46.

IX

EINIGE BEISPIELE

„Historische Wahrheit", „Lebenserfahrung", Pleinairismus,
Spezialisierung, Psychologie, Milieuschilderung, „Werther des
19. Jahrhunderts", „Mittlerer Held"

Unser Überblick hat deutlich gemacht, ein wie starkes Gewicht die Bie-
dermeiertheorie überall dort, wo von Novellen die Rede war, einmal auf
die Distanzierung des Genres gegenüber den anspruchsvollen, transzen-
denzgeöffneten Bereichen des Dramatischen und des Epischen legte, und
zum andern, wie ernst man die Abgrenzung novellistischer Wirklichkeitsdarstellung nach dem romanhaft Unwahrscheinlichen und märchenhaft
Phantastischen hin nahm. Wir haben gesehen, daß die biedermeierliche
Gegenbewegung gegen das „Entbehren und Verachten des Stoffs", das
Jean Paul in seiner ‚Vorschule der Ästhetik' der romantischen und klassizistischen Dichtkunst vorgeworfen hatte,[1] neben der Schau- und Lust-
spieldramaturgie[2] vor allem die Novellenkritik beherrschte; und bereits eine flüchtige Betrachtung der auffallendsten Tendenzen und Leitworte, denen sich die novellistischen Realisationen unseres Zeitraums
unterstellen, bestätigt, daß es sich dabei nicht um abstrakte Spekulationen
handelt. Auf breiter Basis betonte man in der Praxis in Titeln, Untertiteln, Vorbemerkungen und Einschaltungen (vgl. o. S. 90f) „das Zurückführen des Idealen zum Realen, des Wunderbaren zur Wirklichkeit, des
schönen Formenreichtums zum bloßen Stoff", das Eichendorff nach der
Jahrhundertmitte in seiner kritischen Polemik dem modernen historischen
Roman und der darin noch konsequenteren Novelle ankreidet.[3] „Novellistisch" konnte in der frühen Biedermeierzeit grundsätzlich fast jede prosaepische (und gelegentlich auch versepische oder dramatische) Erzählform sein, die auf irgendeine Weise der Vorstellung daguerrotypischen,
spiegelbildlichen, lebensnahen, wahrscheinlichen, natürlichen, sachlichen,

---

[1] Jean Paul, S. W. a.a.O. Bd. 42. S. 125.
[2] Vgl. dazu die gute Übersicht Dorothea Schäfers: Die historischen Formtypen
des Dramas in den Wiener Vorlesungen A. W. Schlegels. In: ZfdPh Bd. 75. 1965.
H. 4.
[3] Eichendorff, Der deutsche Roman a.a.O. S. 262, 264.

detaillierten, charakterisierenden, objektiven, deskriptiven, individualisierenden Darstellens entsprach. Die Sphäre des Alltäglichen, Privaten,
Bürgerlichen, Gemeinen und der „baaren Küchenwirklichkeit"[4] trug
„an sich" bereits novellistisches Gepräge; die von der Konzentration auf
die hohen und erhabenen Dinge abschweifende Aufmerksamkeit für alles
Eigentümliche, Bedingte konnte ebenso „novellistisch" sein wie die zeitgeschichtliche um wissenschaftliche Genauigkeit bemühte historische, topo-
graphische, „niederländische" Zeichnung von Kostüm, Sitten, Lokalität,
die sich dem noch von Hegel aus der Kunstkritik verwiesenen Kriterium
der „Richtigkeit" bereitwillig unterwarf. Unbewußt verwischte man
dabei häufig die Grenzen zwischen fiktionalem und historischem Erzählen; gelegentlich durchbrach man sie auch programmatisch, und die
Betonung h i s t o r i s c h e r W a h r h e i t, auf die man allenthalben
stößt, war nicht nur ein literarischer Topos, sondern ein oft mühsam an-
gestrebtes Ziel. Im Ernst und im Scherz berief man sich auf sie, um tragische, d. h. der geselligen Unterhaltung abträgliche und dem Publikum
gegenüber als unkonziliant empfundene Ausgänge zu entschuldigen, oder
man erklärte wie W. Alexis in der Vorbemerkung zu seiner Milieustudie
‚Die Schlacht bei Torgau': „Wenn der Autor... auch die Gesetze der
Schönheit beleidigt" habe, glaube „er doch die Wahrheit... auf seiner
Seite zu haben."[5] Jedenfalls empfahl man sich den Lesern mit einiger Ge-
wißheit, wenn man Geschichten als „buchstäblich wahr" (H. Clauren)[6]
oder „nach einer als wahr überlieferten Begebenheit" erzählte (Grillparzer,[7] C. B. von Miltitz[8]). Karl Ludwig von Alvenslebens Novelle ‚Der
Todesruf'[9] gab sich ebenso wie Amalie Schoppes ‚Frauenschwäche und
Frauenunglück'[10] oder Eduard von Lannoys ‚Der geheimnißvolle Freund
und sein Mithelfer'[11] als „eine wahre Begebenheit". Eine redaktionelle

---

[4] W. Alexis, Vorwort (1830). S. viii. – Tatsächlich konnte – wie in der in Pustkuchens ‚Novellenschatz' (Bd. I. S. 195ff.) aufgenommenen Novelle ‚Das Leib-
Essen' – eine verpfefferte Bratensoße im Zentrum einer Erzählung stehen.
[5] W. Alexis ebd. S. xxiii.
[6] Vgl. Heinz Liebing, Die Erzählungen H. Claurens a.a.O. S. 86.
[7] Franz Grillparzer, Das Kloster bei Sendomir. In: Werke hg. von St. Hock
a.a.O. Bd. VIII. S. 125.
[8] Carl Borromäus von Miltitz, Gianetto, der Africaner. Nach einer wahren Begebenheit. Novelle. In: Urania a. d. J. 1828.
[9] Karl Ludwig von Alvensleben, Der Todesruf. Eine wahre Begebenheit aus
dem griechischen Freiheitskampfe. In: Mondlichter und Gasbeleuchtungen.
Lpz. 1828.
[10] Amalie Schoppe, Frauenschwäche und Frauenunglück. Eine wahre Begebenheit. In: Cornelia f. 1826.
[11] Eduard Frh. von Lannoy, Der geheimnißvolle Freund und sein Mithelfer.
Eine wahre Begebenheit. In: Taschenbuch für Frohsinn und Liebe a. d. J. 1826.

Anmerkung des ‚Taschenbuchs zum geselligen Vergnügen' a. d. J. 1823
führte Leopold Schefers ‚Palmerio' ebenfalls als eine wahre Begebenheit
ein, die der Verfasser auf einer Griechenlandreise „vor zwei Jahren
selbst gehört und, mit Veränderung der Nahmen, poetisch angeordnet"
habe.[12] Man findet „wahre" (Schreyvogel),[13] „wahrhafte" (Zschokke)[14]
und „größtenteils wahre Geschichten" (Zschokke).[15] Carl Weisflog ve-
rifizierte seine einem schwermütigen Matrosen in den Mund gelegte Erzählung von der Meuterei auf der Bounty ‚Der Nautilus' in einer Nachschrift, in der er bemerkte: „Daß ... die ganze traurige Erzählung bis
in die kleinsten Umstände Wahrheit sey, das erfuhr ich nachmals, als ich
die Beschreibung der Missionsreise des Kapitain James Wilson in das
stille südliche Meer las ..."[16] – Man berief sich auf Chroniken,[17] Memoiren,[18] Tagebücher (‚Eine Erzählung aus dem Tagebuche eines reisenden
Kunstfreundes',[19] ‚Zehn Blätter aus dem Tagebuche eines Freundes, nacherzählt'[20]), auf ‚Baltimorische Familienpapiere',[21] überhaupt gern auf
„Papiere" (‚Aus den Papieren eines Criminalbeamten',[22] ‚meiner Großmutter',[23] ‚meines Großoheims',[24] ‚eines Seemanns',[25] ‚eines Ausgewander-

[12] Leopold Schefer, Palmerio. Novelle. In: Taschenbuch zum geselligen Vergnügen a. d. J. 1823. S. 15.
[13] Josef Schreyvogel, Etienne Durand. Eine wahre Geschichte. (1824). In: Gesammelte Schriften a.a.O. (s. o. Kap. V. Anm. 24).
[14] Heinrich Zschokke, Das Goldmacher-Dorf. Eine anmuthige und wahrhafte
Geschichte vom aufrichtigen und wohlerfahrnen Schweizerboten. Aarau 1817.
[15] Heinrich Zschokke, Der Pascha von Buda. Größtentheils wahre Geschichte.
In: Novellen a.a.O. (Historisches). Bd. 10.
[16] Carl Weisflog a.a.O. (s. o. Kap. V. Anm. 65). S. 316.
[17] Heinrich Zschokke, Florette oder Die erste Liebe Heinrichs IV. In: Novellen a.a.O. (Historisches). Bd. 8.
[18] Friedrich Kind (Pseud.: Salvatorello), Der Liebe Maskenspiel. (Nach geheimen Memoiren). In: Beckers Taschenbuch zum geselligen Vergnügen a. d. J. 1829.
– Heinrich Zschokke, Hermingerda (nach einer alten Handschrift des 16. Jhs.).
In: Novellen a.a.O. (Historisches). Bd. 9. – Karl Leberecht Immermann, Der
Carneval und die Somnambüle. Aus den Memoiren eines Unbedeutenden. In:
Miscellen von Karl Immermann. Stg. u. Tüb. 1830.
[19] Friedrich Mosengeil, Bilderleben. Eine Erzählung aus dem Tagebuche eines
reisenden Kunstfreundes. In: Abendstunden. 1. Slg. Lpz. 1820.
[20] Wilhelm Blumenhagen, Lebens-Räthsel. Zehn Blätter aus dem Tagebuche
eines Freundes, nacherzählt. In: Orphea, Taschenbuch f. 1827.
[21] Heinrich Zschokke, Die Gründung von Maryland. (Aus den Baltimorischen
Familienpapieren). In: Novellen a.a.O. (Historisches). Bd. 8.
[22] Adolf Müllner, Der Kaliber. Aus den Papieren eines Criminalbeamten. Lpz.
1829.
[23] Emilie (Pseud.: Friederike) Lohmann, Die goldene Hochzeit (s. o. Kap. V.
Anm. 36).
[24] Georg Döring, Die Kaiserkrönung in Frankfurt und die Abentheuer in Hol-

ten',[26] ,eines Reisenden',[27] die man möglichst lebenserfahrenen Personen, am liebsten ergrauten Priestern und ehrwürdigen Greisen zuschrieb. Die erste, 1829 fragmentarisch niedergeschriebene Novelle des jungen Stifter (,Julius') tat darin in einem Anflug auctoritätssüchtiger Ängstlichkeit fast zuviel des Guten:

> Die Begebenheiten jener Zeit hat ein würdiger alter Mann, der Dechant zu L... aus Briefen, Aufsätzen und mündlichen Berichten, da noch unmittelbare Zeugen lebten, in Zusammenhang gestellet, und eine Erzählung verfaßt, die zwar alles poetischen Schmukes entbehrt, aber eben deßwegen, wie mir vorkamm, um so mächtiger ergreift. Ich hatte das Vergnügen in Gesellschaft des ehrwürdigen Greises die Plätze zu besuchen, die in seinem Manuskripte bezeichnet waren, und so die Handlung, wie vor meinen Augen spielen zu sehen...[28]

Man scheute keine Mühen, die Geschichten „so glaubwürdig als möglich zu machen" (Hauff, vgl. o. S. 170). Eine beliebte Methode war es, die geschichtliche Handlung historischer Novellen in bekannte, exakt beschriebene Gegenden zu verlegen (z. B. in Wilhelm Blumenhagens Novelle ,Jahn der Büssende', die von allen zeitgenössischen Imitationsversuchen dem Stil Scotts am nächsten kommt[29]), oder sie um markante bzw. um nur mit Initialen und Sternchen gekennzeichnete Namen zu ranken. Friedrich Laun führte z. B. in seinem ,Vertrag mit dem Todten' einen Fürsten und eine Fürstin von **g, einen Herzog von S** ein und nannte nur einen Maler niedersten Adels (Herrn von Zell) mit Namen.[30] Ähnlich stand es – um nur einige wenige Beispiele anzuführen – um Waiblingers Lord M..., Thomas L...,[31] Kuffners Grafen R***,[32] Julie

land. Erzählung. (Aus den Papieren meines Großoheims). In: Frauentaschenbuch a. d. J. 1826.
[25] Heinrich Smidt, Meine Reise in die neue Welt. Erzählung aus den Papieren eines Seemanns. In: Smidt, Erzählungen. Bd. 2. Lpz. 1827.
[26] Hans Georg Lotz, Die Schreckenszeit. Erzählung. Aus den Papieren eines Ausgewanderten. In: Originalien a.a.O. 1828. Nr. 58/80.
[27] Harro Paul Harring, Erzählungen aus den Papieren eines Reisenden. München 1827.
[28] Adalbert Stifter, Julius a.a.O. (s. o. Kap. VII. Anm. 135). S. 8f.
[29] Wilhelm Blumenhagen s. o. Kap. VII. Anm. 130.
[30] Friedrich August Schulze (Pseud.: Friedrich Laun), Der Vertrag mit dem Todten. Erzählung. In: Penelope a. d. J. 1825.
[31] Wilhelm Waiblinger, Die Britten in Rom: Novelle. (1829). In: Waiblinger, Gesammelte Werke a.a.O. Erste Abth.: Bd. I. S. 171/262. Zweite Abth.: Bd. II. S. 213/274.
[32] Christoph Kuffner, Das Schloß im Walde. In: Taschenbuch für Frohsinn und Liebe a. d. J. 1826.

Smiths Lord B***[33] und die verbrecherische Gestalt des Adligen L*** in Therese Hubers ‚Familie Seldorf'. Wie ratsam derartige Vorkehrungen, durch die man auch zufällige Anklänge an Namen mächtiger Familien zu vermeiden suchte, im Hinblick auf die Zensur sein konnten, beweist das Schicksal der Erzählung von F. A. Brockhaus, ‚Die Nebenbuhlerin ihrer selbst', die das finanziell schmerzliche Verbot der ‚Urania' für die gesamten österreichischen Länder zur Folge hatte. Brockhaus' Versicherung, es handle sich dabei um die freie Übersetzung einer französischen Vorlage, vermochte den Vorwurf nicht zu entkräften, er habe eine pikante, höchste Wiener Adelskreise berührende Begebenheit zum Thema gewählt (vgl. o. S. 69). So selbstverständlich nahm man an, Novellen hatten es mit ganzen oder verschlüsselten halben Wahrheiten zu tun! Die Preisgabe französischer Familiengeheimnisse war im Gegensatz zu den deutschen weniger geschützt; Alexis und sein Verleger liefen also kein nennenswertes Risiko, wenn der Autor zur Titelgestalt einer seiner Erzählungen bemerkte: „Der Name Iblou ist keine Dichtung."[34] – Eine andere, sehr verbreitete, bei Brief- oder Tagebucherzählungen natürlich selbstverständliche Gepflogenheit bestand darin, Novellen auf den Tag genau zu d a t i e r e n. Die bereits erwähnte Novelle Weisflogs ‚Der Nautilus' schilderte aus der Perspektive des Jahres 1798 die Meuterei auf der Bounty vom 26. 10. 1788, berichtete von der Gefangennahme der Meuterer am 23. 3. 1789 und schloß mit der Rückfahrt nach England am 8. 5. 1789. Eduard Dullers vielgelobte historische Gewissenhaftigkeit äußerte sich in seiner ‚Johanna von Aragon'[35] in der Einarbeitung genau datierter Ereignisse – der Trauerfeier zum Gedächtnis der verstorbenen Königin Isabella von Kastilien in Brüssel am 14. 1. 1505, der Einschiffung Philipps des Schönen nach Spanien am 9. 1. 1506 usw.; als Schlußbild fungierte der Tod Johannas am 4. 4. 1555. – Naturkatastrophen wie das Erdbeben von Messina im Jahre 1783 (F. von Ney, ‚Die Justinen-Capelle'),[36] ein verheerender Bergsturz in Salzburg am 6. 7. 1669 (Emilie Lohmann, ‚Graf Lauzun'),[37]

---

[33] Julie Smith (Deckname der Tochter des englischen Arztes Julius Griffith), Das Bild der Unbekannten. Erzählung. In: Taschenbuch für Frohsinn und Liebe a. d. J. 1826.

[34] Willibald Alexis, Vorwort (1830) a.a.O. S. xxiii.

[35] Eduard Duller, Johanna von Aragon. Erzählung. In: Rhein. Taschenbuch a. d. J. 1844.

[36] F. von Ney, Die Justinen-Capelle. Erzählung. In: Taschenbuch für Frohsinn und Liebe a. d. J. 1827.

[37] Emilie (Pseud.: Friederike) Lohmann, Graf Lauzun. Erzählung. In: Beckers Taschenbuch zum geselligen Vergnügen a. d. J. 1827. – Ein ähnlicher Bergrutsch spielt eine Rolle in: Friedrich Jacobs, Die Proselyten. In: Minerva a. d. J. 1826.

historische Sturmfluten (Tieck, ‚Der funfzehnte November‘, Biernatzki, ‚Die Hallig‘), die Überschwemmung der Wiener Vororte Rossau und Leopoldstadt in der Nacht auf den 1. 3. 1830 infolge eines Eisstoßes (Grillparzer, ‚Der arme Spielmann‘) waren beliebte novellistische „Begebenheiten" – meist allerdings von Versuchen begleitet, das Schicksalhafte unverständlichen Naturgeschehens mit Hilfe einer (erfundenen) Ausschnitthandlung in einen providenzgelenkten Sinnzusammenhang hinüberzuspielen. Auch Feste waren beliebte Sujets: z. B. die Feier des Wittenberger Universitätsgründungstages im Herbst 1615, die man zugleich erbaulich mit dem privaten Geburtstag eines Hauptakteurs zusammenfallen lassen konnte (Friedrich Kind, ‚Der Rector Magnificus‘)[38] oder das historische, mit pleinairistisch beobachteten Details ausgeschmückte ‚Blumenfest‘ von Genzano in Waiblingers gleichnamiger Novelle (1829). Man wählte eindrucksvolle oder lokal bedeutsame Gedenktage: in Emilie Lohmanns ‚Hugo von Pajens‘[39] erinnert sich ein alter Harfner an die Eroberung Jerusalems am 15. 1. 1099; der Vorabend der Siegesfeier über die Franzosen inspirierte Caroline Fouqué zu einer ‚Vision aus der Nacht des siebenten August 1814. In Berlin‘, in der sie über „alles einzelne Große" und „zwitterhaften Cosmopolitismus" Gericht hielt.[40] Oder man begann schlicht: „Es war ein heller Maymorgen des Jahres 1197..."[41]
Es ist nicht verwunderlich, daß diese Manier gleichzeitig zum Spott herausforderte. Theodor Hell schilderte z. B. in einer scherzhaften Taschenbuchnovelle das auf den 14. 4. 1814 datierte ‚Leben eines Veilchens‘;[42] E. T. A. Hoffmann ließ seinen Helden im ‚Elementargeist‘ (1821) nicht ohne Ironie am 20. 11. 1815 ausreiten, und das Ereignis, das Heinrich Zschokke in seiner unter ‚Historisches‘ aufgenommenen Novelle ‚Nur eine zwölfstündige Todesangst‘ vom 11. Mai 1809 zu berichten wußte, bestand in nichts anderem als den Leiden eines dicken Feldweibels, der sich aus „angeborener Antipathie gegen alles scharfgeladene Geschütz" bei der Belagerung und Beschießung Wiens bis zur Erklärung des Waffenstillstands am folgenden Tag in einem Eiskeller verkroch. Mit

---

[38] S. o. Kap. V. Anm. 28.
[39] Emilie (Pseud.: Friederike) Lohmann, Hugo von Pajens. Erzählung. In: Beckers Taschenbuch zum geselligen Vergnügen a. d. J. 1829.
[40] Caroline Fouqué, Der Abtrünnige. Eine Vision aus der Nacht des siebenten August 1814. In Berlin. In: Frauentaschenbuch a. d. J. 1816.
[41] M. Fr. von Canaval, Der Templer. In: Taschenbuch für Frohsinn und Liebe a. d. J. 1826.
[42] Karl Theodor Winckler (Pseud.: Theodor Hell), Leben eines Veilchens. Von ihm selbst in zwey Briefen an eine Dame beschrieben, und dem Englischen nacherzählt. In: Penelope a. d. J. 1825.

humoristischer und zugleich liebevoller Umständlichkeit beginnt schließlich auch Mörikes Mozartnovelle:

> Am dritten Reisetag, den vierzehnten September, gegen elf Uhr morgens fuhr das wohlgelaunte Ehepaar, noch nicht viel über dreißig Stunden Wegs von Wien entfernt, in nordwestlicher Richtung jenseits vom Mannhardsberg und der deutschen Thaya bei Schrems, wo man das schöne Mährische Gebirg bald vollends überstiegen hat.[43]

Soviel Artistik bei dergleichen Datierungen auch im Spiel sein konnte, insgesamt bezeugen diese Details doch ein starkes Bemühen um „Wahrheit" und eine positivistische Basis des Erzählten. Wir hätten bereits am Beispiel Tiecks zeigen können, daß man historische Treue oft mit großer Umsicht anstrebte. Die Anachronismen in Scotts ‚Kenelworth' erregten wirklich seinen Zorn, und er tat sich nicht wenig darauf zugute, ihn in seiner eigenen Novelle ‚Das Fest zu Kenelworth' an geschichtlicher Wahrheit und Wahrscheinlichkeit übertroffen zu haben.[44] Im Vorwort zum ‚Aufruhr in den Cevennen' wies er ausdrücklich auf das gründliche Studium historischer Untersuchungen, von Texten und Memoiren über diesen Gegenstand hin, „soviel ich nur finden konnte";[45] wir wissen auch, daß sein Shakespearezyklus ‚Dichterleben' als Frucht langjähriger wissenschaftlicher Beschäftigung mit dem elisabethanischen Zeitalter entstand.[46] „Ich darf mir wohl das Zeugniß geben, daß ich immerdar forsche und mehr lerne, je älter ich werde", schrieb er 1836;[47] und gleich ihm fühlte sich mancher Novellist unseres Zeitraums als eine Art von nebenberuflichem Historiker, Naturforscher oder Psychologen. „Auch bin ich doch ein Gelehrter, – ich darf nicht blos als ein Dichter erscheinen", erklärte z. B. Henrik Steffens,[48] dessen Novellenzyklus ‚Die Familien Walseth und Leith' Theodor Mundt mit einigem Recht als eine Anthropologie des 18. Jahrhunderts „in künstlerischen Formen" betrachten konnte. Eduard Dullers Novellen erfüllten nach der Auffassung eines zeitgenössischen Rezensenten die Forderungen aller, „die sich einbildeten, eine geschichtliche Abhandlung sei das Ideal einer historischen Novelle" (vgl. o. S. 156), – eine Ansicht, die man als reflektierte Weiterbildung eines Ansatzes auffassen kann, der sich 1823 bei C. F. von Rumohr im Vorbericht zu sei-

---

[43] Eduard Mörike, Mozart auf der Reise nach Prag. Novelle. Stg. 1856. Zit. nach: S. W. a.a.O. (s. o. Kap. VI. Anm. 96). Bd. VI. S. 237.
[44] Vgl. Henry Lüdeke, Ludwig Tieck und das alte englische Theater a.a.O. S. 316ff.
[45] L. Tieck, Nov. a.a.O. Bd. X. S. 73f.
[46] Henry Lüdeke ebd.
[47] L. Tieck, Nov. a.a.O. Bd. XII. S. 6.
[48] Henrik Steffens an Josef Max 6. 2. 1840. (S. o. Kap. III. Anm. 155).

nen ‚Italienischen Novellen, von historischem Interesse‘ findet. Novellen, meinte Rumohr hier, dienten „weniger zur Bestätigung, als vielmehr zur Ergänzung der Geschichtschreiber, deren Schilderungen im Ganzen zu allgemein sind, um auf Eigenthümliches und Besonderes genau einzugehn.“ Sie leisteten in dieser Beziehung sogar „ungleich mehr, als die Denkwürdigkeiten der Franzosen, eben weil letztere weniger unbedacht, zufällig und objectiv sind.“[49] Bei Alexis stößt man im gleichen Jahr bereits auf den Anspruch literarischer Dokumentation. „Es freute mich neulich zu hören“, vermerkte er in einem 1830 geschriebenen Kommentar zu seiner 1823 veröffentlichten Novelle ‚Iblou‘, „daß Literaturfreunde in den Maasgegenden der Jugendarbeit einige Aufmerksamkeit geschenkt, der historischen Notizen über eine Periode wegen, aus der für jene Gegenden literarische Documente fehlen.“[50] In der ‚Schlacht bei Torgau‘ (1823) fühlte er sich als Chronist eines versunken geglaubten Militärjargons. „Der Zufall ließ ...“ mich, schrieb er, „in früher Jugend Rudera jenes echten Soldatenhumors kennen lernen, der, wie aller Humor unter den niedern Volksklassen Norddeutschlands, seltener werdend, sich unter den Kernsoldaten aus der Friedericianischen Zeit und Schule am längsten erhalten hat. Er war sehr eigenthümlich ...“[51] In diesen Zusammenhang fügt sich schließlich auch der Umstand, daß Jeremias Gotthelf sowohl von dem Herausgeber eines geographischen Handbuchs (Prof. F. Possart) als auch dem amerikanischen Handelskonsul in Basel als Kenner der „eigentümlichen Verhältnisse“, der „Lebensweise etc. des Bauernstandes in der Schweiz“ angegangen und um detaillierte Auskünfte gebeten wurde.[52]

Tatsächlich hakten auch die meisten Novellenbesprechungen bei der Kritik historischer Fakten ein. Dabei entspann sich manche Diskussion, wie z. B. zwischen Wilhelm Blumenhagen und dem Rezensenten des ‚Morgenblatts‘ anläßlich der oben erwähnten Novelle ‚Jahn der Büssende‘, in deren Verlauf man immer neue Chroniken und Quellen anführen konnte. Oft suchte man sich gegen derartige Angriffe allerdings gleich durch die Beigabe von historischen „Aktenstücken und Originalbriefen“ (Spindler)[53] oder durch Anmerkungen abzusichern. Langbein wagte in einer historischen Erzählung kaum „die Lehn Eurer Grafschaft ...“ zu schrei-

---

[49] Karl Friedrich von Rumohr, Italienische Novellen a.a.O. (s. o. Kap. V. Anm. 180). S. viii.
[50] Willibald Alexis, Vorwort (1830) a.a.O. S. xxiii.
[51] Ebd. S. xxiiif.
[52] Jeremias Gotthelf, Briefe a.a.O. Bd. IV. S. 140, 107, 102.
[53] S. o. Kap. V. Anm. 179.

ben, ohne sich in einer Fußnote, möglicher Ungenauigkeit wegen, zu entschuldigen:

> Büsching hält in seiner Erdbeschreibung zwar für unerwiesen, daß der Grafen von Winzenburg Landeigenthum eine wirkliche Grafschaft gewesen sey, allein, der Kürze wegen, darf sich wohl ein Mährchenerzähler diesen Ausdruck, den selbst Geschichtsschreiber von den Winzenburgischen Besitzungen brauchen, ohne weitere Untersuchung erlauben.[54]

Als eine regelrechte Manie erscheint die Anmerkungstechnik bei dem Vespertinaromantiker Friedrich Kind, der z. B. in seinem ‚Lieder-Büchlein' (1827) nicht nur „Realität und Individualität" nach authentischen Stichen geschilderter Personen zu erweisen suchte,[55] sondern auch eingehend belegt, wenn er eine Gestalt aus „altdeutscher Zeit" mit einem Federhut auftreten läßt.[56] Caroline Pichler, die wie ihre Taschenbuchkollegin Caroline Fouqué eine Reihe historisch-novellistischer Interferenzformen und „Aufsätze" veröffentlicht hat, ließ ihre niederländische Novelle von Jugendliebe und Lehrjahren des Malers Quinten Massys (‚Quintin Messis' 1824)[57] in eine Art kunsthistorischen Ausblick ausklingen, während umgekehrt die einleitenden Sätze ihrer historischen Studie ‚Rüdiger der Normann, Erster Graf von Sicilien' fast wie ein Vorklang der Novellenprogramme von Tieck oder Alexis wirken.[58]

Selbst schnell und an sich flüchtig arbeitende Schriftsteller wie Wilhelm Hauff, der für seinen ‚Jud Süss' immerhin sieben historische Quellen, einen zeitgenössischen Farbholzschnitt und mündliche Familienüberlieferung zu Rate gezogen hat,[59] bezeugten ihren Respekt vor der oft als „Lehrmeisterin" apostrophierten Geschichte. Auf Büchners außerordentlich intensive literarhistorisch-psychologische „pathologische Studie in epischer Form",[60] seinen „Aufsatz" Lenz (1835), kann in diesem Zusammenhang nur andeutungsweise verwiesen werden. Dieses Werk macht in seiner Vielschichtigkeit indes besonders deutlich, welches literarische und überliterarische Niveau innerhalb des biedermeierlich-novellistischen Bereichs „fiktional-historischer" Zwischenformen erreichbar war. Man wird es kaum anders als eine – nur aus der Sicht einer puristischen Ästhetik „problematische" – Zwischenform interpretieren dürfen: ‚Lenz' vereinig-

---

[54] August Friedrich Langbein, Sämmtliche Schriften a.a.O. Bd. XVII. S. 9.
[55] Friedrich Kind, Das Lieder-Büchlein. In: Beckers Taschenbuch zum geselligen Vergnügen a. d. J. 1827. S. 259f.
[56] Ebd. S. 264. (Anmerkung).
[57] Caroline Pichler, Quintin Messis. In: Minerva f. d. J. 1824.
[58] Vgl.: Minerva, Taschenbuch f. d. J. 1819. S. 195.
[59] Vgl. A. Mannheimer, Die Quellen zu Hauffs ‚Jud Süss'. Diss. Gießen 1909.
[60] Karl Vietor, Georg Büchner a.a.O. S. 160.

te das Genre der zeitüblichen „Entlarvungsbiographie" mit suggestiver Vergegenwärtigung, zog Augenzeugenberichte und Zeitdokumente heran und verband historistische Rückgriffe auf das Modevokabular der 1770er Jahre, selbst den Tonfall Lenzscher Originalbriefe mit persönlichem Engagement, distanzierte Beobachtung eines „Falls" und mittleren Helden (Lenz, nicht Goethe oder Shakespeare!) mit Identifikation (die bis zu wörtlichen Parallelen zwischen Reden des kranken Dichters und brieflichen Äußerungen Büchners ging). Mit Recht betont H. P. Pütz in seinem Aufsatz über „Büchners ‚Lenz' und seine Quelle" (das Oberlinsche Tagebuch)[61] nicht nur die Übergänglichkeit des Werks zwischen „Bericht" und „Erzählung",[62] sondern auch die Problematik einer allzuscharfen Gegenüberstellung von Quelle (als „reinem Bericht") und Büchners Text (als „künstlerischer Erzählung"): „In Wirklichkeit sind beide Werke nicht so grundsätzlich verschieden wie etwa eine sachlich-medizinische Wiedergabe eines Krankheitsverlaufes und eine rein poetische Fiktion."[63] In der obligaten Gesprächseinlage formulierte Büchner zugleich eine programmatische Polemik gegen die „sogenannten Idealdichter", „Raffaelische Madonnen" und den Apoll von Belvedere (d. h. „italienische" Romantik und klassizistische „Kälte"); er exemplifizierte seinen Realismusbegriff konkret anhand eingestreuten „niederländischen" Genres und benutzte die Struktur einer pathologischen Biographie zur radikalen Übersteigerung des biedermeierlichen Bekehrungsschemas vom „Schein" zum „Sein", indem er Lenz als „Menschen" schließlich aus allem in „conventioneller oder ächter Sitte und Moral Hergebrachten" (Tieck, vgl. o. S. 173) herauslöste. Man ist versucht, das Werk in unserem Zusammenhang als die konsequenteste Parabel novellistischer Realistik und literarischer Antiliteratur in der Restaurationszeit zu lesen. Antiliterarischer Absicht entsprach es wohl auch, daß Lenz für Büchner ähnlich wie Hölderlin für Wilhelm Waiblinger in dieser gleichwohl literarhistorischen Studie dadurch eigentlich erst interessant wurde, daß er ihm wie beiläufig (und in enger Übereinstimmung mit der Quelle) auch den Dekor seiner dichterichen Repräsentanz abnehmen konnte:

> Ha, ha, ha, ist er nicht gedruckt? Habe ich nicht einige Dramen gelesen, die einem Herrn dieses Namens zugeschrieben werden?" – „Ja, aber belieben Sie, mich nicht darnach zu beurteilen.-[64]

---

[61] Heinz Peter Pütz, Büchners ‚Lenz' und seine Quelle. Bericht und Dichtung. In: ZfdPh 84. 1965. Sonderheft (Moderne deutsche Dichtung). S. 1/22.
[62] Ebd. S. 2.
[63] Ebd. S. 3.
[64] Georg Büchner, S. W. a.a.O. S. 85. – Vgl. H. P. Pütz ebd. S. 15.

„Das Gefühl, daß was geschaffen sei, Leben habe,... sei das einzige Kriterium in Kunstsachen", behauptete Büchners Lenz in seinem Gespräch mit Kaufmann[65] und nannte damit ein weiteres wichtiges Leitwort, dem sich die biedermeierliche Novellistik unterstellte. Wo man sich schon nicht auf Wahrheit und zumal historische Wahrheit berufen wollte, beanspruchte man doch wenigstens die „Poesie ... mit dem Leben" zu verbinden, „das gesellige Leben der größeren und kleineren Vereine", „das baare Leben unserer Häuser und Straßen" darzustellen[66]: in allen möglichen Abwandlungen gaben sich die Novellen als Gattung der L e b e n s e r f a h r u n g und der L e b e n s n ä h e.

„Erlebt darf ich Alles nennen", kommentierte Alexis seine Jugendnovelle ,Iblou', die in Einzelheiten fast wörtliche Übereinstimmungen mit seinem ,Marsch nach Frankreich' aufweist; „denn es ist aus einer Anschauung des Erlebten erwachsen."[67] „Meine Balladen und Novellen sind den Grabmälern zu vergleichen, wo die Bildnisse der schönen Ritter und Frauen in Lebensgröße ausgehauen sind", erklärte Louise Brachmann zu ihren empfindsamen Rührgeschichten.[68] Vielleicht verdienen in diesem Zusammenhang auch Novellentitel wie Tiecks ,Dichterleben' (1826), Caroline Fouqués ,Dornen und Blüthen des Lebens'[69] oder David Bär Schiffs Übersetzung ,Lebensbilder von Balzac'[70] Beachtung. I. F. Castellis Mesalliancenovelle vom ,großen Rittmeister und dem kleinen Minchen' gab sich als „Erzählung aus dem Leben":[71] das kleine Förster-Minchen schlägt mehr aus Scheu vor dem Spott ihrer Freundinnen als aus Ehrfurcht vor dem Adelstitel des hochgewachsenen Rittmeisters dessen Bewerbung solange aus, bis das Schicksal selbst ein Einsehen hat, das Ehehindernis ungleicher Statur beseitigt (dem langen Rittmeister werden im Krieg beide Füße abgeschossen) und die Liebenden glücklich zusammenführt. Als lehrreiche Lebensgeschichte ließ der Maler Faustino, der eine junge Gräfin durch Liebe und Heirat von ihren magnetischen Verzückungen heilt, seine Memoiren in Zschokkes ,Verklärungen' einen befreundeten Offizier lesen.[72] Josef Schreyvogel fügte seiner Novelle ,Wie es geschah,

[65] Georg Büchner ebd. S. 92.
[66] Willibald Alexis, Vorwort (1830) a.a.O. S. vii–xv.
[67] Ebd. S. xxiii.
[68] Louise Brachmann, Auserlesene Dichtungen a.a.O. Bd. II. S. xxxiv.
[69] S. o. Kap. VIII. Anm. 127.
[70] David Bär Schiff, Lebensbilder von Balzac... Aus dem Französischen übersetzt. 2 Bde. Bln. 1830/31.
[71] S. o. Kap. V. Anm. 33.
[72] Heinrich Zschokke, Die Verklärungen. In: Novellen a.a.O. (Lebensweisheit). Bd. 2.

daß ich ein Hagestolz ward' die Empfehlung bei: „Aus den Lebenserfahrungen eines Ungenannten"[73] und scheint diesen Begriff später noch
mehrfach aufgenommen zu haben.[74] Auch der Zusatz „ein Bruchstück"[75]
und die Betonung des Fragmentarischen, wie sie sich zufällig und exemplarisch zugleich in Büchners „Lenz", als artistischer Kunstgriff etwa
bei E. T. A. Hoffmann findet (‚Ein Fragment aus dem Leben dreier
Freunde', ‚Fragment aus dem Leben eines Phantasten'), war geeignet, Unmittelbarkeit und Wirklichkeitstreue des Geschilderten zu bekräftigen.
Wie weit man es überhaupt in dieser Hinsicht treiben konnte, belegt vielleicht am eindringlichsten H. Clauren. Der Buchausgabe seiner ‚Mimili'
(1816)[76] fügte er nicht nur den Stich eines „nach der Natur gemalten"
Porträts der Titelheldin bei; er lud das Lesepublikum auch freundlich
zur Hochzeit des jungen Pärchens ein. Die zweite Auflage schloß mit
der vertraulichen Mitteilung, Mimilis Gatte habe ihn, den Verfasser gebeten, „die allerniedlichsten und geschmackvollsten Kindersachen" zu besorgen; in der dritten erfuhr der „freundliche Leser", „daß es unserer
Mimili mit ihrem Gatten wohl geht, und daß ihr unterdessen eingetrof-
fener Silli [Anm.: Kleiner Sohn] nach Versichern des Vaters, des lieb-
holden Frauchens Ebenbild ist." Und Clauren hatte damit nicht nur bei
dem viel und leichthin geschmähten Trivialpublikum der Restaurationszeit Erfolg. Auch seine gebildeten Gegner sprachen ihm wohl sittlichen
Ernst, nie aber „Natürlichkeit" ab, und tadelten höchstens, daß seine
Geschichten nichts weiter als natürlich seien. „Leider ist es nur die Natur,
so wie man sie mittelst einer Camera obscura abzeichnen kann", schrieb
z. B. Hauff in seiner ‚Controverspredigt'. „Zeichnet die nächste beste
Schweizer-Milchmagd ab, so habt ihr eine Mimili, und freilich alles so
natürlich als möglich."[77] Eine Zeitungskritik aus dem Jahr 1827, die be-
mängelte, er schildere „immer wieder dieselben Stereotyp-Figuren',
schränkte ihre Beanstandungen alsbald wieder durch grundsätzliches Lob
ein: „Sein Geist wird gewiß noch die reichste Mannigfaltigkeit in der
Charakteristik finden, wenn er nur fortfährt, seine Beobachtungen aus

---

[73] Josef Schreyvogel, Wie es geschah, daß ich ein Hagestolz ward. Aus den
Lebenserfahrungen eines Ungenannten. In: Aglaja a. d. J. 1827.
[74] S. o. Kap. V. Anm. 52.
[75] Heinrich Zschokke, Diocletian in Salona. (Aus dem Griechischen). Ein
Bruchstück. In: Novellen a.a.O. (Lebensweisheit). Bd. 3.
[76] Carl Heun (Pseud.: H. Clauren), Mimili. Eine Erzählung. Mit Mimilis Bild-
niß. Nach der Natur gemalt von Wocher, gestochen von Bolt. Erster Druck in:
Der Freimüthige 1815. Buchausg. Dresden 1816. ²Oktober 1816. ³1818. Zitiert
nach Reclam UB Nr. 325.
[77] Wilhelm Hauff, Controvers-Predigt über H. Clauren. Stg. 1827. Zit. nach:
W. Hauff, Werke hg. v. Mendheim a.a.O. Bd. III. S. 229, 230.

dem Leben zu schöpfen und nicht das bequemere Schöpfen aus sich selbst vorzieht."[78]

Wir haben bereits bei unserem kursorischen Überblick über die häufigsten Gelegenheitsbezeichnungen, die man anstelle von „Novelle" oder „Erzählung" gebrauchen konnte, der Bedeutung kunstästhetischer Begriffe besondere Aufmerksamkeit schenken müsse (vgl. o. S. 77ff); und unter diesen waren es wiederum jene, die die Nuance p l e i n a i r i s t i s c h e r Unmittelbarkeit verrieten, die dem aktuellen Programm „novellistischer Beobachtungskunst" (vgl. o. S. 173) am nächsten kamen. Nur ein Mensch, in dessen Seele „auch nicht das kleinste Fünkchen von Schriftstellertalent" glühte, konnte, wie E. T. A. Hoffmanns gelähmter Programmatiker biedermeierlicher Genrerealistik in ‚Des Vetters Eckfenster' (1822) meinte, das Gewühl eines besonnten Marktplatzes etwa mit einem bunten impressionistisch gesehenen Tulpenbeet vergleichen. „Ein Auge, welches wirklich schaut", mußte vielmehr imstande sein, den Markt nicht nur als „ein treues Abbild des ewig wechselnden Lebens" zu betrachten,[79] sondern das Farbenmeer auch in individuelle „Szenerien des bürgerlichen Lebens" aufzulösen.[80] Man mußte kleine Charakterbilder, Intrigen, „Romane", Anekdoten, Gelegenheiten zum Erzählen „fataler Volkswitze" wahrzunehmen wissen. Man mußte „spionieren" (Hauff, vgl. o. S. 170), Novellen als Studien (F. Schlegel)[81] begreifen und im Extremfall versuchen, sich in das Leben der „prosaischsten Menschen unter der Sonne" zu versenken, „es ... in den Zuckungen, den Andeutungen, dem ganzen feinen, kaum bemerkten Mienenspiel" wiederzugeben.[82] Wie ernst man die Anschaulichkeit nahm, zeigt – unabhängig von der unter solchen Titeln zusammengefaßten oft recht oberflächlichen Erzählliteratur – die Fülle der bereits erwähnten Spiegel-, Guckkastenbilder, Schattenrisse, Randzeichnungen und Holzschnitte, Genreszenen, Reisetabletten, Studien und Skizzen (vgl. o. S. 77–79). Sogar Märchen wie E. T. A. Hoffmanns ‚Königsbraut', aus der Gottfried Keller in realistischer Zeit tatsächlich auch ein Genremotiv in seine ‚Mißbrauchten Liebesbriefe' (in denen der Typus des mit Hilfe eines Notizbuchs die Natur kopierenden literarischen Detailjägers bereits karikiert wird) hinüberretten konnte, deklarierte man als „nach der Natur entworfen". Ludwig Storch brachte eine „Erzählung" und eine „Novelle" unter dem Titel ‚Heimgebrachtes, auf romantischen

[78] Zit. nach Heinz Liebing, Die Erzählungen H. Claurens a.a.O. S. 98.
[79] E. T. A. Hoffmann, Werke hg. von G. Ellinger a.a.O. Bd. 12. S. 164, 145.
[80] Ebd. S. 145.
[81] Friedrich Schlegel, Literary Notebooks a.a.O. § 1609. Vgl. o. Kap. VI. Anm. 100.
[82] Georg Büchner, S. W. a.a.O. S. 92.

Streifereien gesammelt' auf den Markt.[83] Wilhelm Blumenhagen bezeichnete seine Behandlung des unvermeidlichen Hagestolzthemas als ‚Skizzirte Gruppe aus einem Sittengemälde der neuesten Zeit'.[84] Auch als symbolischem Motiv begegnet man gelegentlich pleinairistischem Zeichnen im wörtlichen Sinn. Ähnlich wie sich später in Stifters ‚Waldsteig' (1845) Besserung und Rettung des gefährdeten Hagestolzen Tiburius kaum merklich aus dem ersten, scheinbar zufälligen Entschluß entwickelt, „die Geschichtsmalerei in Öl" aufzugeben und die anspruchslosen Naturstudien seiner Jugend wieder aufzunehmen,[85] schildert Wilhelm Müller in einer Episode seiner Novelle ‚Der Dreizehnte' bereits 1827 die Besserung eines durch altdeutsches Stutzertum verwirrten Genies. Es entsprach durchaus dem frühbiedermeierlichen Novellenkonzept, wenn der junge Maler, zur Besinnung gekommen, „fast ausschließlich nach der Natur" zu arbeiten und durch „kleine Reisen durch Schlesien, Rügen, Sachsen und Böhmen... seinen Kopf und seine Mappen mit Skizzen und Bildern" zu füllen begann.[86] „Skizzen und Bilder", erlebtes Detail und anekdotische Episoden aus der Jugend des ‚Dreizehnten' überlagerten auch in Müllers Novelle die zugrundegelegte Schicksalsstruktur fast völlig. Mehr und mehr erwartete man geradezu eine individuelle Augenzeugenleistung, die sich an Beobachtungsintensität mit den gemeinsam mit den prosaepischen Erzählungen in Taschenbüchern und Zeitschriften abgedruckten Reiseskizzen, Kurzbiographien und historischen Essays messen konnte; und die Novellisten suchten diesen Anforderungen durch Rückgriffe auf Erlebtes, heimatlich Vertrautes, Jugenderinnerungen (z. B. Mörike in ‚Lucie Gelmeroth'), Porträtierung ihnen bekannter Personenkreise (Tieck, Moltke: ‚Die beiden Freunde', Hermann Kurz: ‚Das Wirtshaus gegenüber'), durch kleine und auch weitere Reisen nachzukommen. Sofern man es nur mit Liebe tat und genau zu schildern verstand, konnte jedes Milieu, jedes Thema und jede Landschaft interessant sein. Man entdeckte – oft über Scott[87] – Schwaben und das „Bayerische Hochland", Hinterpommern (Alexis, ‚Pommersche Gespenster'), die Maasgegenden (Alexis, ‚Iblou'),

[83] Ludwig Storch, Heimgebrachtes, auf romantischen Streifereien gesammelt. Stg. 1829.
[84] S. o. Kap. V. Anm. 51.
[85] Adalbert Stifter, Ausgewählte Werke hg. von R. Fürst a.a.O. Bd. IV. S. 35.
[86] Wilhelm Müller, Der Dreizehnte. Novelle. In: Urania f. 1827. S. 35ff.
[87] So zieht in Hauffs ‚Bild des Kaisers' ein junger Preuße „wie einer jener wohlerzogenen jungen Herren in einem Scottischen Roman" nach Schwaben, um „das Hochland und seine barbarischen Bewohner zu besuchen" und entdeckt alsbald auch Scottische Veduten: „Glaubt man nicht das Schloß von Bradwardine oder irgend ein anderes aus Scottischen Romanen zu sehen?" Hauff, Werke a.a.O. Bd. III. S. 469.

Rügen (Alexis, ‚Die Geächteten‘), die Vogesen[88] und die Lüneburger Heide als das „deutsche Sibirien“;[89] und es entsprach nicht nur biedermeierlicher, sondern auch „novellistischer“ Bescheidenheit, unklassische Querstraßen vielbefahrenen Heerstraßen vorzuziehen.[90] Auch in diesem Zusammenhang polemisierte man gegen Italien und den Orient. „Im Brandenburgischen Lande“, wurde etwa in Tiecks ‚Gesellschaft auf dem Lande‘ (1825) bemerkt, „... giebt es schöne Naturgemälde, wenn man sie nur aufzusuchen versteht, und keine phantastischen Erwartungen hinzubringt, die eigentlich jeden Genuß, sei es hier, oder in Italien, verderben.“[91] Natürlich schrieb man trotzdem noch italienische Novellen; aber man bemühte sich dabei doch, so „charakteristisch“ und detailliert wie möglich vorzugehen, „Italien, wie es wirklich ist“ wiederzugeben,[92] über „weniger betretne Wege“ zu führen[93] und „mehr als eine Schilderung der Heerstraßen“ zu bieten.[94] In Wilhelm Waiblingers italienischen Novellen wirkt die Handlung oft geradezu als ein Vorwand, möglichst viel Beobachtetes und baedekermäßig eingearbeitete kulturgeschichtliche Notizen aneinanderzureihen. Er überschlug sich in seinem ‚Blumenfest‘ fast in der Schilderung von Volkstrachten, Prozessionen und folkloristischer Repräsentation. Er ließ Personen über eine „Olmata oder... freundliche Ulmenallee hin spazieren“[95] und zählte in seinen ‚Britten in Rom‘ (1829) nicht nur italienische Weinsorten und Dichter, sondern auch alle möglichen Sehenswürdigkeiten vom Grab Romeos und Julias bis zu Byrons Palast in Pisa und die Kunstwerke des Vatikan auf, brachte allgemeine Reflexionen über „die britischen und die römischen Frauen“ und ließ einen jungen Engländer seine Erlebnisse etwa folgendermaßen berichten und von den Teilnehmern einer Reisegesellschaft kommentieren:

[88] Friedrich Mosengeil, Das Abentheuer in den Vogesen. Novelle. In: Frauentaschenbuch a. d. J. 1827.
[89] Wilhelm Blumenhagen, Die Colonisten. Novelle. In: Penelope f. 1838. S. 19.
[90] Vgl. o. Kap. V. Anm. 109.
[91] L. Tieck, Nov. a.a.O. Bd. VIII. S. 393. – Vgl. a. ebd. Bd. XII. S. 436: „Diese stille Laube, dieser Platz im wilden Walde... sind mir Heiligthümer geworden... Dort also ist mein Orient und mein Wunderland.“
[92] Vgl. Franz Frh. (von) Gaudy, Ausgewählte Werke. Hg. von Karl Siegen. Lpz. (Max Hesse) o. J. Bd. I. S. 39.
[93] Wolfgang Menzel, Die deutsche Literatur a.a.O. Bd. II. S. 28.
[94] „Kaum die zwanzigste Reisebeschreibung giebt mehr als eine Schilderung der Heerstraßen – schon eine Miglie darüber hinaus, beginnt die Terra incognita.“ Franz Frh. (von) Gaudy, S. W. hg. von A. Mueller a.a.O. Bd. VI. S. 98. (Portogalli).
[95] Wilhelm Waiblinger, Das Blumenfest. Novelle. (Taschenbuch f. 1829). In: Gesammelte Werke a.a.O. Bd. III. S. 83.

Wir hatten einen großen Ritt gemacht, über St. Giovanni nach dem Monte Celio, dem Campo vaccino, und wollten am Vestatempel vorüber nach der Pyramide des Cestius, lauter Dinge, welche Rebecca noch nicht gesehen. Kaum hatten wir uns um die Ecke am Hause des Pilatus gewandt – Welch' ein grober Irrthum! fiel der Kapitän ein; das Haus des Pilatus, meint das dumme Volk, und ist der Palast des Cola von Rienza. – Lauter Irrthümer, lauter Prahlerei mit seinen Alterthümern!
Nun sey's, wie es wolle, wir gallopirten am Tempel der Fortuna virilis vorüber –
Soll von Servius Tullius seyn, sagte der Onkel, und ist schon nach Vasi, Fea und Nibby ein ganz anderes Ding –[96]

Wo man nicht selbst beobachten konnte, zog man wenigstens den zwischen 1812 und 1827 in sieben Auflagen verbreiteten ‚Brockhaus', eine alte Enzyklopädie, Stadtbeschreibungen wie E. T. A. Hoffmann bei den Vorarbeiten zu seinem ‚Fräulein von Scudery' (1820)[97] zu Rate oder bat gelehrte Freunde, benötigte Fachtermini beizusteuern.[98] Houwald schmückte sein ‚Wiedersehen auf dem St. Bernhard' (1825) mit einer Schilderung des Klosters, seiner Totenkapelle und der aufopfernden Tätigkeit der Mönche, die er ohne Quellenhinweis fast wörtlich aus Matthissons ‚Erinnerungen' übernahm.[99] Ähnlich wie Waiblinger, der italienische Sprachbrocken in seine Erzählungen mischt (vgl. o. S. 191), kolorierte Leopold Schefer seine Novelle ‚Der Unsterblichkeitstrank' (1831) durch teils in deutscher, teils in französischer Umschrift, teils falsch wiedergegebene chinesische Ausdrücke. Caroline Pichler sprach – eine Ahnfrau Züs Bünzlins aus den ‚Drei gerechten Kammachern'– in ihrer amerikanischen Novelle ‚Der Bluträcher' (1824) von „Cabanen", einem Morgen, der „über den Gewässern des Niagara erwacht" und fügte Naturbeschreibungen bei:

> Allmählig gewannen die Wälder ihr Laub, der Tulpenbaum entfaltete die hellgrünen, abgestumpften Blätter, die Lianen woben ein grünes Netz zwischen den Stämmen der Eichen und des Zuckerahorns.[100]

So prunkte man mit Fach- und auch Zunftausdrücken, die man in Anmerkungen gern erklärte oder, was manchmal noch gelehrter wirkte, ver-

---

[96] S. o. Anm. 31. Bd. I. S. 179f.
[97] Vgl. die Anmerkung von G. Ellinger in: E. T. A. Hoffmann, Werke a.a.O. Bd. 15. S. 239f.
[98] Vgl. ebd. Bd. 11. S. 9.
[99] Friedrich von Matthisson, Erinnerungen. I. Theil. Wien 1815. S. 1/19. – Ernst Frh. von Houwald, Das Wiedersehen auf dem St. Bernhard (1817). In: Sämmtliche Werke a.a.O. Bd. III. S. 35ff.
[100] Caroline Pichler, Der Bluträcher. In: Huldigung den Frauen! a. d. J. 1824. S. 98.

unklärte.[101] Bei E. T. A. Hoffmann finden sich solche Bildungsreminiszenzen aus der Berg- und Seemanns-,[102] Meistersinger- und Handwerkersprache[103] oft gleichsam schwadenweise, was sich wohl am einfachsten aus seiner gelegentlichen Nachschlagearbeit erklären läßt. Man erschloß das Matrosenmilieu (wie H. Clauren in ‚Kindtaufe und Hochzeit‘[104]) ebenso wie das naiver Naturvölker und den „charakteristischen" Dialekt unverbildeter Schweizer Naturkinder (‚Mimili‘); – und daß man dabei vor allem in der frühen Biedermeierzeit erläuternde Fußnoten für ein Gebot der Höflichkeit gegenüber dem Publikum hielt,[105] sollte man heute nicht nur belächeln. Die unintegrierte Form, in der man „Realien" in prosaepische Texte einfügte, ist zugleich ein Anzeichen des Fortschritts in der literarischen Erschließung bisher unbekannter Wirklichkeitsbereiche. Es handelt sich hier um echte Pionierarbeit, auf die die späteren realistischen Fernlandromanciers ungestört aufbauen konnten.

Bereits in den zwanziger Jahren stößt man unter den Biedermeiernovellisten auch schon auf eine Art S p e z i a l i s i e r u n g einzelner Schriftsteller auf bestimmte Landschaften bzw. Lebensbereiche. Dies hing nicht nur mit dem Ehrgeiz zusammen, als „deutscher", „schwäbischer", „preußischer" oder „märkischer" Scott aufzutreten. Es entsprach der epochencharakteristischen Überzeugung, „nur in seinem wahren Beruf" könne ein „Mensch stark seyn, irgendwo" müsse „er ganz zu Hause seyn und feststehen"[106] und zugleich auch dem „realistischen" Bemühen um Authentizität. So spezialisierten sich z. B. Autoren wie Henrik Steffens und Lauritz Kruse auf Skandinavien, Karl August von Witzleben auf den Dreißigjährigen Krieg, Alexis auf Preußen, Biernatzki auf die Nordseeküste. Der Inquisitionsdirektor und Staatsanwalt Temme schrieb mit Vorliebe Kriminal- und Verbrechererzählungen. Auch Müllner griff in seiner Kriminalnovelle ‚Der Kaliber‘ (1828) auf die ihm vertraute Berufserfahrung zurück, nicht ohne im Vorwort zur Buchausgabe (1829) darauf

---

[101] Vgl. E. T. A. Hoffmann, Werke a.a.O. Bd. 15. S. 284. (Anm. zu Teil 10. S. 229).
[102] Vgl. ebd. Bd. 15. S. 210. (Anm. zu Teil 5. S. 198).
[103] Ebd. Bd. 15. S. 227f. (Anmerkung zu ‚Meister Martin der Küfner und seine Gesellen‘).
[104] Vgl. Heinz Liebing, Die Erzählungen H. Claurens a.a.O. S. 57. Z. B.: „Die Fregatte hatte unterdessen die hohe See gewonnen, und die Kühlte (Anm.) ward so steif, daß die Bram- und Marssegel gereeft (Anm.) werden mußten..."
[105] Vgl. dazu Jean Pauls Vorrede zu Hoffmanns ‚Phantasiestücken in Callots Manier‘. E. T. A. Hoffmann, Werke a.a.O. Bd. 1. S. 18f. – Ähnlich die Rahmendiskussion der Serapionsbrüder über ‚Die Bergwerke zu Falun‘. Ebd. Bd. 5. S. 222.
[106] L. Tieck, Nov. a.a.O. Bd. XII. S. 6.

hinzuweisen („Wer vom Fach ist...“[107]). Heinrich Smidt, der bis in sein
sechsundzwanzigstes Lebensjahr zur See fuhr, schloß sich in seinen ‚See-
gemälden‘ und ‚Seenovellen‘ zwar eng an Coopers ‚Lotsen‘ an, berief sich
aber allenthalben in Anmerkungen und Einschaltungen auf die eigene
Erfahrung und entdeckte nach der Jahrhundertmitte, einer Feststellung
R. M. Meyers zufolge, noch „eine neue Spezialität, die Schauspielernovelle
(‚Devrient-Novellen‘ 1852)“.[108] Ähnliche Beobachtungen kann man natürlich auch bei Sealsfield, Gotthelf, Stifter, der Droste, Auerbach und
anderen machen.
Schon bei A. G. Meißner[109] und Kleist läßt sich die Tendenz beobachten,
den Aktualitätsanspruch der Novelle so zu interpretieren, daß man die
Gattung unmittelbar mit dem Bereich des Z e i t u n g s h a f t e n verknüpfte. Häufiger als die wenigen folgenden Beispiele vermuten lassen,
findet sich dergleichen auch in der Biedermeierzeit. Man spielte Novellen
in den Bereich der Kritik (Tieck, Alexis: ‚Herr Kritik‘), des Lokalfeuille-
tons (Th. Huber, ‚Auch eine Hundegeschichte‘), der Unterhaltung und
des Wissens (Zschokke) oder – vor allem – des Kriminalberichts hinüber.
Gaudys ‚Kalabresische Feindschaft‘ (1838) behandelte z. B. bewußt nur
einen einfachen, kommentarlos nach Zeitungsberichten des Jahres 1837
zusammengestellten Fall. Auch wenn man Novellen nicht geradezu als
Gattung des Zeitgeists pries (Mundt), benutzte (Biernatzki) oder bekämpfte (Eichendorff), bemühte man sich, sie „enge an die Interessen der
Gegenwart“ anzuschließen.[110] Man denke an die zahlreichen Griechen-
und Polen-, an die Turnernovellen, wie sie Langbein (‚Das Turnier‘) und
Julius von Voss (‚Die turnenden Jünglinge‘) schrieben, oder ganz allgemein an das Vorgehen Tiecks, dessen späte Problemnovellen ausnahms-
los einen zeitkritischen Kern enthielten. Novellen, die die „gute alte“
gegen die verwirrte neue Zeit abwogen (Therese Huber, ‚Alte Zeit und
neue Zeit‘ 1823), waren ebenso aktuell wie solche, die das gleiche Problem als Gegensatz in der Beurteilung von Fragen der Städteplanung[111]
oder als Kontrast zwischen Anhängern der y- und Verfechtern der
i-Schreibung darstellten (und vermittelnd, natürlich mit Hilfe einer
Heirat, lösten).[112] Für eine inhaltliche Betrachtungsweise ließen sich unter

[107] Adolf Müllner, Der Kaliber a.a.O. S. viii.
[108] R. M. Meyer, Die deutsche Literatur des Neunzehnten Jahrhunderts. 1900.
S. 110.
[109] August Gottlieb Meißner, Ja wohl sie hat es nicht gethan. In: Sämmtliche
Werke. Bd. 15. (Kriminal-Geschichten 1. Theil). Wien 1813.
[110] A. Hirsch a.a.O. S. 47.
[111] S. o. Anm. 18. K. L. Immermann, Der Carneval und die Somnambüle.
[112] Ludwig Storch, I und Y. Ein Scherz. In: Novellen. Frankfurt a. M. 1834.
Bd. II.

den Leitbegriffen des Mesmerismus, der Standes-, Mesalliance-, Proselyten-, Entsagungs- und Antientsagungsproblematik, der Diskussion über öffentliche und geheime („Acten"-) Justiz oft sehr komplexe Novellengruppen zusammenstellen; – und an die jeweiligen Modellösungen schlossen sich leicht erbitterte Diskussionen in Briefen, Zeitungen und selbst wissenschaftlichen Zeitschriften an.[113]

In Postkutschennovellen („Ägyptische Nächte in der Landkutsche'[114]) trug man dem „bewegten Verkehr auf den Landstraßen" (Alexis)[115] Rechnung, führte Dampfmaschinen (Hauff, ‚Die Bettlerin vom Pont des Arts', 1826) und Draisinen[116] als gelegentliche Dingsymbole ein, schilderte Dampfschiffe (Gaudy, ‚Der moderne Paris'), Fabrikanlagen (Tieck, ‚Der Alte vom Berge') usw. Noch im gleichen Jahr, in dem die von konservativen Kreisen als Eingriff in die natürliche Gottesordnung heftig befehdete[117] Berliner Gasbeleuchtung eingeführt wurde (1826),[118] benutzte Alexis die Einrichtung als Zentralthema einer antiromantischen Ernüchterungsnovelle (‚Der Braune' 1827):[119] ein schwärmerischer Collaborator, der sich aufmacht, das Volk mit den Augen Gessners zu studieren (und dabei ordinär angepöbelt wird), der sich zum Beschützer einer berückenden Prinzessin aufwirft (und erfahren muß, daß er eine entsprungene Irre verteidigt) und dessen serapiontischer Freundeskreis sich als eine Bande gewöhnlicher Lumpen herausstellt, spürt Nacht für Nacht der geheimnisvollen Titelgestalt des „Braunen" nach, um schließlich zu erkennen, keineswegs E. T. A. Hoffmanns „unseligen Geist", sondern einen englischen Gasbeleuchtungsingenieur beim Studium der Berliner Lichtverhältnisse verfolgt zu haben.

Eine starke aufklärerische Strömung der Biedermeiernovellisten erhob es geradezu zum Programm, seligen sowohl als unseligen Geistern aus dem Wege zu gehen. Wo man pommersche und andere Gespenster schilderte, entlarvte man sie nun meist als Träume (Alexis, ‚Pommersche Gespen-

---

[113] Vgl. etwa Adolf Müllner, Der Kaliber a.a.O. Vorwort zur Buchausgabe. Dort auch der Hinweis auf E. Hitzigs Angriff auf diese Novelle in der ‚Zeitschrift für Criminal-Rechtspflege' und Müllners Entgegnung im ‚Mitternachtsblatt'.
[114] S. o. Kap. VII. Anm. 126.
[115] Willibald Alexis, Vorwort (1830) a.a.O. S. x.
[116] Die 1813 von C. Frh. von Drais erfundenen Laufräder tauchen 1818 in Arnims Novelle ‚Fürst Ganzgott und Sänger Halbgott' auf.
[117] Vgl. ‚Kölnische Zeitung' vom 28. 3. 1819.
[118] Vgl. Paul Weiglin, Berliner Biedermeier. Leben, Kunst und Kultur in Altberlin zwischen 1815 und 1848. 1942. S. 10.
[119] Willibald Alexis, Der Braune. (Zuerst: Collaborator Liborius. Novelle. In: Urania f. 1827). In: Alexis, Gesammelte Novellen a.a.O. Bd. II.

ster'), Täuschungen (Zschokke, ‚Der tote Gast') oder Autosuggestionen (Schücking, ‚Ein Frauenherz'). Man sah sich nicht mehr so gern wie in romantischer Zeit als Geisterseher; lieber als dilettierenden und moralisierenden P s y c h o l o g e n. Man wanderte, wie Therese Hubers ‚Lustige Leute von Knöringen' (1819), von romantischem Umherschweifen geheilt, „um des zweckmäßigen Studirens willen"[120] oder begab sich wie Ferdinand in Tiecks ‚Sommerreise' aufs flache Land und auf Bürgerlustbarkeiten, um „die Menschen [zu] studiren".[121] Selbst wenn man sich in mediterranen Philhellenencafés unter Abenteurer und Verlorene mischte, vergaß man nicht zu versichern, dies als „beobachtender Dichter"[122] und „Physiognom"[123] zu tun und renommierte, „Stoff genug" zu „Novellen" gefunden zu haben, in denen man „das Schicksal der einzelnen" schildern könne.[124] Man nannte sich auch unmittelbar „Psycholog" und machte sich auf die Suche nach interessanten Gestalten (A. Stifter,[125] H. P. Harring[126]), unter denen wundersam-skurrile Gestalten und Jenseitspilger zwar immer noch ein gewichtiges, aber nicht mehr das wichtigste Kontingent stellten. Die einsamen „Callot-Hoffmannschen Figuren" wie Gaudys ‚Stummer' (1839) und brustkranken Geiger wie Houwalds Musikus Müller (‚Das Begräbniß', 1820) verschwanden natürlich nicht so schnell von der Bildfläche. Immer noch gab es geheimnisvolle, Ossiantexte singende Wahnsinnige wie den von seiner tückischen Stiefmutter verfolgten Schloßherrn Richard, dem der Erzähler in Houwalds ‚Bruchstück aus meinen musikalischen Wanderungen', ‚Wahnsinn und Tod' aus psychologischer Neugier von Italien nach Schottland nachreist. Grillparzers Historiograph der Geschichte eines Vorstadtmusikanten mischte sich aus „anthropologischem Heißhunger" als „Fußgänger" unter das Volk, um aus dem „weiten, tosenden See" der Menschenmenge die Biographie eines Unberühmten und Uninteressanten herauszuheben. Ebenso wie den unscheinbaren Landschaften spürte man dem Wunderbaren im Alltäglichen unscheinbarer Lebensläufe nach. Aus „Menschenliebe"[127] suchte man

---

[120] Therese Huber, Die lustigen Leute von Knöringen. In: Erzählungen a.a.O. Bd. IV. S. 410.
[121] L. Tieck, Nov. a.a.O. Bd. VII. S. 10.
[122] Harro Paul Harring, Rhonghar Jarr. München 1828. Zit. nach: Harring, Tragikomische Abenteuer eines Philhellenen. Hg. von H. Conrad. Stg. o. J. (Memoiren-Bibliothek. 6. Reihe Bd. 9). S. 126.
[123] Ebd. S. 131.
[124] Ebd. S. 135.
[125] Adalbert Stifter, Julius a.a.O. S. 8. („eine für den Psychologen nicht uninteressante Bedeutung erhält das anspruchslose Thal in Beziehung auf einen jungen Mann...").
[126] Harro Paul Harring, Rhonghar Jarr a.a.O. S. 29.
[127] Vgl. Franz Grillparzer, Der arme Spielmann. In: Iris f. 1848. Zit. nach

auch in die „bescheidensten, beschränktesten Verhältnisse des gesellschaftlichen Lebens" einzudringen,[128] zumal man gerade im Gefolge der biedermeierlichen Überbetonung der Familie erkannte, „das furchtbarste und am häufigsten verkannte Unrecht" sei „häusliches Unrecht".[129] Psychologisieren und stilles oder aufdringliches Moralisieren schlossen sich in der Biedermeierzeit noch nirgends aus – bei Grillparzer sowenig wie in Stifters ‚Kalkstein' oder in Louise Brachmanns ‚Psychologischen Gemälden aus der weiblichen Welt' (die bezeichnenderweise den Obertitel ‚Irrwege' trugen). Man setzte darin die Tradition der aszetischen Erbauungsliteratur und der Aufklärungsdidaktik fort. Im Detail indessen fällt das (zweifellos von historisierenden Tendenzen geprägte) Bemühen der jüngeren Volksschriftsteller um größere Genauigkeit in der Schilderung der S t ä n d e   i n   i h r e r   E i g e n a r t (Diderot) deutlich auf. „Alle" – und durch die „plebejische" Tradition der Novelle legitimiert[130] – zumal die niederen Stände glaubte man in „ihren Bedingungen und Eigenthümlichkeiten" erforschen zu dürfen,[131] obwohl man natürlich sogleich die Einschränkung machen muß, daß ausgesprochen proletarisches Milieu in der Biedermeierzeit noch nirgends in den Vordergrund tritt. Wo verhärmte Näherinnen geschildert werden, stellen sie sich schließlich doch als verarmte Kommerzienrätinnen heraus (wie in Tiecks ‚Weihnacht-Abend'). Töchter finsterer Wegelagerer erweisen sich als „kreuzbrav",[132] sofern sie nur eine bedeutendere Rolle zu spielen haben. Hauffs ‚Bettlerin vom Pont des Arts' stammt nicht nur „von gutem Hause", sondern zeigt auch durch Scheu und Sittsamkeit sogleich, daß ihr „alle Gemeinheit" fehlt; und die wirklich niedrig und unehelich Geborene, die Zschokkes ‚Narr des Neunzehnten Jahrhunderts' heiratet, wird den Lesern erst als vollendetes Ergebnis eines bereits gelungenen Experiments der Hinanbildung vorgestellt. Die Skala novellistischer Milieuschilderung war trotzdem nicht schmal: man erzählte von Fabrikanten[133] und Metzgergesellen,[134] Landadligen und Kleinstädtern,[135] patriarchalischen Gebietern über handwerkliche[136]

Grillparzer, Werke hg. von Stefan Hock a.a.O. Bd. VIII. S. 151 („als ein leidenschaftlicher Liebhaber der Menschen"). – Georg Büchner, S. W. a.a.O. S. 93.
[128] Victor Aimé Huber, Vorwort zu: Therese Huber, Erzählungen a.a.O. Bd. I. S. vii.
[129] Ebd. Bd. IV. S. 73.
[130] Werner Krauss, Perspektiven und Probleme a.a.O. S. 50.
[131] L. Tieck, Vorbericht a.a.O. S. lxxxvii.
[132] Wilhelm Blumenhagen, Jahn der Büßende a.a.O. (s. o. Kap. VII. Anm. 130). S. 105.
[133] L. Tieck, Der Alte vom Berge (1828).
[134] Carl Spindler, Friedmüllers Sannchen. S. o. Kap. V. Anm. 179.
[135] Vgl. M. Thalmann, Tieck (1960) a.a.O. S. 34ff., 98ff.
[136] L. Tieck, Der junge Tischlermeister (1836).

und landwirtschaftliche Großbetriebe,[137] Aussiedlern,[138] Landpfarrern,[139] Offizieren[140] und Buchhaltern,[141] Journalisten,[142] Barbieren,[143] Gelehrten,[144] Professorenfrauen,[145] Gärtnern[146] und Millionären,[147] Seekadetten[148] und Soldaten.[149] In einer exemplarischen ,Gebirgsnovelle' schilderte Heinrich Laube die durch „die Verhältnisse" bedingte ausweg- (und wendepunkt-)lose Geschichte eines guten und ehrlichen Liebespaares, das zeitlebens in die Gesindestuben wohlhabender Bauern verbannt, nicht heiraten kann, weil das Geld für ein eigenes Zimmer fehlt.[150] Auch Asoziales wurde gestreift: Wildschützen[151] und Holzfrevler[152] (bei denen es sich durchaus auch um sozialrevolutionäre Gestalten handeln konnte), Freischärler,[153] Räuber,[154] Schmuggler[155] und Sträflinge[156] konnten als Protagonisten in Besserungs- oder Warnnovellen auftreten. In einer vorsorglich als „Phantasiebild" deklarierten Novelle ,Die ehrlichen Leute' (1825)

[137] L. Tieck, Die Gesellschaft auf dem Lande (1825).
[138] W. Blumenhagen s. o. Anm. 89.
[139] A. Stifter, Kalkstein (1848).
[140] Friedrich Frh. de la Motte-Fouqué, Ehrlich währt am längsten. Erzählung. In: Frauentaschenbuch a. d. J. 1818. – Helmuth von Moltke, Die beiden Freunde. S. o. Kap. VII. Anm. 134.
[141] Friedrich Jacobs a. o. Anm. 37.
[142] Willibald Alexis, Herr Kritik. In: Gesammelte Novellen a.a.O. Bd. IV.
[143] Friedrich Hebbel, Barbier Zitterlein. Novelle. (1836). In: S. W. a.a.O. Bd. VIII.
[144] L. Tieck, Der Gelehrte (1828).
[145] E. T. A. Hoffmann, Datura fastuosa (1823).– Berthold Auerbach, Die Frau Professorin. Erzählungen. In: Urania f. 1827
[146] Heinrich Zschokke, Das Abenteuer in der Neujahrsnacht. (1818). In: Novellen a.a.O. (Erheiterndes) Bd. 4.
[147] Heinrich Zschokke, Der Millionär. Eine Doppelgeschichte. In: Novellen a.a.O. (Lebensweisheit) Bd. 3.
[148] Lauritz Kruse, Nordische Freundschaft. Novelle. In: Urania a. d. J. 1827.
[149] Willibald Alexis, Die Schlacht bei Torgau (1823).– Franz Frh. (von) Gaudy, Der Schweizer-Soldat in Bologna.
[150] In: Reisenovellen (1834/37).
[151] Harro Paul Harring s. o. Kap. V. Anm. 80. – Willibald Alexis, Der Wilddieb. Eine Erzählung von ihm selbst erzählt. In: Urania f. 1844.– Joseph Rank, Der Wilderer. Eine Geschichte. In: Libussa. Jahrbuch f. 1848.
[152] Annette von Droste-Hülshoff, Die Judenbuche.
[153] Willibald Alexis, Die Geächteten. Novelle. Bln. 1825.
[154] Wilhelm Blumenhagen, Jahn der Büßende. S. o. Kap. VII. Anm. 130. – Friedrich Hebbel, Die Räuberbraut. (1833).
[155] Willibald Alexis, Der Schleichhändler (1823). In: Gesammelte Novellen a.a.O. Bd. II.
[156] Berthold Auerbach, Sträflinge. Dorfgeschichte. In: Urania a. d. J. 1846.

suchte Alexis dem spezifischen Milieu organisierter Taschendiebe auf die Spur zu kommen: „Ist auch die Composition für Norddeutschland nur eine Phantasie", erklärte er in seinem Kommentar, „lassen sich doch die Details aus unsern Criminalgerichtsakten belegen".

Eine nicht unwichtige Gruppe bildeten in diesem Zusammenhang schließlich auch die modernen Modifikationen der ehemals romantisch zerrissenen Ahasvergestalten Ausgestoßener: jene „W e r t h e r   d e s   N e u n - z e h n t e n   J a h r h u n d e r t s ",[157] die man nun gern als durch die „Verhältnisse" in ihrer Kraft gebrochene Schlemihlexistenzen zwischen zwei Welten schilderte: Alexis' ‚Acerbi' zwischen aristokratischer und moderner, durch das Geld beherrschter Kultur,[158] halbemanzipierte Zweiflerinnen wie Gutzkows Wally (1835) oder die ‚Ledwina' der Droste, Goethes Riesenzwerg in der ‚Neuen Melusine' (1817/19),[159] Georg Weerths philanthropischer,[160] Tiecks[161] und Mundts[162] politischer, Mosens sinnlich-übersinnlicher[163] oder auch Grillparzers musikalischer „Mulus"[164] u.a.m. „Klein-große, verächtlich-schätzbare" Gestalten, wie Lessing mit Bezug auf Werther gesagt hatte,[165] waren es in der Tat, die dem „mittleren"

---

[157] „Wir leben in einer Übergangsepoche", heißt es in Immermanns ‚Epigonen', in der sich alle „erhabenen Tröstungen" als „Schein" zu verflüchtigen drohen. „Wahrlich, es ließe sich ein Werther des neunzehnten Jahrhunderts schreiben, der an diesem Doppel- und Nichtzustande verginge..." K. L. Immermann, Werke a.a.O. Bd. III. S. 416.

[158] Willibald Alexis, Acerbi (zuerst in: Taschenbuch für Damen a. d. J. 1829). In: Gesammelte Novellen a.a.O. Bd. IV. Dazu Vorrede in Bd. III, S. v.: „Der ‚Werther', hat Jemand gesagt, wird, muß es in jeder Zeit wieder geben, und doch wird d e r Werther, der sich um Lotten erschoß, nicht ein zweites Mal leben. Jede alternde Zeit bringt neue Werther hervor."

[159] Vgl. Arthur Henkel, Entsagung a.a.O. S. 92.

[160] Georg Weerth, Fragment eines Romans. (Plan und erste Niederschrift um 1843/44). In: Weerth, Sämtliche Werke. 1956. Bd. II.

[161] Der Wassermensch (1834). Nov. a.a.O. Bd. V.

[162] Moderne Lebenswirren a.a.O. (1834).

[163] Julius von Mosen, Georg Venlot. Eine Novelle mit Arabesken. Lpz. 1831.

[164] Zum Begriff „Mulus" s. Georg Weerth a.a.O. S. 286f. – Die soziale Zwischenstellung des Armen Spielmanns spielt in Grillparzers Novelle tatsächlich keine ganz unbedeutende Rolle. Dem Geiger, der die Werke der Hofkomponisten Mozart und Bach nach seinem subjektiven detailverlorenen Empfinden „falsch" spielt, gelingt es auf der anderen Seite auch nicht, unter dem Volk ein dankbares Publikum zu finden. Während die anderen Unterhaltungsmusikanten „ganze Kupferminen" einsacken, bleibt er unbeachtet. „Sie wollen nicht tanzen", bemerkt er betrübt, als er Kindern einen Walzer vorspielt, der als Tanz nicht zu erkennen ist. Auf die Parallele zu Grillparzers Scheitern als Lustspieldichter braucht nicht eigens hingewiesen zu werden.

[165] Vgl. Arnold Hauser, Sozialgeschichte der Kunst a.a.O. Bd. II. S. 29. – Noch Keller meinte 1881: „Wir sind nachgerade gewöhnt, psychologisch sorgfältig aus-

Heldenbegriff des biedermeierlich-novellistischen Realismus am ehesten entsprachen. Wir haben bereits bei Gelegenheit Tiecks auf die eigentümlichen Gedankenkombinationen hingewiesen, mit denen man „mittlere Literatur", „m i t t l e r e H e l d e n" und „mittelständische Menschlichkeit" miteinander in Verbindung brachte (vgl. o. S. 40, S. 51) – alle diese Begriffe konnten dabei ebensowohl bescheiden wie revolutionär wirken. Sie entsprachen der gelegentlich von Tieck geäußerten Vorstellung von der modernen Gesellschaft als einer „Welt aus nebeneinander gehenden isolirten Lebensläufen"; als ein „Spiegel der neuern Welt" müsse auch die „neuere Kunst" „allenthalben den Charakter des Engen und Begrenzten" haben.[166] Aber bereits in der frühen Biedermeierzeit gestand man den kleinen Helden auch manchmal eine besondere Würde zu. „Die Geschichte war sonst die Geschichte der Könige", hieß es programmatisch in Hauffs ‚Letzten Rittern von Marienburg' (1828); in „neuerer Zeit" sei es dagegen „die Geschichte der Meinungen ...", die wir kennen lernen möchten"; und nun seien es gerade die niedrigen Gestalten, die ein umso höheres Interesse erregten, „je unscheinbarer sie durch Bildung und die Stellung in der bürgerlichen Gesellschaft anfänglich" erschienen, denn in ihnen verkörperten sich „die Ideen persönlich".[167]

Selbst dort, wo man Novellenhandlungen um große Namen und bedeutende historische Gestalten rankte, fällt der Verzicht auf Repräsentation deutlich ins Auge. Ähnlich wie man bei privaten Weimarbesuchen nicht den Olympier, den „verschleierten Heros", sondern den „Menschen" Goethe zu finden hoffte und ihm auflauerte, bis man ihn „durch ein Nebenpförtchen unvermerkt" gleiten sah,[168] suchte man auch in der „Geschichte der Könige" nach privaten und selbst bei Artaxerxes (F. Kind)[169] und Napoleon (W. Hauff)[170] nach kleinen menschlichen Zügen, die man dann liebevoll ausmalte. Man rückte heimliche Liebesabenteuer aus der Jugend Karls V.,[171] Heinrichs IV.,[172] Raffaels[173] oder des holländischen

geführte kleine Romane Novellen zu nennen, und würden den ‚Werther', den ‚Vicar of Wakefield' u. dgl. heut ebenfalls Novellen nennen." An Paul Heyse 27. 7. 1881. In: G. Keller, Gesammelte Briefe a.a.O. Bd. III, 1. S. 54
[166] Ludwig Tieck, Nachgelassene Schriften a.a.O. Bd. II. S. 142.
[167] Wilhelm Hauff, Die letzten Ritter von Marienburg. In: Werke a.a.O. Bd. IV. S. 416f.
[168] Willibald Alexis, Erinnerungen a.a.O. S. 290. (Dreimal in Weimar. 1819).
[169] Ohne jede Ironie wird er in ‚Aspasia, genannt Milto' ein „glücklicher Monarch, aber bedauernswürdiger Vater" genannt: In: Friedrich Kind, Erzählungen a.a.O. Bd. V. S. 116.
[170] Das Bild des Kaisers (1828).
[171] Achim von Arnim, Isabella von Ägypten, Kaiser Karl des Fünften erste Jugendliebe. Eine Erzählung. Bln. 1812.

Dramatikers Jan Vos[174] in den Vordergrund, borgte den Namen Salvator Rosas für den Maître de plaisir einer kapriziösen Mystifikation[175] oder beschrieb apokryphe Erlebnisse des Erzherzogs Johann Parricida,[176] Franz' I.[177] usw. Natürlich neigte man dabei gern zu einer Überschätzung der geschilderten Privataffären, betonte etwa den Einfluß, den die Kraft der Entsagung auf das spätere Wirken der Helden (Shakespeares,[178] Raffaels,[179] Kosciuzkos,[180] des Gründers des Templerordens[181]) ausgeübt habe; seltener wies man auch auf die Macht der Ehe, die den Schmiedegesellen Quinten Massys zum Maler[182] oder − in Leopold Schefers programmatischer Antientsagungsnovelle ‚Violante Beccaria'[183] − auf die Gewalt einer unpetrarkistischen Liebesbeziehung hin, die Petrarca zum Dichter gemacht habe. Man hat vor allem bei der Betrachtung der Gestalt des Tieckschen Shakespeare oft bemerkt, daß diese „vermenschlichenden" Privatgeschichten zu ungemäßen Verzeichnungen und zur Trivialisierung der geschilderten Persönlichkeiten führen konnten. Zweifellos war dies in den meisten dieser Novellen auch der Fall. Und doch bestätigte bereits das Beispiel des Büchnerschen ‚Lenz', daß die nuancenreichen, intimen Züge auch ihre eigene Größe zu entfalten vermochten: Mörikes Mozartnovelle konnte die hier erarbeiteten, oft schwerfällig zur Sprache gebrachten Prinzipien in nachbiedermeierlicher Zeit schließlich mit scheinbar ganz leichter Hand zu einem bedeutungsschweren Gebilde vereinen. Hier wurde nun wirklich alles, was nur den Schein der Repräsentation an sich trug, ausgespart: Mörike schilderte kein „Künstlerleben", sondern einen einzigen scheinbar unbedeutenden Tag aus dem Leben eines großen Mannes, nicht einmal mehr eine Reise, sondern den

[172] S. o. Anm. 17.
[173] Achim von Arnim, Raphael und seine Nachbarinnen. Erzählung. In: Taschenbuch zum geselligen Vergnügen a. d. J. 1824.
[174] Achim von Arnim, Holländische Liebhabereien. 1826.
[175] E. T. A. Hoffmann, Signor Formica (1820).
[176] Wilhelm Blumenhagen, s. o. Kap. VII. Anm. 130.
[177] Franz Frh. (von) Gaudy, Schloß Pizzighettone. In: Venetianische Novellen. Bunzlau 1838.
[178] Ludwig Tieck, Der Dichter und sein Freund (1831). Nov. a.a.O. Bd. II.
[179] Friedrich Hebbel, Der Maler. Versuch in der Novelle. 1832. In: S. W. a.a.O. Bd. VIII.
[180] Franz Frh. (von) Gaudy, Der Jahrestag. In: S. W. hg. von A. Mueller. Bd. XXIII.
[181] Emilie (Pseud.: Friederike) Lohmann, Hugo von Pajens a.a.O. (s. o. Anm. 39).
[182] S. o. Anm. 57.
[183] Leopold Schefer, Violante Beccaria. In: Neue Novellen. Lpz. 1831/35. Bd. III.

Aufenthalt auf einer bewußt zufälligen, von den großen Zentren (Wien oder Prag) entfernten Station, keine Hochzeit, sondern eine Verlobungsfeier, und er ließ seinen Helden nicht in erhabener, sondern volkstümlich dialektgefärbter Sprache reden. Das schmale Stück Prosa vermied alle katastrophale Handlung, es reduzierte die Welt auf einen Landadelssitz „jenseits vom Mannhardsberg und der deutschen Thaya bei Schrems"; und doch enthielt es „Exzessives" genug[184] und die „ganze Welt".[185] „Alle Stände" traten auf, Aristokratie, Bürgertum und ein Mädchen niederer Herkunft, dessen Ehe Mozart stiftet. Gedämpft ließ Mörike das Ulyssesmotiv anklingen – Mozart verläßt seine Frau und gerät in den Rokokogarten als einen Schicksalsraum sanfter, aber nicht ungefährlicher („orientalischer") Verführung; in Mozarts geheimnisvoll-„inniger" Beziehung zu Eugenie deutet sich die verhaltene Form eines biedermeierlichen Tassokonflikts an, der die Ordnung der Ehe und der Standeskonvenienz nicht zerbricht, im Pomeranzenraub ein denkbar geringes Verbrechen, das man gleichwohl mit dem Mord des Hoffmannschen Cardillac verglichen hat,[186] und im intimen Musizieren schließlich der von Tieck so oft wortreich kommentierte „Blick in die Ewigkeit", Todesahnung, Entrückung und schöpferischer „Augenblick". – Wie bewußt diese Reduktionstechnik dabei auf biedermeierlich Vorgedachtem und Vorformuliertem basiert, verrät schon das gelegentliche Auftauchen uns vielfach bekannter Schlüsselworte: Italien, „die Alpen ... und das Meer, das Größeste und Schönste" werden nur noch als „Erinnerung" zitiert, – „Verwunderung" und „Verzückung" aber empfindet Mozart „von ungefähr ... in einem ordinären Tannenwald an der böhmischen Grenze", der „nicht etwa nur so una fizione di poeti ist ..., nein aus dem Erdboden herausgewachsen, von Feuchtigkeit und Wärmelicht der Sonne großgezogen ..."[187]

Man mag sich hier an Stifters Wort vom „denkenden Mann" erinnern, der im Unterschied zum „sprudelnden Jüngling" nicht mehr „die halbe Welt" zu ergreifen meint, sondern „beinahe verzagend vor einer einzigen

---

[184] Vgl. Thomas Mann über Stifter in: Die Entstehung des Doktor Faustus. 1949. S. 124.
[185] Vgl. Hebbel an Mörike 20. 2. 1858: „Auch eine Novelle habe ich von Ihnen gelesen: Mozart auf seiner Reise nach Prag, welche mir die eigentliche Aufgabe dieses Kunst-Genres in sofern grade zu lösen schien, indem sie aus einem Senfkorn eine Welt hervorsehen und sich lieblich entfalten läßt." In: Hebbel, S. W., Briefe Bd. VIII. S. 66.
[186] Fritz Lockemann a.a.O. S. 123.
[187] Eduard Mörike, S. W. a.a.O. Bd. VI. S. 239.

Gestalt des Alterthums steht".[188] Im biedermeierlichen Normalfall reflektierte man natürlich weit unbeholfener; und doch liegt in der Scheu
vor großen Gestalten und großen Stoffen ein allgemeines, epochenkon-
stitutives Moment. Man kokettierte wohl hier und da mit ihnen, fast
stets aber aus respektvoller Entfernung und mit großer Vorsicht. Man
empfand es als gewagt, wenn man z. B. seine kleinen Helden, die fast
ausschließlich als novellistische Handlungsträger fungierten, dadurch zu
„adeln" versuchte, daß man sie auf eine verschwiegen-klatschhafte Weise
in ein Verwandtschaftsverhältnis zu bekannten historischen Gestalten
setzte, und ging dabei auch stets mit großer Zurückhaltung zu Werke. So
knüpfte Friedrich Kind etwa in seinem ‚Lieder-Büchlein' (1827) in einer
außerordentlich komplizierten Konstruktion Fäden zwischen seinem jugendlichen Protagonisten, dessen Geliebter und der vielbesungenen historischen Gestalt des „Schönen Elschen von Augsburg", um zum Schluß
das Familienprinzip triumphieren zu lassen: die Geliebte stellt sich als
ein „Mantelkind" des Schönen Elschen und des Bruders des regierenden
Fürsten, der Held selbst als der Sohn einer Stiefschwester Elschens heraus.
Antonio in Tiecks ‚Pietro von Abano' (1825) gewinnt als Sohn Guido
Cavalcantis ein beiläufiges literarhistorisches Interesse; noch Ronald in
Stifters ‚Hochwald' (1841) erscheint als Sohn des Schwedenkönigs Gustav
Adolf. In vielen Fällen gab man den bescheidenen Novellen durch große
Namen allerdings kaum mehr als etwas wohlfeilen Goldschnittglanz. Sie
wirken wie Bildungszitate, wie kleine Farbtupfen in schimmernderen
Tinten auch dort, wo sie dem bürgerlichen Sittengemälde durch könig-
liche Huld eine höhere Weihe verleihen sollten[189] oder wo man Haupt-
und Staatshelden wie Friedrich II. von Preußen als deus ex machina unmittelbar in die Handlung eingreifen ließ (W. Alexis, ‚Die Schlacht bei
Torgau' 1823). Oft reiten sie wie Gustav Adolf in Meinholds ‚Bernsteinhexe' (1826) einfach nur vorbei. Man streift sie aus der Ferne mit einem
scheuen Blick (Ludwig XIV. in Emilie Lohmanns ‚Graf Lauzun', 1827),
läßt sie (wie Luther und Raffael in Alexis' ‚Venus in Rom' 1828) als per-
sonifizierte Zeittendenzen für einen kurzen Augenblick erscheinen oder
führt sie in wenigen skizzenhaften Szenen als problematische Vertreter
eines von der unproblematischen Loyalität mittelständischer Volkshelden
getragenen Venerabile vor (Philipp Moritz in Spindlers ‚Friedmüllers
Sannchen' 1826). – Meist waren es wirklich nur scheinhafte Funktionen,
die man den Großen innerhalb der novellistischen Erzählzusammenhänge

[188] Adalbert Stifter, S. W. hg. von G. Wilhelm a.a.O. Briefe. Bd. XVIII. S. 193.
(1854).
[189] Achim von Arnim, Die drei liebreichen Schwestern und der glückliche Färber.
Ein Sittengemälde. Bln. 1812.

zuteilte. Der komplexe und bedeutende Novellenzyklus von Henrik Steffens ‚Die Familien Walseth und Leith' (1827) zeigt indes, daß man das Prinzip, mittlere Helden ins Zentrum historischer Zeitbilder zu stellen, den Kreis des Engen und Beschränkten dabei jedoch in gelegentlichen Ausblicken auf die große Welt und ihre Gestirne zu durchbrechen, auch in ernsthafter und systematischer Weise verwenden konnte. Sechs ineinandergreifende Novellen schilderten hier die Schicksale zweier Generationen in zwei Familien, weiteten die private Handlung aber zugleich ins Universalenzyklopädische aus. Die bürgerlichen – durch Mesalliance z. T. mit dem Fürstenadel liierten – Helden durchreisten nicht nur fast die ganze abendländische Welt; sie wurden auch mit den jeweils repräsentativen Tendenzen ihrer Epoche konfrontiert (Pietismus, Aufklärung und Rokokosensualismus, den amerikanischen Unabhängigkeitskriegen, der – wie ausdrücklich bemerkt wird[190] – stellvertretend für das napoleonische Abenteuer gewählten Verwicklung in die phantastischen Unternehmungen Theodors von Corsica, und schließlich der „Moderne": nordischem Weltschmerz und biedermeierlich-harmonischer Lösung), und in jeder dieser Epochen erfolgt die flüchtige Begegnung eines Familienmitglieds mit einem der Großen: mit Zinzendorf, Lessing, Friedrich II., dem „klein-großen" Pariser Salon der Mme. Dessoud, Theodor von Corsica („Baron Neuhoff") – er allein, als ein reduzierter Napoleon, wird ausführlicher behandelt und in die Familiengeschicke mit einbezogen; bis der Schluß zuletzt ganz auf repräsentative Helden verzichtet und im privaten Rahmen Heilung vom Wahnsinn („Regeneratio"), Wiederfinden und Klärung eines Prozesses („Restitutio") und Befriedung der Großfamilie im paradiesischen Idyll Telemarkens („Restauratio") bringt.[191]

Das biedermeierliche Vermittlungsprogramm zeichnet sich in solchen Erzählungen recht deutlich ab. Zugleich aber sieht man, daß die traditionelle kothurnfeindliche, „private" und in diesem Sinn „bürgerliche" Grundhaltung in keiner der genannten Novellen beeinträchtigt wurde. Man könnte eine Parallele zu ähnlichen Beobachtungen auf dem Gebiet der Novellentheorie ziehen (vgl. Kap. VI). Tatsache jedenfalls ist, daß die mittleren Novellenhelden der Biedermeierepoche Profil und Bedeutung häufig gerade durch die Konfrontation mit den in der zeitgenössischen hohen Epik und Dramatik durchaus noch lebendigen großen Helden gewannen. Bereits ein Blick auf die Sprache zeigt, wie allgegenwärtig diese

---

[190] Henrik Steffens, Die Familien Walseth und Leith. Ein Cyclus von Novellen. 3 Bde. Breslau 1826/27. ²1830. (5 Bde.) Zitiert nach der Gesamt-Ausgabe der Novellen. Breslau 1837/38. Bd. II. S. 212.

[191] Vgl. dazu: Clemens Heselhaus, Wiederherstellung. Restauratio – Restitutio – Regeneratio. In: DVjs 25. 1951. S. 54/81.

– zumindest in der Zitatebene – noch waren. Rein dekorativ, teils um die Monotonie wiederholter Namensnennung zu vermeiden, teils um typische Situationen ohne viel Umschweife zu charakterisieren, konnte man hier einen Arzt einfach Äskulap,[192] eine Wahrsagerin Pythonissin,[193] einen Kammerdiener Heloten,[194] einen alternden Fürsten Anakreon,[195] eine Botin Iris,[196] einen Boten „unsern Merkur"[197] oder die Pflegetochter eines Wachtmeisters, die einen polizeilich gesuchten revolutionären Studenten auf die Bahn restaurativer Ordnung zurückführt, eine „kräftige Jeanne d'Arc" nennen.[198] Man begegnet der ironischen Bezeichnung „Magdalena" für eine intrigante Buhlerin,[199] kapriziösen Vergleichen („...daß ich von da als Fürstlicher Geheimschreiber zurückkehrte, und bald nachher, ein zweiter Eginhard, von ihm nach Schwanegg gesandt wurde..."),[200] Dramatisierungen („ein zweiter Tantalus, stand er ihr nahe, ohne sie jemals zu erreichen",[201] „ein von Furien dem Wahnsinne zugetriebener Orest",[202] „wie eine Niobe" läßt Wilhelm Blumenhagen eine unglückliche Mutter ihren toten Sohn umklammern[203]), gestellten Bildern („Er lag auf dem Boden, und sie hielt ihn umschlungen, wie man Hero abbildet, die sich hingeworfen hat über den entstellten Leib ihres Leander"[204]). Gelegentlich konnte sogar ein ganzer Absatz plötzlich mit veränderten Namen beziehungsreich fortgesetzt werden:

> Wird Ihnen Florentine glauben, wenn nicht ... – hier stockte Angelo, und ein Blick der Sehnsucht schoß in Antoniens Augen. –
> Wenn nicht ... wiederholte lächelnd Armida, beugte sich nachlässig zu dem begeisterten Schwärmer, und Rinaldos Mund brannte auf dem Ihrigen.[205]

[192] Carl Spindler, Der Vampyr und seine Braut. A.a.O. (s. o. Kap. V. Anm. 65). S. 13.
[193] Ebd. S. 30.
[194] Ebd. S. 64.
[195] Ebd. S. 4.
[196] Ebd. S. 80.
[197] Adalbert Stifter, Julius a.a.O. S. 24.
[198] Wilhelm Blumenhagen a.a.O. (s. o. Anm. 89). S. 31.
[199] Carl Spindler, ebd. S. 28.
[200] Friedrich Kind, Das Lieder-Büchlein a.a.O. (s. o. Anm. 55). S. 306. Dazu die Anmerkung: „Bekanntlich erst Geheimschreiber, dann Eidam Karls des Großen".
[201] Johanna Henriette Schopenhauer, Der Schnee. Eine Erzählung. In: Minerva f. d. J. 1826. S. 423.
[202] Ebd. S. 385.
[203] Wilhelm Blumenhagen, Schloß Kaltenbach oder der Brüderzwist. In: Penelope f. 1825. S. 66.
[204] Willibald Alexis, Gesammelte Novellen a.a.O. Bd. II. S. 132. (Der Schleichhändler).
[205] Carl Spindler, Der Vampyr und seine Braut a.a.O. S. 72.

In stärker reflektierter Form benutze man derartige Vergleiche indes auch zu einer oft deutlich von Epigonenbewußtsein gefärbten Distanzierung: „Deine Schuld ist's ja nicht", ließ man weise Männer warnend trösten, „wenn du kein Brutus, kein Cato, kein Marc Aurel geworden bist... Freilich ist sie vorbei, die Zeit, wo es solche Menschen gab."[206] „Kein Sterblicher ist d a s Alles s e l b s t, was er, als Werkzeug des Verhängnisses, wird", heißt es bei Zschokke,[207] „er glänzt nur durch den Widerschein der ihn umringenden Verhältnisse; und seine Größe verschwindet mit ihnen. Wohl mancher H o m e r oder S h a k e s p e a r e verdirbt unbemerkt mit Akten- oder Schulstaub... Mehr als ein C ä s a r oder N a p e o l e o n schlägt sein Lebelang nur das Kalbfell der Trommel..." – Die Grundhaltung der Biedermeiernovellisten, die sich unter dieser Voraussetzung daran machten, windige Marquis-Posa-Typen,[208] hybride Kosciuzko-[209] und E. T. A. Hoffmannepigonen[210] zu entlarven oder andererseits den „heimlichen", zeitgemäßen Königen nachspürten, ist freilich nicht leicht zu durchschauen. Gewiß fühlte man sich als bescheidener Novellist eines vorwiegend mittelständischen Publikums zur Darstellung unscheinbarer Charaktere in einer anspruchslosen Gattung angehalten. Die Armen Spielmänner, Katzen-Raphaels,[211] Kleinstadt-Talleyrands,[212] Duodezhof-Armiden,[213] Aschenputtel-Helenen,[214] dörflichen Velledas[215] und heimlichen „Königinnen",[216] die man schilderte, wurden zunächst zweifellos als unerlöste, in ihrer Entfaltung zur vollen Theatergröße gehemmte Geschöpfe und Stiefgeschwister der Heroen, Heroinen und „Raffaelischen Madonnen"[217] empfunden, die Epos und

---

[206] Therese Huber, Die Familie Seldorf. Eine Erzählung aus der französischen Revolution. In: Erzählungen a.a.O. Bd. III. S. 34.

[207] Heinrich Zschokke, Novellen a.a.O. Bd. 9. S. 233. Sperrungen nach dem Original.

[208] Z. B. der jugendliche Schwärmer Kessel in: Alexis, Acerbi a.a.O. (s. o. Anm. 158).

[209] Graf Zronievski in: Wilhelm Hauff, Othello. Hauff, Werke a.a.O. Bd. IV. S. 303.

[210] Dr. Zundler in: W. Hauff, Die letzten Ritter von Marienburg. Hauff, Werke a.a.O. Bd. IV. S. 420.

[211] S. o. Kap. V. Anm. 9.

[212] Daniel Leßmann, Der Gesellschafter. Novelle. In: Leßmann, Novellen a.a.O. Bd. III. S. 182f.

[213] Carl Spindler, s. o. Anm. 205.

[214] Ludwig Tieck, Der Gelehrte (1828). Nov. a.a.O. Bd. VI.

[215] Ludwig Tieck, Glück giebt Verstand (1826). In: L. Tieck, Nov. a.a.O. Bd. III. S. 36.

[216] Franz Grillparzer, Werke hg. von St. Hock a.a.O. Bd. VIII. S. 178. (Barbara in ‚Der Arme Spielmann').

[217] Georg Büchner, s. o. S. 186. – Griepenkerl schrieb nach Wilhelm Kurz, Formen

historisches Ideendrama bevölkerten. Man darf den Kummer des Armen Spielmanns, seinen Vater enttäuscht zu haben, geradezu als ein Symbol werten: in der objektivierenden Sprache dieser Novelle bedeutete dies a u c h einen Ausdruck der Enttäuschung darüber, „klassische" Größe, Abstraktionskraft und Monumentalstil der Elterngeneration des „Vossischen Zyklopengeschlechts"[218] nicht erreicht zu haben. Den Vorwurf Barbaras „Sie sind schwach, immer auf Nebendinge gerichtet"[219] hätte man in der Biedermeierzeit ohne weiteres der gesamten Gattung der individualisierenden Novelle machen können (vgl. o. S. 164f). Und doch klingt in den zitierten Worten Therese Hubers („Deine Schuld ist's ja nicht...") und in der Einleitung des „Armen Spielmann" zugleich noch ein anderer Ton an:

> ... wahrlich! man kann die Berühmten nicht verstehen, wenn man die Obskuren nicht durchgefühlt hat. Von dem Wortwechsel weinerhitzter Karrenschieber spinnt sich ein unsichtbarer, aber ununterbrochener Faden bis zum Zwist der Göttersöhne, und in der jungen Magd, die, halb wider Willen, dem drängenden Liebhaber seitab vom Gewühl der Tanzenden folgt, liegen als Embryo die Julien, die Didos und die Medeen.[220]

Man setzte unter der Voraussetzung, „die Gefühlsader" sei „in fast allen Menschen gleich", nur die „Hüllen" seien verschieden,[221] zu einer Nivellierung großer und kleiner Helden immerhin an und betrachtete dann die Julien, Didos und Medeen im Grunde nur noch als Chiffren allgemeinmenschlicher Verhaltensweisen. Wenn man schon meinen konnte, „Alexander der Große so gut als sein schwedischer Affe Karl der Zwölfte, Karl der Große so gut als sein korsischer Nachahmer, jeder war zu seiner Zeit ein Hans Dampf in allen Gassen",[222] so lag es nahe, gleich nur die Laufbahn eines Kleinstadt-Napoleons zu schildern, der sich, wie Zschokkes Hans Dampf, bereits „unter seinen Mitschülern den etwas dunkeln und seltsamen Namen eines Stänkers erwarb, der aber auf dem Thron eines Weltbeherrschers mit Recht in den Beinamen des Großen verwandelt worden sein würde."[223] Unwillkürlich fiel dabei der Vorteil der Nähe,

---

der Versepik in der Biedermeierzeit a.a.O. S. 195 ein Hexameterepos ‚Die Sixtinische Madonna' (1836).

[218] S. Henry Lüdeke a.a.O. (s. o. Kap. III. Anm. 19) S. 218. – Auch für Grillparzer sind Goethe und Schiller „Riesen". Vgl. Franz Grillparzer, Werke, hg. von St. Hock a.a.O. Bd. XIII. S. 434. (1837).
[219] Franz Grillparzer ebd. Bd. VIII. S. 178.
[220] Ebd. S. 152.
[221] Georg Büchner, S. W. a.a.O. S. 92.
[222] Heinrich Zschokke, Hans Dampf in allen Gassen. In: Novellen a.a.O. (Historisches). Bd. 5. S. 193.
[223] Ebd. (Sperrungen des Originals sind weggelassen).

Lebendigkeit und der „Wahrheit" ins Gewicht, – unwillkürlich, denn die Beschränkung der bürgerlichen Realisten auf vertrautes bürgerliches Milieu entsprang zunächst ebensosehr stilistischem Taktgefühl wie programmatischer Überlegung. In der komplexen Problemnovelle des jungen Alexis ‚Venus in Rom' (1828) kam es in diesem Zusammenhang sogar zu einer heftigen Ablehnung aller klassizistisch-romantischen Träumereien von antiker Größe: der in krankhafte Italien- und Romschwärmerei und Liebe zu nur scheinbar beseeltem „leblosen Stein" verstrickte Held wird zu guter Letzt von seinem „deutschen Weib" Mathilde dem tätigen Leben zurückgewonnen. Aus seiner „Verzauberung" befreit erkennt er in ihr „die alte Römerin ..., eine Mutter der Gracchen, eine Portia, die Frau des Pätus." Für Tiecks Simon in ‚Glück giebt Verstand' (1826) verkörpert die sanfte, um mehrere Jahre ältere Jugendgeliebte Sidonie „das Höchste und Größte, was die menschliche Phantasie erschwingen kann, Pallas und Juno und Diana",[224] sie ist ihm „eine Velleda", „Seherin und Prophetin, nicht ein Abbild bloß der ewigen unsichtbaren Kräfte, sondern das Wesen selbst, ... das sichtbare Verständniß aller Räthsel."[225] Wie ernst solche Worte zu nehmen sind, beweist schließlich und vor allem Tiecks ein Jahr später veröffentlichte Fügungs- und Besserungsnovelle ‚Der Gelehrte' (1827),[226] in deren Zentrum die alltäglich-wundersame Erscheinung einer modernen Helena steht. Natürlich bedeutete auch diese Neuerung für sich genommen noch kein spektakuläres Wagnis. Schon Zschokke, mit dessen Erzählung ‚Herrn Quints Verlobung' sich Tiecks Novelle thematisch eng berührt, hatte gelegentlich sein Spiel mit dem mythologischen Namen getrieben.[227] In seiner ‚Irrfahrt des Philhelenen' (1825) hatte er den Helden gleich dreimal mit drei verschiedenen Formen weiblichen Wesens zusammengeführt: mit Obersteuereinnehmers verwöhnter Provinztochter Lenchen (dem „Positiv"), mit der interessanten Engländerin Helena (dem „Comparativ") und schließlich der gebildeten und zugleich natürlichen Lenette, die er heiratet und die „entschieden den Superlativ" darstellt.[228] Tieck setzte in seinem ‚Gelehrten' auf einer ähnlich prosa-

[224] L. Tieck, Nov. a.a.O. Bd. III. S. 38.
[225] Ebd. S. 36.
[226] L. Tieck, Der Gelehrte. Erstveröffentlichung in: Orphea a. d. J. 1828. Zit. nach: Tieck, Nov. a.a.O. Bd. VI.
[227] Vgl. a. Heinrich Zschokke, Der zerbrochene Krug (1802). In: Novellen a.a.O. (Erheiterndes) Bd. 5. – Mariette – die Kleists Eve entsprechende Gestalt – bringt hier ein ganzes provençalisches Dorf in Aufruhr. Man hatte, heißt es in diesem Zusammenhang, „sich solches Unheils nicht versehen, und nicht im Homer gelesen, daß eine artige Frau ganz Griechenland und Kleinasien in Harnisch und Zwietracht bringen konnte." Ebd. S. 82.
[228] Heinrich Zschokke, Die Irrfahrt des Philhelenen. In: Novellen a.a.O. (Historisches) Bd. 8. S. 338f.

ischen Ebene an, trieb die Bescheidenheit sogar noch ein Stück weiter, indem er seiner weiblichen Idealgestalt eine denkbar niedrige Stellung zuwies. Eine „arme, gering geschätzte Helena" wurde hier geschildert, die das Mitleid selbst der Bedienten erregt und unbeachtet ein stilles, der Lektüre, Mildtätigkeit und Häuslichkeit gewidmetes Leben führt. Nur durch einen glücklich gefügten Zufall und Irrtum vor dem Küchenherd gewinnt sie die Hand des heimlich verehrten weltfremden Gelehrten, und was sie dann mit ihm verbindet, ist nicht „was die Poeten Liebe nennen wollen", sondern eine „auf Wohlwollen, herzliche Freundschaft, verdiente Achtung und Nachsicht" mit den Launen des Partners gegründete Neigung.[229] Unversehens wandelt sich indes der ältliche Hypochonder in der Ehe zum freien Mann und die unscheinbare Haustochter zur glücklichen Professorengattin, die nicht nur ihre Kinder selbst stillt, sondern auch die Korrekturen seiner lateinischen Publikationen zu besorgen weiß. Man käme kaum auf den Gedanken, sie der antiken Heroine gegenüberzustellen; aber in einem visionären Kommentar gegen Schluß der Novelle spielt Tieck selbst darauf an. In einer arkadischen Landschaft, träumt hier der Gelehrte, begegnet ihm Helena als ein „weibliches Wesen im anmuthigen dorischen Gewande"; und plötzlich erschließt sich ihm durch ihre Vermittlung das eigentliche Wesen der vordem als unbelebtes Papier entrückten Antike. „Genießest Du Deine Zeit mehr", läßt er sich belehren, „so wird Dir auch die Vorzeit in ihrer eigensten Bildung näher treten. Der Geist in allen Dingen ist kindlich, nicht kindisch, ihr aber grabt und beschwört nur zu oft nach Gespenstern... Was Dich entzücken und auch auf die Dauer Dich beglücken soll, muß Dir ganz heimisch, altbekannt, vertraut wie Vater und Mutter, Gattin und Kind werden: es muß den Reisehut und die Sandalen des wandernden Fremdlings ablegen..."[230]
Es bedarf keines weiteren Belegs, um die geheime, restaurativ zunächst noch vermittelte und gedämpfte Zersetzungsarbeit der Biedermeiernovellistik sichtbar zu machen. Ihr stiller, aber intensiver Kampf gegen die theatralische Barocktradition wird noch deutlicher, wenn man Tiecks Novelle mit der zeitlich unmittelbar benachbarten „klassisch-romantischen Phantasmagorie" der Helenaepisode[231] im zeitgenössischen mythologischen Drama (‚Faust II') vergleicht. Mit voller Absicht ließ Tieck – im Gegensatz zu Goethe – n i c h t „die wahre Helena auf antiktragischem Kothurn vor ihrer Urwohnung zu Sparta auftreten",[232] sondern er schil-

---

[229] L. Tieck, Nov. a.a.O. Bd. VI. S. 41.
[230] Ebd. S. 45, S. 46.
[231] Goethe an Wilhelm von Humboldt 22. 10. 1826.
[232] Goethe, Artemis-Gedenkausgabe Bd. V. S. 574.

derte eine gewissermaßen „wahrere" Novellen-Helena, die auf Vers, Pathos und Kothurn verzichten konnte. Als sprachliches Kunstwerk mochte die „Humoreske",[233] der man überdies „Verharmlosung des Chaotischen" vorgeworfen hat,[234] nicht in Betracht kommen; in inhaltlicher Hinsicht mochte man sie „unproblematisch" nennen;[235] sie ist es nicht, wenn man ihren Stellenwert innerhalb des übergreifenden Auflösungsprozesses der humanistischen Gattungshierarchie berücksichtigt. Man kann die Reduktion des Heldenformats und den ganzen damit verbundenen Komplex der Erforschung der bereits 1820 sprichwörtlichen „kleinen Ursachen"[236] und sanften Gesetzmäßigkeiten (Tiecks Shakespeare, Goethes ‚Novelle') von der stillen Aufwertung der Novellistik im Spätbiedermeier kaum trennen. Gegen Ende der Epoche ließe sich zweifellos eine ähnliche Rechtfertigung des bescheidenen Durchschnittsnovellisten denken, wie sie dem anonymen Napoleonkrieger Hugo in einer Erzählung Stifters (‚Das alte Siegel') zuteil geworden ist:

> Hatte er gleich nicht jene großen Taten zu tun vermocht, welche ihm einst seine Kindeseinbildung vorgefabelt hatte, so war er doch ein wirksam Körnlein von dem Gebirge gewesen, das den Mann, der zu stark und gefürchtet geworden war, endlich erdrückte.[237]

[233] Hellmuth Himmel, Geschichte der deutschen Novelle a.a.O. S. 143.
[234] Fritz Lockemann a.a.O. S. 61.
[235] M. Thalmann, Tieck (1960) a.a.O. S. 102.
[236] Vgl. etwa.: Heinrich Zschokke, Rückwirkungen, oder: Wer regiert denn? In: Novellen a.a.O. (Erheiterndes) Bd. 5. – Ders., Kleine Ursachen. Ebd. (Lebensweisheit) Bd. 2. – Friedrich Kind, Erzählungen a.a.O. Bd. VI. S. 109: „Man hat manches geschwatzt über große Begebenheiten aus kleinen Ursachen; ich dächte, an kleinen Begebenheiten aus großen Ursachen müßte auch etwas zu verdienen seyn."
[237] Adalbert Stifter, Ausgewählte Werke hg. von R. Fürst. A.a.O. Bd. III. S. 121.

X

ZUSAMMENFASSUNG

Tendenzen und Erscheinungsformen
novellistischen Erzählens in der
Biedermeierzeit

Vergegenwärtigen wir uns noch einmal das weite und unpräzise Bedeu-
tungsfeld „realistischen", „historischen", „zeitgeschichtlichen", „lebensnahen", „individualisierenden" und „detaillierten" Darstellens, das man
in der Biedermeierzeit mit dem Begriff Novelle assoziierte, so erklärt
sich auch das Phänomen jener zahlreichen Großnovellen, die einen
Umfang von tausend und mehr Seiten erreichten und gleichwohl nicht
Roman genannt wurden (vgl. o. S. 129–132), auf eine verhältnismäßig
einfache Weise. Man mochte sie in Einzelfällen als novellistische Schwell-
formen interpretieren; grundsätzlich aber handelt es sich dabei weniger
um ein gattungsgeschichtliches als um ein terminologisches Problem. Wir
haben gesehen, daß Roman und Novelle in der Biedermeierepoche einander zwar häufig als Erzählformen unterschiedlichen Umfangs gegenüber-
gestellt wurden; wir wissen aber auch, daß dieser Abgrenzung keine allgemeine Verbindlichkeit anhaftete. „Ihr gemeinsamer Charakter als
P r o s a " wurde „. . . . stärker empfunden als ihr Unterschied";[1] und dabei konnte die i n h a l t l i c h e Bestimmung des Gattungsbegriffs alle formalen Definitionen noch jederzeit überspielen. Tieck, Steffens, Alexis,
Biernatzki nannten ihre Romane ebenso wie Eichendorffs Verleger dessen
„Dichter und ihre Gesellen" Novellen, um die Aktualität, Gegenwärtigkeit bzw. Historizität des Geschilderten zu unterstreichen. Man war sich
bewußt, ein modernes, ev. sogar ein„Modekleid" (Biernatzki) zu wählen.
Auch bei Mörikes ‚Maler Nolten', der in seiner ersten Fassung (1832) als
„eine Novelle in zwei Teilen" erschien, kommt man mit dieser Erklärung
aus, wenn man daneben noch Mörikes Reflektion auf Tieck und die bewußte Distanz zum Romanvorbild des ‚Wilhelm Meister' mitberücksich-
tigt (vgl. vor allem Mörikes Brief an F. Th. Vischer vom 30. 11. 1830).
Man brauchte ihm nicht unbedingt terminologischen „Eigensinn" vorzu-

---

[1] Friedrich Sengle, Der Romanbegriff in der ersten Hälfte des 19. Jahrhunderts.
In: Arbeiten zur deutschen Literatur a.a.O. S. 190.

werfen.[2] Sobald man in unserer Epoche den Namen „Novelle" als Indikator von („breiter"[3]) Darstellung der äußeren Faktizität und der Sittenschilderung wertete, setzte man dem F o r m a t keine bestimmte Grenze mehr und kontrastierte das Genre lieber mit der Vorstellung des Romans als weltloser Aussprache subjektivistischer Innerlichkeit, „Seelengemälde" oder „Liebesintrigue". Nicht die „unerhörte Begebenheit", sondern die „weitschweifige" Schilderung aller möglichen italienischen Buchten und Inseln, des sizilianisch-neapolitanischen „Schifferlebens" und die Beschreibung eines Schiffes „mit jeglichem Tau und Brette" galt der Gesprächsgesellschaft des Tieckschen ‚Wassermenschen' als Charakteristikum einer Novelle „nach unserm neuern Bedürfniß, oder unsrer Mode" (vgl. o. S. 147). Mit anderen Worten: Wo man die Beschreibung „objektiver Eindrücke" (Alexis) als spezifisch novellistisch ansetzte, konnte man wohl „jedwede breit vorgetragene Erzählung" (vgl. o. S. 133), nicht aber eine weniger umfangreiche Darstellung „phantastischer Fictionen" Novelle nennen; Unnatürlichkeit in „Personal- und Lokalschilderungen" gab dagegen auch kurzen Erzählungen einen „romanartigen Anstrich".[4] Natürlich ließ die unpräzise Anwendung auch dieses Kriteriums daneben die Möglichkeit mancher anderer Abgrenzungsversuche ebenfalls noch offen. Man konnte z. B. auch die biographische Struktur des bedeutendsten biedermeierlichen Romanvorbilds, des ‚Wilhelm Meister', verabsolutieren und sich wie Henrik Steffens fragen, wodurch Tieck wohl „Novelle und Roman unterscheide, ob wirklich alle Ereignisse, wie wohl angenommen werden muß, sich um eine entschiedene Hauptperson bewegen, so daß mein ‚Malcolm' eigentlich ein Roman heißen sollte" (an Josef Max, 29. 4. 1840) u. dgl. m. Bereits Arnold Hirsch hat darauf hingewiesen, daß man unter dem Eindruck der in den zwanziger Jahren kulminierenden Scott-Mode bei der Bezeichnung historischer Romane als Novellen auch an das englische „novel" denken konnte.[5] Scott, Cooper und Ch. Dickens[6] wurden ja, wie wir gesehen haben, häufig Novellisten genannt. Und bei einer

---

[2] Lutz Mackensen, Die Novelle a.a.O. S. 755. – Die genetischen und artistischen Rechtfertigungsversuche des unreflektiert betrachteten Untertitels von Hans Landsberger, Gustav Kühl und Rudolf Völk überzeugen darum auch nicht recht, ohne übrigens ihren allgemeinen Wert als Interpretationshilfen zum Verständnis biedermeierlichen Erzählens zu verlieren. Hans Landsberger, Eduard Mörike. 1904. S. 42 u. 45. – Gustav Kühl, Eduard Mörike. (1904). S. 66ff. – Rudolf Völk, Die Kunstform des ‚Maler Nolten' von Eduard Mörike. Diss. München. 1930. (Germanische Studien H. 82). S. 62.
[3] S. o. S. 161. Anm. 53. (Willibald Alexis).
[4] Evangelische Kirchen-Zeitung 1835. Nr. 99.
[5] A. Hirsch a.a.O. S. 32. Anm. 62.
[6] Vgl. M. Saphir über Nestroy: „Nestroy ist der Boz der Volksdichter! Er ist

Reihe deutscher Verfasserinnen und Verfasser romanhafter Großnovellen (z. B. bei Alexis, Wilhelmine von Gersdorff, Ludwig Storch, Georg Döring), die nebenher englische Romane übersetzten bzw. nachahmten, liegt die Affinität zum angelsächsischen Sprachgebrauch auch auf der Hand. Die Bedeutungsvariante Novelle = historischer Roman indes ganz als Anlehnung an das Englische interpretieren zu wollen, geht nicht an. Viele der oben zitierten Äußerungen und bereits in den neunziger Jahren des 18. Jahrhunderts erschienene Großnovellen[7] zeigen vielmehr, daß man die alte, seit der Renaissance lebendige „realistische" Nuance des Novellenbegriffs durch den englischen Sprachgebrauch allenfalls bestätigt sehen konnte. Die Offenheit und Elastizität der Bezeichnung, ihre eher inhaltliche als formale Fixierung machten es ganz grundsätzlich möglich, alles „Streben der erzählenden Literatur im 19. Jahrhundert" nach Darstellung der „‚Wirklichkeit' ..., wie sie tatsächlich ist" (R. Brinkmann),[8] ohne Rücksicht auf Umfangsfragen der Rubrik Novelle zuzuordnen. Nur darum stieß Alexis' Vorschlag, „den historischen Roman überhaupt Novelle" zu nennen (vgl. o. S. 161), nirgends auf Widerspruch. Begünstigt, aber nicht ausschließlich durch die Rezeption Scotts, Coopers und Washington Irvings in den zwanziger und dreißiger Jahren ausgelöst zeichnet sich dabei in der frühen Biedermeierzeit eine der angelsächsischen Unterscheidung zwischen novel und romance entsprechende Bedeutungsentwicklung des Novellenbegriffs ab. Daß „der Name Novelle ... bestimmt sey, den Flecken zu tilgen, welcher über zwei Jahrhunderte auf der Romanendichtung haftete" (vgl. o. S. 162), muß zumindest in diesen Jahrzehnten als eine schwebende Möglichkeit angesetzt werden.

Allerdings muß man dabei sogleich hinzufügen, daß dieser Bedeutungswandel in Deutschland n i c h t eingetreten ist; – eine banale Feststel-

ebenso ein realer Volksdichter als jener ein realer Novellist. Wie bei Boz ist bei Nestroy alles und jedes ein Individuum; alles ist materiell, alles rohes Fleisch und Blut. Bei Nestroy ist aber so wenig wie bei Boz etwas Ideales ..." Zit. bei Otto Rommel, Johann Nestroy, der Satiriker auf der Altwiener Komödienbühne. In: Johann Nestroy, Gesammelte Werke. Ausg. in 6 Bänden. Photostat. Nachdruck 1962 der Ausg. 1948/49. Bd. 1. S. 56.

[7] Therese Huber, Drey Weiber. Eine Novelle von dem Abbé de la Tour. Aus dem frz. Manuscript übers. von L. F. Huber (d. i. nach Goedeke wahrsch. Therese Huber). 348 S. Lpz. 1795. – Honorine von Ueserche, oder die Gefahren der Systeme. Eine Novelle von dem Abbé de la Tour. 205 S. Lpz. 1796. – A. W. Schlegel beginnt seine Besprechung der letzteren „Novelle" in der Jenaischen Allgemeinen Literatur-Zeitung (1796. Nr. 311) mit den Worten: „Für die Unterhaltung gehört dieser Roman in die bedeutende Klasse". In: August Wilhelm Schlegel, Werke. Hg. von E. Böcking. Bd. 10. Lpz. 1846. S. 261. – Vgl. a. Friedrich Kind o. Kap. V. Anm. 147.

[8] Richard Brinkmann, Wirklichkeit und Illusion a.a.O. S. 84.

lung, die sich gleichwohl nicht ohne weiteres erklären läßt. Immerhin erkennt man schon bei oberflächlichem Zusehen: während sich einerseits in der frühen Biedermeierzeit die Bezeichnung Novelle zur Kennzeichnung aller primär „wirklichkeitsdarstellenden" Leseliteratur einzuspielen begann, zeigt eine formengeschichtliche Betrachtung des gleichen Zeitraums auf der anderen Seite, daß die qualitativ zentralen und quantitativ häufigsten Formen, in denen sich diese „realistischen" Tendenzen in Deutschland verwirklicht haben, keineswegs – wie in Westeuropa – romanhafte Gebilde, sondern so überwiegend Erzählformen „mittlerer Länge" waren, daß sich der Gattungsname Novelle auch dann, wenn er nichts weiter als Lebens-, Zeitnähe u. dgl. hätte ausdrücken wollen, fast notwendig mit diesen verbinden mußte. Wir haben bereits von der Beliebtheit jenes prosaepischen Mittelbandes gesprochen (vgl. o. Kap. IV), das in den Augen mancher Biedermeierkritiker das geheime Zentrum der Restaurationsliteratur darstellte und unstreitig auf Kosten der „größeren Romane" ging (vgl. Franz Horn 1819, Wolfgang Menzel 1828, Karl Rosenkranz 1838; s. o. S. 62f.). „Die wichtigsten und zahlreichsten neuesten Romane sind historische", schrieb etwa Menzel und bestätigte von einer anderen Position aus das oben Gesagte; „da wir indeß über die herrschende historische Richtung schon ... ausführlich gesprochen, wollen wir hier nur noch einen Blick auf die ä u ß r e F o r m d e r R o m a n e werfen. Es ist auffallend, daß auch hier wie bei den Lustspielen, kurz bei allem, was unterhalten soll, die kürzeste Waare und der schnellste Wechsel am beliebtesten ist. Die größern Romane nehmen bereits ab, und die Sammlungen kleiner Erzählungen und Novellen unverhältnißmäßig zu."[9]

Die Restaurationsepoche hat nicht, wie Wolfgang Kayser gelegentlich gemeint hat, den „Roman ... zur beherrschenden Dichtungsform" gemacht.[10] Die Bemühungen der zwanziger Jahre um „vaterländische" Nachbildungen Scotts oder Coopers, der Neueinsatz tendenziös-dokumentarischer Zeitromane in den dreißiger Jahren, die fortlaufende Tradition des komischen, des Familien- und Bildungsromans im Gefolge des ‚Wilhelm Meister' sind gewiß ein Ausdruck ständig wirksamer Sehnsucht nach gelassener und umfassender Welt- und Selbstdarstellung. Aber selbst ihre tiefsten (Stifter, Mörike), reflektiertesten (Immermann) und vitalsten Ausprägungen (Gotthelf, Sealsfield) widerlegen – bei aller Vorsicht gegenüber solchen Verallgemeinerungen – den alten Vorwurf der „Zer-

---

[9] Wolfgang Menzel, Die deutsche Literatur a.a.O. Bd. II. S. 286.
[10] Geleitwort zu: Annette von Droste-Hülshoff. Sämtliche Werke. 1939. S. 971.

stückelung und Einschränkung des Realistischen" (Auerbach)[11] und vom Fehlen einer wirklich „ins Europäische" gedrungenen deutschen Romankunst (Th. Mann)[12] in diesem Zeitraum kaum, sobald man sie mit den gleichzeitigen Romanen Scotts, Dickens', Balzacs, Stendhals oder auch Manzonis vergleicht.[13] Benno von Wiese konnte (wie vor ihm Paul Bastier[14] oder R. M. Meyer[15]) mit einigem Recht vermuten, fast sehe es so aus, als habe „im Deutschland des 19. Jahrhunderts die Novelle diejenigen Aufgaben" übernommen, „die im übrigen Europa als vorwiegende Tendenz der modernen Romane erscheinen."[16]

Man stößt gerade bei den bedeutendsten und stilkonstituierenden Biedermeierdichtern allenthalben auf Beobachtungen, zu deren Erklärung man fast als eine Art Hilfskonstruktion die Wirksamkeit eines vom Zeitklima diktierten „Formgesetzes"[17] annehmen möchte, das ihnen die Arbeit an p r o s a e p i s c h e n G r o ß f o r m e n unwillkürlich erschwerte. Das Phänomen des s c h e i t e r n d e n R o m a n s , die Doppelspurigkeit von unausgeführten, problematischen oder innerlich kleinteiligen Romanen und vollendeten Novellen, die Publikation von Novellen als Ablegern abgebrochener Romane, novellistisch überdachten Romananätzen und fragmentarisch veröffentlichten Romanen sind mit den Schaffensgeschichten fast aller „Großen" auf eine eigentümlich enge Weise verknüpft. Man findet Belege bei Grillparzer (Fixlmüllnerroman), der Droste (‚Ledwina', ‚Bei uns zu Lande auf dem Lande'), Tieck (in seiner vermutlich unter dem Eindruck der Lektüre Manzonis abgebrochenen Scottimitation ‚Der Aufruhr in den Cevennen'), beim jungen Stifter (Robespierre-Roman[18]), Heine (‚Der Rabbi von Bacharach'), Hebbel (‚Der deutsche Philister'), Otto Ludwig,[19] Georg Weerth (Fragment eines Romans), Franz von Gaudy (Rom-, Frundsbergroman)[20] oder auch Karl

---

[11] Erich Auerbach, Mimesis a.a.O. S. 399. – Vgl. a. Jost Hermand, Die literarische Formenwelt des Biedermeiers a.a.O. S. 220.

[12] Thomas Mann, Die Kunst des Romans. In: Mann, Altes und Neues. 1953. S. 400. – Vgl. a. Manfred Windfuhr, Immermanns erzählerisches Werk a.a.O. S. 14.

[13] Vgl. a. Georg Lukács, Der historische Roman. 1955. S. 65.

[14] Paul Bastier, La nouvelle individualiste a.a.O. S. 24/26.

[15] Richard Moritz Meyer, Goethe. [3]1905. S. 568.

[16] Benno von Wiese, Dt. Novelle a.a.O. Bd. I. S. 25. – So auch Hellmuth Himmel, Geschichte der deutschen Novelle a.a.O. S. 5.

[17] Friedrich Sengle, Der Umfang als Problem (s. o. Kap. I. Anm. 50).

[18] Adalbert Stifter, Briefwechsel a.a.O. Bd. I. S. 123f.

[19] Gaston Raphael, Otto Ludwig, Ses théories et ses oeuvres romanesques. Paris 1920. S. 337.

[20] Vgl. Franz Frh. (von) Gaudy, Ausgewählte Werke hg. von K. Siegen a.a.O. Bd. I. S. 57.

Marx („Scorpion und Felix").[21] Mörike ließ von einer für die ‚Urania'
unternommenen Novelle, die „in Betracht der Hauptidee", wie ihm
schien, „und einer Menge versteckter Motive die Bearbeitung zu einem
größeren selbständigen Roman notwendig fordert"[22] nur eine „vorläufige"
Zwischenerzählung (‚Miss Jenny Harrower, eine Skizze') erscheinen; gelegentlich hat man auch seine Mozartnovelle als „Vollendung" der im
‚Nolten' vorangelegten Problematik interpretiert und dabei wiederum die
Kleinform gegen den Mörike selbst nicht befriedigenden Roman ausgespielt.[23]

Es wäre kaum sinnvoll, die jeweils im Einzelfall vorgebrachten Gründe
und Vorwände biographischer oder allgemeiner Art, mit denen die Schriftsteller ihren Verzicht auf Roman- und ihre Wahl von Erzählformen
mittlerer Länge zu rechtfertigen versuchten, auf einen Nenner bringen
zu wollen. Tatsächlich stößt man dabei auf sehr verschiedenartige Argumente: Abneigung, sich in von Trivialschriftstellern beherrschte Gebiete
zu begeben oder pietätvolle Rücksicht auf Verwandte und Bekannte, deren Proträtierung sich bei einer „sittengeschichtlichen" Darstellung des
eigenen, begrenzten Lebensraums nicht vermeiden ließ, führten z. B. bei
der Droste zum Abbruch ihres mit fast victorianischer Detailpräzision
und ans unbiedermeierlich Lieblose grenzender psychologischer Beobachtungsintensität begonnenen Romans ‚Ledwina'. Hebbel verbrannte in
einem Augenblick „tiefster Mutlosigkeit" die ersten Kapitel seines Zeit-
romans.[24] Man konnte Zeitmangel und scheinbare Trägheit geltend
machen (Mörike), Verlegerwünsche (bei Tieck[25] oder Gotthelf[26]), ein
über den Kopf Wachsen der Fabel (Alexis),[27] Klagen über das Fehlen von
Kräften, „Schwingen",[28] eine unkonzentrierte und in vieler Hinsicht stör-

[21] Karl Marx, Einige Kapitel aus Scorpion und Felix. Humoristischer Roman
(1837). In: Karl Marx – Friedrich Engels, Historisch-kritische Gesamtausgabe.
I, 1 (2). Hg. von D. B. Rjazanov. 1929. S. 76/89.
[22] An Mährlen 8. 5. 1833. In: Eduard Mörike, Unveröffentlichte Briefe. Hg.
von F. Seebass. ²1945. S. 70.
[23] Wolfgang Taraba, Die Rolle der ‚Zeit' und des ‚Schicksals' in Mörikes ‚Maler
Nolten'. In: Euph. 50. 1956. S. 407.
[24] Friedrich Hebbel, Werke. Hg. von Theodor Poppe. Bln. Lpz. (Bong) o. J.
Bd. VII. S. 18f. (Einleitung des Hg.).
[25] Vgl. o. S. 71.
[26] Z. B. Springer an Gotthelf. In: J. Gotthelf, S. W. a.a.O. Briefe V. S. 320.
Vgl. a. II. S. 258.
[27] „Auch wuchs die Fabel mir über den Kopf" (W. Alexis, Erinnerungen a.a.O.
S. 272).
[28] Adalbert Stifter, S. W. a.a.O. Briefwechsel Bd. I. S. 58 („aber an Schwingen
fehlt's"); ebd. S. 74 („ut desint vires"); III. S. 40; IV. S. 246 („aber die Kräfte
sind eben, wie sie sind, und niemand kann über sie hinaus") u. a. m.

bare Arbeitsweise (Stifter) u. a. m. Mit der einen Ausnahme Gotthelfs
sucht man bei den repräsentativen Biedermeierprosaisten auch vergebens
nach Äußerungen, die die Vorstellung eines epischen Schaffens „aus der
Fülle" bestätigten. Gotthelfs „tumultuarische" Arbeitsweise, von der
Emil Staiger,[29] das „Heraufrauschen" seiner Prosa, von dem er selber
spricht,[30] sind Ausnahmeerscheinungen. Nirgends sonst vergleichen die
Epiker der Restaurationsepoche ihr Schaffen mit dem Abfließen eines
gestauten Bergsees, dem Sichlösen von Lawinen bei Föhnwetter[31] oder
geben ihrer Abneigung gegen verlangte Kleinformen so kräftig Ausdruck
wie der Schweizer, der Novellen „schlecht, daher ungern" zu verfertigen
bekannte[32] und selbst dem kritischen Urteil seines Freundes Hagenbach
über die ‚Schwarze Spinne' zustimmte: „Du hast vollkommen recht. Es
gibt aber andere Leute, die mich mit aller Gewalt in diese Bahn jagen
wollen, behauptend, die sei grade die rechte für mich; diese aber haben
unrecht."[33] Ganz im Gegenteil: epochentypisch ist weit eher Immermanns
„Verzweiflung" über die „weitschichtige Komposition" der ‚Epigonen',
über die er, wie er klagte, Tag und Nacht sinne und kaum glaube, der
Aufgabe gewachsen zu sein,[34] die unentschlossene, immer wieder den
Überblick verlierende Lebensarbeit Mörikes am ‚Nolten' oder das lang-
same Ansetzen von Stoff, durch das sich die Risachnovelle zum „totalen
Idyll" des Nachsommerromans ausweitete. Zweifellos war die restaurative Bescheidenheitsideologie einer Gestaltung des biedermeierlichen Le-
bensgefühls „unter extensiven Gesichtspunkten"[35] nicht günstig. Galt die
epochenkonstituierende „Entsagung" – Goethes Wanderjahrezyklus war
nur ein Beispiel einer ganzen Welle biedermeierlicher Entsagungsliteratur
(vgl. u. S. 228ff.) – mittelbar auch der großen Form? Darf man Schopenhauers gelegentliche Notiz, „alle Beschränkung" beglücke, auch auf unsere spezielle Frage übetragen? „Je enger unser Gesichts-, Wirkungs- und
Berührungskreis", fährt Schopenhauer fort, „desto glücklicher sind wir:
je weiter, desto öfter fühlen wir uns gequält, oder geängstigt."[36] „An der

---

[29] Emil Staiger, Jeremias Gotthelf: Anne Bäbi Jowäger. In: Staiger, Die Kunst
der Interpretation. ⁴1963. S. 223.
[30] J. Gotthelf, Briefe a.a.O. Bd. II. S. 257. Vgl. a. ebd. S. 359.
[31] Ebd. S. 88.
[32] Ebd. Bd. V. S. 12.
[33] Ebd. Bd. II. S. 258. Weitere Beispiele: Bd. II. S. 85; Bd. III. S. 230 („Wir sind
den Storchen ähnlich, die weiten Platz, gute Weile zu langem Anlaufe bedürfen,
um allgemach in Flug zu geraten..."); Bd. V. S. 105.
[34] An Beer 1. 1. 1830. Zit. nach Manfred Windfuhr, Immermanns erzählerisches
Werk a.a.O. S. 107.
[35] Jost Hermand, Die literarische Formenwelt des Biedermeiers a.a.O. S. 220.
[36] Arthur Schopenhauer, Sämmtliche Werke. Hg. von J. Frauenstädt. ²1919.
Bd. V. S. 443. – Vgl. a. L. Tieck, Nov. a.a.O. Bd. I. S. 128.

Welt im Großen habe ich Ekel" schrieb Stifter.[37] Tiecks Shakespeare
schloß sich vor ihr in seinem „Stübchen" ab und fühlte sich „selig";[38] und
ähnlich hielt Mörike während der Arbeit am Nolten nicht viel von einem
Dichter, der sich „mitten auf dem Tummelplatze des gestalt- und farben-
reichsten Lebens" zuhausefühlte. „Seltenheit pikanter Erscheinungen"
war ihm wichtiger: „wenige, aber starke Eindrücke von außen, – ihre
Verarbeitung muß im ruhigen, bescheidenen Winkel geschehen, auf dem
ruhigen Hintergrund wird sich ihr Kolorit erhöhen, und die Hauptsache
muß doch aus den Tiefen des eigenen Wesens kommen."[39] Solche Vorstellungen waren fraglos geeignet, den realistischen Impuls der Epoche
zu überlagern und ihn gleichsam intermittieren zu lassen. Das von Georg
Lukács unter europäischem Aspekt, aber gerade für diesen Zeitraum her-
vorgehobene „Problem der ‚Totalität der Objekte', als des Ziels der Gestaltung in der großen Epik"[40] konnte möglicherweise, um eine bekannte
Formulierung Sealsfields zu gebrauchen – wirklich „nur auf ganz freiem
Boden gedeihen", weil es „die freie Anschauung und Darstellung der
bürgerlichen Verhältnisse in allen ihren Bemühungen und Wechselwir-
kungen" voraussetzte. In den deutschen Bundesländern betrachtete man
dagegen bereits die „Freiheit der Prose" (Jean Paul) mit Skepsis. Hier
ist man versucht, das Stoßgebet Florios in Eichendorffs ‚Marmorbild'
(Frauentaschenbuch a. d. J. 1819): „Herr Gott, laß mich nicht verloren
gehen in der Welt!" als eine Art Leitspruch über den Rückzug so manches
repräsentativen Biedermeierprosaisten in „bescheidene Winkel", intime
Kontaktkreise oder auch Spezialgebiete zu stellen.

Welche Vorbehalte dabei ganz allgemein wirksam waren, läßt sich vielleicht am deutlichsten am Beispiel der Rezeption Walter S c o t t s in der
deutschen Kritik der zwanziger und der frühen dreißiger Jahre ablesen.
Unmittelbar unterhalb der Schicht oberflächlicher Zustimmung und
Nachahmung, wie sie die unzureichende Kompilation positiver Stellungnahmen bei L. M. Price[41] zu Tage gefördert hat, stößt man nämlich gerade
hier auf eine sehr geschlossene und selbstbewußte Front innerer Ablehn-
nung. „Wie wenig fehlt diesem Meister, um ein Poet zu sein", schrieb
Tieck etwa am 15.2.1819 an Solger über den Verfasser der ‚Waverley
Novels' und ‚Tales of my Landlord', dessen Romane er (nach einem Brief

---

[37] Adalbert Stifter, Briefwechsel a.a.O. Bd. III. S. 154.
[38] L. Tieck, Nov. a.a.O. Bd. II. S. 222.
[39] An Luise Rau Sommer 1830. In: Eduard Mörike, Briefe an seine Braut Luise
Rau. Hg. von F. Kemp. 1965.
[40] Georg Lukács, Der historische Roman a.a.O. S. 144.
[41] Lawrence Marsden Price, Die Aufnahme der englischen Literatur in Deutschland. ²1961. S. 338/351.

an Reimer vom 8. 12. 1817) sogar zu übersetzen die Absicht gehabt zu haben scheint, ohne den Namen ihres Verfassers zu kennen; – „und wie ist dieses Wenige was fehlt, doch mehr als sein gantzes großes Talent."[42] Solger, der Tieck in Lob und Tadel zustimmte, erhob auch schon den Vorwurf der „übergroßen Ausführlichkeit und Mikrologie",[43] dem man in den folgenden Jahren häufig begegnet. Überhaupt, meint er, verrate sich in Scotts Romanen weniger eine „große Idee", das „Licht einer höheren Ordnung" als vielmehr die bloße Aufmerksamkeit auf historische „Verhältnisse in ihrer äußeren Erscheinung."[44] „Er schildert Winkel, anstatt die Welt" fand Rahel Varnhagen 1823.[45] „Auch seine besten Romane haben noch etwas Gedrücktes, Böotisches, dem es an einem gewissen Adel mangelt" urteilte Wolfgang Menzel 1828;[46] an anderer Stelle rechnete er es ihm als Fehler an, daß bei ihm „der Mensch nur ein Product der Geschichte" sei:[47] „Man kann ihn als einen reichen Mann schätzen, aber man verehrt in ihm nichts Heiliges."[48] Goethe meinte etwas ähnliches, wenn er erklärte: „Er würde mich immerfort amüsieren, aber ich kann nichts aus ihm lernen. Ich habe nur Zeit für das Vortrefflichste."[49] Grillparzer vermißte einen „über dem Ganzen schwebenden, erhabenen, überlegenen Geist."[50] Auch Immermann entwickelte während seiner Arbeit an der Ivanhoe-Übersetzung (1823/25) „eine immer stärkere Kritik an Scott."[51] „Der Walter Scott schwatzt mir doch fast zu breit", meinte er, sprach von „Scotts konfuser Prolixität" und gestand, bei seiner Übersetzung „so manche breite Schilderung unter den Händen" zu verlieren. Theodor Mundt bezeichnete Scotts Gemisch von Poesie und Geschichte als „kunstwidrig"; sein Genre könne sich, meinte er herablassend, „zwar nicht als eine höhere poetische Gattung oder Kunstform behaupten", aber es habe „doch auf den Geschmack und die Bildung der Lesewelt nicht unvortheilhaft gewirkt."[52] Im Dichtergericht seines ‚Alten Buchs' (Urania

[42] Tieck and Solger a.a.O. S. 522.
[43] Ebd. S. 529.
[44] Ebd. S. 530.
[45] Rahel. Ein Buch des Andenkens für ihre Freunde. Bln. 1834. Bd. III. S. 126. (An Varnhagen 14. 10. 1823).
[46] Wolfgang Menzel, Die deutsche Literatur a.a.O. Bd. II. S. 166.
[47] Ebd. Bd. II. S. 169.
[48] Ebd. Bd. II. S. 166.
[49] Zu Kanzler von Müller 12. 1. 1823. In: Goethes Gespräche. Gesamtausgabe. Hg. von F. Frh. von Biedermann. Bd. III. ²1910. S. 23.
[50] Franz Grillparzer, Werke. hg. von St. Hock a.a.O. Bd. XIII. S. 303.
[51] Vgl. M. Windfuhr, Immermanns erzählerisches Werk a.a.O. S. 59. Hier auch die folgenden Zitate.
[52] Theodor Mundt, Geschichte der Literatur der Gegenwart a.a.O. S. 834.

a. d. J. 1835) stellte Tieck, der sich bereits 1826 „äußerst verächtlich"
über Scott geäußert zu haben scheint,[53] schließlich die sichtbar auf einen
providentiell gefügten Wendepunkt hin pointierten ‚Verlobten' Manzonis hoch über die Werke des Briten;[54] und sogar Alexis räumte in seinem
Novellenprogramm ein, bei der Scottschen Manier werde „die Schönheit" leicht gefährdet „durch zu genaue Details, durch die Paßbeschrei-
bung der Personen, das Ausmalen der Gegenden, den zu weit ausgeführ-
ten Dialog" u. dgl. m. Natürlich dürfe man „die Hauptsache ... vor den
Pertinenzen; vor dem baaren äußern Interesse" den „geistigen Gehalt"
nicht vernachlässigen.[55] „Über jedem echten Kunstwerke schwebt der Gedanke", führte er gegen Ende seines Artikels aus; „auch die historische
Novelle ist nichts ohne den geistigen Hintergrund ... Auch unsere Novellen sind nichts, wenn keine tiefere Ader der Lyrik sich hindurch-
schlängelt. Aber sie wolle nur nicht herrschen."[56]
Man sieht, worauf all diese Kritik hinauslief. Über der Ablehnung der
Breite, der konfusen Prolixität und des „poetischen Materialismus" nahm
man das umfassende historische Bewußtsein, das in den Werken Scotts
die ausgebreitete Detailfülle zusammenhielt, in keinem Fall wirklich
wahr. Man suchte ihn zu konzentrieren, zu verbessern, technische Einzelheiten in Werke hinüberzuretten, in denen man einen „über dem Ganzen
schwebenden, erhabenen, überlegenen Geist" sichtbarer erscheinen lassen
konnte und verstellte sich gerade dadurch nicht nur den Blick auf seine
großräumige Kompositionstechnik, sondern natürlich auch die Möglichkeit einer zeitgemäßen Weiterbildung (wie dies in Frankreich durch
Balzac geschah). Man erinnere sich hier noch einmal an Goethes Bemerkungen zu Eckermann, in denen ja auch in unmittelbarem Zusammenhang mit seiner „Novelle" mit Scott gerechtet[57] und in denen wie bei
Alexis ein „ideeller, ja lyrischer Schluß" notwendig gefordert wurde.[58]
„Denn was soll das Reale an sich? Wir haben Freude daran, wenn es
mit Wahrheit dargestellt ist, ja es kann uns auch von gewissen Dingen
eine deutlichere Erkenntnis geben; aber der eigentliche Gewinn für unsere
höhere Natur liegt doch allein im Idealen, das aus dem Herzen des Dichters hervorging."[59] Man knüpfte sich also wohl „den Walter Scottknoten

[53] Vgl. M. Thalmann, Tieck (1960) a.a.O. S. 157.
[54] L. Tieck, Nov. a.a.O. Bd. VIII. S. 138.
[55] Willibald Alexis, Vorwort (1830) a.a.O. S. xix.
[56] Ebd. S. xx/xxi.
[57] J. P. Eckermann, Gespräche mit Goethe a.a.O. S. 214. (31. 1. 1827).
[58] Ebd. S. 196. (18. 1. 1827).
[59] Ebd. S. 197. (18. 1. 1827).

in's Halstuch",[60] brachte sein Porträt als Titelkupfer in Taschenbüchern;[61] in der Praxis aber hatte man es eiliger, „Lebensweisheit", „Ideen" und „Ideelles" unter das Publikum zu bringen oder aktuelle Probleme in leichtfaßlicher bzw. in „tieferer" Form konzentriert abzuhandeln. „Der Einfluß Walter Scotts", konnte Lukács mit Recht feststellen, „hat... höchstens die Tendenz zur realistischeren Gestaltung der Details verstärkt... Aber eine wirkliche Wendung hat er nicht hervorgebracht und konnte er nicht hervorbringen. Dies vor allem aus politisch-weltanschaulichen Gründen; denn es ist... klar, daß gerade die bedeutendsten Ausdrucksmittel der Scottschen Komposition und Charakterisierung für die reaktionäre Romantik unmöglich aneigenbar und anwendbar gewesen sind."[62] Man darf solche Beobachtungen natürlich ebensowenig wie den von Jean Paul,[63] Theodor Mundt[64] bis hin zu Paul Bastier,[65] Helmuth Plessner[66] und Erich Auerbach[67] beschuldigten Partikularismus und Provinzialismus für das Fehlen einer „großen" deutschen Romantradition und die Usurpation des Novellenbegriffs durch Erzählformen mittlerer Länge ausschließlich verantwortlich machen. Sicher aber kann man sie als Symptome bzw. als Teilursachen betrachten, die zusammen mit einer Reihe anderer Faktoren das biedermeierliche „Novellenklima" (W. Pabst) mitkonstituieren halfen. Ganz ähnlich wie das meteorologische Äquivalent die-

[60] Wilhelm Waiblinger, Gesammelte Werke a.a.O. Bd. II. S. 281.
[61] In: Urania a. d. J. 1827.
[62] Georg Lukács, Der historische Roman a.a.O. S. 65. Dem bedeutendsten Versuch der zwanziger Jahre, der historischen Romandichtung ein ebenbürtiges deutsches Werk zur Seite zu stellen – Tiecks Cevennen-Fragment –, bescheinigt Lukács im gleichen Zusammenhang, Tieck habe sich hier von „vielen subjektivistischen und reaktionären Schrullen seiner Frühzeit freigemacht"; allerdings gelinge es ihm nicht, über „die religiösen Debatten, die bizarren Formen des mystischen Glaubens, die rein moralischen Probleme des Handelns..., die religiösen Bekehrungen usw." hinauszukommen (ebd. S. 66). Tatsächlich hat Tieck hier bewußt auf seine Gepflogenheit verzichtet, einen problematischen historischen Gegenstand zu verharmlosen. Indem er ihn aber zu einem tragisch-monumentalen Widerstreit reaktionärer und „protestantischer" Machtgruppen auftürmte, überwuchs das Geschehen auch die schmale Bekehrungs- bzw. im Wendepunkt scheiternde Besserungsgeschichte, die das eigentliche Handlungsgerüst bildet. Sie erwies sich als nicht tragfähig: mit der Erkenntnis des jugendlichen Helden, sein Leben sei ihm wie in einem wirren Traum aus den Fugen geraten, bricht der Roman ab, ohne eine Lösung anzudeuten.
[63] Über die Schwierigkeit humoristischen Individualisierens aus Mangel einer deutschen „Nazionalstadt" vgl. Jean Paul, S. W. a.a.O. Bd. 41. S. 189.
[64] Theodor Mundt, Geschichte der Literatur der Gegenwart a.a.O. S. 735.
[65] Paul Bastier, La nouvelle individualiste a.a.O. S. 10.
[66] Helmuth Plessner, Die verspätete Nation. 1959. S. 14.
[67] Erich Auerbach, Mimesis a.a.O. S. 391f.

ses Begriffs nicht nur vom Mond bestimmt wird, läßt sich auch die offenkundige Bevorzugung des prosaepischen Mittelbandes in unserem Zeitraum nicht nur auf eine Popularisierung der „von oben" durch Goethe eingeführten „Gattung" oder etwa auf „the more restricted amount of leisure" zurückführen, der dem Mittelstandspublikum zu Verfügung stand und dieses infolgedessen für Kurzformen eher als für Großromane empfänglich machte (E. K. Bennett).[68] Man darf sich nicht mit einzelnen Feststellungen begnügen. In unserem Zusammenhang reicht es aus, eine Reihe der im Vorangehenden skizzierten Beobachtungen noch einmal zusammenzufassen und daraus vielleicht einige Schlüsse auf die Voraussetzungen zu ziehen, unter denen sich die Biedermeiernovellistik entfalten konnte.

Zweifellos standen den Verfassern novellistischer Kurzerzählungen in Zeitschriften, Taschenbüchern und Sammelwerken der frühen Biedermeierzeit die zahlreichsten und am besten honorierten Publikationsmöglichkeiten offen; – erst gegen Ende der vierziger Jahre folgten die deutschen Zeitungen ja zögernd dem westeuropäischen Beispiel und begannen die Rubrik „Novellen" allgemeiner durch den modernen Fortsetzungsroman zu ersetzen (vgl. o. S. 62. Anm. 49). Arno Schmidt sieht etwas Richtiges, wenn er in der Institution des literarischen Almanachs überhaupt den eigentlichen „Grund zur unbestreitbaren Hochblüte der deutschen Novellistik im 19. Jahrhundert" vermutet: „Man führe diese Mittelstufe verlegerischer Produktion wieder systematisch ein ... und man wird eine neue Blüte erleben."[69] Nur muß man natürlich bedenken, daß Publikationsmedien ebensowenig wie Gattungen konstant, d. h. zu allen Zeiten grundsätzlich in gleicher Weise verfügbar sind; – schon gar nicht die Einrichtung des Biedermeiertaschenbuchs, in dem sich, wie bereits angedeutet wurde, noch eine starke Nachwirkung der alten Gesprächsspieltradition bemerkbar machte. Auch diese Institution war geeignet, epische Kurzatmigkeit überhaupt und zumal die Kleinteiligkeit der in ihnen vertretenen Beiträge zu forcieren. Man kann durchaus von einer Rückwirkung des facettierten, von der Vorstellung der „allgemeinen Bildung" überlagerten enzyklopädischen Varietasprinzips des Taschenbuchmediums auf die prosaepischen Beiträge selbst sprechen. Ihr relativ geringer Anspruch, der sich – vielleicht zufällig – mit der niedrigen ästhetischen Einstufung der

---

[68] E. K. Bennett, A History of the German ,Novelle' a.a.O. S. 22.
[69] Arno Schmidt, Das Klagelied von der aussterbenden Erzählung a.a.O. (s. o. Kap. I. Anm. 38).

Prosaepik und der Vorstellung realistischen Darstellens als eines „Nebendings" deckte, mag sich in manchem Fall auch mit dem g e l e g e n t l i -
c h e n d. h. kurzbefristeten Herabsteigen eines der anspruchsvollen Restaurationsdichter zur Prosa (man denke an Grillparzers Novellendefinition!) verknüpfen lassen: bei Grillparzer wie bei Hebbel hat die Scheu vor
prosaepischen Großformen sicher nicht zuletzt den Grund in der niedrigen
Geltung der Prosa überhaupt. Das Bescheidenheitsprinzip übertrug sich
hier und da vielleicht wirklich auch auf das Format – Johann Gabriel
Seidls im Vorangehenden zitierte Verse (vgl. o. S. 80) spielten zumindest
ausdrücklich darauf an. Außerdem aber fällt in unserem Zusammenhang
auch noch eine Erscheinung ins Gewicht, die von der gesamten Biedermeierforschung als ein spezifisches Epochenmerkmal konstatiert
worden ist und hier nicht mehr erörtert, sondern nur noch in ihren Auswirkungen auf die Prosaepik beobachtet zu werden braucht.
Wenn Christian Gneuss in seiner Untersuchung über den „späten Tieck
als Zeitkritiker" das entscheidende Gewicht auf die didaktischen Tendenzen seiner literarischen Wirksamkeit gelegt hat und dabei feststellen
konnte, Tieck habe „in seinen Novellen primär Erzieher, dann erst Dichter" sein wollen,[70] so trifft dies in einem ganz allgemeinen Sinn auf die
Prosaisten der Biedermeierepoche zu. Offensichtlich bestand ein nahezu
unerschöpfliches Bedürfnis nach literarisch-didaktischen Gebrauchsformen, nach überzeugend vorgetragenen Lebenshilfen und Lebensvorschlägen, überhaupt nach exemplarisch dargestellten Lösungen aller möglichen
Alltagsprobleme. Nicht sowohl der naive Stoffhunger als vielmehr
zugleich das Bedürfnis nach ideologisch geordneten und auf ein („höheres") Sinngefüge hin interpretierten Wirklichkeitsausschnitten war es, was
die Nachfrage nach derartigen Formen von Weltanschauungsdichtung in
einem weiten Sinn so dringend machte. Man muß sich hüten, hier nur einfach die Überlagerung ästhetischer Spielformen durch „Tendenz" bemerken zu wollen. Biedermeierliche Gebrauchsliteratur, die sich unter- und
außerhalb der humanistischen Kunst- und Bildungsdichtung entfaltete,
war etwas anderes, auch wenn die konservativen „Volksschriftsteller"
und revolutionären Aufklärer bald erkannten, man müsse „die Deutschen
mit der Novelle fangen"; sie sei das geeignete Werkzeug, um dem Mittelstandsbürger „in der Trägheit der Novellenleserei, wo er recht zu faullenzen glaubt, ... einen Floh in's Ohr" zu setzen und „ihn allmählig durch
Gebilde eines glückseeligeren, kräftigeren, hochherzigeren Lebens" zu
„überraschen, daß er vor Ungeduld und Sehnsucht ganz unbändig

---

[70] Christian Gneuss, Der späte Tieck als Zeitkritiker a.a.O. S. 191.

wird."[71] Novellen gaben, wie wir gesehen haben, nach gängiger Vorstellung die Welt, „wie sie wirklich ist", am getreuesten wieder; und so war es auch in ideologischer Hinsicht von nicht geringer Bedeutung, wenn man sich bemühte, in ihnen „der großen Gattung untergeordneter Unterhaltungsdichtung, dem Roman, der sich im Gleise des neueren gesellschaftlichen Lebens bewegt, eine poetische Seite abzugewinnen durch Beschränkung und Absonderung auf einzelne Momente von poetischem Interesse, die sich auch in dem dürftigsten Alltagsleben finden" (Gervinus).[72] Man muß sich vergegenwärtigen, daß der „Aushöhlungs- und Zersetzungsprozeß", den Klaus Ziegler als die entscheidende Voraussetzung der „spätneuzeitlichen Theatromanie" herausgestellt hat, und der seit dem letzten Drittel des 18. Jahrhunderts „Bibel, Gesangbuch, überhaupt die geistliche Literatur endgültig ihrer auch innerhalb des protestantischen Bürgertums bis dahin immer noch beträchtlichen Machtstellung beraubte",[73] stärker noch den Aufstieg der Leseliteratur begünstigt hat. Sie war es vor allem, die nun in immer stärkerem Maß die alte aszetische Erbauungs- und die rein didaktische Literatur zu ersetzen begann. Freilich sollte man sich dabei stets vor Augen halten, daß es sich hier nicht nur um Kompensationserscheinungen bzw. die Übertäubung eines zentralen „Vakuums an objektiv gemeinsamen und gültigen, an umfangend und bergend überpersönlichen Daseinsstätten und Daseinszentren, Lebensgehalten und Lebenserfüllungen" handelte.[74] Die Prosa- und in den Biedermeierjahrzehnten die Novellenhochflut, die wir beobachten, bedeutete zugleich doch auch den Ansatz zu einer umfassenden Humanisierung des geistigen Lebens: sie war es vor allem, die den dogmatischen Rigorismus durch ein komplexes Angebot von Lebensvorschlägen, „Lebensweisheit" (Heinrich Zschokke) und subjektiv formulierten Hilfen zu „richtiger" Lebensorientierung ersetzen konnte.[75] Das scharfe Vorgehen der Zensur – man denke etwa an das Wiener Verbot des ‚Rheinischen Taschenbuchs' f. d. J. 1822, in dem Zschokkes „demokratische" Musternovelle abgedruckt war – zeigt, daß man sich über diese Funktion im klaren war. Die Bedeutung der kleinen und populären Literatur lag darin, daß sie es mit nichts weniger als „Scheinwelten" zu tun haben

[71] Theodor Mundt, Moderne Lebenswirren a.a.O. S. 156f.
[72] G. G. Gervinus, Geschichte der deutschen Dichtung a.a.O. Bd. V. S. 775.
[73] Klaus Ziegler, Das deutsche Drama der Neuzeit. In: Deutsche Philologie im Aufriß hg. von W. Stammler. Bd. II. 1954. Sp. 1061 und Sp. 1062.
[74] Ebd. Sp. 1063.
[75] Vgl. Hermann Marggraff: „Somit ist die Demokratie auch in der Literatur gegeben. So viele Autoren, so wenig Autoritäten sind vorhanden." In: Deutschlands jüngste Literatur- und Culturepoche. Charakteristiken. Lpz. 1839. S. 19.

wollte. Sie begnügte sich häufig mit voreiligen Totalisationen von Halb-, Viertels- und Zehntelswahrheiten; aber sie wollte nicht grundsätzlich „unwahr" sein. Sie trug der modernen Gesellschaft als einer „Welt aus nebeneinander gehenden isolirten Lebensläufen" (vgl. o. S. 200. Anm. 166.) Rechnung, ohne jedoch einer vollständigen Subjektivierung das Wort zu reden. Dies bedeutete nun zugleich, daß man die tröstenden und didaktischen Aufgaben strukturell außerordentlich ernst nahm. Man wertete die „realistischen" Elemente der formal weitgehend aus der Tradition der moralischen Erzählliteratur entwickelten Biedermeiernovelle tatsächlich, wie selbst Alexis bemerkte, als notwendige aber doch untergeordnete „Pertinenzen" (vgl. o. S. 220). Sogar in seinen Taschendieb- und Schmugglernovellen ging es nicht nur um interessante Lebensausschnitte, sondern auch um allgemeine moralische Fragen, die mit der beobachteten Wirklichkeit in Konflikt oder zur Integration gebracht wurden. Die Tendenz, „zu zeigen, wie das Unbändige, Unüberwindliche oft besser durch Liebe und Frömmigkeit als durch Gewalt bezwungen werde", bezeichnete auch Goethe Eckermann gegenüber als „die Aufgabe" seiner ,Novelle'; „und dieses schöne Ziel ... reizte mich zur Ausführung. Dies ist das Ideelle, dies die Blume. Und das grüne Blätterwerk der durchaus realen Exposition ist nur dieserwegen da und nur dieserwegen etwas wert."[76] Eckermann seinerseits bestätigte die These vom privatisierten Erbauungscharakter nach der Lektüre des Werks mit fast exemplarischen Sätzen: „Wie sehr Goethe recht hatte, empfand ich lebhaft, da der Schluß seiner Novelle noch in mir fortwirkte und eine Stimmung von Frömmigkeit in mir hervorgebracht hatte, wie ich sie lange nicht in dem Grade empfunden."[77]
Auch unter diesen Voraussetzungen liegt es nahe, in Tiecks Novellenvorwort aus dem Jahre 1829 den Akzent nicht auf das formalistische Wendepunktprinzip zu legen, das darin verkündet wurde, sondern dieses vielmehr als eine fast notwendige Folge aus den Aufgaben der Novelle abzuleiten, die für Tieck im „Lösen", „Erklären", „Verspotten" und „Erkennen" einer „höheren ausgleichenden Wahrheit" lagen. Sie könne, meinte er wörtlich, „auf ihrem Standpunkt die Widersprüche des Lebens lösen, die Launen des Schicksals erklären, den Wahnsinn der Leidenschaft verspotten, und manche Räthsel des Herzens, der Menschenthorheit in ihre künstlichen Gewebe hinein bilden, daß der lichter gewordene Blick auch hier im Lachen oder in Wehmuth, das Menschliche, und im Verwerflichen eine höhere ausgleichende Wahrheit erkennt. Darum ist es dieser Form der Novelle auch vergönnt, über das gesetzliche Maas hinweg zu schreiten,

---

[76] J. P. Eckermann, Gespräche mit Goethe a.a.O. S. 196f. (18. 1. 1827).
[77] Ebd. S. 197.

und Seltsamkeiten unpartheiisch und ohne Bitterkeit darzustellen, die nicht mit dem moralischen Sinn, mit Convenienz oder Sitte unmittelbar in Harmonie stehn."[78] M i t t e l b a r sollte freilich sehr wohl harmonisiert werden: wir haben es hier mit einer Erweiterung, nicht einer Überwindung des moralischen Erzählprinzips zu tun. Es genügt, wenn wir feststellen, daß die indirekt belehrenden, Erfahrung oder eine „Stimmung von Frömmigkeit" vermittelnden prosaepischen Zwischenformen, in denen aktuelle Probleme anhand wahrscheinlicher Begebenheiten oder Kurzviten abgehandelt wurden, im Deutschland der Biedermeierzeit den größten Teil der prosaepischen Energie absorbierten. Wenn Fritz Lockemann (der in seiner Novellenuntersuchung auf 374 Seiten über zwölfhundertmal das Wort „Ordnung" und etwa sechshundertmal den Begriff „Chaos" verwendet) und ähnlich Josef Kunz die „deutsche Novelle" überhaupt als „objektive" Darstellung des Konflikts zwischen einer Ordnungsmacht und einer chaotischen Gegenwelt auffassen konnten, so sagten sie damit wenig über die Struktur der „Gattung Novelle" aus. Indem sie aber indirekt einen wesentlichen Aspekt des restaurativen Weltverständnisses trafen, unter dem z. B. auch eine einfache Gruppierung in „Geschichten von guten Menschen" und „Geschichten von bösen Menschen" legitim wäre,[79] deuteten sie etwas von den allgemeinen Formkräften an, die auf die Prosaepik einwirkten. Die Zwischenform „Novelle", die auf die „verdünnte Luft" dramatischer Verallgemeinerung und Überzeitlichkeit (Georg Lukács), nicht aber auf einen deutlich sichtbaren „geistigen Hintergrund" (Willibald Alexis) verzichtete, konnte sich dabei in ihren höchsten Formen innerhalb des krisenhaften Ringens der Epoche um das hohe Ideendrama einerseits, und andererseits im Sog der europäischen Romanentwicklung geradezu als eine Art Mittellösung konstituieren. Ohne zur „Totalität der Objekte" des modernen Romans vorzustoßen, war sie es doch als Erzählform mittlerer Länge, in der sich auf der Basis eines reduzierten Weltausschnitts „Ideal" und „Wirklichkeit" in der Grundgegebenheit des „Maßes" am leichtesten miteinander in Einklang bringen ließen, – eine Formel, die man bekanntlich auf die gesamte Biedermeierzeit angewendet hat.[80]

Es kennzeichnet den keineswegs nur windgeschützten und unbewegten Charakter der Epoche, daß alle Novellistik dieses Zeitraums in irgend-

---

[78] L. Tieck, Vorbericht a.a.O. S. xc.
[79] So verfährt z. B. Walter Muschg bei seiner Klassifikation der Gotthelfschen Novellistik. Walter Muschg, Jeremias Gotthelf. Eine Einführung in seine Werke. 1954. (Dalp-Taschenbücher Bd. 303). S. 152/173. – Vgl. a. o. Kap. V. Anm. 25 u. Anm. 83.
[80] Vgl. Günther Weydt, Literarisches Biedermeier II. A.a.O. S. 45/47.

einer Weise auch Problem- bzw. Weltanschauungsdichtung ist. „Weltanschauung" aber bedeutete hier nicht den bewußten oder unbewußten „Verzicht auf alle Ideologie und ... die Anerkennung der verschiedensten individuellen und kollektiven Substanzen ...", keinen „Immanentismus, der sich von der bloßen Verneinung der alten Mythen ebenso fern hält wie von der bewußten Produzierung neuer."[81] Der Zwang zu ideologischem bzw. mythisierendem Darstellen war in der Novelle zweifellos weniger totalitär als in den „hohen" Formen. Trotzdem steht hinter dem oft robust konstruktivistischen und manchmal verzweifelten Bemühen der deutschen Restaurationsprosaisten, etwas für richtig und gut Erkanntes gegen das historische Säkularisationsgefälle verteidigen zu müssen, überall zugleich auch das „zweideutige Zeitbewußtsein", aus dem heraus man alle Geschichtlichkeit unter Einschluß der Gegenwart „nach Oberfläche und Tiefe als eine zeitliche und ewige" unterschied.[82] In den bescheidensten Werkformen bemühte man sich, über der empirisch erfaßten Stofflichkeit „das Licht einer höheren Ordnung" aufscheinen zu lassen (vgl. o. S. 219), das man bei Walter Scott vermißte. Wenn Alexis in seinem Novellenprogramm anmerkte, durch die allzu detailverlorene Scottsche Manier werde die „Schönheit" gefährdet (vgl. o. S. 220), so hätte er statt „Schönheit" ebensogut „Wahrheit" schreiben können. Denn in der Meinung, „daß die letzten Gründe der Schönheit mit den letzten Gründen des Sittlichguten zusammenfallen", wußte man den „bei weitem größeren, vernünftigen Theil" des Restaurationspublikums auf seiner Seite.[83] Freilich konnte man unter solchen Voraussetzungen, sofern man zugleich doch auch empirisch Beobachtetes, „Reales" schildern wollte, nur noch mit einem stofflich recht begrenzten Material, ja – im Rückblick gesehen – eigentlich nur einem Material von „Sonderfällen" rechnen. Das Reduktions-, Dämpfungs- und Rundungsprinzip des Biedermeier, das einer unbefangenen horizontalen Welterfassung im Weg stand, entsprang mittelbar auch dem Bewußtsein dieser geistesgeschichtlichen Situation. Wenn wir zum Schluß noch auf zwei wichtige Tendenzen novellistischer Weltdarstellung in unserem Zeitraum hinweisen – auf die Auswirkungen des universalen Entsagungs-Prinzips und das Bemühen um die Schilderung providenzbestimmter „Lösungen" von Konflikten innerhalb kleiner, harmonisch gerundeter Lebensausschnitte –, so besitzen diese Bemerkungen nur noch symptomatischen Charakter. Natürlich spielte

---

[81] Friedrich Sengle, Voraussetzungen und Erscheinungsformen der deutschen Restaurationsliteratur. In: Arbeiten zur deutschen Literatur a.a.O. S. 151f.
[82] Karl Löwith, Von Hegel zu Nietzsche. Der revolutionäre Bruch im Denken des neunzehnten Jahrhunderts. [4]1958. S. 224.
[83] E. F. Vogel, Erinnerungen an August Lafontaine a.a.O. S. 180.

„das große Thema nach den Kriegen", als das man den Begriff der E n t -
s a g u n g angesprochen hat[84] und auf das sich nicht nur ein guter Teil
der moralischen Erzählliteratur, sondern z. B. auch fast die gesamte
Künstlernovellistik reduzieren läßt, eine über das nur Thematische hin-
auswirkende Rolle. Novellenschreiben selbst bedeutete ja schon, wie wir
gesehen haben, eine Art Verzicht. Und es ist leicht einzusehen, daß das
Entsagungsprinzip – zugleich eine wichtige Stütze des offiziellen Be-
harrungsprogramms –, das in alle Bereiche des politischen, sexuellen und
wissenschaftlichen Denkens eindringen konnte, auf die niedrigsten[85] wie
auf die höchsten Stände[86] angewendet wurde und als Generallösung aller
nur möglichen Konflikte dienen konnte, einer extensiven Welterfassung
naturgemäß kaum günstig war – obwohl es seiner Bedeutung entsprechend
in unserem Zeitraum eine Reihe synthetischer und didaktischer Großformen konstituieren half (Goethe, Henriette Hanke). Johanna Schopenhauers umfangreiche Entsagungsnovelle ‚Der Schnee‘[87] zeigt mit fast
paradigmatischer Deutlichkeit, wie begrenzt die „organischen" Entfal-
tungsmöglichkeiten des Themas im biedermeierlichen Normalfall waren:
„Weltfülle" entstand hier lediglich durch Akkumulierung dreier entsa-
gender Frauengestalten mit den pseudoromantischen Namen Marie, Coe-
leste und Gaetana und mit Hilfe einer barocktraditionellen Klimax, die
der Hauptheldin überdies einen dreimaligen Triumph der Tugend (beim
zweiten Mal in einer symbolischen Schnee-, beim dritten Mal in einer
Gletscherlandschaft) zumutete. Es lag gewiß näher, die universale Wirksamkeit des Prinzips anhand kurzer Charakteristiken „edler Entsagen-
der"[88] oder vorbildlicher Entscheidungen zu demonstrieren: etwa als
Opfer der Liebe um der Kunst,[89] der Freundschaft,[90] der Bruder- oder

---

[84] Vgl. K. Goedeke, Grundriß zur Geschichte der deutschen Dichtung. Bd. X.
Vorbemerkung zu Henriette Hanke. – Heine, Deutschland. Ein Wintermärchen.
Kaput I. Str. 7. – Arthur Henkel, Entsagung (s. o. Kap. VI. Anm. 91).
[85] Z. B. Adalbert Stifter, Der beschriebene Tännling (1845).
[86] Z. B. Friedrich August Schulze, Der Vertrag mit dem Todten. S. o. Kap. IX.
Anm. 30.
[87] Johanna Henriette Schopenhauer, Der Schnee. S. o. Kap. IX. Anm. 201.
[88] Z. B. Emilie Lohmann, Graf Lauzun (s. o. Kap. IX. Anm. 37). – Josef Schreyvogel, Wie es geschah, daß ich ein Hagestolz ward (s. o. Kap. IX. Anm. 73). –
Zur Formulierung: Magdalene Freiin von Callot, Die edle Entsagung. In: Licht-
und Schattengemälde a.a.O. (s. o. Kap. V. Anm. 22).
[89] Vgl. etwa: Friedrich Frh. de la Motte-Fouqué, Die Brautwerbung um Trud-
chen. Erzählung. In: Frauentaschenbuch a. d. J.1821. – Friedrich Hebbel, Der
Maler. Versuch in der Novelle. 1832. – Achim von Arnim, Raphael und seine
Nachbarinnen. Erzählung. (s. o. Kap. IX. Anm. 173). Als zentrales Thema natürlich bei E. T. A. Hoffmann.
[90] Z. B. M. Fr. von Canaval, Der Templer (s. o. Kap. IX. Anm. 41).

Schwesternliebe,[91] der Pietät willen,[92] zugunsten der Ehe,[93] der Religion,[94] der Standesgrenzen,[95] der Weisheit,[96] der „Idee",[97] eines Schwurs[98] oder Ordensgelübdes,[99] als Klosterentsagung nach einer gescheiterten Ehe[100] oder als Entsagung i n einer als Pflicht aufgefaßten Ehe mit einem Unwürdigen.[101] In allen diesen Fällen lag das entscheidende Gewicht auf dem Nichtüberschreiten von Grenzen, auf dem Abschließen und einem allenfalls maximenhaft postulierten „inneren Gewinn", den Mörike an einer wichtigen Stelle seines ‚Nolten' hervorhob.[102] Stärker noch als in den verwandten, „irdischeren" Motivkomplexen, in deren Ausbildung das Biedermeier seine eigentliche Aufgabe sah – der Heimkehr des Picaro[103] und der Einfügung des „romantisch"-revolutionären Schwärmers in die

[91] E. T. A. Hoffmann, Die Doppeltgänger. 1822. (Zwei Brüder ‚im Geist'). – Adalbert Stifter, Die Schwestern. In: Iris a. d. J. 1846.
[92] Heinrich Zschokke, Das Loch im Ärmel. In: Novellen a.a.O. (Lebensweisheit) Bd. 3.
[93] Johanna Henriette Schopenhauer, Der Schnee. S. o. Kap. IX. Anm. 201.
[94] Ernst Raupach, Georg und Xenia. In: Erzählende Dichtungen. Lpz. 1821. – Nur bedingt – was von der zeitgenössischen Kritik getadelt wird – Wilhelm Hauff, Jud Süss. 1827.
[95] Achim von Arnim, Isabella von Ägypten (s. o. Kap. IX. Anm. 171). – Ernst Christoph Frh. von Houwald, Das Begräbniß. Eine Erzählung. (Zweites Bruchstück aus meinen musikalischen Wanderungen). In: Sämmtliche Werke a.a.O. (s. o. Kap. V. Anm. 37). Bd. III. S. 352/367.
[96] Heinrich Zschokke, Diocletian in Salona (s. o. Kap. IX. Anm. 75).
[97] Julius von Mosen, Georg Venlot (s. o. Kap. IX. Anm. 163).
[98] Friedrich Krug von Nidda, Wiedervergeltung. Erzählung aus der neuesten Vorzeit. In: Frauentaschenbuch a. d. J. 1818.
[99] Carl Borromäus von Miltitz, Die Bilder des Andrea del Sarto. Eine Erzählung. In: Frauentaschenbuch f. d. J. 1818. – Caroline Fouqué, Der Maltheser. Eine Erzählung. In: Frauentaschenbuch a. d. J. 1821.
[100] E.T.A. Hoffmann, Die Marquise de la Pivardiere. 1820.
[101] Friedrich Rochlitz, Die Einquartierung. Erzählung. In: Minerva, Taschenbuch f. 1826.
[102] „Zwar es verliert, wer Kraft hat zu entsagen,
Doch leicht ist der Verlust vor dem Gewinne."
Eduard Mörike, S. W. hg. von R. Krauß a.a.O. Bd. IV. S. 53.
[103] Joseph Frh. von Eichendorff, Aus dem Leben eines Taugenichts. 1826. – Friedrich August Schulze, Die Heimkehr nach drei Irrfahrten. In: Beckers Taschenbuch zum geselligen Vergnügen a. d. J. 1817. – Franz Frh. (von) Gaudy, Aus dem Tagebuche eines wandernden Schneidergesellen. Novellette. 1836. – Ders., Der verlorene Sohn. Genrebild. – Tiecks parodistische Kürzestnovelle in seinem ‚Geheimnisvollen' (1823) zeigt die gleiche Struktur: „Emmelinhypothenusios ging aus der Thür... Er sah sich um und rief:...Ha! ...Denn er hatte einen Blick gethan –... In die Ewigkeit...Bis ihn eine Schwalbe wieder zum wirklichen Leben erweckte... Worauf er zurück in sein Haus ging."
L. Tieck, Nov. a.a.O. Bd. I. S. 397f.

Bindung der Ehe und der gesellschaftlichen Ordnung[104] – wurde hier das Moment der Weltdarstellung durch die Idee der Weltüberwindung balanciert. Aber gleichsam insgeheim wirkte sie auch in den „positiv" gerundeten Verwirklichungen noch nach. Die Furcht vor der offenen Gestaltung einer „transzendental obdachlosen" Fortunawelt, die sich in der Welle vorbiedermeierlicher Schicksalsdramen und -novellen fieberhaft übersteigert hatte (– bei allen Produkten des „fatalistischen Fiebers"[105] handelt es sich in Deutschland um verkappte bzw. enttäuschte Providenzliteratur), bestimmte letzten Endes das gesamte epochencharakteristische Bemühen der Restaurationszeit, aus der „Totalität der Lebenserfahrung"[106] idyllische, „heile" und harmonische Ausschnitte „durch Beschränkung und Absonderung auf einzelne Momente von poetischem Interesse" (Gervinus, vgl. o. S. 224) herauszulösen. Man sprach, sofern man sich dieser Tendenz überhaupt bewußt wurde, nicht mehr ausdrücklich von Angst vor dem „unerforschlichen Gleichnis" des Lebens wie E. T. A. Hoffmann in seinen ‚Elixieren des Teufels' 1815 („laß uns nie an den Schleier rühren, der es umhüllt, wer weiß, was Grauenvolles, Entsetzliches dahinter verborgen");[107] aber man mythisierte stattdessen – skeptischer, gesellschaftlicher und „menschlicher" – das Prinzip der „Schonung", deren Freundschaft und Liebe, „das Geheimniß des Staates", Kirche, Religion und Offenbarung bedürfe. „Alles, was unser Leben schön machen soll", meinte Tieck in seiner höchst unkonventionell lokalisierten Idyllnovelle ‚Des Lebens Überfluß' (Urania 1839), „beruht auf einer Schonung, daß wir die liebliche Dämmerung, vermöge welcher alles Edle in sanfter Befriedigung schwebt, nicht zu grell erleuchten";[108] übrigens demonstriert diese Novelle zugleich in geradezu exemplarischer Weise, wie wenig e x t e n s i v man des Lebens „Überfluß" auffassen konnte. Das Bemühen, „das Licht einer höheren Ordnung", wie Alexis, und auch im scheinbar Regelwidrigen „eine höhere ausgleichende Wahrheit" sichtbar zu machen, wie es Tieck in seinem Novellenprogramm formuliert hatte, bedurfte der „Schonung" nicht weniger als

---

[104] Hierher gehört der überwiegende Teil der Tieckschen und auch der zwischen Verführung und Entsagung dahintaumelnden Claurenschen Kavaliere. In Hauffs Novelle ‚Das Bild des Kaisers' (1828) erkennt der jugendliche Liberale Robert Willi zum Schluß, daß es ein „höheres, reineres Interesse" als „politische Träume" gibt: die Ehe und die sachgemäße Verwaltung eines Landguts. Wilhelm Hauff, Werke hg. von M. Mendheim a.a.O. Bd. III. S. 531.
[105] Vgl. o. Kap. III. Anm. 28. (Alexis).
[106] Gerhard Kaiser, Um eine Neubegründung des Realismusbegriffs. In: ZfdPh Bd. 77. 1958. H. 2. S. 170.
[107] E. T. A. Hoffmann, Werke hg. von G. Ellinger a.a.O. Bd. II. S. 197.
[108] L. Tieck, Nov. a.a.O. Bd. X. S. 46/48.

die Biedermeier-Zeitung der Zensur, sofern man ihre Lektüre (wie es Hegel tat) als „realistischen Morgensegen" auffassen wollte.[109]
Die Frontstellung, die man mit solchen Novellendefinitionen bezog, richtete sich dabei gleichermaßen gegen eine „zu plastische" wie auch gegen die überwunden geglaubte Schicksalsdarstellung. Wir können hier nicht einmal annähernd einen Eindruck davon geben, auf wie breiter Basis die Novellisten unseres Zeitraums ansetzten, das „blinde Fatum" zu bekämpfen bzw. als gewissermaßen unvollständig geschildertes Wirken der Vorsehung, und zumal der S p e z i e l l e n P r o v i d e n z zu interpretieren. Natürlich war diese Aktivität keineswegs auf den ästhetischen Bereich beschränkt. Hengstenbergs ‚Evangelische Kirchenzeitung' stellte ihre oft schonungslos psychologisierenden Entlarvungs- bzw. Vorbildbiographien z. B. ausdrücklich unter das Motto „Ohne diesseitige Vergeltung keine jenseitige" und fügte hinzu: „so ist also die Frage nach Glück oder Unglück der Zeit zugleich die, ob Jehovah Gott oder Baal. Der Forderung: zeige mir deinen Glauben aus deinen Werken, tritt die andere zur Seite: zeige mir deinen Glauben aus deinem Ergehen."[110] „Es gibt ... keinen Zufall; es gibt nur Schickung",[111] „auch der sogenannte Zufall ist ein Diener der Vorsehung",[112] „Gott ist gerecht!"[113] betonte man allenthalben. „Wahrlich", ließ Wilhelm Blumenhagen in seiner Novelle ‚Übermuth und Menschlichkeit' (1826) einen „alten, greisen Ordensritter" verkünden, „das Erdenleben und seine Schicksalsknoten sind keine solche Räthsel, wie manche Blinde glauben. Selbst knüpft sich der Mensch seinen Geißelstrick wie seine festliche Freudenbinde. That und Gericht sind überall für den Forscher zu finden, sey es auch erst in einer Sterbestunde, und wie der Ü b e r m u t h sich selber Dornen erzieht an und auf der Lebenstraße, so ist M e n s c h l i c h k e i t wie Seidenblumensamen, der alle Pfade des Säemanns mit seiner sammetweichen, grünen Decke überwebt!"[114]
Als Warner und Richter ließen nicht nur die Pfarrerdichter Friedrich

[109] „Das Zeitunglesen des Morgens früh ist eine Art von realistischem Morgensegen. Man orientiert seine Haltung gegen die Welt an Gott oder an dem, was die Welt ist. Jenes gibt dieselbe Sicherheit wie hier, daß man wisse, wie man daran sei." Zit. nach K. Löwith, Von Hegel zu Nietzsche a.a.O. S. 60.
[110] Evangelische Kirchen-Zeitung 1837. Bd. 20. Nr. 1. S. 1.
[111] Wilhelm Hauff, Othello. Novelle. (Abendzeitung 1826). In: Hauff, Werke hg. von M. Mendheim a.a.O. Bd. IV. S. 325.
[112] Wilhelm Müller, Der Dreizehnte. Novelle. In: Urania f. 1827. S. 50.
[113] Wilhelm Blumenhagen, Schloß Kaltenbach oder der Brüderzwist. In: Penelope f. d. J. 1825. S. 36.
[114] Wilhelm Blumenhagen, Übermuth und Menschlichkeit. Scenen aus den Zeiten der Kreuzzüge. In: Blumenhagen, Novellen und Erzählungen. Hannover 1826/27. Bd. II.

Jacobs oder Biernatzki den eifrigen Gott mit Naturkatastrophen, Bergstürzen und Sturmfluten über gebrochene Schwüre wachen.[115] Der „zwitterhafte Cosmopolitismus" eines über seine Verhältnisse hinausgetretenen, von Napoleon verführten Zinngießerknaben,[116] die Erziehung eines Waisenmädchens „über ihrem künftigen Stand",[117] „der angenommene Schein eines geringern Standes"[118] führten auch in den Augen weltlicher Autoren leicht zum Verhängnis. F. von Ney strafte in seiner ‚Justinen-Capelle' einen Grafen, der sich nach dem Tod seiner nur halb geliebten Gattin Laura neu zu vermählen gedenkt, durch den Ausbruch des Erdbebens von Messina im Jahr 1783, – während der Trauung spaltet sich die Kapelle, das einbrechende Meer verschlingt alles und läßt nur das Bild der verklärten Laura unberührt.[119] Im Gegensatz zu freieren Formen der Spätaufklärung (z. B. bei A. G. Meißner, vgl. o. S. 194. Anm. 109) unterstellte man auch fast die gesamte K r i m i n a l l i t e r a t u r der Biedermeierzeit bis hin zur ‚Judenbuche' der Droste und der ‚Marzipan-Lise' Friedrichs Halms (1856) dem Vorsehungsprinzip, ließ Mörder wie vom Blitz getroffen mit dem Ruf „Gott hat gerichtet" zu Boden sinken;[120] und auch Herr Moulin in Caroline Fouqués Erzählung ‚Das Recht will Recht behalten' (1819), der mit seiner Pfeife und dem scheinbar unbeteiligten aber unfehlbaren Blick für Details wie eine Vorwegnahme späterer Detektivgestalten wirkt, ist keineswegs ein nüchterner Rationalist, sondern betont in vielen Variationen, er „glaube an eine Vergeltung im Guten und Bösen." Die Novelle schloß dementsprechend auch wie Houwalds ‚Todtenhand'[121] mit der Beichte des Schuldigen und der Bemerkung: „So waren denn alle mit der himmlischen Führung zufrieden." „Es mußte so gehen", wird die glückliche Aufklärung in Hauffs Kriminalgeschichte ‚Die Sängerin' (1827) kommentiert, „man kann nichts sagen, als es mußte so kommen."[122]

[115] Friedrich Jacobs, Die Proselyten s. o. Kap. IX. Anm. 37. – Johann Christoph Biernatzki, Die Hallig s. o. Kap. IV. Anm. 65. (Auch hier entsteht die Großform – wie ähnlich bei Johanna Schopenhauer – durch einen dreimal gebrochenen Schwur).
[116] Caroline Fouqué, Der Abtrünnige s. o. Kap. IX. Anm. 40.
[117] Wilhelm Blumenhagen, Schloß Kaltenbach a.a.O. (s. o. Anm. 113) S. 29.
[118] Friedrich August Schulze, Der Vertrag mit dem Todten a.a.O. (s. o. Kap. IX. Anm. 30). S. 255. „Müssen wir uns doch alle fügen in die Pfade des Schicksals! Meinen Sie vielleicht, daß es gegen die Fürstentochter milder handle als gegen – – Andere?" (ebd. S. 243).
[119] F. von Ney, Die Justinen-Capelle. S. o. Kap. IX. Anm. 36.
[120] Caroline Fouqué, Der Cypressenkranz. In: Frauentaschenbuch a. d. J. 1816.
[121] S. o. Kap. V. Anm. 37.
[122] Wilhelm Hauff, Die Sängerin. Novelle. (Frauentaschenbuch f. 1827). In: Hauff, Werke hg. von M. Mendheim a.a.O. Bd. IV. S. 374.

Die ‚Judenbuche' der Droste ist das repräsentativste Beispiel doppeldeutiger Interpretationstechnik, mit deren Hilfe man realistisch geschilderten, ja in einem strengen Sinn „historischen" Objekten einen überzeitlich figuralen Glanz verleihen konnte; aber natürlich handelt es sich dabei nicht um eine isolierte Erscheinung. Tatsächlich war die Biedermeierepik, wie die ‚Evangelische Kirchen-Zeitung' bei Gelegenheit Christoph von Schmids bemerkte, fast „unermüdlich in der Darstellung der ... speciellen Providenz." Man wußte „immer neue Fälle zu erfinden, an denen es klar wird, wie grade kleine Dinge und Ereignisse die Ursache von den größten und einflußreichsten Begebenheiten wurden, woraus erhellt, daß nichts ohne Gottes Willen und Leitung geschehe und daß das, was man Zufall nennt, ein Unding sey."[123] Gewöhnlich war es „irgend ein Gegenstand, ein Bild, ein Blumenkörbchen, ein Buch, ein Kleinod, etc., der das Wiederzusammenfinden Getrennter, die Entlarvung des Verbrechers, die Rechtfertigung der Unschuld, überhaupt die Lösung des Knotens" vermittelte und die Harmonie der Welt wiederherzustellen geeignet war. Ein Körbchen Erdbeeren,[124] ein Hund,[125] eine Bohne und ein bohnenförmiges Muttermal,[126] ein Liederbüchlein,[127] Goethes Gedichte,[128] ein Schloß im Walde, das sich als Vorhängeschloß entpuppt,[129] konnten hier in einer „kleinen" anthropozentrischen Welt „seltsames Begegnen und Wiedersehen" (wie der Titel einer Arnimschen Novelle lautet[130]) und meist auch das Eheglück vermitteln. Während in Tiecks ‚Blondem Eckbert' (1802) das leitmotivische Lied eines geheimnisvollen Vogels Unheil ankündigte, führte in Caroline Fouqués ‚Bildern aus dem Leben der Kaiserin Eudoxia' (1815) ein Vogel die Fürstin zum Heil.[131] Zwillingsschwestern erschienen nicht mehr als unheimliche Doppelgänger, sondern als Gegenstände gütiger „Restitutio";[132] man konnte sie sogar zur Heilung Wahnsinniger ge-

---

[123] Evangelische Kirchen-Zeitung 1835. Nr. 99.
[124] Louise Brachmann, Die Erdbeeren, oder das wandernde Geschenk. In: Beckers Taschenbuch zum geselligen Vergnügen a. d. J. 1810.
[125] Therese Huber, Auch eine Hundegeschichte (1820). In: Erzählungen a.a.O. Bd. IV.
[126] Heinrich Zschokke, Die Bohne. In: Novellen a.a.O. (Erheiterndes) Bd. 4.
[127] Friedrich Kind, Das Lieder-Büchlein. S. o. Kap. IX. Anm. 55.
[128] Ludwig Tieck, Der Mondsüchtige. (Urania a. d. J. 1832). Nov. a.a.O. Bd. V.
[129] Christoph Kuffner, Das Schloß im Walde. S. o. Kap. IX. Anm. 32.
[130] Achim von Arnim, Seltsames Begegnen und Wiedersehen. In: Försters Sängerfahrt 1818.
[131] Caroline Fouqué, Bilder aus dem Leben der Kaiserin Eudoxia. In: Frauentaschenbuch a. d. J. 1815.
[132] Ludwig Tieck, Pietro von Abano. 1825. In: Nov. a.a.O. Bd. VII.

brauchen.[133] Die Wiedererkennung Verwandter barg nicht mehr die Gefahr der Blutschande in sich, sondern verbürgte – da die Verwandtschaft generell entfernt genug war – Standesgleichkeit und Sicherung innerhalb der Großfamilie;[134] und aus dem arithmetisch verkünstelten Schicksalstag wurde jetzt oft ein nicht weniger verklausulierter Fügungstag.[135] Wenn in Houwalds Novelle ‚Wahnsinn und Tod' fast im gleichen Augenblick ein Blitz ein altes schottisches Mordschloß einäschert und ein zweiter nicht nur den wahnsinnigen jungen Erben heilt, sondern auch dessen scheintote Geliebte zum Leben erweckt, so zögerte man nicht, daraus eine unmittelbare Nutzanwendung zu ziehen. „Siehst du noch das blinde Fatum wandeln?" fragte man dann etwa den Ich-Erzähler, der dies alles mit eigenen Augen ansieht und ließ ihn freudig ausrufen: „Nein!... ich habe das Auge erkannt, das über uns wacht!"[136] Auch rechtzeitige Rettungen in höchster Gefahr[137] waren geeignet, den „Glauben an eine liebevolle Weltordnung" zu bestärken, wie im Fall des zweifelnden Theologiekandidaten Eduard Weinland in Alexis' ‚Schlacht bei Torgau' (1823).[138] Und es entsprach natürlich auch vollkommen dem biedermeierlichen Vermittlungsdenken, wenn man vermöge einer gütig lenkenden höheren Führung wie von ungefähr Liebe und Konvenienz,[139] Leidenschaft und Pietät,[140] Tugend und Glück[141] oder Zufall und Glück[142] zusammenfallen

[133] Maria von Plessen (Pseud.: Maria), Das Mädchen im Walde. In: Minerva f. d. J. 1824.
[134] Z. B. Friedrich Kind, Das Lieder-Büchlein (s. o. Kap. IX. Anm. 55). – Wilhelm Blumenhagen, Die Colonisten (s. o. Kap. IX. Anm. 89). – Franz Frh. (von) Gaudy, Die Bayerische Kellnerin. Novelle. In: S. W. hg. von A. Mueller. Bd. IX.
[135] Z. B Ludwig Tieck, Der funfzehnte November. 1828. In: Nov. a.a.O. Bd. III. – Ders., Weihnacht-Abend. 1834. Ebd. Bd. V. – H. Clauren, Vater unser, der du bist im Himmel, oder das Christpüppchen. In: Vergißmeinnicht a. d. J. 1823.
[136] Ernst Christoph Frh. von Houwald, Wahnsinn und Tod. Ein Bruchstück aus meinen musikalischen Wanderungen (1817). In: Houwald, S. W. a.a.O. Bd. III. S. 102.
[137] Elise von Königsthal (Pseud.: Konstanze Reinhold), Benno und Clotilde. Eine Novelle. In: Frauentaschenbuch a. d. J. 1818. – Wilhelm Meinhold, Die Bernsteinhexe s. o. Kap. VI. Anm. 112. – Emilie Lohmann, Hugo von Pajens s. o. Kap. IX. Anm. 39. – Louise Brachmann, Der Flüchtling s. o. Kap. V. Anm. 80.
[138] Willibald Alexis, Die Schlacht bei Torgau (1823). In: Alexis, Gesammelte Novellen a.a.O. Bd. I. S. 171.
[139] Friedrich von Heyden, Die Reise zum Aetna s. o. Kap. VII. Anm. 136. – Francisca Tarnow, Augustens Tagebuch s. o. Kap. III. Anm. 82. – Louise Brachmann, Licht aus Dunkel, oder die Macht des Vorurteils. In: Auserlesene Dichtungen a.a.O. s. o. Kap. III. Anm. 88. – Heinrich Zschokke, Die isländischen Briefe. In: Novellen a.a.O. (Erheiterndes) Bd. 4. – Ders., Der Feldweibel. Ebd. 10. (Historisches).
[140] Heinrich Zschokke, Das Loch im Ärmel. In: Novellen a.a.O. (Lebensweisheit) Bd. 3.

ließ. „Gottlob, der Mensch wird nicht mehr versucht, als er tragen kann",
seufzt in Moltkes Jugendnovelle aus den letzten Tagen des Siebenjährigen
Krieges (,Die beiden Freunde' 1827) der halbautobiographische Held er-
leichtert auf, als ihm der drohende Konflikt zwischen Freundschaft und
Liebe, durch die Namensgleichheit zweier Kusinen hervorgerufen, glücklich erspart bleibt und die Nachricht vom Hubertusburger Frieden überdies die Wiederherstellung der Weltharmonie durch eine Doppelhochzeit
ermöglicht, in der sich preußische und österreichische, gleichermaßen
„edelmüthige" und providenzgläubige Offiziersaristokratie verbindet.[143]
Wir haben diese letzten Beispiele mit Absicht vor allem der Trivialsphäre entnommen, woran die Tatsache natürlich nichts ändert, daß ihre
Verfasser zumeist dem Honoratiorenkreis der Hofräte (Clauren), der
militärischen Führungsschicht (Moltke, Gaudy), der Gutsverwalter und
Landesdeputierten (Houwald) angehörten. Denn ebenso wie man dort
am unreflektiertesten der Ansicht war, die Novellenprosa habe es unmittelbar mit der „Wahrheit" und unüberformten Darstellung der bloßen Faktizität zu tun, konnten sich in ihr auch die unbewußten Gegen-
kräfte gegen eine wirklich „weltfreie" Darstellung „novellistischer Beobachtungskunst" (vgl. o. S. 173) am deutlichsten bemerkbar machen. Die
Selbstverständlichkeit, mit der man hier S o n d e r f ä l l e verabsolutier-
te und gleichwohl die Welt zu schildern vermeinte, „wie sie wirklich
ist",[144] war eine wesentliche Voraussetzung des biedermeierlichen Novel-

---

[141] Louise Brachmann, Der Flüchtling s. o. Kap. V. Anm. 80. – Vgl. Wilhelmine
von Sydow, Glück folgt der Tugend nach. In: Sydow, Drei Erzählungen, der
belehrenden Unterhaltung der Jugend aller Stände bestimmt. Bln. u. Königsberg
1834.
[142] Adalbert Stifter, Die drei Schmiede ihres Schicksals. In: Wiener Zeitschrift
1844. – Heinrich Zschokke, Herrn Quints Verlobung. In: Novellen a.a.O. (Erheiterndes) Bd. 5. – Ludwig Tieck, Der Gelehrte. (Orphea 1828). Nov. a.a.O.
Bd. VI.
[143] Helmuth von Moltke, Die beiden Freunde s. o. Kap. VII. Anm. 134.
[144] „Sie soll den Weltlauf schildern, wie er ist..." August Wilhelm Schlegel,
Vorlesungen über Schöne Litteratur und Kunst a.a.O. (s. o. Kap. IV. Anm. 44).
Bd. III. S. 248. – Daß sich literaturästhetische und politische Ideologie ganz unmittelbar decken konnten, belegt etwa der Bericht über das „notdürftige Auskommen der niederen Volksklassen", den der Prager Stadthauptmann Muth nach
Einführung der Spinnereimaschinen im Jahre 1839 für Minister Kolowrat verfaßte. Die Arbeitslosigkeit der Handspinner und der Ruin der Kleinunterneh-
mer wurde hier mit dem Hinweis bagatellisiert, „daß die gütige Vorsehung,
welche ihre kosmopolitische Haushaltung so meisterhaft zu ordnen weiß, auch
in diesem Falle wieder die entsprechende Abhilfe treffen werde. Nach dem
Zeugnisse der Erfahrung aller Jahrhunderte habe sie dies noch immer zum
Wohle der leidenden Menschheit getroffen." Zit. bei: Ernst Fischer, Johann
Nestroy. In: Sinn und Form. XIV. 1962. H. 3. S. 435.

lenklimas, innerhalb dessen es, wie wir gesehen haben, zunächst noch nicht unbedingt ausgemacht war, ob sich der Gattungsbegriff (der noch keiner war) mit Klein- oder mit Großformen liieren sollte. Der Akzent, den man dabei auf „herausgelöste Einzelheiten" legte, die sich keineswegs als solche verstanden, und das Übergewicht „harmonischer", „gerundeter" Mittelformen, das im Lauf der Biedermeierzeit dann die zeitweilige programmatische Reflektion auf das englische „novel" vollkommen zurücktreten ließ und die Vorbilder Boccaccio und Cervantes immer selbstverständlicher in den Vordergrund schob, hing mittelbar zweifellos mit der „Verengung des Blickfeldes" zusammen, die man „als charakteristisches Merkmal der Zeit" ansetzen muß.[145] Theodor Mundt traf auch die Lebensanschauung des Biedermeier, wenn er 1845 bemerkte, „die Lebensanschauung der Novelle" sei „nicht so universal und allseitig, wie im Roman."[146] Eigentümlicherweise konnte die Aufwertung der Novelle gerade hier einsetzen, sofern man – wie eine allgemeine Bemerkung Rinnes in seiner ‚National-Litteratur' zeigt – „Aufgabe und ... Fortschritt" der nachklassischen „Moderne" eben im Verzicht auf extensive Universalität sah. Man müsse jetzt, meinte der hegelianisch argumentierende Ästhetiker, „die mit ihrer Idee als disharmonierend erkannte Wirklichkeit immer concreter und unmittelbarer wieder" zusammenfügen und dementsprechend fordern, „daß die poetische Production eine einzelne bestimmte Wirklichkeit in dem Lichte ihrer absoluten Idee... erblicken lasse."[147] Die nachdenkliche Beschränkung der gewissenhaftesten spätbiedermeierlichen Novellisten auf schmale Stoffbereiche und auf gerade solche Lebensausschnitte, die „von den charakteristischen Entwicklungen der Moderne relativ lange verschont" blieben und nur darum auch einen „gewissen strukturellen Konservativismus und traditionelle Lösungen" erlaubten,[148] deutet freilich zugleich etwas von der Skepsis an, mit der man solchem Ineinsbildungsstreben, auf das man gleichwohl nicht ganz verzichten zu können glaubte, gegenüberstand. Ihr Zögern, das restaurative Realitätskonzept auf die „ganze Wirklichkeit" zu übertragen, und auf der anderen Seite ihre Vorbehalte gegenüber der individualisierenden Tendenz des 19. Jahrhunderts, „Totalität und Ganzheit der Welterfahrung" in eine „unendliche Vielzahl positivistischer Einzelerkenntnisse" zu verwandeln,[149] haben die Ausbildung der Biedermeiernovelle nicht unwesentlich mitbestimmt.

[145] Friedrich Sengle, Voraussetzungen und Erscheinungsformen der deutschen Restaurationsliteratur a.a.O. S. 141.
[146] Theodor Mundt, Aesthetik a.a.O. S. 343.
[147] Johann Carl Friedrich Rinne a.a.O. (s. o. Kap. VI. Anm. 20). S. 537.
[148] Gerhard Kaiser, Um eine Neubegründung des Realismusbegriffs a.a.O. S. 170.
[149] Ebd. S. 169.

Rufen wir uns den zurückgelegten Weg noch einmal in Erinnerung, so werden wir auch jetzt nicht von einer eindeutigen Novellenform des Biedermeier sprechen, wohl aber von einer Reihe von Tendenzen, die innerhalb des zwischen Kleinformen und Großepik relativ übergänglichen Prosafeldes wirksam waren. Der nicht ungebrochene, aber umso heftiger umworbene Glaube an die providenzbestimmte Rundung einer „Kleinen Welt", die mit dem Prosa- und dem Novellenbegriff traditionell verknüpfte Forderung nach Wirklichkeitsdarstellung, die dem empirischen Interesse der Zeit gemäß war, die konversationsmäßige Lichtung der Sprache, die didaktische bzw. facete Gegenbewegung gegen die Faszination der „rohen" Stofflichkeit waren zweifellos auf der Basis einer ausschnitthaften Handlungsführung und Weltschilderung am leichtesten zu „vermitteln". Unter diesen Umständen fiel, um es noch einmal zu wiederholen, die nie ganz vergessene Erinnerung an Boccaccio und den Novellisten Cervantes stärker ins Gewicht als die Verlockung durch das englische „novel". Zugleich fiel auf breiter Front eine Entscheidung, an die die klassizistischen Theorien der Junghegelianer und die formalen Überlegungen der späteren Programmatiker anknüpfen konnten. Die revolutionären Vorstellungen, die die Jungdeutschen mit der Bezeichnung verbanden, wurden im „poetischen" Realismus des Nachmärz aufgefangen. Und doch behielt „die Novelle an sich, wie wir ihren Begriff meisthin annehmen," nach einer gelegentlichen Äußerung Heinrich Laubes „.... das große Verdienst, einen großen Theil der Menschen für die künstlerische Auffassung emancipirt zu haben. Wer erinnert sich nicht jener Romantiker, die immer ein großes Heer von ‚prosaischen, unbrauchbaren' Menschen kannten, die für keine Feder was taugten. Dies Heer ist dienstfähig geworden, man hat die ‚Novellenfiguren' erfunden. Die Novelle bedarf keiner Vorzüglichkeiten, keiner Extreme, keiner Notabilitäten, sie ist ebenfalls ein Ausdruck des Demokratismus in der literarischen Auffassung. Sie ist die Lehre von der Gleichheit vor dem Angesichte der Kunst; denn sie schildert Alles. Eine Figur, die zum Helden zu schlecht, zum Bösewicht zu gut ist, war früher nicht zu brauchen, der Novellist kauft sie, besieht sie genau, beschreibt sie genau, um einen Beitrag zur Lehre vom großen, mannichfaltigen Mechanismus der Gedanken zu geben."[150]

---

[150] Heinrich Laube, Rezension in: Zeitung für die elegante Welt a.a.O. (s. o. Kap. VII. Anm. 123). S. 430. (6. 6. 1833).

LITERATURVERZEICHNIS

Alle bibliographischen Nachweise wurden in die Fußnoten eingearbeitet. Ich stütze mich dabei auf Bestände des Deutschen Seminars und der Universitätsbibliothek Heidelberg, vor allem aber der Westdeutschen Bibliothek in Marburg, deren Bibliothekaren und Angestellten an dieser Stelle für ihre Hilfe gedankt sei. Gelegentliche Korrekturen in der Datierung von Erstausgaben bzw. bei der Ersetzung von Nachdrucken durch Originaltitel mit Hilfe von Goedekes ‚Grundriß' wurden nicht eigens vermerkt. Das nachstehende Literaturverzeichnis dient also nur zum leichteren Auffinden mehrfach erwähnter Titel. Quellen und Sekundärliteratur werden nicht gesondert aufgeführt. Zur Orientierung über die Forschungslage sei auf den ausführlichen kritischen Bericht von K. K. Polheim verwiesen.

Alexis, Willibald: Gesammelte Novellen. 4 Bde. Berlin 1830–31.
– Erinnerungen. Hg. von M. Elwert. Berlin 1905.
Bastier, Paul: La nouvelle individualiste en Allemagne de Goethe à Gottfried Keller. Essai de technique psychologique. Paris 1910.
Bennet, E. K.: A History of the German ‚Novelle' from Goethe to Thomas Mann. Cambridge 1934. (2. umgearb. Aufl. 1961.)
Brinkmann, Richard: Wirklichkeit und Illusion. Studien über Gehalt und Grenzen des Begriffs Realismus für die erzählende Dichtung des 19. Jahrhunderts. Tübingen 1957.
Brockhaus, Heinrich: F[riedrich] A[rnold] Brockhaus. Leben. 3 Bde. Lpz. 1872.
Bülow, Karl Eduard von: Das Novellenbuch; oder Hundert Novellen, nach alten italienischen, spanischen, französischen, lateinischen, englischen und deutschen bearbeitet. Mit einem Vorworte von Ludwig Tieck (Bd. I. S. v–xx). 1.–4. Theil. Lpz. 1834–36.
Codex nundinarius Germaniae literatae bisecularis. Meß-Jahrbücher des deutschen Buchhandels [...]. Fortsetzung: Die Jahre 1766 bis einschließlich 1846 umfassend. Mit einem Vorwort von Gustav Schwetschke. Halle 1877.
Damen-Conversations-Lexicon (1834). 2. unveränderte Ausgabe. Adorf 1846.
Eckermann, Johann Peter, Gespräche mit Goethe. Hg. von Fritz Bergemann. Wiesbaden 1955.
Eichendorff, Joseph Frh. von: Der deutsche Roman des achtzehnten Jahrhunderts in seinem Verhältniß zum Christenthum. Lpz. 1851.
Evangelische Kirchen-Zeitung. Hg. von E. W. Hengstenberg. Bd. 12–25. Berlin 1833–39.
Fischer, Elfriede: Zeiteinflüsse auf Tiecks Novellen. Diss. (masch.) Wien 1948.
Fürst, Rudolf: Die Vorläufer der modernen Novelle im 18. Jahrhundert. Ein Beitrag zur vergleichenden Literaturgeschichte. Halle 1897.

Gaudy, Franz Frh. (von): Sämmtliche Werke. Hg. von Arthur Mueller. 24 Bde. Berlin 1844.
− Ausgewählte Werke in drei Bänden. Hg. von Karl Siegen. Lpz. o. J. (Max Hesse).
Gneuss, Christian: Der späte Tieck als Zeitkritiker. Diss. (masch.) Würzburg 1948.
Gotthelf, Jeremias: Sämtliche Werke in 24 Bänden. Hg. von Rudolf Hunziker und Hans Bloesch. Briefe. Bearb. von K. Guggisberg und W. Juker. Teil 1−5 = 4.−8. Erg.-Bd. Erlenbach-Zürich 1948−1952.
Henkel, Arthur: Entsagung. Eine Studie zu Goethes Altersroman. Tübingen 1954 (Hermaea. Germanistische Forschungen. Neue Folge. Hg. von H. de Boor und H. Kunisch. Bd. 3).
Hermand, Jost: Die literarische Formenwelt des Biedermeiers. Gießen 1958 (Beiträge zur deutschen Philologie. Hg. von L. E. Schmitt. Bd. 27).
Himmel, Hellmuth: Geschichte der deutschen Novelle. Bern und München 1963 (Slg. Dalp Bd. 94).
Hirsch, Arnold: Der Gattungsbegriff ‚Novelle'. Berlin 1928 (Germanische Studien. H. 64).
Horn, Franz: Nachträge zu den Umrissen zur Geschichte und Kritik der schönen Literatur Deutschlands, während der Jahre 1790 bis 1818. Berlin 1821.
Houwald, Ernst Christoph Frh. von: Werke in fünfzehn Teilen. Bd. 3. Lpz. 1859.
Huber, Therese: Erzählungen. Ges. und hg. von V[ictor] A[imé] Huber. 6 Theile. Lpz. 1830−33.
Koberstein, August: Geschichte der deutschen Nationalliteratur vom zweiten Viertel des 18. Jahrhunderts bis zu Goethes Tod. 5. umgearb. Aufl. hg. von Karl Bartsch. Lpz. 1873.
Köpke, Rudolf: Ludwig Tieck. Erinnerungen aus dem Leben des Dichters nach dessen mündlichen und schriftlichen Mittheilungen. 2 Bd. Lpz. 1855.
Krauss, Werner: Perspektiven und Probleme. Zur französischen und deutschen Aufklärung und andere Aufsätze. Neuwied und Berlin-West 1965.
− Novela − Novelle − Roman. ZfrPh LX (1941). S. 16ff.
Laube, Heinrich: Gesammelte Werke in fünfzig Bänden. Unter Mitwirkung von Albert Hänel hg. von Heinrich Hubert Houben. Lpz. 1908−1909.
− Geschichte der deutschen Literatur. Stuttgart 1839−40.
Leßmann, Daniel: Novellen. 4 Bde. Berlin 1828−30.
Liebing, Heinz: Die Erzählungen H. Claurens (Carl Heuns) als Ausdruck der bürgerlichen Welt- und Lebensanschauung in der beginnenden Biedermeierzeit. Diss. Halle (Saale) 1931.
Lieske, Rudolf: Tiecks Abwendung von der Romantik. Diss. Berlin 1933.
Lindig, Horst: Der Prosastil Ludwig Tiecks. Diss. Lpz. 1937.
Lockemann, Fritz: Gestalt und Wandlungen der deutschen Novelle. Geschichte einer literarischen Gattung im 19. und 20. Jahrhundert. München 1957.
Lukács, Georg: Der historische Roman. Berlin 1955.
Marggraff, Hermann: Deutschlands jüngste Literatur- und Culturepoche. Charakteristiken. Lpz. 1839.
Menzel, Wolfgang: Die deutsche Literatur. 2 Bde. Stuttgart 1828.
Mundt, Theodor: Moderne Lebenswirren. Briefe und Zeitabenteuer eines Salzschreibers. Lpz. 1834.

– Die Kunst der deutschen Prosa. Berlin 1837.
– Geschichte der Literatur der Gegenwart. Vorlesungen. Von d. J. 1789 bis zur neuesten Zeit. Berlin 1842. (2. Aufl. Lpz. 1853.)
– Aesthetik. Die Idee der Schönheit und des Kunstwerks im Lichte unserer Zeit. Faksimiledruck nach der 1. Aufl. von 1845. Mit einem Nachwort von H. Düvel. Göttingen 1966 (Deutsche Neudrucke).
Pabst, Walter: Die Theorie der Novelle in Deutschland (1920–1940). Romanistisches Jahrbuch Bd. II (1949). S. 81–124.
– Novellentheorie und Novellendichtung. Zur Geschichte ihrer Antinomie in den romanischen Literaturen. Hamburg 1953 [Abh. a. d. Gebiet der Auslandskunde. Bd. 58. Reihe B (32)].
Polheim, Karl Konrad: Novellentheorie und Novellenforschung. Ein Forschungsbericht 1945–1964. Referate aus der DVjs. Stg. 1965 [Erweiterter Sonderdruck aus DVjs 38 (1964) Sonderheft Oktober].
Prutz, Robert: Vorlesungen über die deutsche Literatur der Gegenwart. Lpz. 1847.
– Neue Schriften. Zur deutschen Literatur- und Kulturgeschichte. 2 Bde. Halle 1854.
Pustkuchen, Ludwig (Hg.): Novellenschatz des deutschen Volkes. 3 Bde. Quedlinburg und Lpz. 1822–23 (Mit einem Vorwort von Friedrich Pustkuchen).
– (Hg): Neuer Novellenschatz des deutschen Volkes. 2 Bde. Lpz. 1824–25.
Reinbeck, Georg von: Situationen. Ein Novellenkranz. Nebst einigen Worten über die Theorie der Novelle. Stg. 1841.
Riehl, Wilhelm Heinrich von: Culturgeschichtliche Novellen. Stg. 1856.
Rinne, Johann Carl Friedrich: Innere Geschichte der Entwicklung der deutschen National-Litteratur. Ein method. Handbuch. 2 Theile. Lpz. 1842–43.
Rumohr, Karl Friedrich von: Italienische Novellen von historischem Interesse. Übers. und erläutert. Hamburg 1823 (Slg. f. Kunst und Historie. 2. Bd.). (Vorbericht S. iii–xii.)
Schefer, Leopold: Neue Novellen. 4 Bde. Lpz. 1831–35.
Schelling, Friedrich: Werke. Nach der Originalausgabe in neuer Anordnung hg. von Manfred Schröter (Münchner Jubiläumsdruck). 3. Erg.-Bd. Zur Philosophie der Kunst 1803–1817. München 1959.
Schlegel, August Wilhelm: Vorlesungen über Schöne Litteratur und Kunst. 3 Theile. 1801–1804 (Deutsche Litteraturdenkmale des 18. und 19. Jahrhunderts in Neudrucken hg. von B. Seuffert. Bd. 19. Heilbronn 1884).
Schlegel, Friedrich: Literary Notebooks 1797–1801. Ed. by Hans Eichner. London 1957.
– Nachricht von den poetischen Werken des Johannes Boccaccio. In: Kritische Ausgabe. Hg. von Ernst Behler unter Mitwirkung von Jean-Jacques Anstett und Hans Eichner. Bd. II. Paderborn, München, Wien 1967. S. 373–396.
Schleiermacher, Friedrich: Vertraute Briefe über Friedrich Schlegels Lucinde (1800). In: Sämmtliche Werke. 3 Abth. Bd. 1. Berlin 1846. S. 421–506.
– Denkmale der inneren Entwicklung Schleiermachers [...]. Tagebücher im Anhang zu: Wilhelm Dilthey: Leben Schleiermachers. Berlin 1870.
Schunicht, Manfred: Der ‚Falke‘ am ‚Wendepunkt‘. Zu den Novellentheorien Tiecks und Heyses. GRM XLI. N. F. X (1960). S. 44–65.
Sengle, Friedrich: Der Umfang als Problem. In: Gestaltprobleme der Dichtung. Festschrift für Günther Müller. Bonn 1957. S. 299ff.
– Voraussetzungen und Erscheinungsformen der deutschen Restaurationslitera-

tur. In: Arbeiten zur deutschen Literatur 1750–1850. Stuttgart 1967. S. 118–154.

– Der Romanbegriff in der ersten Hälfte des 19. Jahrhunderts. Ebda. S. 175–196.

Solger, Karl Wilhelm Ferdinand: Nachgelassene Schriften und Briefwechsel. Hg. von L. Tieck und F. von Raumer. 2 Bde. Lpz. 1826.

– Vorlesungen über Ästhetik (gehalten 1819). Hg. von K. W. L. Heyse. Lpz. 1829 (Photomechanischer Nachdruck der 1. Aufl. Darmstadt 1962).

Steffens, Henrik: Zur Erinnerung an Henrich Steffens. Aus Briefen an seinen Verleger. Hg. von M. Tietzen. Lpz. 1871.

Storm, Theodor: Der Briefwechsel zwischen Theodor Storm und Gottfried Keller. Hg. von Peter Goldammer. Berlin 1960.

Thalmann, Marianne: Ludwig Tieck. Der romantische Weltmann aus Berlin. München 1955 (Dalp-Taschenbücher 318).

– Ludwig Tieck, ,Der Heilige von Dresden'. Aus der Frühzeit der deutschen Novelle. Berlin 1960 [Quellen und Forschungen zur Sprach- und Kulturgeschichte der germ. Völker. Hg. von H. Kunisch. N. F. 3 (127)].

Thorn, Paul: Einige Worte über die Novelle. In: Wiener Zeitschrift für Kunst, Literatur, Theater und Mode (= Wiener Moden-Zeitung. Hg. von J. Schickh). 12. Jhg. 1827. 3. Quart. S. 848–850, 855–857.

Tieck, Ludwig: Schriften. 11. Bd. Berlin 1829. Vorbericht zur dritten Lieferung S. lxxxiv–xc.

– Gesammelte Novellen. 12 Bde. Berlin 1852–54. [Bd. I: 1852. Bd. II–IX: 1853. Bd. X–XII: 1854].

– Kritische Schriften. Zum erstenmale gesammelt und mit einer Vorrede hg. 4 Bde. Lpz. 1848–52.

– Nachgelassene Schriften. Auswahl und Nachlese. Hg. von Rudolf Köpke. 2 Bde. Lpz. 1855.

– Tieck and Solger. The complete correspondence with introduction, commentary and notes. By Percy Matenko. New York – Berlin 1933.

– Aus Tiecks Novellenzeit. Briefwechsel zwischen Ludwig Tieck und F. A. Brockhaus. Hg. von Heinrich Lüdeke von Möllendorf. Lpz. 1928.

Üchtritz, Friedrich von: Erinnerungen an Friedrich von Üchtritz und seine Zeit in Briefen von ihm und an ihn. Mit einem Vorwort von Heinrich Sybel. Lpz. 1884.

Vischer, Friedrich Theodor: Ästhetik oder Wissenschaft des Schönen (1. Aufl. 1846–57). 2. Aufl. hg. von Robert Vischer. München 1922–23.

Waiblinger, Wilhelm: Gesammelte Werke mit des Dichters Leben von H. von Canitz (1. Aufl. 1839–40). 2. Aufl. Hamburg 1842.

Walser, Ernst: Die Theorie des Witzes und der Novelle nach dem de sermone des Jovianus Pontanus. Ein gesellschaftliches Ideal vom Ende des XV. Jahrhunderts. Straßburg 1908.

Weber, Wilhelm Ernst: Die Ästhetik aus dem Gesichtspunkte gebildeter Freunde des Schönen. Zwanzig Vorlesungen, gehalten zu Bremen. Lpz. und Darmstadt 1835.

Wiese, Benno von: Die deutsche Novelle von Goethe bis Kafka. Interpretationen. 2 Bde. Düsseldorf 1956. 1965.

– Novelle. 2. durchges. Aufl. Stuttgart 1964 (Slg. Metzler Bd. 27).

Zschokke, Johann Heinrich: Ausgewählte Novellen und Dichtungen. Taschen-
ausgabe in zehn Theilen. 6. verm. Original-Auflage. Aarau 1843.
– Novellen und Dichtungen. Neunte vermehrte Ausgabe in 15 Bänden. Theil
11–15. Aarau 1851–53.
Zuber, Margarete: Die deutschen Musenalmanache und schöngeistigen Taschenbücher des Biedermeier. 1815–1848. In: Archiv für Gesch. d. Buchwesens.
Bd. 1. Frankfurt a. M. 1958. S. 398–489. [Vorabdruck im Börsenblatt f. d.
dt. Buchhandel. Frankfurter Ausg. 13. Jg. (1957). Nr. 54a.]